Coleção
**Preparando**
*para concursos*

Organizadores: **Leonardo Garcia e Roberval Rocha**

# DIREITO TRIBUTÁRIO
## MATERIAL E PROCESSUAL
## CARREIRAS JURÍDICAS

por matéria

Coleção
# Preparando
*para concursos*

Questões
*discursivas*
comentadas

Organizadores: **Leonardo Garcia e Roberval Rocha**

## DIREITO TRIBUTÁRIO
MATERIAL E PROCESSUAL

CARREIRAS JURÍDICAS

por matéria

2017

www.editorajuspodivm.com.br

www.editorajuspodivm.com.br

Rua Mato Grosso, 164, Ed. Marfina, 1º Andar – Pituba, CEP: 41830-151 – Salvador – Bahia
Tel: (71) 3045.9051
• Contato: https://www.editorajuspodivm.com.br/sac

**Copyright:** Edições JusPODIVM

**Conselho Editorial:** Dirley da Cunha Jr., Leonardo de Medeiros Garcia, Fredie Didier Jr., José Henrique Mouta, José Marcelo Vigliar, Marcos Ehrhardt Júnior, Nestor Távora, Robério Nunes Filho, Roberval Rocha Ferreira Filho, Rodolfo Pamplona Filho, Rodrigo Reis Mazzei e Rogério Sanches Cunha.

**Capa:** Rene Bueno e Daniela Jardim (www.buenojardim.com.br)

**Diagramação:** Marcelo S. Brandão (santibrando@gmail.com)

Todos os direitos desta edição reservados à Edições JusPODIVM.

É terminantemente proibida a reprodução total ou parcial desta obra, por qualquer meio ou processo, sem a expressa autorização do autor e da Edições JusPODIVM. A violação dos direitos autorais caracteriza crime descrito na legislação em vigor, sem prejuízo das sanções civis cabíveis.

# AUTORES

Alexandre Schneider

Bárbara Nascimento

Eduardo Moreira Lima Rodrigues de Castro

Everton Hertzog Castilhos

Fábio Dutra

Gustavo Baião Vilela

Helton Kramer Lustoza

Isaura Cristina de Oliveira Leite

Keziah Alessandra Vianna Silva Pinto

Leonardo Zehuri Tovar

Letícia Franco Maculan Assumpção

Ludimila Rodrigues

Marcio Del Fiore

Márcio Ladeira Ávila

Marco Antonio Reis

Matheus Rezende

Paulo Roberto Sampaio Santiago

Renato Cesar Guedes Grilo

Renato de Pretto

Ricardo Melo Jr.

Rodolfo Botelho Cursino

Silas Silva Santos

Thyago Ribeiro Soares

Vanessa Gonzalez

# APRESENTAÇÃO

A Coleção **PREPARANDO PARA CONCURSOS**, conhecida do público pela forma sistematizada e direcionada de estudos por meio de questões dos principais certames do país, agora apresenta mais um novo projeto: livros contendo questões discursivas selecionadas *por matéria específica* e comentadas por membros de carreiras jurídicas e excelentes professores.

Devido ao grande sucesso dos livros de questões discursivas selecionadas por carreiras, vários foram os pedidos para que fizéssemos também livros que reunissem questões por disciplina.

Assim, a partir de agora, os leitores também poderão estudar as questões discursivas, muitas vezes de difícil acesso, focado em apenas uma única matéria, permitindo uma visão mais ampla de como essa disciplina vem cobrando os conteúdos nas provas de concursos públicos das principais carreiras jurídicas.

As questões foram selecionadas e catalogadas criteriosamente no intuito de oferecer aos concursandos o melhor panorama de exigência de conteúdo dos concursos públicos.

Com as **QUESTÕES DISCURSIVAS COMENTADAS POR MATÉRIA**, o candidato terá condições de se preparar de maneira direcionada para as etapas subsequentes às provas objetivas, analisando quais os temas já foram cobrados, as recorrências, o foco explorado pela Banca, etc.

Além disso, de maneira inédita e pensando na melhor metodologia de estudos, os profissionais e professores não somente comentam as questões como se estivessem fazendo a prova; antes dos comentários, discorrem sobre os tópicos que devem ser abordados nas respostas, quais os cuidados a serem tomados na redação, qual, enfim, o melhor caminho a ser trilhado.

É que, muitas vezes, a simples apresentação dos comentários não basta para mostrar ao leitor como ele deve apresentar sua resposta e quais os cuidados e técnicas devem ser empregados na hora de enfrentar a prova.

Deste modo, aprimorando os métodos de estudo por meio de questões, esperamos que gostem desta nova proposta apresentada na Coleção.

Boa sorte e bons estudos.

Contem conosco

*Roberval Rocha*

*Leonardo Garcia*

# SUMÁRIO

**DIREITO TRIBUTÁRIO** .................................................................................................. 11
1. Competência Tributária ............................................................................................ 11
2. Espécies Tributárias .................................................................................................. 21
3. Legislação Tributária ................................................................................................ 58
4. Obrigação Tributária ................................................................................................ 61
   4.1. Fato Gerador ..................................................................................................... 61
   4.2. Responsabilidade Tributária ............................................................................ 69
5. Crédito Tributário ..................................................................................................... 87
   5.1. Constituição ...................................................................................................... 87
   5.2. Suspensão ......................................................................................................... 107
   5.3. Extinção ............................................................................................................. 114
   5.4. Exclusão ............................................................................................................. 136
   5.5. Garantias e Privilégios .................................................................................... 139
6. Administração Tributária ........................................................................................ 148
7. Dos Princípios Gerais do Sistema Tributário Nacional ....................................... 165
8. Das Limitações do Poder de Tributar .................................................................... 168
   8.1. Imunidades ....................................................................................................... 168
   8.2. Princípios .......................................................................................................... 194
9. Impostos em Espécie ............................................................................................... 219
   9.1. Dos Impostos da União ................................................................................... 219
      9.1.1. IOF ............................................................................................................ 219
      9.1.2. IPI ............................................................................................................. 220
      9.1.3. IRPF/IRPJ ................................................................................................. 227
   9.2. Dos Impostos dos Estados e do Distrito Federal .......................................... 235
      9.2.1. ICMS ........................................................................................................ 235

       9.2.2. ITCMD .................................................................................. 288

  9.3. Dos Impostos dos Municípios ............................................................. 296

       9.3.1. IPTU .................................................................................... 296

       9.3.2. ISSQN .................................................................................. 305

       9.3.3. ITBI ..................................................................................... 319

**DIREITO PROCESSUAL TRIBUTÁRIO ................................................................ 337**

1. Processo Administrativo Tributário ............................................................ 337

2. Processo Judicial Tributário ......................................................................... 341

  2.1. Ações Tributárias ............................................................................... 341

  2.2. Execução Fiscal .................................................................................. 356

# DIREITO TRIBUTÁRIO

## 1. COMPETÊNCIA TRIBUTÁRIA

*(TJ/DFT/Juiz/2012)* Especificamente a partir da correlação entre o princípio republicano e a ideia de tributação, teça considerações sobre igualdade tributária, competência tributária e capacidade contributiva.

**Autor: Marcio Del Fiore**

### Direcionamento da resposta

Trata-se de uma questão aberta em que o candidato deve mencionar o conceito do princípio republicano à luz da doutrina correlacionando com a ideia de tributação, ou seja, passar ao examinador que em um Estado republicano é o povo que elege o que irá pagar como tributos, bem como qual será a sua destinação.

A partir daí o candidato deve tecer comentários acerca da igualdade tributária aduzindo a proibição de vantagens tributárias fundadas em privilégios, a exigência de que todos os que realizam o fato imponível tributário venham a ser tributados com igualdade, com a aplicação da igualdade material, trazendo exemplo de aplicação dessa isonomia na acepção vertical.

Quanto à competência tributária que é oriunda da Constituição Federal e teve origem na vontade do povo, titular do Poder Constituinte Originário, o Poder Público deve instituir, cobrar e destinar o produto da arrecadação dos tributos em razão do interesse público.

No que toca à capacidade contributiva, o examinando deve mencionar que é um desdobramento da isonomia e auxilia a fortalecer os ideais republicanos, na medida em que almeja a justiça fiscal, nos moldes do art. 145, §1º, da CF/88, podendo exemplificar com a utilização da progressividade no imposto de renda.

### Sugestão de resposta

A Constituição Federal, já em seu artigo 1º, estabelece: "A República Federativa do Brasil, formada pela união indissolúvel dos Estados e Municípios e do Distrito Federal, constitui-se em Estado Democrático de Direito e tem como fundamentos (...)". A circunstância de o primado da República já constar do primeiro artigo da Constituição não é mera coincidência. Antes, é fruto da solidificação jurídico-cultural desse que está entre os mais importantes princípios de nosso sistema jurídico, pois deita luzes sobre todas as demais normas do ordenamento jurídico, inclusive e especialmente sobre a tributação.

Geraldo Ataliba define muito bem a República como um regime político em que os exercentes de funções políticas (executivas e legislativas) representam o povo e decidem em seu nome, fazendo-o com responsabilidade, eletivamente e mediante mandatos renováveis periodicamente.

Diante dessa definição, é possível correlacionar o princípio republicano com a tributação, especialmente no tocante à competência tributária, ao princípio da isonomia tributária (artigo 150, II, da CF/88) e o princípio da capacidade contributiva (artigo 145, § 1º, da CF/88).

O principal reflexo do princípio republicano no Direito Tributário é a exigência inafastável de que todo tributo só pode ser criado ou aumentado tendo em vista o bem-comum, o que se estende, por força de pura lógica, às isenções tributárias, as quais não podem ser concedidas ou revogadas em detrimento desse supremo valor constitucional. Disso decorre o princípio da destinação pública dos valores arrecadados mediante a tributação, assim como a proibição de vantagens tributárias a determinadas pessoas sem respaldo constitucional, como no passado ocorria, por exemplo, com aqueles que possuíam títulos de nobreza ou que faziam parte do clero.

O princípio republicano leva ao princípio da generalidade na tributação, pelo qual todos os que realizam o fato imponível tributário venham a ser tributados com igualdade, isto é, exige tratamento tributário isonômico para todos os que se encontram na mesma situação jurídica, nos termos do art. 150, II, da CF/88. Entretanto, é lícito afirmar que, havendo desigualdade relevante, a Constituição não apenas permite a diferenciação como também a exige. Um exemplo é o tratamento desigual a microempresas e empresas de pequeno porte que podem se valer do Sistema Integrado de Pagamento de Impostos e Contribuições das microempresas e das empresas de pequeno porte – SIMPLES, tomando como parâmetro para inclusão dos contribuintes na sistemática a receita bruta anual. O que já foi referendado pelo Supremo Tribunal Federal (ADI 1.643-DF).

A competência tributária definida como o poder constitucionalmente atribuído de editar leis que instituam tributos está umbilicalmente atrelada ao princípio republicano, uma vez que os entes políticos receberam a competência tributaria da Constituição Federal e esta é oriunda da vontade soberana do povo. Desse modo, é evidente que a tributação não pode operar-se exclusiva e precipuamente em benefício do Poder Público ou de uma determinada categoria de pessoas. A República reconhece a todas as pessoas o direito de só serem tributadas em função do superior interesse do Estado. Os tributos só podem ser criados e exigidos por razões publicas, em conseqüência, o dinheiro obtido com a tributação, deve ter destinação pública.

O princípio da capacidade contributiva, previsto no artigo 145, § 1º, de nossa Carta Magna, também é manifestação do ideal republicano, pois é o discrímen que permite atribuir tratamento desigual aos contribuintes. Ou seja, os iguais e os desiguais, no Direito Tributário, são os que revelam a mesma ou diversa capacidade contributiva.

Ademais, é importante registrar que apesar do artigo acima referido ter previsto a aplicação do princípio da capacidade contributiva apenas para os impostos, a jurisprudência do Supremo Tribunal Federal entende que nada impede sua aplicação a outras espécies tributárias. Um exemplo de capacidade contributiva é a progressividade do imposto de renda (art. 153, § 2º, I, da CF/88).

*(Esaf/PFN/Procurador/2012) A empresa B, residente e domiciliada no Brasil, está inconformada com a tributação brasileira, especialmente depois de descobrir que, nos termos do art. 74 da Medida Provisória n. 2.158-35, de 24 de agosto de 2001, os lucros decorrentes do investimento que ela realizou na sua empresa controlada Z, domiciliada no exterior, precisamente no País Z, devem passar a compor a base de cálculo do Imposto de Renda da Pessoa Jurídica (IRPJ), a partir da data do balanço no qual tiverem sido apurados pela empresa Z. No entender da empresa B, ao veicular essas normas jurídicas, a legislação brasileira: (i) invade a soberania do País Z, porque desconsidera a personalidade jurídica da empresa Z, domiciliada naquele país; (ii) é contrária ao art. 43 do Código Tributário Nacional, porque tributa um lucro não distribuído à empresa B; (iii) ofende a Constituição Federal, já que a mesma riqueza será tributada duas vezes, quais sejam, no País Z e no Brasil. Como Procurador da Fazenda Nacional, defenda a legislação brasileira, apresentando fundamentos jurídicos que a livre das acusações levantadas pela empresa B.*

Autor: *Renato Cesar Guedes Grilo*

### Direcionamento da resposta

Trata-se de questão bastante complexa envolvendo a tributação das coligadas no exterior de empresas brasileiras. A sistemática funciona da seguinte forma: determinada empresa, residente e domiciliada no Brasil, possui participação e investimentos em outras empresas, coligadas suas, no exterior. O lucro dessas empresas no exterior, apurado mediante balanço, pertence, em parte, às empresas brasileiras que detém participação em seu patrimônio. Assim, quando realizado o balanço da empresa no exterior, a empresa brasileira saberá quanto de lucro lhe pertencerá, de acordo com a fatia patrimonial que lhe pertence desta empresa estrangeira.

Essa aferição da quantidade de lucro medida a partir da quantidade de patrimônio da empresa estrangeira que pertence à coligada brasileira foi denominado de MEP – método de equivalência patrimonial. O MPE funciona como esse mecanismo de aferição de quanto do lucro apurado no balanço pertence à coligada nacional. Antes da Medida Provisória n. 2.158-35, o balanço não era considerado o aspecto temporal da hipótese de incidência do Imposto de Renda da Pessoa Jurídica e da Contribuição Social sobre o Lucro Líquido (CSLL), mas estes tributos só incidiam quando o lucro fosse efetivamente remetido para a empresa nacional. Vale dizer: o fato gerador ocorria apenas com a remessa do lucro pela empresa estrangeira para a empresa nacional que detém parte do patrimônio daquela.

A Medida Provisória n. 2.158-35, em seu Artigo 74, alterou esse momento de aferição: *Art. 74. Para fim de determinação da base de cálculo do imposto de renda e da CSLL, nos termos do art. 25 da Lei n. 9.249, de 26 de dezembro de 1995, e do art. 21 desta Medida Provisória, os lucros auferidos por controlada ou coligada no exterior serão considerados disponibilizados para a controladora ou coligada no Brasil na data do balanço no qual tiverem sido apurados, na forma do regulamento.* Assim, pela redação deste dispositivo, não mais a remessa do lucro serve como critério de determinação da base de cálculo, mas a data do balanço, no qual apurados tais lucros. Assim, a definição da base de cálculo será aferida em momento anterior à efetiva distribuição de lucros. Então, o MEP (previsto em ato infralegal) funciona como critério de definição do quanto de lucro demonstrado no balanço pertence à empresa brasileira – de acordo com a equivalência de patrimônio que possui da coligada estrangeira.

A questão aborda esse contexto, no qual o candidato deveria enfrentar a argumentação contrária ao critério da Medida Provisória n. 2.158-35. Deve-se ter em mente, sempre que o enunciado pede que a resposta seja na qualidade de "Procurador da Fazenda Nacional", a argumentação mais favorável ao Fisco Federal. Ainda sobre essa temática, mas fora da cobrança do enunciado – até porque tratam-se de julgados que lhe são posteriores – merecem atenção os seguintes precedentes: RESP 1325709, da Primeira Turma do STJ, ADI 2588 e Recursos Extraordinários 611586 e 541090; esses precedentes servem de fonte de estudo e atualização para aprofundamento neste tema.

### Sugestão de resposta

A MP n. 2.158-35 alterou o momento de aferição para efeitos de determinação da base de cálculo do IRPJ e da CSLL em relação aos lucros aferidos pelas coligadas estrangeiras de empresas brasileiras.

Agora, quanto ao aspecto temporal do fato gerador, a divulgação do balanço patrimonial – e não mais a efetiva distribuição dos lucros – serve como critério de aferição da parcela de lucro da coligada estrangeira que pertence à empresa brasileira, aferida mediante o Método de Equivalência Patrimonial (MEP).

Essa metodologia não atenta contra a soberania do país no qual sediada a coligada estrangeira, tampouco supera personalidade jurídica. Trata-se tão somente de justo critério de medição do lucro pertencente a uma empresa nacional; lucro este que é percebido por uma coligada sua, sem desmerecimento da personalidade desta. O balanço revela-se como momento adequado para o conhecimento do quantitativo de lucro a que faz jus a empresa brasileira – submetida, esta e a o lucro que lhe pertence, à tributação nacional.

Ademais, o Art. 43 do CTN permite a tributação de IR tanto da disponibilidade econômica como da disponibilidade jurídica; com a divulgação do balanço, surge o direito da empresa brasileira de auferir aquela parcela que lhe pertence. Nenhuma incongruência há na antecipação para a disponibilidade jurídica da aferição do aspecto dimensível do Imposto de Renda.

Também infundada a suposta dupla incidência; ora, a tributação nacional se limitará ao lucro pertencente a uma empresa brasileira, de acordo com a divulgação deste no balanço da sua coligada no exterior, de modo que a imposição do IRPJ e da CSLL se limita àquela parcela que seria – de qualquer forma – tributada quando da efetiva disponibilidade econômica do lucro (remessa do lucro).

Conclui-se inexistir qualquer ilegitimidade no critério adotado, servindo como barreira de mecanismo evasivos, especialmente pela utilização de paraísos fiscais para a distribuição de lucros.

*(UFG/PGM/Aparecida_de_Goiânia/Procurador/2010) A Constituição Federal prevê duas formas de provimento de recursos para os entes políticos (União, Estados, Distrito Federal e Municípios), poderem fazer face às suas necessidades financeiras, quais sejam: repartição de competências e partilha do produto arrecadado. A respeito da repartição de competências, explique a discriminação constitucional de competências tributárias e sua classificação doutrinária em: (i) competência privativa (a quem cabe, o motivo e com exemplo); (ii) competência comum (a quem cabe, o motivo e com exemplo); (iii) competência residual (a quem cabe, o motivo e com exemplo).*

**Autores: Helton Kramer Lustoza e Leonardo Zehuri Tovar**

### Direcionamento da resposta

Resumidamente deve ser abordada a finalidade da repartição constitucional de competência para exercer o poder de tributar, suas principais características, bem como a classificação elencada pela doutrina, já previamente contida no próprio questionamento.

### Sugestão de resposta

A forma federativa de Estado, capitulada na Constituição, em seu artigo 1º e demais artigos, trata, em síntese, da autonomia dos entes políticos, quais sejam a União, os Estados, os Municípios e o Distrito Federal. No campo financeiro e tributário, tratou das competências de cada ente, até pela preservação da respectiva autonomia financeira destes. Portanto, as competências tributárias têm o papel de delimitar a quem compete instituir, cobrar, fiscalizar os diversos tributos criados pela CF, tida como a "Lei Tributária Fundamental".

Dentre suas peculiaridades, destacam-se, ser a competência tributária **privativa; incaducável; de exercício facultativo; inampliável; irrenunciável e indelegável**.

A privatividade, que é também conhecida como exclusividade, é assim denominada porque a outorga de competência a uma entidade política, veda, por imperativo constitucional, que esta seja exercitada pelas demais entidades. Ou ainda, as entidades políticas são detentoras de faixas de imposição tributária em caráter exclusivo e não podem, por conseguinte, exercer competências alheias e tampouco ter as suas praticadas pelos demais entes federativos.

Por consequência, a competência tributária não se esvai ou perece pelo decurso do tempo, conquanto não exercitada, de modo que é por tal razão incaducável. Ora, não subsiste decadência no exercício de competências tributárias; então, por mais que não exercida pela entidade política, esta jamais será perdida pelo curso temporal, de modo que a qualquer tempo pode vir a ser exercitada e implementada, por veículo legislativo correto.

O caráter facultativo, como sói perceber, decorre da circunstância de que seu exercício se consubstancia em uma opção a ser tomada pelas pessoas jurídicas competentes, que instituem ou não os tributos a ela outorgados pela Constituição da República[1].

---

1. A observação aqui fica por conta do artigo 11 da LC 101/2000 (Lei de Responsabilidade Fiscal), que tem como mote obrigar as entidades públicas a exercitarem as competências tributárias que lhes foram outorgadas pela Constituição. Embora seja possível conjecturar a inconstitucionalidade do dispositivo, concessa venia, quer-nos parecer que ele confere eficácia à moralidade

É inampliável, como o próprio nome diz, porque não pode ir além dos limites impostos pela Constituição da República.

Irrenunciável porque as entidades políticas não podem delegar sua competência constitucionalmente garantida e fixada, seja no todo ou em parte.

Por fim, tem como traço marcante a indelegabilidade porque se cada entidade política recebeu parcela de competência diretamente da Constituição, não pode ela, em corolário, delegá-la a outra entidade. Pode, como visto, até não exercê-la (lembrando das observações pertinentes à Lei de Responsabilidade Fiscal), mas é crível que consinta que outra entidade o faça em seu lugar, porquanto, do contrário, estar-se-ia modificando as condições de outorga constitucional de competências.

As competências podem, ainda, ser divididas em espécies: **privativa, comum e residual**:

1) A competência privativa ou exclusiva: é aquela que só pode ser exercida por um único ente político, vedando a invasão da esfera de competência impositiva do outro. Ex. IPTU compete privativamente aos Municípios (art. 156, I, CF); Empréstimos Compulsórios (art. 148, CF), à União.

2) A competência comum ou compartilhada: é aquela exercida por todos os entes políticos para instituir os tributos chamados contraprestacionais, que são aqueles devidos em troca de uma prestação estatal. Ex.: taxas de maneira geral (art. 77, CTN e art. 145, I, CF) e contribuição de melhoria (art. 81, CTN e art. 145, III, CF).

3) A competência residual ou remanescente: é atribuída somente à União para instituir outros tributos, ainda não expressos na Constituição. Imposto novo, consoante art. 154, I, CF, mediante lei complementar e desde que não tenha fato gerador e base de cálculo idênticos ao dos já discriminados e que não sejam cumulativos. Logo, esta competência residual, que é também alcunhada de remanescente, é dada apenas à União, nos termos expressos do art. 154, I, e decorre do fato de que "além de ser uma pessoa política de direito constitucional interno, a União foi investida dessa competência por força de sua condição de pessoa política no concerto das nações, importa dizer, pessoa política de direito constitucional externo"[2].

---

administrativa, porquanto promove, resumidamente, incentivo ao ente político no exercício de sua competência tributária e diminui, à vista disso, a dependência financeira, que pode muito bem desaguar em dependência política.

2. CARVALHO, Paulo de Barros de. Curso de direito tributário, Saraiva, 2009, p. 248.

Fica visto que Municípios e Estados não podem criar outros impostos, além dos de sua competência privativa, pois não tem competência residual. Se o fizerem, haverá invasão de competência, própria da União.

*(Esaf/PFN/Procurador/2006) Identifique os requisitos para o exercício da competência residual da União em matéria de contribuições e responda, fundamentadamente, à luz da jurisprudência do Supremo Tribunal Federal, se teria ocorrido violação a tais princípios quando do estabelecimento de alíquotas adicionais para o financiamento da aposentadoria especial, aposentadoria por invalidez e auxílio-acidente (art. 22, II, da Lei n. 8.212/91 e art. 57, §§ 6º e 7º, da Lei n. 8.213/91).*

Autor: *Renato Cesar Guedes Grilo*

### Direcionamento da resposta

A questão exige conhecimentos acerca da competência residual da União em matéria tributária, bem como sobre a jurisprudência do Supremo Tribunal Federal acerca da constitucionalidade do estabelecimento de alíquotas adicionais para o financiamento da aposentadoria especial, aposentadoria por invalidez e auxílio-acidente (art. 22, II, da Lei n. 8.212/91 e art. 57, §§ 6º e 7º, da Lei n. 8.213/91), a chamada contribuição SAT.

Ao candidato cabe, inicialmente, abordar a temática da competência residual, indicando seus requisitos e especificidades, mas tendo à vista deixar maior margem de escrita à temática constitucional, valorizando os conhecimentos sobre a jurisprudência superior, mormente porque os aspectos da competência residual da União são de fácil abordagem, com teor menor de complexidade jurídica. Para integral conhecimento do tema, recomenda-se a leitura do RE 343446.

### Sugestão de resposta

A competência tributária pode ser definida, em apertada síntese, como o poder constitucionalmente deferido aos entes federativos de editar leis que instituam tributos. Conforme é cediço, a Constituição Federal não cria tributos, mas, por outro lado, outorga competência para que os entes políticos o façam por meio de leis próprias.

Nesse sentido, verifica-se que a União possui duas espécies de competência residual: *a)* para instituir novos impostos; e *b)* para instituir novas contribuições sociais de financiamento da seguridade social. Quanto a esta última, o fundamento jurídico se encontra previsto no art. 195, § 4º da Constituição Federal[3], que autoriza a União a instituir outras fontes destinadas a garantir a manutenção ou expansão da seguridade social.

Em ambos os casos, tanto para instituir novos impostos como para instituir novas contribuições sociais de financiamento da seguridade social, a competência residual deve atender aos requisitos previstos no art. 154, I da Constituição Federal, quais sejam: *a)* a instituição do tributo via lei complementar; e *b)* a obediência à técnica da não cumulatividade e a inovação quanto à base de cálculo e fatos geradores.

Cabe ressaltar que a despeito de o art. 154, I da Constituição Federal se referir expressamente a impostos, o Supremo Tribunal Federal (RE 138284) entende que o dispositivo se aplica também ao caso das contribuições sociais, com as devidas adaptações ao caso destas. Isto porque a exigência de inovação quanto à base de cálculo e ao fato gerador apenas existe dentro da própria espécie tributária, razão pela qual uma contribuição só pode ser criada se o seu fato gerador e sua base de cálculo forem diferentes daqueles definidos para contribuições já existentes.

Quanto à constitucionalidade das alíquotas adicionais para o financiamento da aposentadoria especial, aposentadoria por invalidez e auxílio-acidente, conforme art. 22, II, da Lei n. 8.212/91 e art. 57, §§ 6º e 7º, da Lei n. 8.213/9, o tema já foi analisado pelo Supremo Tribunal Federal[4], que sufragou o entendimento de ausência de afronta à Constituição Federal. Na espécie, o Pretório Excelso se posicionou no sentido de que não houve violação art. 154, I da Carta Magna, visto que não seria necessária a edição de lei complementar para a instituição da contribuição de Seguro de Acidente de Trabalho (SAT).

---

3. Art. 195, § 4º "A lei poderá instituir outras fontes destinadas a garantir a manutenção ou expansão da seguridade social, obedecido o disposto no art. 154, I".
4. "(...). Contribuição: Seguro de Acidente do Trabalho – SAT. Lei 7.787/89, arts. 3º e 4º; Lei 8.212/91, art. 22, II, redação da Lei 9.732/98. Decretos 612/92, 2.173/97 e 3.048/99. CF, artigo 195, § 4º; art. 154, II; art. 5º, II; art. 150, I. I. Contribuição para o custeio do Seguro de Acidente do Trabalho – SAT: Lei 7.787/89, art. 3º, II; Lei 8.212/91, art. 22, II: alegação no sentido de que são ofensivos ao art. 195, § 4º, c/c art. 154, I, da Constituição Federal: improcedência. Desnecessidade de observância da técnica da competência residual da União, CF, art. 154, I. Desnecessidade de lei complementar para a instituição da contribuição para o SAT. II. O art. 3º, II, da Lei 7.787/89, não é ofensivo ao princípio da igualdade, por isso que o art. 4º da mencionada Lei 7.787/89 cuidou de tratar desigualmente aos desiguais. III. As Leis 7.787/89, art. 3º, II, e 8.212/91, art. 22, II, definem, satisfatoriamente, todos os elementos capazes de fazer nascer a obrigação tributária válida. O fato de a lei deixar para o regulamento a complementação dos conceitos de "atividade preponderante" e "grau de risco leve, médio e grave", não implica ofensa ao princípio da legalidade genérica, C.F., art. 5º, II, e da legalidade tributária, CF, art. 150, I. IV. Se o regulamento vai além do conteúdo da lei, a questão não é de inconstitucionalidade, mas de ilegalidade, matéria que não integra o contencioso constitucional. (...)". (STF, RE 343446).

No que se refere às alíquotas, que estariam em desacordo com o princípio da isonomia, asseverou-se que "embora a alíquota SAT fosse fixada, inicialmente, em 2%, sendo o índice de acidentes de trabalho superior à média setorial, sujeitar-se-ia a empresa à contribuição adicional de 0,9% a 1,8%", ou seja, à medida em que ocorresse um maior número de acidentes do trabalho, a empresa responsável estaria obrigada a recolher o tributo em percentuais maiores, escalonados entre 0,9% a 1,8%. Assim, segundo o STF, a própria lei faz a distinção entre os contribuintes em situação desigual, não havendo ofensa à isonomia tributária.

Por fim, a lei instituidora da referida exação definira todos os elementos capazes de dar origem à obrigação tributária (fato gerador, base de cálculo, alíquota e sujeito passivo), ficando apenas a previsão das atividades e a relação dos agentes nocivos que ensejariam a concessão da aposentadoria especial a cargo de decreto regulamentar, fato não considerado irregular pela Corte Suprema.

---

*(UFRJ/Eletronorte/Advogado/2005) Discorra sobre a competência privativa tributária e mencione dois exemplos de impostos de cada um dos entes federativos.*

Autor: Márcio Ladeira Ávila

### Direcionamento da resposta

Tratando-se de competência tributária, o candidato deve ter conhecimento do texto constitucional, em especial, os artigos 153, 155 e 156. No Código Tributário Nacional, devem ser lidos os artigos 6º a 8º.

### Sugestão de resposta

Na qualidade de lei fundamental do Estado, a Constituição contém normas referentes à definição da competência tributária dos entes da federação, de forma a delimitar suas áreas de atuação. Importante frisar que a CF/88 não cria tributos.

A competência tributária é a aptidão que a União, os Estados, o Distrito Federal e os Municípios possuem para criar e legislar a respeito dos tributos. É indelegável, como preceitua o artigo 7º do CTN, o que não se confunde com a possibilidade de uma pessoa jurídica de direito público poder conferir a outra a atribuição das funções de arrecadar ou fiscalizar tributos, ou de executar leis, serviços, atos ou decisões administrativas em matéria tributária (capacidade tributária ativa).

Em linhas gerais, a doutrina classifica a competência tributária em privativa, comum, residual e extraordinária. A competência tributária privativa é a atribuição exclusiva a certo ente federativo para a criação de um tributo, de forma discriminada. De acordo com o artigo 153 da CF/88, compete à União instituir impostos sobre as seguintes bases econômicas: importação de produtos estrangeiros; exportação, para o exterior, de produtos nacionais ou nacionalizados; renda e proventos de qualquer natureza; produtos industrializados; operações de crédito, câmbio e seguro, ou relativas a títulos ou valores mobiliários; propriedade territorial rural; grandes fortunas, nos termos de lei complementar.

A União, diferentemente dos demais entes da federação, ainda tem competência privativa para instituir as contribuições especiais (parafiscais) e os empréstimos compulsórios.

Compete aos Estados e Distrito Federal, de acordo com o artigo 155 da CF, instituir impostos sobre: transmissão *causa mortis* e doação, de quaisquer bens ou direitos; operações relativas à circulação de mercadorias e sobre prestações de serviços de transporte interestadual e intermunicipal e de comunicação, ainda que as operações e as prestações se iniciem no exterior; e, propriedade de veículos automotores.

Por fim, aos Municípios compete, de acordo com o artigo 156 da CF, instituir impostos sobre: propriedade predial e territorial urbana; transmissão *inter vivos*, a qualquer título, por ato oneroso, de bens imóveis, por natureza ou acessão física, e de direitos reais sobre imóveis, exceto os de garantia, bem como cessão de direitos a sua aquisição; serviços de qualquer natureza, não compreendidos no art. 155, II, definidos em lei complementar.

Por fim, os Municípios ainda possuem competência para instituir a Contribuição de Iluminação Pública (CIP).

## 2. ESPÉCIES TRIBUTÁRIAS

*(Esaf/PFN/Procurador/2016) O § 7º do art. 195 da Constituição dispõe que "são isentas de contribuição para a seguridade social as entidades beneficentes de assistência social que atendam às exigências estabelecidas em lei." (i) A "lei" a que se refere o dispositivo é ordinária ou complementar? (ii) Medida provisória poderia dispor sobre as exigências em causa? Justifique ambas as respostas na forma do direito brasileiro vigente conforme compreendido pela jurisprudência dominante do Supremo Tribunal Federal. A primeira resposta – necessariamente – também deverá tomar em consideração o inciso II do art. 146 da Constituição ("Cabe à lei complementar: (...) regular as limitações*

*constitucionais ao poder de tributar;"*) *inclusive para, se for o caso, distinguir ou não, de modo fundamentado, a imunidade a que se refere esse dispositivo e a isenção a que se refere o § 7º do art. 195 da Constituição.*

**Autor: Rodolfo Botelho Cursino**

### Direcionamento da resposta

Deve o candidato se ater ao texto literal do artigo 195, § 7º, da Constituição Federal de 1988, argumentando que, com base na hermenêutica constitucional, apenas se exige Lei Complementar quando a CF/88 é expressa neste sentido, bem como expondo o entendimento do STF acerca da interpretação dada a este artigo e ao 146, II, da CF/88. Ademais, deve-se diferenciar isenção e imunidade, posicionando-se que a regra do artigo 195, § 7º, da CF/88 é imunidade. Por fim, defender que, como não se exige Lei Complementar, não há vedação ao uso da Medida Provisória.

### Sugestão de resposta

Conforme entendimento doutrinário, a imunidade corresponde a uma limitação constitucional do poder de tributar que acaba por delimitar a própria competência constitucional conferida aos entes políticos, ao passo em que a isenção opera no âmbito do próprio exercício da competência, correspondendo a uma dispensa legal de se pagar tributo.

Neste contexto, o artigo 195, § 7º, da Constituição Federal de 1988, dispõe que são isentas de contribuição para a seguridade social as entidades beneficentes de assistência social que atendam às exigências estabelecidas em lei. Em que pese ter o constituinte se utilizado da expressão isenção, o entendimento majoritário na doutrina e no âmbito do Supremo Tribunal Federal (RMS 22192 e ADI-MC 2028) é o de que corresponde a verdadeira hipótese de imunidade, posto que prevista na própria CF/88.

Ao ser considerada como uma espécie de imunidade, muito se discutiu se a lei a que se refere o mencionado § 7º corresponderia a uma lei ordinária ou a uma lei complementar, sobretudo em razão da previsão do artigo 146, inciso II, da CF/88, que dispõe que cabe à lei complementar regular as limitações constitucionais ao poder de tributar. Primeiramente, deve-se ter em mente que, conforme a hermenêutica constitucional, apenas se faz necessário o uso da lei complementar quando a própria Constituição Federal a exige expressamente. Assim, não o fazendo, o termo lei, do referido § 7º, deve ser tido como lei ordinária.

## DIREITO TRIBUTÁRIO

Ademais, o Supremo Tribunal Federal (v.g. RE 636941), ao se debruçar sobre a questão, firmou o entendimento de que a lei complementar referida no artigo 146, inciso II, da CF/88, é aquela que regulará a imunidade, enquanto hipótese de limitação ao poder de tributar, definindo os próprios limites objetivos ou materiais da imunidade. Destarte, a própria imunidade do artigo 195, § 7°, da CF/88 estaria sujeita à lei complementar quanto a estes limites materiais. Por outro lado, no que se refere aos aspectos formais ou subjetivos para se gozar da imunidade, tais como a fixação de normas de constituição e funcionamento das entidades beneficentes, é possível a sua regulação por lei ordinária, devendo-se ater a lei referida no mencionado § 7° a estes limites.

Por fim, uma vez que o dispositivo em debate não exige lei complementar, mas apenas lei ordinária, é plenamente possível o uso da medida provisória, por não incorrer na vedação disposta no artigo 62, § 1°, II, da Constituição Federal de 1988.

*(TJ/RJ/Juiz/2013) No final de 2012 foi aprovado o Projeto de Lei n. 1.877/12, pela Assembleia Legislativa do Estado do Rio de Janeiro, que "institui a taxa de controle, monitoramento e fiscalização das atividades de pesquisa, lavra, exploração, e aproveitamento de petróleo e gás – TFPG (...) "A justificativa do Projeto de Lei era a seguinte: "Diante do risco de perda dos royalties decorrentes da exploração do Petróleo, o Estado do Rio de Janeiro será o maior prejudicado com considerável redução da receita para o ano de 2013. Muito embora o governo tenha vetado a proposta de redistribuição, o congresso ameaça derrubar o veto. Medidas compensatórias vêm sendo estudadas pelos representantes das unidades federativas prejudicadas, bem como pela Presidência da República. O presente projeto vem ao encontro das medidas adotadas para evitar lesão irreparável aos cofres públicos do Estado. Nesse sentido, os Estados de Minas e Pará já possuem taxa semelhante com o objetivo de controlar e fiscalizar seus recursos minerais e proteger seu meio ambiente." O valor arrecadado com a taxa, portanto, se destinava a compensar a perda de arrecadação que seria gerada com a perda dos royalties do Petróleo. Qual a sua opinião sobre a constitucionalidade de eventual lei nesse sentido?*

**Autor: Renato de Pretto**

### Direcionamento da resposta

Nesta questão, o candidato deveria explorar os artigos da Constituição Federal ligados à repartição de competências quanto à matéria que foi objeto da tributação em apreço, ou seja, deveria cotejar as normas previstas nos artigos 20, inciso IX e § 1° e 22, XII frente ao artigo 23, inciso XI, todos de nossa Lei Maior.

### Sugestão de resposta

Em princípio, sob a análise do artigo 20, inciso IX e § 1º combinado com o artigo 22, inciso XII, da Constituição de 1988, a taxa derivada do projeto telado padeceria de inconstitucionalidade. De fato, a taxa de fiscalização no caso incidiria sobre matéria – exploração de petróleo – afeta à União e que, na atualidade, se submete à averiguação pela Agência Nacional do Petróleo.

De outro lado, contudo, pode ser sustentada a constitucionalidade do projeto e da consequente exação tributária, apoiando-se no conteúdo do disposto no artigo 23, inciso XI, do Texto Constitucional. Por meio dele, os entes federados detêm competência comum para registrar, acompanhar e fiscalizar as concessões de direitos de pesquisa e exploração de recursos hídricos e minerais em seus territórios. Assim, os Estados, como na hipótese, também teriam competência para exercer poder de polícia quando se trata de pesquisa e exploração de recursos minerais.

---

*(Cespe/AGU/Advogado/2012) A concessionária X, contratada pelo poder público para explorar, conservar e manter a regularidade do tráfego em determinada rodovia federal mediante contraprestação dos usuários, encaminhou ofício ao poder concedente, informando que, após aquela data, enviaria os relatórios de débitos dos usuários para que a procuradoria do ente federativo executasse a cobrança. Em face dessa situação hipotética, discorra sobre a pertinência da conduta da concessionária, com base no disposto na Lei n. 4.320/1964, e estabeleça a distinção conceitual e classificatória entre preço público, tarifa, pedágio e taxa.*

Autor: *Renato Cesar Guedes Grilo*

### Direcionamento da resposta

Nesta questão o candidato deve apontar qual a natureza da receita em discussão (taxa, pedágio, tarifa ou preço público) e com base na resposta em se tratando de taxa a conduta da concessionária teria sido correta, mas se se tratar das demais receitas, incorreta.

### Sugestão de resposta

De acordo com a recente posição do STF pedágio e taxa não se confundem, bem como pedágio não é tributo.

**Taxa** é espécie de **tributo** que tem na sua materialidade uma atividade do Estado, servindo para remunerar o exercício do poder de polícia ou a utilização, efetiva ou potencial, de serviços públicos específicos e divisíveis, nos termos do art. 145, II, da Constituição Federal. Por ser espécie tributária, está submetida a um regime de **direito público** e a ela se aplicam todas as limitações constitucionais ao poder de tributar (princípios da legalidade, anterioridade nonagesimal, noventena e do exercício financeiro, sua cobrança segue o rito especial da Execução Fiscal, etc.). Na classificação do Direito Financeiro, se trataria de receita derivada (art. 9º da Lei 4.320/1964) e corrente (art. 11, § 1º da referida Lei).

O **preço público** possui natureza contratual, sendo imprescindível para a validade de sua cobrança a efetiva utilização do serviço prestado ao usuário, de modo que não se admite a cobrança de preço público pela utilização em potencial do serviço, como ocorre validamente com a taxa.

Parte da doutrina diferencia preço público de **tarifa,** onde aquele seria utilizado para quando o serviço e a cobrança forem realizadas diretamente pelo Estado, e tarifa quando a prestação e a cobrança forem feitas por particular concessionário ou permissionário daquele serviço.

O **pedágio** é taxa ou preço público. De acordo com a Constituição, mesmo se fosse considerado tributo, sua cobrança será possível em razão da utilização de vias conservadas pelo Poder Público. Seria, nesse caso, um tipo especial de taxa que somente poderia ser cobrada pela utilização efetiva de um serviço, não admitindo a cobrança pela simples disponibilização da rodovia em condições de tráfego.

Diante deste impasse, há quem aplique aqui o critério da compulsoriedade na primeira acepção trazida acima: se o usuário puder licitamente se deslocar do ponto A para o B, sem necessariamente se valer da rodovia com pedágio, este possuirá natureza de preço público; agora se para chegar ao seu destino o usuário tiver que se valer da rodovia com pedágio, sua natureza será de taxa.

A jurisprudência do STF já considerou o pedágio taxa (RE 181475), como também já entendeu ser preço público (ADI 800).

O critério diferenciador da taxa e demais receitas está no enunciado da Súmula 545 do STF *"Preços de serviços públicos e taxas não se confundem, porque estas, diferentemente daqueles, são compulsórias e tem sua cobrança condicionada a prévia autorização orçamentária, em relação a lei que as instituiu".*

A súmula deixa claro que o STF além de ver diferença entre tais institutos, parece apontar não só umas das principais características da taxa, mas também o que seria um critério diferenciador entre ambos: a **compulsoriedade**.

Como estamos buscando responder a indagação feita acima, qual seja entender *o que justifica determinado serviço público ser remunerado por taxa enquanto outro é remunerado por tarifa*, é curial que busquemos um critério diferenciador.

O **critério da compulsoriedade**, que é aceito por diversos doutrinadores, pode ser entendido de duas formas: 1. Um serviço público será remunerado por taxa se não puder o administrado licitamente obter de outro modo aquela comodidade por ele proporcionada. Caso haja uma outra alternativa lícita ao administrado para obter a comodidade almejada, sua adesão ao serviço é considerada facultativa, devendo ser remunerado por preço público; ou 2. Sempre que a contraprestação a cargo do sujeito passivo independer de sua efetiva utilização, bastando que o serviço público seja disponibilizado pelo Estado ou por um concessionário, advindo o vínculo diretamente da lei, estaremos diante de uma taxa; agora se for necessário um contrato, mesmo que verbal ou de adesão, podendo o usuário optar em não receber aquele serviço público, estaremos diante de um preço público.

Então, onde não cabe o contrato, o serviço público será remunerado por taxa, pois não há que se falar em liberdade do usuário – trata-se de vínculo *ex lege*. Quando houver possibilidade de escolha por parte do administrado, aderindo ao contrato (seja ele de adesão, verbal, precedido de licitação ou não – exemplo: contrato de transporte coletivo), será o serviço remunerado por preço público.

Nada impede, então, que os preços públicos sejam juridicamente transformados em taxas. Para tanto, que se tornem, por lei, compulsórios; que os serviços a eles correspondentes sejam efetivamente prestados aos contribuintes, ou postos à sua disposição; e que aludidos serviços atendem aos requisitos da especificidade e divisibilidade.

Contudo, recentemente decidiu o STF na ADI 800 e ADI 4965 (Informativo 750) que o **pedágio** cobrado pela efetiva utilização de rodovias não tem natureza tributária, mas de preço público, consequentemente, não está sujeito ao princípio da legalidade estrita, sepultando expressamente o critério da via alternativa gratuita para definir a natureza jurídica do pedágio.

Desta forma, em se tratando de preço público, tarifa ou pedágio quando explorado pelo próprio Ente, ter-se-á uma receita originária em razão da obtenção de recursos pela exploração do Estado de seu próprio patrimônio, agindo como se particular fosse e não podendo utilizar seu poder coercitivo. De modo diverso, se se cuidasse de tributo (taxa) ter-se-ia receita de natureza derivada, recolhidas do setor privado por ato de autoridade, aplicando o poder coercitivo.

## DIREITO TRIBUTÁRIO

No caso em questão, aplicando o recente entendimento do Pleno do STF, a Corte realçou que essa discussão da natureza tributária ou não do pedágio teria sido contaminada pela figura do denominado "**selo-pedágio**", prevista na Lei 7.712/1988, reconhecido como **taxa** pelo STF. Contudo, fez questão de ressaltar em seu julgamento que essa exação seria compulsória a todos os usuários de rodovias federais, por meio de pagamento renovável mensalmente, independentemente da frequência de uso, cobrada antecipadamente, como contrapartida a serviço específico ou divisível, prestado ao contribuinte ou posto à sua disposição (critério da compulsoriedade). Consignou haver profundas diferenças entre o citado "**selo-pedágio**" e o **pedágio**, na forma em que atualmente disciplinado. Foi além, afirmando que esse último somente seria cobrado se, quando e cada vez que houvesse efetivo uso da rodovia, o que não ocorreria com o "**selo-pedágio**", que seria exigido em valor fixo, independentemente do número de vezes que o contribuinte fizesse uso das estradas durante o mês. Destacou que o enquadramento do **pedágio** como **taxa** ou preço público independeria de sua localização topológica no texto constitucional, mas seria relacionado ao preenchimento, ou não, dos requisitos previstos no art. 3º do CTN ("Tributo é toda prestação pecuniária compulsória, em moeda ou cujo valor nela se possa exprimir, que não constitua sanção de ato ilícito, instituída em lei e cobrada mediante atividade administrativa plenamente vinculada").

Assim, não sendo tributo, mas um preço contratual a ser cobrado pela própria concessionária, a cobrança compete a esta não sendo adequado o encaminhamento à Procuradoria para cobrança dos inadimplentes.

Entretanto, sendo tributo, competiria o encaminhamento à Procuradoria para inscrição em Dívida Ativa e posteriormente ajuizamento da execução fiscal.

---

*(Esaf/PFN/Procurador/2012) A empresa Pato e Ganso S/A, antes de qualquer ato formal de lançamento, ajuizou ação em que efetuou o depósito integral dos valores relativos à contribuição destinada ao Serviço Brasileiro de Apoio às Micro e Pequenas Empresas – Sebrae. Alegava, em síntese: (Tese A): a exação não poderia ser cobrada de empresas de grande porte, pois os serviços prestados pelo Sebrae limitam-se às micro e pequenas empresas. No curso do processo, depois de escoado o prazo legal para o lançamento, a empresa alegou, ainda, (Tese B) ter ocorrido a decadência do crédito tributário e requereu o levantamento dos valores depositados, por não ter havido ato formal de lançamento. Comente cada uma das alegações formuladas pela empresa, abordando especialmente: em relação à Tese A, a natureza jurídica da referida Contribuição; e, em relação às Teses A e B, a jurisprudência predominante dos Tribunais Superiores.*

Autor: Renato Cesar Guedes Grilo

## Direcionamento da resposta

A questão abordou duas temáticas, sendo uma de índole eminentemente doutrinária e outra jurisprudencial. Primeiro, quanto à doutrina, deve-se destacar que a natureza jurídica da chamada contribuição ao SEBRAE é interventiva, ou seja, de intervenção sobre o domínio econômico – destacando que as duas outras espécies de contribuições são sociais e coorporativas de interesse de categorias profissionais.

A jurisprudência e a doutrina, por conseguinte, afastou a chamada referibilidade direta da contribuição ao SEBRAE; vale dizer, esta espécie de contribuição não precisa ser cobrada apenas daqueles que se aproveitam da intervenção realizada pelo órgão em questão – em acréscimo a isso, percebe-se que a taxa de serviços, de outra banda, é sim um tributo com referibilidade direta, imediata e necessária, pois o sujeito passivo é quem recebe o benefício específico e divisível do Estado. Portanto, o fato de a empresa ser de grande porte e não lhe serem direcionadas as vantagens do Serviço Brasileiro de Apoio às Micro e Pequenas Empresas não é um argumento para ser afastada a incidência da contribuição interventiva em testilha.

De outra banda, a decadência não se observa quando há, antes de qualquer atuação do Fisco, o depósito do montante integral da exação, pois essa atitude do contribuinte serve como hipótese de lançamento, nos termos da jurisprudência do STJ. Assim, trata-se de enunciado bastante rico e que exigiu o conhecimento da doutrina[5] e jurisprudência[6] e específicas acerca da contribuição interventiva ao SEBRAE.

## Sugestão de resposta

As contribuições são espécies tributárias com regra matriz constitucional no Art. 149 da CF/88, compreendendo as seguintes espécies: sociais, destinadas ao financiamento da seguridade social; coorporativas, de interesse das categorias profissionais; e interventivas, que servem como instrumento de intervenção do Estado sobre o domínio econômico.

As contribuições interventivas, portanto, se dirigem a um agir específico do Estado na indução, fiscalização e planejamento da atividade econômica (Art.

---

5. Para aprofundamento: "Da finalidade típica do SEBRAE decorre nova diferença da contribuição em foco perante as supramencionadas: a sua qualificação como contribuição interventiva." PAULSEN, Leandro. VELLOSO, Andrei Pitten. Contribuições: Teoria geral e contribuições em espécie. Porto Alegre: Livraria do Advogado, 2010. p. 253.

6. Ao apreciar a constitucionalidade da contribuição ao SEBRAE, o Supremo Tribunal Federal negou que o benefício econômico fosse requisito de validade das contribuições especiais e assim chancelou a sua cobrança até mesmo das empresas de médio e grande porte (Pleno, RE 396266, 1.11.2003).

DIREITO TRIBUTÁRIO

174 da CF), mediante a arrecadação de recursos dos agentes econômicos para o investimento em áreas específicas. É o caso da contribuição para o SEBRAE, que se destina ao incentivo ao empreendedorismo nacional.

Essa contribuição interventiva não deixa de ter a nota marcante e conceitual da solidariedade, da tal forma que a sua arrecadação não precisa guardar uma referibilidade imediata e direta com o sujeito passivo (contribuinte), tal como ocorre com as taxas cobradas pelo fornecimento direto de um serviço público. Vale dizer: a intervenção do Estado sobre o domínio econômico não precisa se voltar direta e especificamente para aqueles que contribuem solidariamente com a exação.

Desse modo, entende a jurisprudência do STF que as grandes empresas são legítimos contribuintes desta espécie de contribuição para a indução do empreendedorismo, pois são regularmente chamadas a contribuir para a melhora do mercado econômico brasileiro, muito embora a atuação do SEBRAE se volte especificamente para as pequenas e médias empresas. A eleição de uma grande empresa como contribuinte de um tributo interventivo sobre o domínio econômico não fere a Constituição.

Por fim, quanto à alegação de que há decadência no contexto retratado, o entendimento pacífico do STJ[7] é de que o depósito do montante integral, hipótese de suspensão da exigibilidade do crédito tributário (Art. 151, II, do CTN), tem o condão de constituí-lo, tal qual ocorre na sistemática do autolançamento, com a apresentação de declaração pelo sujeito passivo. Neste caso, estará dispensado qualquer ato formal de lançamento pelo Fisco.

*(AOCP/TCE/PA/Analista/2012)* Conceitue taxa e preço público e estabeleça as suas diferenças?

Autor: *Fábio Dutra*

**Direcionamento da resposta**

O candidato deve sempre se ater ao que lhe está sendo solicitado. Nesta questão, deve-se redigir um texto que contemple o disposto a seguir: conceito de taxa; conceito de preço público; diferenças entre taxas e preços públicos. Portanto, a revisão teórica será realizada nesta ordem.

---

7. A título exemplificativo, menciono o trecho de um dos precedentes que forma a referida jurisprudência do STJ (REsp 976514): "Com o depósito do montante integral tem-se verdadeiro lançamento por homologação. O contribuinte calcula o valor do tributo e substitui o pagamento antecipado pelo depósito por entender indevida a cobrança. Se a Fazenda aceita como integral o depósito, para fins de suspensão da exigibilidade do crédito, aquiesceu expressa ou tacitamente com o valor indicado pelo contribuinte, o que equivale à homologação fiscal prevista no art. 150, § 4º, do CTN".

## 1) Conceito de taxa

Inicialmente, deve-se saber que a taxa é reconhecida tanto pela Constituição Federal (art. 145, II) quanto pelo Código Tributário Nacional (art. 5º) como uma das espécies tributárias existentes no ordenamento jurídico pátrio.

Com efeito, aplica-se às taxas o disposto no art. 3º, do CTN, isto é, a taxa é uma prestação pecuniária compulsória, em moeda ou cujo valor nela se possa exprimir, que não constitua sanção de ato ilícito, instituída em lei, devendo ser cobrada mediante atividade administrativa plenamente vinculada.

Nessa linha, **as taxas estão submetidas ao regime jurídico de direito público**, devendo ser observados seus princípios característicos, não havendo que se falar em autonomia de vontade do particular quanto à contratação do serviço público.

Dada, então, a compulsoriedade desta exação, a receita decorrente da arrecadação das taxas é denominada receita derivada, pois o Estado exerce o seu poder de império para retirar os recursos do patrimônio particular, em benefício do interesse público.

Acrescente-se que, tendo natureza tributária, é relevante conhecer os seus respectivos fatos geradores, discriminados no CTN:

> Art. 77. As taxas cobradas pela União, pelos Estados, pelo Distrito Federal ou pelos Municípios, no âmbito de suas respectivas atribuições, têm como fato gerador o exercício regular do poder de polícia, ou a utilização, efetiva ou potencial, de serviço público específico e divisível, prestado ao contribuinte ou posto à sua disposição.

Duas observações importantes podem ser extraídas da redação do dispositivo supracitado:

a) As taxas são tributos que podem ser instituídos/cobrados por qualquer ente federativo, isto é, União, Estados, Distrito Federal e Municípios, no âmbito de suas respectivas atribuições.

b) O fato gerador da taxa está vinculado a uma contraprestação estatal direcionada ao contribuinte do referido tributo, que pode se referir ao exercício regular do poder de polícia[8] ou à utilização de serviço público (específico e divisível), prestado ao contribuinte ou posto à sua disposição.

---

8. Considera-se poder de polícia atividade da administração pública que, limitando ou disciplinando direito, interesse ou liberdade, regula a prática de ato ou abstenção de fato, em razão de interesse público concernente à segurança, à higiene, à ordem, aos costumes, à disciplina da produção e do mercado, ao exercício de atividades econômicas dependentes de concessão ou autorização do Poder Público, à tranquilidade pública ou ao respeito à propriedade e aos direitos individuais ou coletivos (Lei 5.172/1.966, art. 78, caput).

Ainda como consequência de sua natureza tributária, **a sua arrecadação e fiscalização fica a cargo de pessoa jurídica de direito público**, em conformidade com o disposto no art. 7º, *caput*, do CTN.

### 2) Conceito de preço púbico

Preços públicos são prestações pecuniárias com o objetivo de suprir o Estado de recursos, em contraprestação aos serviços por este prestados aos particulares.

Tais serviços públicos, no entanto, não se confundem com aqueles passíveis de cobrança mediante taxa, já que neste caso o serviço público possui caráter facultativo, prevalecendo a autonomia de vontade do particular em contratar ou não o referido serviço. Portanto, pode-se afirmar que **os preços públicos são regidos pelo regime jurídico de direito privado**, prevalecendo o regime contratual.

Por não se tratar de prestação tributária, **nada obsta sua cobrança por meio de pessoas jurídicas de direito privado**, como é o caso dos serviços públicos prestados por concessionárias e permissionárias.

Por conseguinte, resta claro que os preços públicos caracterizam-se não como receita derivada, mas como receita pública originária, pelo fato de ingressarem nos cofres públicos sem que o Estado exerça seus poderes de autoridade.

### 3) Distinção entre taxa e preço público

Diante das considerações realizadas nos tópicos anteriores, é possível resumir as distinções entre tais institutos por meio do quadro que se segue:

| Taxa | Preço público |
|---|---|
| Possui natureza tributária | Não possui natureza tributária |
| Decorre de lei | Decorre de contrato administrativo |
| Não há manifestação de vontade | Há manifestação de vontade |
| Caráter compulsório | Caráter facultativo |
| Regime jurídico de direito público | Regime jurídico de direito privado |
| Cobrada por pessoa jurídica de direito público | Cobrada por pessoa jurídica de direito público e privado |
| Receita derivada | Receita originária |

Acrescente-se que a caracterização da natureza de tais prestações, se taxa ou preço público, é tema recorrentemente levado aos tribunais, os quais são instados a se posicionar quanto à classificação dos mais diversos serviços públicos prestados à sociedade.

### Sugestão de resposta

A Constituição Federal e o Código Tributário Nacional reconhecem a natureza tributária das taxas, sendo estas legalmente exigidas em contrapartida a uma atividade estatal relativa ao particular, que pode consistir no exercício regular do poder de polícia ou na utilização de serviço público (específico e divisível), prestado ao contribuinte ou posto à sua disposição.

Destaque-se que nem todo serviço público prestado pelos entes públicos ensejam a cobrança de taxa, já que as contraprestações podem se dar por meio de preços públicos, também destinados a suprir os cofres públicos de recursos, embora guardem distinções significativas, se comparados às taxas, a começar pelo fato de não possuírem natureza tributária.

Nesse contexto, os preços públicos estão submetidos ao regime jurídico de direito privado, prevalecendo a manifestação de vontade do particular na contratação do serviço público a que se refere, gozando assim de caráter facultativo. Diferentemente, as taxas são prestações compulsórias, regidas pelo regime jurídico de direito público. Assim sendo, são exigidas com base em lei, em razão do princípio da legalidade tributária, não havendo que se falar em autonomia de vontade do particular.

Deve-se ressaltar, ainda, que as taxas, em conformidade com as disposições do Código Tributário Nacional, somente podem ter no polo ativo da relação obrigacional pessoa jurídica de direito público, restrição esta não aplicável aos preços públicos.

Na esteira desse entendimento, as taxas constituem receitas derivadas, por conta da sua obtenção mediante a prerrogativa do poder de império do Estado. Diferentemente, os preços públicos são típicas receitas originárias, pois ingressam nos cofres públicos sem a imposição da referida autoridade.

Acrescente-se, por fim, que a caracterização da natureza de tais prestações, se taxa ou preço público, é tema recorrentemente levado aos tribunais, os quais são instados a se posicionar quanto à classificação dos mais diversos serviços públicos prestados à sociedade.

# DIREITO TRIBUTÁRIO

**(UESPI/CM/Teresina/Procurador/2011)** *Projeto de lei do Município de Teresina pretende criar contribuição de melhoria para custeio das despesas com construção de parque no bairro da Ininga. Das informações publicadas previamente para atendimento ao que dispõe o art. 82, I, do Código Tributário Nacional, verifica-se que apenas 10% do custo da obra será financiado através do tributo, que será repartido, nos termos do projeto, na proporção da área dos imóveis localizados na zona beneficiada. Teça considerações a respeito da legalidade e constitucionalidade do projeto.*

Autor: **Helton Kramer Lustoza**

### Direcionamento da resposta

A contribuição de melhoria é um tributo previsto expressamente pelo art. 145, III da Constituição Federal e regulamentado pelos arts. 81 e 82 do Código Tributário Nacional e pelo Decreto-Lei n. 195/67.

Segundo o art. 81 do Código Tributário Nacional, é possível a instituição da "contribuição de melhoria pela União, pelos Estados, pelo Distrito Federal ou pelos Municípios, no âmbito de suas respectivas atribuições, para fazer face ao custo de obras públicas de que decorra valorização imobiliária, tendo como limite total a despesa realizada e como limite individual o acréscimo de valor que da obra resultar para cada imóvel beneficiado".

Observe-se que o Poder Público somente poderá instituir a contribuição de melhoria para custar a realização de obra pública, desde que esta propicie valorização imobiliária em benefício do sujeito passivo da exação.

Este tributo está sujeito aos seguintes princípios constitucionais tributários: a) legalidade; b) isonomia; c) capacidade contributiva; d) irretroatividade; e) anterioridade; f) anterioridade nonagesimal ou mitigada; g) vedação à utilização de tributo com efeito de confisco; h) limitação ao tráfego de pessoas ou bens; i) vedação à instituição de isenções heterônomas.

### Sugestão de resposta

O respectivo projeto de lei prevê que a construção de parque no bairro da Ininga terá 10% do seu valor custeada através da contribuição de melhoria, que será repartido, nos termos do projeto, na proporção da área dos imóveis localizados na zona beneficiada.

Sabe-se que a contribuição de melhoria é um tributo previsto expressamente pelo art. 145, III da Constituição Federal e regulamentado pelos arts. 81 e 82 do Código Tributário Nacional e pelo Decreto-Lei n. 195/67. Assim, segundo o art. 81 do Código Tributário Nacional, seguindo diretriz do art. 145 III da Constituição Federal, é possível a instituição da "contribuição de melhoria pela União, pelos Estados, pelo Distrito Federal ou pelos Municípios, no âmbito de suas respectivas atribuições, para fazer face ao custo de obras públicas de que decorra valorização imobiliária, tendo como limite total a despesa realizada e como limite individual o acréscimo de valor que da obra resultar para cada imóvel beneficiado".

Nesta mesma linha, o art. 2°, II do Decreto-Lei 195/67 autoriza a incidência da contribuição de melhoria no caso de valorização de imóveis de propriedade privada, em virtude de "construção e ampliação de parques, campos de desportos, pontes, túneis e viadutos".

Quanto ao fato de custear parcialmente a obra pública através deste tributo não encontra qualquer ilegalidade. Contudo, observe-se que o Estado somente poderá instituir a contribuição de melhoria para custar a realização de obra pública, desde que esta propicie valorização imobiliária em benefício do sujeito passivo da exação, servindo este como limite individual.

Conforme acima citado, o art. 81 do Código Tributário Nacional estabelece que a contribuição de melhoria tem como "limite total a despesa realizada e como limite individual o acréscimo de valor que da obra resultar para cada imóvel beneficiado". Assim, o projeto de lei se mostra ilegal ao prever a instituição deste tributo baseando-se somente na divisão do valor perante os imóveis beneficiados pela obra pública sem a realização da avaliação imobiliária individual. O correto seria ter aferido o valor comercial anterior e posterior à obra pública para comprovar o limite individual do valor da exação, sendo que a ausência deste requisito torna o tributo ilegal.

Desta forma, o projeto de lei analisado é ilegal por estar em contradição com os requisitos do art. 81 do Código Tributário Nacional.

*(Fumarc/PGM/Nova_Lima/Procurador/2011)* O Jornal Valor Econômico publicou no dia 30.6.11, matéria jornalística, com o seguinte título: "Lobão vê espaço para dobrar alíquota média da CFEM". A reportagem tinha o seguinte conteúdo: "Rio - O ministro de Minas e Energia, Edison Lobão, acredita que há espaço para dobrar a alíquota média cobrada atualmente na Compensação Financeira pela Exploração de Recursos Minerais (CFEM). Lobão explicou que a CFEM varia entre, 2% e 3% da receita líquida obtida com a venda de minério, ficando na média em 2%. Nossa impressão é que vá dobrar a média cobrada na CFEM, para 4%. Pode ser um pouco mais ou menos. É isso que está sendo avaliado", frisou Lobão, que participou, no Rio de Janeiro, da posse de Manoel

## DIREITO TRIBUTÁRIO

*Barretto na presidência do Serviço Geológico do Brasil (CPRM). Lobão explicou que, dos três projetos de lei que o governo pretende enviar para o Congresso no âmbito do novo marco regulatório do setor mineral, o que rege a mudança na CFEM é o que está mais atrasado. O ministro espera que entre 15 e 20 dias a presidente Dilma Rousseff envie ao Congresso o projeto sobre o novo código mineral. A seguir, o Congresso deverá receber o projeto de lei sobre a criação da nova agência reguladora do setor mineral, questão que atualmente está sendo analisada pelo Ministério do Planejamento. Em relação à CFEM, o principal gargalo é a necessidade de estudos sobre o quanto é cobrado em impostos, tributos e compensações do setor mineral. De um lado, Lobão lembra que o teto da CFEM – espécie de royalties para o setor mineral – é de 3%, enquanto a média mundial nos grandes países mineradores oscila entre 8% e 10%. Do outro lado, as empresas argumentam, segundo o ministro, que a carga tributária no país é bem mais elevada que em outras partes do mundo. Lobão explicou que o governo está estudando justamente a possibilidade de elevar a CFEM sem tornar a carga total de impostos, tributos e compensações maior no Brasil que em nações concorrentes no setor de mineração. Diante desse contexto, defenda a ideia sobre a natureza tributária da CFEM. Ao expor a defesa, apresente argumentos considerando o disposto no artigo 3º do CTN.*

**Autores: Helton Kramer Lustoza e Leonardo Zehuri Tovar**

### Direcionamento da resposta

Resumidamente deve ser abordada, à luz do artigo 3º do CTN, a natureza jurídica da CFEM, para após, apresentar-se as posições que conduzam à conclusão de que esta contribuição pode ser tida, ou não, como um tributo.

### Sugestão de resposta

Como se sabe, a Compensação Financeira pela Exploração de Recursos Minerais é estabelecida através da Constituição Federal, pelo artigo 20, parágrafo primeiro, o qual destaca ser ela devida aos Estados, Distrito Federal, Municípios e órgãos da administração direta da União.

Grande controvérsia paira sobre a definição da natureza da compensação financeira pela exploração de recursos minerais, se tributo ou receita originária. Pode-se encarar a questão por ângulos distintos. Com efeito, o texto constitucional menciona expressamente que o encargo sob análise é devido não só à União – proprietária do bem – mas também aos estados-membros, aos municípios e ao Distrito Federal. Diante deste quadro estaria refutado o caráter contraprestacional da CFEM e, por consequência, sua natureza de preço público. A

CFEM então fica bem melhor enquadrada no campo dos tributos, dado seu encaixe à definição contida no art. 3º do Código Tributário Nacional.

Dissecando: pouco importa o fato de a CFEM, a despeito de contribuição compulsória prevista no art. 20, § 1º, não se encontrar inserida no capítulo do Sistema Tributário Nacional. Isto, a evidência, não é relevante para descaracterizar sua natureza, que é tributária. Ora, embora não prevista em local específico (o capítulo do Sistema Tributário), isto não a descaracteriza enquanto tributo, até porque situação similar ocorre também com as contribuições do art. 195, CF, as quais, como se sabe, detêm natureza tributária.

De mais a mais, com apoio na doutrina, a CFEM deve ser classificada como tributo pela razão de o art. 20, § 1º, CF prever que ela é criada por lei em favor de entes de direito público sendo uma prestação pecuniária compulsória, do que decorre a conclusão de que há, sim, nela, a presença de natureza tributária, até porque seus traços marcantes subsumem, como dito, o conceito de tributo previsto no art. 3º, CTN.

Seu fato gerador consiste na exploração de recursos minerais no respectivo território do ente político onde os recursos estão localizados; é tributo, então, exatamente porque instituído com fundamento em vantagens econômicas individuais decorrentes da utilização, especial e individualizada, de bens do domínio público. Imposto, como já adiantado, porque independente de qualquer atividade estatal específica relacionada com o contribuinte, tal qual prevê o art. 16, CTN e também porque não tem como fundamento a remuneração de atividade de polícia consistente na concessão de lavra, "mas sim na exploração de recursos minerais, em si mesma considerada, que prescinde em absoluto de uma atividade de Administração e que é manifestação de capacidade contributiva perfeitamente adequada à instituição de um imposto"[9].

A observação fica por conta do Supremo Tribunal Federal[10] e do Superior Tribunal de Justiça terem pacificado a orientação de que a Compensação Financeira pela Exploração de Recursos Minerais – CFEM – nutre natureza jurídica de receita patrimonial. É que, mesmo que a CFEM seja marcada por ser uma prestação pecuniária compulsória instituída por lei, isto aos olhos dos tribunais

---

9. XAVIER, Alberto. Natureza jurídica e âmbito de incidência da compensação financeira pela exploração de recursos minerais. Revista Dialética de Direito Tributário, n. 29, 1998, p. 10-25.
10. "1. O tratar-se de prestação pecuniária compulsória instituída por lei não faz necessariamente um tributo da participação nos resultados ou da compensação financeira previstas no art. 20, § 1º, CF, que configuram receita patrimonial. 2. A obrigação instituída na Lei 7.990/89, sob o título de "compensação financeira pela exploração de recursos minerais" (CFEM) não corresponde ao modelo constitucional respectivo, que não comportaria, como tal, a sua incidência sobre o faturamento da empresa; não obstante, é constitucional, por amoldar-se à alternativa de "participação no produto da exploração" dos aludidos recursos minerais, igualmente prevista no art. 20, § 1º, da Constituição". (STF, RE 228800, DJ 16.11.2001).

superiores, não faz dela necessariamente um tributo. Trata-se, isso sim, de uma participação nos resultados ou das compensações financeiras previstas no art. 20, § 1º, CF e que, portanto, configura receita patrimonial.

***

**(MPF/Procurador_da_República/2011)** *A prestação pecuniária cobrada pela municipalidade em decorrência da remoção de lixo domiciliar submete-se a que regime jurídico? Justificar. E afirmar se a receita proveniente da realização desses serviços denomina-se originária, derivada ou de capital.*

Autores: Paulo Roberto Sampaio Santiago e Ricardo Melo Jr.

### Direcionamento da resposta

O candidato precisa de conhecimento acerca da matéria tributária, tanto no Texto Constitucional quanto no próprio Código Tributário, bem como atualização jurisprudencial sobre os assuntos envolvidos.

### Sugestão de resposta

Trata-se de taxa pela prestação de serviço público específico e divisível, submetendo-se, portanto, ao regime jurídico tributário, nos termos dos arts. 77 e ss. do CTN.

Destaque-se que a cobrança de taxa sujeita-se à configuração do serviço público como específico (destacado em unidades autônomas de intervenção, nesse caso, uma vez que a coleta é feita individualmente em cada prédio) e divisível (suscetível de utilização, separadamente, por parte de cada um dos seus usuários, como na coleta de lixo – diferentemente do serviço indivisível, que é prestado à coletividade sem individualização, como a iluminação pública).

No caso apontado, é irrelevante se o serviço é efetivamente utilizado pelo contribuinte individualmente todos os dias, uma vez que é posto à sua disposição (art. 77, última parte, do CTN).

Quanto à natureza financeira da receita, trata-se de receita derivada, uma vez que as receitas decorrentes da arrecadação tributária têm essa natureza, decorrendo do constrangimento do patrimônio do particular (exercício do poder de império estatal).

***

**(Zambini/Dersa/Advogado/2009)** *Faça a distinção entre o imposto, a taxa e a contribuição de melhoria.*

Autor: Márcio Ladeira Ávila

### Direcionamento da resposta

É importante que o candidato tenha noção do conceito de tributo e de sua classificação quanto às espécies. Os seguintes dispositivos devem ser lidos: art. 145 da CF/88, artigos 3º a 5º, 16, 77 a 80, 81 e 82 do CTN, além do Decreto-lei n. 195/67 (contribuição de melhoria).

### Sugestão de resposta

O tributo destina-se à obtenção de receita para o financiamento das necessidades essenciais do Estado. Ricardo Lobo Torres entende que tributo é o dever fundamental, consistente em prestação pecuniária, que, limitado pelas liberdades fundamentais, sob a diretiva dos princípios constitucionais da capacidade contributiva, do custo/benefício ou da solidariedade do grupo e com a finalidade principal ou acessória de obtenção de receita para as necessidades públicas ou para atividades protegidas pelo Estado, é exigido de quem tenha realizado o fato descrito em lei elaborada de acordo com a competência específica outorgada pela Constituição.

Por sua vez, Adilson Rodrigues Pires ensina o tributo é manifestação de poder e, ao mesmo tempo, resultado da força coercitiva pela qual o grupo organizado impõe um dever social aos indivíduos. Assim, intui-se que o tributo emana do dirigismo estatal no sentido da verificação da expressão de riqueza dos administrados, seja oriunda do trabalho, da propriedade ou da circulação de riquezas.

O art. 3º do CTN fornece o conceito legal de tributo, ao estabelecer que tributo é toda prestação pecuniária compulsória, em moeda ou cujo valor nela se possa exprimir, que não constitua sanção de ato ilícito, instituída em lei e cobrada mediante atividade administrativa plenamente vinculada.

Podemos conceituar tributo como receita derivada que se exterioriza através de uma obrigação *ex lege* de dar coisa certa.

A classificação quanto às espécies tributárias não é pacífica. Alfredo Augusto Becker defendia a corrente bipartite: todo e qualquer tributo seria imposto ou taxa. O CTN adota a corrente tripartite, com base no art. 5º do CTN, segundo o qual, os tributos são impostos, taxas e contribuições de melhoria.

Ricardo Lobo Torres defende a divisão quadripartite das espécies tributárias: imposto, taxa, contribuição de melhoria e empréstimo compulsório. Predomina o entendimento, inclusive no STF, segundo o qual os impostos, as taxas, contribuições de melhoria, contribuições especiais e empréstimos compulsórios compõem as espécies de tributo (corrente quinquipartite).

Contudo, como a questão em tela requer a distinção entre imposto, taxa e contribuição de melhoria, restringiremos a resposta a estas espécies tributárias (corrente tripartite).

O imposto é tributo não vinculado, fundamentado na solidariedade social. Ou seja, é cobrado em função da capacidade contributiva do sujeito passivo, independentemente de qualquer atuação estatal. O artigo 16 do CTN estabelece que imposto é o tributo cuja obrigação tem por fato gerador uma situação independente de qualquer atividade estatal específica, relativa ao contribuinte.

A taxa, por sua vez, é tributo vinculado, cujo fato gerador configura-se por uma atuação estatal consistente no exercício do poder de polícia (prestação negativa) ou na prestação de serviço público específico e divisível (prestação positiva). Portanto, a taxa é tributo contraprestacional e, por isso mesmo, deve obedecer ao princípio do custo-benefício.

Em que pese o inciso II do art. 4º do CTN determinar que é irrelevante para a qualificação da natureza jurídica do tributo a sua destinação legal, percebe-se, no caso das taxas (além das contribuições sociais e empréstimos compulsórios), que a destinação é fundamental para sua caracterização.

O seu fato gerador compreende: a) o exercício regular do poder de polícia (taxa de polícia) e, b) a prestação, efetiva ou potencial, de serviço público específico e divisível (taxa de serviço).

De acordo com o Tribunal Pleno do STF, é constitucional taxa de renovação de funcionamento e localização municipal, desde que efetivo o exercício do poder de polícia, demonstrado pela existência de órgão e estrutura competente para o respectivo exercício.

O sujeito passivo da taxa é aquele que provoca a atuação estatal por meio do poder de polícia ou que faz uso – ou tem a sua disposição – (de) serviço público específico e divisível.

Na Constituição Federal de 1988, a taxa está prevista no inciso II do art. 145. A sua base de cálculo não pode ser equiparada à do imposto (art. 145, § 2º da CF). Ou seja, deve ser grandeza capaz de representar a atividade estatal, estando diretamente ligada à prestação.

Deve haver prudente proporcionalidade entre o valor da taxa cobrada e o custo da contraprestação da atividade estatal. Por isso mesmo, o STF sumulou que viola a garantia constitucional de acesso à jurisdição a taxa judiciária calculada sem limite sobre o valor da causa (Súmula 667). Na mesma linha, o STF entende que lei que conceda aos membros e servidores do Poder Judiciário isenção de pagamento de custas e emolumentos pelos serviços judiciais e extrajudiciais fere o princípio da isonomia tributária.

De acordo com o art. 77 do CTN, a taxa não pode ter base de cálculo ou fato gerador idênticos aos que correspondam a imposto nem ser calculada em função do capital das empresas. Assim, por exemplo, entende o STF que a taxa de licença não pode ter por base de cálculo o valor do patrimônio, a renda, o volume da produção, o número de empregados ou outros elementos que não digam respeito ao custo da atividade estatal, no exercício do poder de polícia. Ainda de acordo com o STF, é inconstitucional a taxa municipal de conservação de estradas de rodagem cuja base de cálculo seja idêntica à do imposto territorial rural (Súmula 595).

Contudo, o próprio STF entendeu ser constitucional a taxa de fiscalização cobrada pela Comissão de Valores Mobiliários, apesar da sua variação em função do patrimônio líquido da empresa (Súmula n. 665). Ficou assentado que sua variação em função do patrimônio líquido não significa ser dito patrimônio sua base de cálculo.

Na verdade, o STF tem flexibilizado a exigência de precisa correspondência entre o cálculo da taxa e o valor despendido na prestação do serviço, ou, ainda, a adoção de fatores exclusivamente vinculados ao seu custo. Tem prevalecido a ideia de "equivalência razoável" entre o valor pago pelo contribuinte e o custo individual do serviço que lhe é prestado.

O que o STF tem vedado é a utilização de todos os elementos do imposto para o cálculo da taxa. Mas é possível a utilização de um ou outro elemento para a formação da sua base de cálculo. Dessa forma, a Súmula Vinculante 29 vem afirmar que é constitucional a adoção, no cálculo do valor da taxa, de um ou mais elementos da base de cálculo própria de determinado imposto, desde que não haja integral identidade entre uma base e outra.

No mesmo sentido, o STF declarou constitucional a Taxa de Fiscalização e Funcionamento cobrada pelo Município de Governador Valadares, cuja base de cálculo é a área fiscalizada. Argumentou-se que o critério da área utilizada seria adequadamente utilizado como forma de aferição da intensidade e extensão do serviço prestado, sendo inconfundível com o Imposto sobre a Propriedade Predial e Territorial Urbana (IPTU). Vale ressaltar que o STF, até pouco tempo antes da referida decisão, defendia que a metragem não poderia servir de base de cálculo para taxas por identificar-se com imposto.

A taxa de polícia é aquela cobrada em razão da atividade do Estado, que verifica o cumprimento das exigências legais pertinentes (ex.: licenças, autorizações, alvarás etc.). O poder de polícia é atividade estatal que limita a liberdade e o patrimônio para garantir direitos difusos e coletivos.

O art. 78, *caput*, do CTN define poder de polícia como a atividade da administração pública que, limitando ou disciplinando direito, interesse ou liberdade, regula a prática de ato ou a abstenção de fato, em razão de interesse público concernente à segurança, à higiene, à ordem, aos costumes, à disciplina da produção e do mercado, ao exercício de atividades econômicas dependentes de concessão ou autorização do Poder Público, à tranquilidade pública ou ao respeito à propriedade e aos direitos individuais ou coletivos.

A expressão "administração pública" refere-se não apenas aos atos do Poder Executivo (atividade típica), mas também aos dos Poderes Judiciário e Legislativo (atividade atípica). O que importa é que sejam praticados atos de administração.

O parágrafo único do art. 78 considera regular o poder de polícia quando este é desempenhado pelo órgão competente, dentro dos limites da lei, de acordo com o devido processo legal e quando relativo à atividade discricionária, sem abuso ou desvio de poder. Referido dispositivo é redundante, pois decorre da natureza das coisas. Mas pode ser interpretado como reforço à ideia de Estado Democrático de Direito.

De acordo com a jurisprudência do STF, quando o sujeito ativo mantém órgão de controle em funcionamento, presume-se o exercício do poder de polícia. O Ministro Joaquim Barbosa chegou a afirmar que não há como vincular a incidência do tributo tão-somente ao exercício de poder de polícia que redunde em fiscalização ou diligências locais. Pelo exposto, percebe-se que a jurisprudência do STF tem redesenhado o conceito de taxa de polícia, distanciando-se dos conceitos doutrinários já consolidados.

Quanto à taxa de serviço, temos que o serviço público deve ser efetivo ou potencial, além de ser específico e divisível (art. 79 e incisos, do CTN).

O serviço público divisível é aquele suscetível de utilização, separadamente, por parte de cada um de seus usuários (art. 79, III), contrapondo-se ao genérico. Proporciona a medição da intensidade da utilização pelo particular. Ou seja, possibilita a determinação do montante do tributo devido em cada caso. Por sua vez, o serviço é específico quando capaz de ser utilizado individualmente ou por um grupo de indivíduos determinado (*uti singuli*).

De acordo com a Súmula Vinculante 19 do STF, a taxa cobrada exclusivamente em razão dos serviços públicos de coleta, remoção e tratamento ou destinação de lixo ou resíduos provenientes de imóveis, não viola o artigo 145, II, da Constituição Federal. Deve-se prestar bastante atenção à expressão "exclusivamente", constante da Súmula. De acordo com a Suprema Corte, os serviços públicos mencionados na Súmula são específicos e divisíveis, desde que essas atividades estejam completamente dissociadas de outros serviços públicos de limpeza realizados em benefício da população em geral (*uti universi*) e de forma indivisível, como seria o caso da conservação e limpeza de logradouros e bens públicos (ruas, praças, calçadas etc.).

A taxa de iluminação pública vem sendo reiteradamente considerada inconstitucional pelos tribunais, por não apresentar os requisitos de especificidade e divisibilidade, sendo, na verdade, de uso comum. O assunto acabou sendo sumulado pela Suprema Corte, no sentido de que o serviço de iluminação pública não pode ser remunerado mediante taxa (Súmula 670).

Diante da evidente inconstitucionalidade da taxa de iluminação pública, a EC 39/2002 introduziu o art. 149-A à CF, de forma a instituir a Contribuição de Iluminação Pública (CIP).

O serviço potencial justifica-se pelo fato de haver serviços públicos cuja utilização é presumida por lei (serviços compulsórios). Contudo, ainda que potencial, o serviço posto à disposição deve estar em efetivo funcionamento (art. 79, I, b, do CTN).

Na doutrina e na jurisprudência, são inúmeras as discussões sobre a diferença entre taxa e preço público, não existindo uma posição consolidada sobre o assunto. O STF editou a Súmula 545, segundo a qual, preços de serviços públicos e taxas não se confundem, porque estas, diferentemente daqueles, são compulsórias e têm sua cobrança condicionada à prévia autorização orçamentária, em relação à lei que as instituiu. Porém, essa definição não é esclarecedora por não precisar exatamente quando se está diante de um serviço público que enseja a cobrança de taxa ou de um serviço privado que leve à cobrança de preço público.

O Plenário do STF, recentemente, firmou entendimento segundo o qual pedágio é preço público e não taxa.

A CF/88 estabelece, no art. 145, III, que a União, os Estados, o Distrito Federal e os Municípios poderão instituir contribuição de melhoria, decorrente de obras públicas. Trata-se de tributo vinculado, ligado a uma atividade estatal específica relativa ao contribuinte (como ocorre com as taxas), cujo fato gerador é a valorização de imóvel do contribuinte, decorrente da obra pública.

A contribuição de melhoria é caracterizada por uma atividade estatal que se relaciona indiretamente ao contribuinte. Isso porque, além da realização da obra pública (benefício direto da coletividade), deve ocorrer a valorização imobiliária decorrente da obra. A valorização é um reflexo eventual, sem o qual não se pode cobrar a contribuição, conforme entende o STF e o STJ.

Dois princípios têm especial importância na cobrança da contribuição: o da capacidade contributiva, e o que veda o enriquecimento sem causa do contribuinte (fundamento ético-jurídico). Deve obedecer também aos princípios da legalidade (art. 150, I, CF/1988) e da anterioridade somada ao prazo de noventa dias (art. 150, III, incs. "b" e "c").

O CTN, em seu art. 81, estabelece que a contribuição de melhoria cobrada pela União, pelos Estados, pelo Distrito Federal ou pelos Municípios, no âmbito de suas respectivas atribuições, é instituída para fazer face ao custo de obras públicas de que decorra valorização imobiliária, tendo como limite total a despesa realizada e como limite individual o acréscimo de valor que da obra resultar para cada imóvel beneficiado.

Ainda que a valorização imobiliária não conste do art. 145, III da Constituição, entende o STF ser imprescindível a presença desse requisito para instituição da contribuição de melhoria. O STJ também adota esse entendimento.

Conforme voto esclarecedor do então Ministro do STF, Carlos Velloso, a base de cálculo da contribuição de melhoria é a diferença entre dois momentos: o anterior e o posterior à obra, vale dizer, o *quantum* da valorização imobiliária.

A contribuição de melhoria não pode exceder o limite da valorização do imóvel. Sendo assim, temos: a) limite total: o Estado só pode cobrar dos contribuintes até o valor do custo da obra, e b) limite individual: cada contribuinte só pode ser exigido até o montante da valorização imobiliária ocorrida em seu imóvel.

Merece destacar a posição minoritária de Luís Eduardo Schoueri, para quem o limite para a instituição da contribuição de melhoria é, exclusivamente, o custo da obra.

O aspecto temporal da hipótese de incidência é posterior à realização da obra pública. Por sua vez, o aspecto espacial é a área que experimenta, efetivamente, a valorização e desde que limitada ao território do ente tributante, ainda que a zona de influência atinja território de ente federativo vizinho. Esse problema não ocorre, naturalmente, com a União.

O sujeito ativo é o ente político que realiza obra pública, sendo possível a delegação a outro ente político das atividades de fiscalização e arrecadação (arts. 12, § 7º e 13 do Decreto-Lei 195/1967). O sujeito passivo é o proprietário do imóvel valorizado, pois apenas ele adquire riqueza.

Hugo de Brito Machado entende que as obras públicas capazes de ensejar a cobrança de contribuição de melhoria estão previstas no rol taxativo do art. 2º do Decreto-Lei 195/1967. Entendemos, contudo, que a obra deva atender ao interesse público, esteja ou não prevista no dispositivo mencionado.

Por fim, cabe mencionar que o lançamento da contribuição de melhoria é feito de ofício.

COLEÇÃO PREPARANDO PARA CONCURSOS

***(Esaf/PFN/Procurador/2008)*** *Discorra sobre a natureza jurídica da contribuição social e o prazo decadencial da contribuição previdenciária (5 anos ou 10 anos?), no âmbito da Constituição Federal, da Lei de Custeio Previdenciária (Lei 8.212/91), do Código Tributário Nacional (Lei 5.172/66), da jurisprudência e da doutrina, abordando, necessariamente: (i) a natureza jurídica da contribuição social (é um tributo ou não é um tributo?); (ii) reflexos da sua natureza jurídica na contagem do prazo decadencial (deve prevalecer a Lei de Custeio Previdenciária (art. 45 da Lei 8.212/91, o prazo decadencial é de 10 anos) ou o Código Tributário Nacional (art. 173, incisos I e II do CTN, o prazo decadencial é de 5 anos)); (iii) a posição do Supremo Tribunal Federal e do Superior Tribunal de Justiça sobre a matéria.*

Autor: Renato Cesar Guedes Grilo

### Direcionamento da resposta

O enunciado da questão exige a abordagem de todos os principais aspectos da contribuição social e seus reflexos jurídicos, remetendo à problemática do prazo decadencial outrora estabelecido na antiga redação da Lei 8.212/91. Como se percebe, o imbróglio jurídico resultou na edição da Súmula Vinculante n. 08 do Supremo Tribunal Federal. Contudo, há de se destacar que o conhecimento da jurisprudência do Supremo Tribunal Federal, por si só, pode não ser suficiente ao enfrentamento da matéria, cabendo ao candidato o domínio da Constituição Federal e da doutrina.

### Sugestão de resposta

É cediço que a contribuição social possui natureza jurídica de tributo na atual conjuntura constitucional, visto que preenche os requisitos previstos no art. 3º do Código Tributário Nacional e é tratada com minúcia pelo constituinte na definição do Sistema Tributário Nacional. A despeito de ainda existir pequena divergência entre as teorias tripartite[11] e pentapartite[12] na doutrina, é notório que cada vez menos se discute a gênese tributária das contribuições sociais, estando instituídos em lei os elementos necessários à cobrança do tributo, vale dizer: fato gerador, base de cálculo, alíquotas e contribuintes.

---

11. A teoria tripartite se apega ao art. 5º do Código Tributário Nacional para afirmar que somente os impostos, as taxas e as contribuições de melhoria são tributos.
12. A teoria pentapartite é adotada pelo Supremo Tribunal Federal e abrange, além das espécies tributárias citadas pela teoria tripartite, as contribuições sociais e os empréstimos compulsórios.

## DIREITO TRIBUTÁRIO

Por outro lado, no que se refere ao prazo decadencial de tais contribuições, muito discutiu-se na doutrina e nos tribunais superiores acerca da constitucionalidade da previsão de prazo decadencial de dez anos para tais espécies tributárias, por força da antiga redação do art. 45 da Lei 8.212/91, enquanto o Código Tributário Nacional indicara o prazo quinquenal para as espécies tributárias em geral.

De fato, conforme é cediço, a decadência ou caducidade, no âmbito do Direito Tributário, importa no perecimento do direito potestativo de o Fisco constituir o crédito tributário pelo lançamento, e, consoante doutrina abalizada, tem reflexo sobre a perda do direito de lançar nos casos de tributos sujeitos ao lançamento de ofício, ou nos casos dos tributos sujeitos ao lançamento por homologação em que o contribuinte não efetua o pagamento antecipado.

Nesse sentido, segundo o Supremo Tribunal Federal, as normas relativas à prescrição e à decadência tributárias têm natureza de normas gerais de direito tributário, cuja disciplina é reservada a lei complementar[13], conforme art. 146, b, III, da CF de 1988. Desta forma, a instituição de prazo de dez anos para a decadência das contribuições sociais no corpo da Lei 8.212/91 se encontra incompatível com a ordem constitucional vigente, devendo prevalecer o disposto no Código Tributário Nacional, recepcionado como lei complementar, e não a legislação ordinária.

Ademais, o referido posicionamento visa a preservar a força normativa da Constituição, que prevê disciplina homogênea, em âmbito nacional, da prescrição, decadência, obrigação e crédito tributários, todos indicados, regra geral, no corpo do Código Tributário Nacional. Como consequência da orientação esposada pelo STF, deu-se origem à Súmula Vinculante nº 8/STF[14], sendo também seguido tal entendimento pelo Superior Tribunal Justiça (v.g. EREsp 413343).

*(Cespe/PGM/Aracaju/Procurador/2007) Em um município brasileiro, estuda-se a instituição da cobrança de um valor para custear a fiscalização a ser feita por órgão municipal nos estabelecimentos que possuem instalações sanitárias como restaurantes, bares e outros congêneres. O fato que está motivando a criação do serviço e a cobrança de um valor retributivo é o excesso de casos de doenças detectadas e que foram contraídas pela ingestão de alimentos em*

---

13. O Código Tributário Nacional (Lei 5.172/1966), promulgado como lei ordinária e recebido como lei complementar pelas Constituições de 1967/69 e 1988, disciplina a prescrição e a decadência tributárias.
14. São inconstitucionais o parágrafo único do artigo 5º do Decreto-Lei nº 1.569/1977 e os artigos 45 e 46 da Lei nº 8.212/1991, que tratam da prescrição e decadência do crédito tributário.

*estabelecimentos comerciais. A propósito da situação hipotética acima descrita, redija um texto que contemple os seguintes questionamentos e(ou) instruções: (i) Qual a natureza jurídica e o fato gerador do valor a ser cobrado? Como poderá ser instituída a sua cobrança? (ii) Discorra sobre as diferenças entre os conceitos de taxa e de preço público, destacando o regimento e a natureza de ambas.*

**Autores: Helton Kramer Lustoza e Leonardo Zehuri Tovar**

### Direcionamento da resposta

Resumidamente devem ser abordadas, à luz do artigo 77 e 78 do CTN, a natureza jurídica e possibilidade de instituição de taxas, quando presente atividade fiscalizatória do Estado atuante no exercício do poder de polícia. Após, será preciso distinguir conceitualmente taxa e preço público.

### Sugestão de resposta

O poder fiscalizatório da administração pública, como no caso em comento, tem em sua premissa a atividade privada exercitada pelo particular. Essa atividade, se sujeita ao exercício do poder de polícia, que objetiva a regulação de ato praticado pelo particular, em razão de interesse público concernente à segurança, à higiene, à ordem, aos costumes e etc.

A previsão normativa de tal exação é encontrada tanto na Constituição Federal (artigo 145, II), como no CTN (arts. 77, 78, e 79). No caso concreto, a taxa, cuja natureza é tributária, detém caráter compulsório, porquanto independe da vontade do particular; é instituída em lei e pode ser cobrada pela fiscalização, mesmo potencial, ou seja, não necessariamente efetivada. Melhor detalhando esta última afirmação, o exercício do poder de polícia não é necessariamente presencial, pois pode ocorrer a partir de local remoto, com o auxílio de instrumentos e técnicas que permitam à administração examinar a conduta do agente fiscalizado.

Convém deixar claro, todavia, que dizer que a incidência do tributo prescinde de fiscalização "porta a porta" (*in loco*) não implica reconhecer que o Estado pode permanecer inerte no seu dever de adequar a atividade pública e a privada às balizas estabelecidas pelo sistema jurídico. Pelo contrário, apenas reforça sua responsabilidade e a de seus agentes[15].

---

15. "O exercício do poder de polícia não é necessariamente presencial, pois pode ocorrer a partir de local remoto, com o auxílio de instrumentos e técnicas que permitam à administração examinar a conduta do agente fiscalizado". (STF, RE 588332-RG, j. 16.6.2010, Informativo 591).

A taxa pode ser instituída por meio do processo legislativo municipal, tendo em vista ser competência comum para a instituição do referido tributo e ser de interesse local a contraprestação da fiscalização. Para esse fim, deve a lei reger sobre os critérios pessoal, material, temporal, espacial e quantitativo do tributo.

Em relação à base de cálculo da referida taxa, pelo fato de ser proveniente de um poder fiscalizatório em estabelecimentos comerciais que vendem produtos alimentícios, pode ser feito em relação ao tamanho desses estabelecimentos, tendo em vista ser a melhor forma de cobrar pelo critério da divisibilidade, inerente às taxas.

Vale, lembrar que embora as taxas não possam ter a mesma base de cálculo de impostos (como o IPTU no caso em comento), há permissivo da Súmula 29/STF[16] para a adoção de um ou mais elementos que compõem a base de cálculo de um determinado imposto, desde que não se verifique a identidade integral entre uma base e a outra.

Tais características diferem as taxas do preço público, eis que o segundo se refere à cobrança de serviço sob regime contratual, facultativo e efetivamente prestado ao contribuinte/administrado[17].

Melhor delineando, a taxa é tida como receita derivada de patrimônio alheio, ao passo que o preço público é tido receita originária, porquanto provém do patrimônio do próprio Estado. A receita é conceituada como derivada na hipótese em que o Estado a angaria por força de seu poder de império, decorrente da supremacia que detém perante os particulares. Logo, os tributos e as multas são receitas derivadas. Já os preços públicos sequer estão sujeitos ao regime jurídico do Direito Tributário, mas sim ao do Direito Administrativo, o que traz como consectário o fato de que os preços são previstos em contratos administrativos, não em leis; os preços, ademais, têm seus aumentos e reajustes previstos contratualmente; não estão influenciados ou obstados por princípios como anterioridade, noventena, dentre outros. Já as taxas estão sujeitas A tais princípios e outros, como legalidade estrita para instituição e majoração. Taxas, ademais, são compulsórias; os preços públicos facultativos, prevalecendo, quanto a estes a autonomia da vontade. E mais: taxas podem ser cobradas por utilização potencial de serviço público, os preços públicos dependem de fruição efetiva.

---

16. Súmula 29/STF: "É constitucional a adoção, no cálculo do valor de taxa, de um ou mais elementos da base de cálculo própria de determinado imposto, desde que não haja integral identidade entre uma base e outra".
17. Súmula 545/STF: "Preços de serviços públicos e taxas não se confundem, porque estas, diferentemente daqueles, são compulsórias e tem sua cobrança condicionada a prévia autorização orçamentária, em relação a lei que as instituiu".

Por fim, taxas podem ser cobradas pelo exercício do poder de polícia, algo inocorrente com os preços públicos. Eis um quadro comparativo:

| Taxa | Preço Público (Tarifa) |
|---|---|
| Regime jurídico de direito público; | Regime jurídico de direito privado; |
| O vínculo obrigacional é de natureza tributária (legal), não admitindo rescisão; | O vínculo obrigacional é de natureza legal. Admite rescisão; |
| O sujeito ativo é uma pessoa jurídica de direito público; | O sujeito ativo pode ser uma pessoa jurídica de direito público ou privado; |
| O vínculo nasce independentemente da manifestação de vontade (compulsório); | Há necessidade de válida manifestação de vontade para o surgimento do vínculo (facultativo); |
| Pode ser cobrada em virtude de utilização efetiva ou potencial do serviço público; | Somente pode ser cobrado em virtude da utilização efetiva do serviço público; |
| A receita arrecada é derivada; | A receita arrecadada é originária; |
| Sujeita-se aos princípios tributários (legalidade, anterioridade, noventena, etc.). | Não se sujeita aos princípios tributários. |

**(TRF/4R/Juiz/2006)** *Pedágio é tarifa ou tributo?*

Autor: *Gustavo Baião Vilela*

### Direcionamento da resposta

A questão trata de tema polêmico, uma vez que tanto a doutrina quanto a jurisprudência possuem posições dissonantes acerca da natureza jurídica do pedágio.

Deparando-se o candidato com esse tipo de questionamento, é importante selecionar os fundamentos que sejam mais importantes para a conclusão a ser adotada sem, contudo, demonstrar desconhecimento das posições contrárias.

Desse modo, o candidato pode iniciar a resposta, formulando conceitos claros de tributo e de tarifa, para, após apresentar as características do pedágio, enquadrá-lo numa das duas classes, adotando preferencialmente o posicionamento jurisprudencial predominante.

### Sugestão de resposta

O pedágio está previsto no art. 150, inc. VI, da CF. Segundo este dispositivo, a cobrança é admitida em razão da utilização de vias conservadas pelo Poder Público.

A redação sempre suscitou dúvidas a respeito da natureza jurídica do pedágio – tarifa ou tributo – e, nesse último caso, em qual espécie tributária se enquadraria.

O tributo vem conceituado no art. 3º do Código Tributário Nacional como sendo a prestação pecuniária compulsória, em moeda ou cujo valor nela se possa exprimir, que não constitua sanção de ato ilícito, instituída em lei e cobrada mediante atividade administrativa plenamente vinculada.

Nesse conceito, é importante destacar a natureza compulsória da prestação pecuniária, o que significa que a obrigação é imposta por lei, abstraída a vontade das partes.

O nascimento da obrigação tributária principal, por sua vez, está atrelado à ocorrência do fato gerador, isto é, de determinado evento eleito pelo legislador como apto à cobrança do tributo.

Não obstante a importância que se vem conferindo à destinação da arrecadação tributária, permanece válido o critério estabelecido a partir do fato gerador para a classificação dos tributos.

Nesse caso, se o fato gerador disser respeito a uma atividade ou a um evento relacionado ao contribuinte evidenciador de capacidade contributiva, estar-se-á diante do imposto.

Caso o fato gerador corresponda a uma atuação estatal específica, referível ao contribuinte, seja pelo exercício regular do poder de polícia seja pela prestação ao contribuinte, ou colocação à disposição deste, de serviço específico e divisível, o tributo será qualificado como taxa.

A partir da leitura do art. 77 do CTN, percebe-se que a taxa admite tanto a cobrança pela utilização efetiva do serviço quanto pela utilização potencial, quando colocado à disposição do contribuinte. Nessa última hipótese, não havendo alternativa ao contribuinte, e ainda que não utilize o serviço, deverá arcar com a taxa.

Essa espécie tributária também visa a retribuição dos serviços públicos indelegáveis, isto é, aqueles que somente o Estado pode prestar, ínsitos à soberania, dentre os quais, a emissão de passaportes.

Já os serviços públicos delegáveis, isto é, aqueles que também podem ser prestados por particulares, mediante concessão e permissão, são remunerados, em regra, por tarifa. Esta, diversamente da taxa, possui natureza contratual, sujeitando-se à política tarifária, nos moldes da regulamentação contida nos artigos 9º a 13, da Lei 8.987/95.

Aqueles que advogam a tese de que o pedágio teria natureza tributária, enquadrando-se como taxa (STF, RE 181.475), baseiam-se, em primeiro lugar, no fato de o dispositivo constitucional que o prevê estar localizado no título sexto da Constituição Federal de 1988 que trata da tributação e do orçamento, mais especificamente no capítulo das limitações ao poder de tributar. Em segundo lugar, a inexistência de via alternativa, limitando a liberdade de escolha do usuário, tornaria o serviço de natureza compulsória, somente sujeito à cobrança de taxa. Os seguidores dessa corrente defendem ainda que a cobrança ocorre pelo serviço de conservação da via prestado ao usuário pela utilização da via, de forma divisível e específica.

Noutra vertente, sustenta-se a tese de que o pedágio possuiria a natureza jurídica de tarifa (STF, ADI 800). Seus defensores baseiam-se, principalmente, na natureza da atividade de conservação de estradas – serviço público delegável por meio de concessão. Ademais, o serviço não seria compulsório, já que o usuário poderia optar pela sua utilização. Por outro lado, a inexistência de via alternativa não constituiria obstáculo à incidência da tarifa, em virtude da inexistência de lei específica prevendo essa condicionante, nos termos do disposto no art. 9º, § 1º, da Lei 8.987/95[18].

Atualmente esse último entendimento vem prevalecendo na jurisprudência do STF (ADI 800), mediante a exclusão da incidência, por exemplo, do princípio da legalidade estrita na cobrança do pedágio.

Tratando-se de serviço público delegável, normalmente por meio de contrato de concessão, essa é a melhor posição, sobretudo, porque inexiste a compulsoriedade na utilização da via, a despeito da inexistência de via alternativa, o que é reforçado pela dicção do art. 9º, § 1º, da Lei 9.897/95.

Quanto à inclusão no texto constitucional, visa apenas esclarecer que, apesar de não incidir tributo sobre o tráfego de pessoas ou bens, pode, excepcionalmente, ser cobrado o pedágio, espécie jurídica diferenciada que não necessariamente se identifica com algum tributo.

---

18. Art. 9º A tarifa do serviço público concedido será fixada pelo preço da proposta vencedora da licitação e preservada pelas regras de revisão previstas nesta Lei, no edital e no contrato. § 1º A tarifa não será subordinada à legislação específica anterior e somente nos casos expressamente previstos em lei, sua cobrança poderá ser condicionada à existência de serviço público alternativo e gratuito para o usuário.

Em suma, sendo o pedágio uma retribuição facultativa paga apenas mediante o uso voluntário do serviço, ostenta a natureza jurídica de preço público e não tributo.

*(Cespe/AGU/Procurador/2005)* A Constituição de 1988 pôs fim aos inúmeros debates que existiam na doutrina e na jurisprudência em relação à definição da natureza jurídica das contribuições previdenciárias, incluindo-as no título da Ordem Tributária. Assim, em relação a essa espécie de tributo, a precisa identificação do fato gerador da obrigação previdenciária constitui-se em matéria de extremo relevo, haja vista a relação tributária que surge da ocorrência do fato previsto na norma capaz de produzir os efeitos estabelecidos. A partir do tema do excerto acima, elabore um texto dissertativo comentando, de acordo com a legislação vigente, os seguintes aspectos das contribuições previdenciárias: material, subjetivo, espacial, temporal e quantitativo.

**Autor: Renato Cesar Guedes Grilo**

### Direcionamento da resposta

Para responder o questionamento, o candidato deverá dominar o conteúdo de um tema relevante, mas pouco explorado nos livros jurídico-tributários: a regra-matriz de incidência tributária. Capitaneada pelo Professor Paulo de Barros Carvalho, a teoria estipula uma sistemática mínima que deve estruturar a norma jurídica para que seja possível a constituição do crédito tributário, dividindo-se em critérios: espacial, material, quantitativo, territorial e subjetivo.

### Sugestão de resposta

É cediço que as contribuições previdenciárias ocupam lugar de destaque na atividade financeira do Estado, sendo uma das espécies tributárias que mais proporcionam arrecadação. Antes da Constituição Federal de 1988, discutia-se a natureza jurídica de tais contribuições, pairando dúvida sobre a sua tipificação como tributo, mormente em face da teoria tripartite, que, tomando por base o art. 5º do Código Tributário Nacional, entendia que apenas os impostos, as taxas e as contribuições de melhorias configurariam espécies tributárias. Contudo, atualmente, em adoção à teoria pentapartite, sufragada pelo Supremo Tribunal Federal, as contribuições sociais figuram no rol de tributos instituídos na ordem jurídica vigente.

Com relação aos aspectos das multicitadas contribuições, verifica-se a necessidade de compreensão do pensamento estruturalista ou a regra-matriz de incidência tributária, que teve como principal expoente o prof. Paulo de Barros Carvalho. Em síntese, a norma tributária seria formada por um conjunto de critérios necessários à identificação do ato lícito, que não acordo de vontades, gerador do dever jurídico (material, temporal e especial), tendo como consequência um conjunto de critérios esclarecedores da relação jurídica que se forma com a ocorrência concreta do fato gerador (pessoal e quantitativo).

Na espécie, da análise da legislação em vigor, as contribuições previdenciárias possuiriam a seguinte estrutura, de acordo com a regra-matriz de incidência: aspecto material -atuação estatal consistente em prestações individualizáveis e retributivas, com o oferecimento de benefícios em manutenção e futuros pelo Estado, tais como aposentadoria e pensões; aspecto pessoal – a pessoa jurídica de Direito Público que se compromete às prestações futuras e atuais; aspecto temporal – momento em que se estabelece o compromisso dos benefícios; aspecto espacial – território político em que ocorre a atuação estatal; e, por fim, o aspecto quantitativo – base de cálculo e alíquotas incidentes, sendo que, no caso das contribuições previdenciárias, tem-se, por exemplo, a adoção do salário de contribuição como base de cálculo, com alíquotas variáveis a depender do sujeito passivo (empregado ou empregador).

*(FJG/PGM/Nova_Iguaçu/Procurador/2005)* Determinado Município, apesar de prever Fundo de Custeio de Iluminação Pública, aplica o produto da arrecadação da Cosip no pagamento de pessoal do Poder Executivo. Tendo conhecimento deste fato, o contribuinte X pleiteia a repetição do que pagou a título de tal contribuição. Como Procurador deste Município, comente o(s) argumento(s) que pode(m) ser utilizado(s) para se obter a improcedência do pedido.

**Autores: Helton Kramer Lustoza e Leonardo Zehuri Tovar**

### Direcionamento da resposta

Resumidamente deve ser abordada, à luz do artigo 149-A CF (acrescido pela Emenda Constitucional de n. 39/02), a constitucionalidade da COSIP, abordando, inclusive, a definição jurisprudencial sobre o tema.

É preciso, ainda, tecer considerações a respeito do conceito de referibilidade e da possibilidade de repetição de indébito na hipótese de descumprimento da aplicação dos recursos obtidos em relação à finalidade que justifica a instituição da exação.

### Sugestão de resposta

Primeiramente destaca-se a constitucionalidade da COSIP. Isto é, os Municípios outrora custeavam seus serviços de iluminação pública por meio de taxa, o que fora rechaçado pela jurisprudência, tendo em vista a declaração de inconstitucionalidade pelo STF da instituição de taxa para remunerar um serviço *uti universi* e indivisível (v.g. AgRg-AI 595728), quando se sabe que o correto é que a taxa remunere serviço público específico e divisível, entendido este como aquele que possui usuários determinados, até porque não se pode cogitar de serviço remunerado por esta espécie tributária (taxa) se for ele voltado à coletividade como um todo. Já por divisível, deve-se entender aquele que é individualizado, de maneira a se avaliar, isoladamente, a parcela utilizada por um grupo ou por uma pessoa individualmente considerada.

Tal fato, inclusive, deu ensejo a Emenda Constitucional de n. 39 que acrescentou o artigo 149-A na CF, possibilitando a instituição pelos municípios e pelo Distrito Federal da COSIP. Ainda assim, no plano acadêmico, vislumbram-se críticas à exação, pois, (i) o serviço de iluminação pública não é prestado a um grupamento de contribuintes, mas à coletividade; (ii) os municípios simplesmente alteraram a nomenclatura do tributo, mantendo-se a inconstitucionalidade originária; (iii) como na grande maioria dos municípios a fatura da conta de luz detém em seu bojo a contribuição, estar-se-ia diante de uma forma obliqua de cobrança tributária, algo vedado, como bem se sabe.

O Supremo Tribunal Federal, entretanto, quando do julgamento do RE 573675 definiu pela constitucionalidade:

> "I. Lei que restringe os contribuintes da COSIP aos consumidores de energia elétrica do município não ofende o princípio da isonomia, ante a impossibilidade de se identificar e tributar todos os beneficiários do serviço de iluminação pública. II. A progressividade da alíquota, que resulta do rateio do custo da iluminação pública entre os consumidores de energia elétrica, não afronta o princípio da capacidade contributiva. III. Tributo de caráter *sui generis*, que não se confunde com um imposto, porque sua receita se destina a finalidade específica, nem com uma taxa, por não exigir a contraprestação individualizada de um serviço ao contribuinte. IV. Exação que, ademais, se amolda aos princípios da razoabilidade e da proporcionalidade".

Superada a constitucionalidade, resta saber se há direito à repetição de indébito, no caso em comento, por força da eventual má-destinação do produto angariado. A referibilidade de alguns tributos é o que impõe ou pré-fixa o destino dos valores arrecadados, daí se falar em tributo de arrecadação vinculada. Existem aqueles que sustentam que a destinação legal do produto da arrecadação da contribuição em comento, é inerente à sua caracterização e, sobretudo, à sua constitucionalidade, de maneira que a inexistência de referibilidade conduziria à inconstitucionalidade[19].

---

19. Uma posição doutrinária nesse sentido é colhida a partir de Roberto Wagner Lima Nogueira: "A aplicação do princípio do justo gasto do tributo afetado consiste na avaliação e na validação constitucional da aplicação da CIP, em especial, é entendimento que na pós-modernidade o

Por outro ângulo, há os que compreendem que se houvesse desvio nos valores arrecadados, isso se deveria à inconstitucionalidade da lei orçamentária que desvinculou os recursos da contribuição, não à inconstitucionalidade da norma jurídica instituidora da exação, algo que poderia gerar penalidades de outra ordem, mas nunca a pecha da inconstitucionalidade do tributo em si. É o que, por exemplo, conclui Leandro Paulsen, ao tratar do desvio administrativo do produto da contribuição e de eventual responsabilização: *"Em havendo desvio de recursos não por força da legislação, mas da gestão orçamentária viciada, caberá a responsabilização administrativa e criminal dos responsáveis. Mas o fato não tem repercussão tributária".*[20]

Esta última posição vem, inclusive, prevalecendo e pode dar sustentáculo à defesa da municipalidade, como forma de impugnar o pedido de restituição.

---

*(Cespe/AGU/Advogado/2004)* Em 19 de dezembro de 2002, a Emenda Constitucional n. 39 instituiu, na Constituição Federal, a contribuição destinada ao custeio do serviço de iluminação pública. Redija um texto dissertativo a respeito da natureza jurídica específica da contribuição mencionada acima.

*Autor: Renato Cesar Guedes Grilo*

---

destino dos recursos tributários não pode mais ficar à margem de um sério questionamento jurídico, seja ele tributário ou financeiro, a alcunha é o de menos, o importante é o instrumental a ser colocado à disposição da sociedade, por meio de seus operadores jurídicos. Tributo afetado e mal aplicado, é tributo injustamente arrecadado, portanto, tributo passível de devolução, bem como de punição dos responsáveis pela malversação dos recursos públicos oriundos da CIP". (Revista Tributária e de Finanças Públicas, Ano 11, n. 50, mai./jun. 2003, RT, p. 256). No mesmo sentido, Paulo Ayres Barreto: "Se já surdiram, no mundo fenomênico, os efeitos da desvinculação, não tendo sido carreados a órgão, fundo ou despesa os recursos recebidos, tem o contribuinte o direito subjetivo de repetir o indébito tributário. Não há competência para arrecadar contribuição para fins diversos daqueles que deram causa à sua instituição. Ademais disso, as autoridades administrativas, responsáveis pela inserção, no ordenamento jurídico, da prescrição descompassada com os ditames legais – da qual resultou o desvio do montante arrecadado, para fins diversos dos que deram causa à exigência – terão cometido crime de responsabilidade" (In: BARRETO, Paulo Ayres. Contribuições – regime jurídico, destinação e controle. São Paulo: Noeses, 2006, p. 181-182). Mais adiante: "Entendemos que, neste caso, os efeitos jurídicos serão os mesmos descritos no tópico precedente. Não cumprido o dever jurídico a que se submete o ente tributante, abre-se oportunidade para a repetição do indébito tributário. De outra parte, a autoridade administrativa responderá pelo crime de responsabilidade cometido". (In: BARRETO, Paulo Ayres. Contribuições – regime jurídico, destinação e controle. São Paulo: Noeses, 2006, p. 182-183).

20. PAULSEN, Leandro. Direito Tributário: Constituição e Código Tributário à luz da doutrina e da jurisprudência. Porto Alegre, Livraria do Advogado: 2007, p. 126.

# DIREITO TRIBUTÁRIO

### Direcionamento da resposta

O examinador cobra conhecimentos abrangentes sobre a Contribuição de Custeio do Serviço de Iluminação Pública (COSIP), devendo o candidato expor, de forma fundamentada, a natureza jurídica da exação e sua repercussão na doutrina e na jurisprudência. A questão é um pouco antiga (2004) e aborda um tema que à época despertou debates acalorados sobre a manobra do Congresso Nacional para permitir a cobrança de mais um tributo, com aspectos ora taxa, ora de imposto, mas com nomenclatura de contribuição. O simples conhecimento da jurisprudência do Supremo tribunal Federal sobre a COSIP já seria suficiente para a exposição clara e precisa por parte do candidato.

### Sugestão de resposta

A jurisprudência do Supremo Tribunal Federal assenta que o serviço de iluminação pública não atende aos requisitos da especificidade e divisibilidade, necessários à possibilidade de financiamento mediante a instituição de taxa. Aliás, este posicionamento restou sufragado na Súmula n. 670 da Corte.

Contudo, a necessidade de incremento nas receitas municipais, que encontrou barreiras no entendimento jurídico da Corte Suprema, impulsionou uma alteração constitucional com vistas a fugirdo quanto previsto no art. 145, II, da Constituição Federal[21] em relação às taxas, gerando, assim, a Emenda Constitucional n. 39/2002, que acrescentou o art. 149-A, *caput*, e parágrafo único à Carta Magna.

De fato, a mencionada emenda constitucional instituiu a Contribuição para o Custeio de Iluminação Pública (COSIP), de competência dos Municípios e do Distrito Federal, que podem exercê-la através de lei própria, definindo, com grau de liberdade, seu fato gerador, base de cálculo, alíquotas e contribuintes. Ademais, a arrecadação da referida contribuição é vinculada ao custeio do serviço de iluminação pública das comunas e do DF, sendo, portanto, ilegítima qualquer espécie de tredestinação das receitas advindas de tal cobrança.

Diante da gênese da COSIP e sua íntima semelhança com o regime jurídico das taxas, muito se discute acerca da natureza jurídica de tal exação. Inicialmente, a COSIP foi duramente criticada pela doutrina, visto que o citado tributo seria, na verdade, uma taxa com roupagem de contribuição,

---

21. CF. Art. 145. A União, os Estados, o Distrito Federal e os Municípios poderão instituir os seguintes tributos: II – taxas, em razão do exercício do poder de polícia ou pela utilização, efetiva ou potencial, de serviços públicos específicos e divisíveis, prestados ao contribuinte ou postos a sua disposição.

caracterizando, neste sentido, ofensa ao quanto previsto no art. 145, II da Constituição Federal e à Súmula n. 670 do STF.

Entretanto, analisando a questão, a Corte Suprema entendeu pela constitucionalidade da COSIP, afastando-a das taxas e atribuindo-lhe a pecha de tributo *sui generis*, com peculiaridades que o destacam das demais exações. No posicionamento do STF (RE 573675), o tributo em voga não se confunde com um imposto, porque sua receita se destina a finalidade específica, tampouco com uma taxa, por não exigir a contraprestação individualizada de um serviço ao contribuinte. Desta forma, restaria somente a sua inclusão em categoria apartada, com caracteres próprios e submetida a regime jurídico peculiar, mas sem que haja ofensa ao art. 145, II, da Constituição Federal.

Em resumo, a COSIP se mantém presente na ordem jurídico-constitucional por ter recebido tratamento específico do STF, não se submetendo ao regime jurídico até então existente para as demais espécies tributárias, mormente em relação às taxas, incluindo-se na forma de contribuição *sui generis*.

---

*(Esaf/TCE/RJ/Procurador/2001)* Pode a Administração Fazendária aceitar pagamento de imposto mediante fornecimento de produtos industrializados pelo contribuinte? Justifique sua resposta.

Autor: Fábio Dutra

### Direcionamento da resposta

Essa questão tem tudo a ver com o conceito de tributo, estampado no art. 3º do CTN:

> Art. 3º Tributo é toda prestação pecuniária compulsória, em moeda ou cujo valor nela se possa exprimir, que não constitua sanção de ato ilícito, instituída em lei e cobrada mediante atividade administrativa plenamente vinculada.

O dispositivo deixa claro que o pagamento do tributo deve ser feito em pecúnia, que significa dinheiro. Isso vai ao encontro da necessidade que o Estado tem de arrecadar dinheiro para custear suas atividades. O conceito ainda permite inferir que **não é possível a instituição de tributos *in natura* ou *in labore*, cujo pagamento seria feito em bens ou em serviços, respectivamente**.

Na esteira desse entendimento, pela redação do art. 162 do CTN, pode-se inferir também que o pagamento deve ser feito em dinheiro: "Art. 162. O pagamento é efetuado: I – em **moeda corrente, cheque ou vale postal**; II – nos casos previstos em lei, em estampilha, em papel selado, ou por processo mecânico."

Há que se ressaltar a alteração que a Lei Complementar 104/2001 trouxe, ao acrescentar o inciso XI ao art. 156 da Lei 5.172 (CTN). O dispositivo prevê o seguinte: "Art. 156. Extinguem o crédito tributário: (...) a dação em pagamento em bens imóveis, na forma e condições estabelecidas em lei."

**Dação em pagamento é o mesmo que pagar com algo que não seja dinheiro**. No caso em tela, o contribuinte poderia quitar a sua dívida, oferecendo bens imóveis ao Fisco. **Tal hipótese não derroga o art. 3º do CTN**, devendo ser interpretada em concomitância com este, tendo em vista que a quitação do tributo pode ser feita por algo que possa ser expresso em moeda. Os bens imóveis inegavelmente podem ser expressos em moeda.

Deve-se lembrar que, de acordo com o art. 141, do CTN, o crédito tributário regularmente constituído somente se modifica ou extingue, nos casos previstos no CTN. Portanto, **permanece vedada a possibilidade de se pagar tributo com bens móveis**. Nesse rumo, depreende-se que a resposta à questão é negativa, já que os produtos industrializados são obviamente bens móveis, não podendo servir como meio de pagamento.

### Sugestão de resposta

O art. 3º do Código Tributário Nacional (CTN) introduz a definição do conceito de tributo como sendo uma prestação pecuniária, em moeda ou cujo valor nela se possa exprimir. Torna-se evidente que o pagamento do tributo deve ser efetuado apenas em moeda ou em algo que nela se possa exprimir.

Ademais, o próprio CTN, ao estipular as modalidades de extinção do crédito tributário, previu o pagamento como uma delas. Entende-se como pagamento a entrega de moeda corrente, cheque ou vale postal e, nos casos previstos em lei, estampilha, papel selado ou processo mecânico.

Destaque-se que, com o advento da Lei Complementar 104/2001, uma nova modalidade de extinção do crédito tributário foi listada no CTN: a dação em pagamento em bens imóveis, na forma e condições legalmente estabelecidas. Embora a princípio pareça haver conflito com o conceito de tributo, o entendimento predominante é o de que os dispositivos devem ser interpretados harmonicamente, já que os bens imóveis podem indubitavelmente serem expressos em moeda.

Diante do exposto, percebe-se que a Administração Fazendária não está apta a aceitar como forma de pagamento de tributo bens móveis, a exemplo dos produtos industrializados. Nesse contexto, o art. 141 assevera que o crédito tributário somente pode ser extinto nos casos previstos no CTN.

Por fim, não se pode desprezar que a atividade de cobrança dos tributos é plenamente vinculada, devendo a autoridade administrativa seguir os ditames legais.

## 3. LEGISLAÇÃO TRIBUTÁRIA

**(TJ/SP/Juiz/2007)** *Como se aplica a integração jurídica no âmbito do direito tributário?*

*Autor: Renato de Pretto*

### Direcionamento da resposta

O(a) candidato(a) deveria se referir, particularmente, à forma de integração da legislação tributária insculpida no artigo 108 do Código Tributário Nacional. Aliás, para diferenciação entre os candidatos, mormente em questões da Magistratura de São Paulo, alicerçadas, muitas vezes, em textos legais, é imprescindível a abordagem mais completa possível – legal, doutrinária e jurisprudencial, se o caso. Isso, com certeza, será de extrema relevância por ocasião da atribuição da nota ao(à) candidato(a).

### Sugestão de resposta

A integração jurídica no âmbito do direito tributário, como em qualquer outro ramo do Direito, interliga-se ao processo de interpretação, formando ambas – interpretação e integração – um processo complexo.

A interpretação consiste na tarefa de se encontrar o sentido e o alcance de um dado texto legal, resultando a norma jurídica (norma = texto + interpretação). A integração, por sua vez, pressupõe uma omissão de decisão do legislador sobre certa situação, originando uma lacuna a ser completada.

Pois bem. No âmbito da Lei de Introdução às Normas do Direito Brasileiro (LINDB), seu artigo 4º dispõe que "quando a lei for omissa, o juiz decidirá o caso de acordo com a analogia, os costumes e os princípios gerais de direito". Particularmente, na esfera do Direito Tributário, o artigo 108 do Código Tributário Nacional reza que:

> "Na ausência de disposição expressa, a autoridade competente para aplicar a legislação tributária utilizará sucessivamente, na ordem indicada:
>
> I – a analogia;
>
> II – os princípios gerais de direito tributário;

III – os princípios gerais de direito público;

IV – a equidade.

§ 1º O emprego da analogia não poderá resultar na exigência de tributo não previsto em lei.

§ 2º O emprego da equidade não poderá resultar na dispensa do pagamento de tributo devido."

Como se vê, o CTN traz uma escala de preferência ou uma ordem sucessiva de um método de integração a outro, o que, hoje, provoca várias críticas, porquanto não há de se falar em primazia de um método sobre o outro, tudo dependendo das circunstâncias em análise a ponto de se concretizar a interpretação conforme a Constituição. Aliás, atento a essas impugnações, o Novo Código de Processo Civil, em seu artigo 140, escusando-se de impor tal ordem sucessiva, estabelece que "o juiz não se exime de decidir sob a alegação de lacuna ou obscuridade do ordenamento jurídico", ressaltando seu parágrafo único que "o juiz só decidirá por equidade nos casos previstos em lei".

Retornando à ordem imposta às autoridades fiscal e judiciária pelo artigo 108 do CTN:

I – a analogia é o emprego de normas incidentes sobre fatos semelhantes ao fato objeto da circunstância lacunosa.

II – os princípios gerais de direito tributário encontram-se apontados de maneira, expressa ou implícita, em especial, na Constituição Federal, consoante se infere, dentre outros, do artigo 150.

III – os princípios gerais de direito público são os alicerces do ordenamento jurídico, tais como, exemplificativamente, o princípio da dignidade da pessoa humana, o princípio federativo, o princípio republicano.

IV – a equidade reflete um certo desvio da legalidade estrita, viabilizando a prolação de uma decisão mais conveniente e oportuna, com maior senso de justiça, para o caso concreto.

Enfim, adaptando a questão aos concursos futuros, é interessante o(a) candidato(a) atentar-se à recente jurisprudência do Superior Tribunal de Justiça que, fazendo referência ao emprego da analogia, exortou que, não possuindo o CTN regra própria acerca da prescrição contra incapazes, lícito seria o emprego da analogia, com base em seu artigo 108, inciso I, para, em benefício de incapaz, aplicar-se a regra impeditiva da prescrição do art. 198, inciso I, do Código Civil, a qual prevaleceria sobre a regra prescricional do art. 168, inciso I, do CTN.[22]

---

22. "Tributário. Imposto de renda. Pensão previdenciária. Pessoa física absolutamente incapaz e judicialmente interditada. Moléstia grave. Isenção prevista no art. 6º, XIV e XXI, da Lei 7.713/88. Repetição de indébito. Causa impeditiva de prescrição. Art. 198, I, do Código Civil. Incidência. Art. 108, I, do

**(TRF/2R/Juiz/2007)** *As presunções, no âmbito tributário, se compadecem com o postulado da eticidade normativa?*

Autora: Isaura Cristina de Oliveira Leite

### Direcionamento da resposta

A peculiaridade desta questão reside, em grande medida, na circunstância de que a primeira prova escrita do concurso em que apareceu consistiu em cinquenta questões subjetivas, a serem respondidas em "apenas" cinco horas de prova e com pouco espaço para o desenvolvimento dos temas cobrados. Desta maneira, à evidência, o candidato poderia ser mais objetivo na resposta às questões propostas, muito embora algumas questões, como a presente, se mostrassem eminentemente teóricas.

Estas considerações devem ser estendidas a todas as questões extraídas da primeira prova escrita do 11º concurso para juiz federal do TRF da 2ª Região.

### Sugestão de resposta

De maneira geral, pode-se entender a "presunção" como o resultado de um processo mental – raciocínio –, resultante da associação entre um fato conhecido, cuja existência é certa, e um fato desconhecido, de existência provável – o denominado fato presumido ou suposto –, que com o primeiro tenha relação[23]. Por tal razão é que se pode entender a presunção como um meio de prova, na medida em que autoriza a incidência normativa sobre o fato suposto, presumido como existente.

---

CTN. Analogia. Prescrição afastada. 1. Tratando-se de autor absolutamente incapaz e judicialmente interditado, portador de moléstia grave prevista no artigo 6º, XIV e XXI, da Lei n. 7.713/88, não há falar em prescrição de quaisquer parcelas referentes à repetição do imposto de renda indevidamente cobrado sobre pensão previdenciária por ele recebida após o surgimento da incapacidade (o caso era de isenção do tributo), uma vez que, nos termos do art. 198, I, do Código Civil, a prescrição não corre contra os absolutamente incapazes. 2. Não possuindo o Código Tributário Nacional regra própria que discipline a prescrição contra incapazes, lícito se revela o emprego da analogia, tal como previsto no art. 108, I, do CTN. Nesse contexto de lacuna, em benefício de incapaz, a regra impeditiva da prescrição, de que trata o art. 198, I, do CC, tem prevalência sobre a regra prescricional do art. 168, I, do CTN. 3. Como refere Regina Helena Costa, "o uso de analogia – cercado das devidas cautelas – serve à praticabilidade tributária, na medida em que, como meio de integração da legislação tributária, permite suprir as lacunas do ordenamento, que poderiam causar dificuldades tanto no exercício de direitos pelo contribuinte quanto na fiscalização e arrecadação dos tributos" (Praticabilidade e justiça tributária – exequibilidade de lei tributária e direitos do contribuinte. São Paulo: Malheiros, 2007, p. 194). (...). (STJ, REsp 1125528, DJe 12.4.2016)".

23. Para Paulo de Barros Carvalho, presunção é o "processo lógico em que de um fato conhecido infere-se fato desconhecido e, portanto, incerto". (*in* Direito Tributário, Linguagem e Método. 3. ed. São Paulo: Noeses, 2009. p. 958).

A adoção de presunções no direito é ampla, atingindo seus diversos ramos, inclusive o Direito Tributário, sendo inegável a frequência com que é adotada pelas diversas pessoas políticas em sua atividade tributária, mormente pela utilidade do método como facilitador da fiscalização e da arrecadação de tributos.

No entanto, em que pese a conveniência na adoção das presunções no âmbito do direito tributário, mister salientar a necessidade de respeito aos limites impostos à técnica, sendo o primeiro deles aplicável à todo o Direito Público, qual seja, neste ramo os enunciados presuntivos somente são permitidos quando expressamente autorizados por lei. Demais disso, a utilização das presunções deverá, necessariamente, observar os mandamentos fundamentais estabelecidos na Constituição e nas leis de garantia dos contribuintes, limites postos para evitar os abusos do fisco na utilização das regras presuntivas.

Entre tais limites, certamente, inclui-se o princípio da eticidade normativa, derivado da cláusula geral da boa-fé objetiva, e que autoriza a admissão de mutações na norma jurídica a partir de mutações axiológicas no meio social, expressa em condutas admitidas como corretas, tanto por parte dos contribuintes quanto do fisco. De tal maneira, em que pese o princípio da eticidade não ser incompatível com a adoção de presunções na seara Tributária, deve-se concluir que as presunções não poderão ser adotadas quando forem contrárias a condutas tidas como corretas e por isso adotadas, sob o signo da boa-fé objetiva, pelas partes envolvidas na relação jurídico-tributária.

## 4. OBRIGAÇÃO TRIBUTÁRIA

### 4.1. Fato Gerador

*(Fundatec/PGE/RS/Procurador/2015) Disserte sobre a norma consagrada pelo art. 116, parágrafo único, do CTN, abordando as seguintes questões: (i) enquadramento doutrinário; (ii) hipóteses de aplicação; (iii) procedimentos a serem seguidos pelas autoridades administrativas; (iv) alternativas jurídicas, no nosso ordenamento vigente, para o combate ao planejamento tributário agressivo.*

Autores: *Eduardo Moreira Lima Rodrigues de Castro e Helton Kramer Lustoza*

*Direcionamento da resposta*

Aqui, o candidato deve demonstrar não só conhecimento dos requisitos contidos no **art. 116, parágrafo único, do Código Tributário Nacional,** indispensáveis a que as **autoridades administrativas possam desconsiderar atos ou negócios jurídicos** praticados por contribuintes, mas das correntes doutrinárias que diferenciam elisão fiscal, elusão fiscal e evasão fiscal.

Além disso, deve o candidato explicar que **a lei ordinária** responsável pelo procedimento para desconsideração dos atos e negócios jurídicos dissimulados (mencionada na parte final do art. 116, parágrafo único do CTN) **ainda não foi editada** e quais medidas podem ser tomadas para combater o planejamento tributário lesivo, entendido como aquele que contraria o ordenamento jurídico.

### Sugestão de resposta

Nos termos do **art. 116, parágrafo único, do Código Tributário Nacional**, incluído pela Lei Complementar n. 104/2001, "A autoridade administrativa poderá desconsiderar atos ou negócios jurídicos praticados com a finalidade de dissimular a ocorrência do fato gerador do tributo ou a natureza dos elementos constitutivos da obrigação tributária, observados os procedimentos a serem estabelecidos em lei ordinária".

A norma em comento tem por objetivo **evitar a chamada elusão fiscal (ou elisão ineficaz)**, em que o contribuinte simula um negócio jurídico com vistas a dissimular a ocorrência do fato gerador da obrigação. Conforme doutrina majoritária, trata-se de ardil caracterizado **pelo abuso de formas**, tendo em vista que **o sujeito passivo adota uma forma jurídica atípica, embora lícita**, com o único objetivo de **escapar maliciosamente da tributação**[24].

Caso clássico de elusão fiscal (ou elisão ineficaz) verifica-se quando dois contribuintes (A e B), pretendendo valer-se da imunidade tributária de ITBI prevista no art. 156, § 2°, I, da Constituição Federal de 1988 – CF/88, que impede a cobrança do imposto nos casos de incorporação de bens ou direitos ao patrimônio de pessoa jurídica na realização de capital, constituem pessoa jurídica e integralizam o capital social, em parte, com bem imóvel (pertencente a A) e, em parte, com dinheiro (pertencente a B), no exato valor do imóvel. Pouco tempo depois, resolvem extinguir a pessoa jurídica e deliberam que cada sócio receberá sua parte na liquidação com o bem integralizado pelo outro (A receberá o dinheiro e B o imóvel).

A elusão fiscal difere da **evasão fiscal** na medida em que esta última tem por objetivo **evitar ou reduzir o pagamento de tributo mediante a concretização**

---

24. ALEXANDRE, Ricardo. Direito tributário esquematizado. 5. ed. revista e atualizada. Rio de Janeiro: Forense; São Paulo: Método, 2011, p. 296.

## DIREITO TRIBUTÁRIO

de condutas ilícitas, praticadas após a realização do fato gerador, como, exemplificativamente, no caso da **emissão de notas fiscais inidôneas**.

A **elisão fiscal**, por sua vez, ocorre quando o contribuinte se vale de **meios lícitos, sem qualquer abuso de formas, para reduzir ou evitar o pagamento de tributos**, como ocorre no caso da empresa que opta pelo regime de apuração do Imposto de Renda pelo lucro presumido, em certos casos em que tal regime é mais benéfico do que o regime do lucro real.

Identificadas as hipóteses aplicativas, exsurge a observância dos *"procedimentos a serem estabelecidos em lei ordinária"* como o principal pressuposto de aplicação válida. Ocorre que esse dispositivo jamais foi regulamentado. Malgrado tenha sido editada a Medida Provisória nº 66/2002 com tal finalidade, **o Congresso Nacional não aprovou os artigos que regulamentavam a "norma geral anti-elisão" (arts. 13 a 19)**, de modo que eles perderam a sua eficácia, nos termos do art. 62, § 3º, da CRFB/1988.

**Não há, portanto, lei ordinária a estabelecer os procedimentos para a desconsideração de atos e negócios jurídicos dos contribuintes.** Frente a esse contexto, as autoridades fazendárias têm, via de regra, optado por não invocar a regra geral do art. 116, parágrafo único, do CTN, **combatendo o planejamento tributário agressivo com fundamento em categorias do Direito Privado**, como **abuso de direito, abuso de formas, fraude à lei, simulação**, etc. (patologias do negócio jurídico), ou em construções teóricas consolidadas no Direito Comparado, como a teoria do propósito negocial e a polêmica doutrina da prevalência da substância econômica sobre as formas jurídicas, perfilhada pela contabilidade moderna.

---

*(MPE/RJ/Promotor/2014)* *Diferencie os conceitos de elisão fiscal e evasão fiscal.*

*Autor: Alexandre Schneider*

### Direcionamento da resposta

Nesta questão, o candidato deve abordar as diferenças conceituais da elisão e da evasão fiscal, formas de conduta utilizadas pelo sujeito passivo da obrigação tributária (contribuinte) em face do Fisco (União, Estado, Distrito Federal ou Município) para evitar o pagamento do tributo, para diminuir o valor da obrigação tributária ou postergar o pagamento do tributo.

Deverá ser mencionado o momento em que um ou outro comportamento ocorre – se antes ou depois da criação da obrigação tributária – e ainda se ambas as modalidades reativas do contribuinte em face do Fisco são lícitas ou ilícitas, bem como as consequências jurídico-tributárias para o contribuinte em caso de adoção da elisão ou da evasão fiscais.

### Sugestão de resposta

Tanto a elisão como a evasão fiscal são condutas adotadas pelo contribuinte (sujeito passivo da obrigação tributária) em reação à atividade arrecadatória dos entes tributantes (União, Estado, Distrito Federal ou Município), com o objetivo tanto de deixar de pagar o tributo devido (ou, diminuir o valor da obrigação tributária) como a evitar a materialização da hipótese de incidência da norma tributária (ocorrência do fato gerador).

A **elisão fiscal** cuida justamente de comportamento lícito adotado pelo contribuinte com a finalidade de se afastar da condição de sujeito passivo tributário, ou seja, de se apartar do liame obrigacional que nasce com a ocorrência do fato gerador e posiciona o particular (pessoa física ou jurídica) como devedor tributário em face do Estado em virtude da prática do fato gerador (vale dizer, o contribuinte se afasta da incidência da norma tributária, deixando de praticar o fato gerador), dentro dos limites legais que a própria norma legal implícita ou expressamente consagram. Como pontifica Sampaio Dória (citado por Sacha Calmon in Manual de Direito Tributário), a conduta do contribuinte ocorre antes que se exteriorize a hipótese de incidência tributária, pois, opcionalmente, o negócio revestirá a forma jurídica alternativa não descrita na lei como pressuposto de incidência ou pelo menos revestirá forma menos onerosa (como exemplo, pode-se citar a pessoa física que, na declaração anual de ajuste do Imposto de Renda, opta pela declaração simplificada, fazendo jus à redução da base de cálculo do IR, com o desconto padrão, previsto em lei, de 20% na renda tributável; ou, na declaração completa, fará as deduções de despesas médicas, dependentes, planos de previdência privada etc., optando, ao final pela dedução da base de cálculo que representar maior desconto no imposto devido). Em resumo, a elisão fiscal também pode ser traduzida como planejamento tributário (ou gestão tributária, ainda planejamento fiscal), surgindo como alternativa ao contribuinte para tentar manter a carga tributária em patamares aceitáveis e racionalizando os procedimentos fiscais, sem, contudo, incorrer em práticas criminosas. Como consequência, o Fisco nunca poderá tributar o contribuinte, já que ele nunca participou como devedor da obrigação tributária decorrente do fato gerador.

Por seu turno, a **evasão fiscal** constitui comportamento antijurídico adotado pelo contribuinte, voltado a, simplesmente, esquivar-se do pagamento do tributo devido – veja-se que, diversamente da elisão, agora o contribuinte situa-se temporal e legalmente em momento concomitante ou posterior à ocorrência do fato gerador (enquanto ocorre o fato jurígeno ou quando já consolidada a incidência da norma tributária) e, por isso, encontra-se vinculado na obrigação tributária e figura como devedor do Estado, pois a conduta que adotou anteriormente não evitou a materialização da hipótese de incidência da norma tributária. A evasão ocorre quando o contribuinte realiza atos ilegais ou fraudulentos após a concretização do fato gerador, visando a suprimir, reduzir ou retardar o cumprimento da obrigação tributária. Assim, para se furtar da cobrança do tributo, o contribuinte passa a atuar ilicitamente, moldando o seu agir pela fraude, simulação, embuste e pela sonegação tributária, podendo configurar a prática de crime contra a ordem tributária – sem afastar, por corolário lógico, o dever de recolher a exação fiscal, com os acréscimos sancionatórios (multa).

Em síntese, pelo critério cronológico, elisão é tentar não entrar na relação tributária e evasão é tentar sair dela, como sintetizava Narciso Amorós ("A elisão para nós é não entrar na relação fiscal. A evasão é sair dela. Exige, portanto, estar dentro, haver estado ou podido estar em algum momento", citado por Sacha Calmon in Teoria da Evasão e da Elisão em Matéria Tributária).

Entretanto, doutrinariamente, o critério temporal de distinção entre elisão e evasão fiscal é considerado falho, pois podem ocorrer situações de evasão fiscal decorrentes de comportamentos ilegítimos levados a efeito pelo contribuinte antes mesmo da ocorrência do fato gerador, a exemplo da situação do comerciante que emite notas fiscais adulteradas e, somente após isso, promove a saída da mercadoria do seu estabelecimento (fato gerador do ICMS). Daí a importância de se cumular ao critério cronológico o da licitude (ou legitimidade) dos meios utilizados pelo contribuinte, de modo a aferir se a conduta do contribuinte encontra conformidade legal com o ordenamento jurídico.

Ressalte-se, na elisão (*tax avoidance*) será considerada lícita a conduta que se valer de meios legítimos (aproveitando-se, inclusive, de lacunas da lei), voltados à economia de tributos, desde que não vedada pelo legislador. Na evasão (*tax evasion*), o contribuinte emprega meios antijurídicos, como a fraude, a simulação e a sonegação.

(*Esaf/PFN/Procurador/2012*) *A empresa Cozinha Esperta Design e Comércio Ltda. (CE) contava com dívidas fiscais não ajuizadas parceladas maiores que seus ativos. Surgiu então nova modalidade de parcelamento, na qual os devedores de pequeno porte (microempresas e empresas de pequeno porte – EPP) pagariam módica parcela mensal. Como a CE possuía nome comercial muito prestigiado, seus sócios decidiram extinguir as filiais e alterar o objeto social da empresa, passando a CE a figurar como franqueadora (Lei n. 8.955/94), sob a forma, porém, de EPP, aderindo, em seguida, ao novo parcelamento. Ato contínuo, cederam as locações das Aliais para empresas franqueadas, todas constituídas por seus filhos (então maiores, com bens e rendas), com royalties pagáveis à franqueadora (CE), segundo o faturamento. Depois de algum tempo, surgiram outras franqueadas, de empresários sem ligação com a família. Pergunta: há defeito no negócio jurídico da transformação societária da CE? Qual? Por quê? Havendo, caracterize os elementos fundamentais segundo a doutrina majoritária.*

**Autora:** *Carolina Blum*

### Direcionamento da resposta

Trata-se de questão difícil. Sua resposta envolve institutos de direito privado aplicáveis ao direito tributário, como a simulação e o abuso de direito.

### Sugestão de resposta

O negócio jurídico que resultou na transformação societária da CE é defeituoso na medida em que configurou uma simulação, ou seja, efetuou-se um negócio com o único intuito de iludir terceiros (Fazenda), fingindo transmitir direitos a terceiros (franquias), direitos estes que foram mantidas, em verdade, nas mãos dos sócios originários, a fim de obter fim diverso daquele declarado (no caso, o parcelamento especial).

É verdade que as empresas têm liberdade para efetuar transformações societárias de acordo com suas necessidades, mas também é verdade que, se utilizadas estruturas empresariais com o único intuito de obter benefícios indevidos, está configurado o abuso de direito. É que, no caso, a transformação societária realizada não encontra justificativa dentro da organização da empresa, tampouco decorre de um planejamento negocial.

Serviu, tão-somente, para ludibriar o Fisco, que poderá, se valendo da norma geral antielisiva do parágrafo único do artigo 116 do CTN, desconsiderar o negócio realizado e prosseguir com a tributação adequada à antiga (e verdadeira) estrutura da empresa.

---

**(Vunesp/TJ/SP/Cartórios/2008)** *O que é "fato gerador da obrigação acessória", em matéria tributária.*

**Autora:** *Letícia Franco Maculan Assumpção*

### Direcionamento da resposta

Nesta questão o candidato deverá abordar: (a) o conceito de obrigação tributária acessória, esclarecendo a diferença entre tal obrigação e a obrigação principal; (b) o candidato deverá, então, esclarecer o conceito de fato gerador; (c) por fim, o candidato deverá esclarecer o que é fato gerador da obrigação acessória[25].

### Sugestão de resposta

O Código Tributário Nacional classifica a obrigação tributária em duas espécies: obrigação principal, que consiste em pagar tributo ou penalidade pecuniária; e obrigação acessória, que decorre da legislação tributária e tem por objeto as prestações, positivas ou negativas, nela previstas no interesse da arrecadação ou da fiscalização dos tributos.

O fato gerador é uma expressão que representa um fato ou conjunto de fatos a que o legislador vincula o nascimento de uma obrigação jurídica[26].

A doutrina tributária distingue o fato descrito na hipótese legal (hipótese de incidência) e o fato imponível. A hipótese de incidência é a descrição legal, hipotética de um fato ou conjunto de fatos. Já fato imponível é aquele efetivamente acontecido num determinado tempo ou local, configurando rigorosamente a hipótese de incidência.[27]

Fato gerador da obrigação acessória é qualquer situação que, na forma da legislação aplicável, impõe a prática ou a abstenção de ato que não configure obrigação principal[28].

---

25. Para responder a essa questão o candidato precisava ter em mente o disposto nos arts. 113 e 115 do Código Tributário Nacional, não sendo necessário, no entanto, mencionar o número dos arts., mas apenas o seu conteúdo.
26. Hugo de Brito Machado, ensina: "Realmente, não existe dever jurídico que não tenha seu "fato gerador". Direito subjetivo e dever jurídico são efeitos da incidência da norma, que se dá quando no mundo fenomênico se concretiza a situação hipoteticamente nela descrita. Não existe obrigação jurídica que não seja resultado da incidência de uma norma. E incidência não há sem fato. Norma e fato nela previsto geram direito. Deveres, obrigações e os correspondentes direitos subjetivos. É assim na fenomenologia jurídica em geral e também no direito tributário".
27. Geraldo Ataliba é preciso: "Tal é a razão pela qual sempre distinguirmos estas duas coisas, denominando hipótese de incidência ao conceito legal (descrição legal, hipotética de um fato, estado de fato, ou conjunto de circunstâncias de fato) e fato imponível, efetivamente acontecido num determinado tempo ou local, configurando rigorosamente a hipótese de incidência".
28. Luciano Amaro ensina: "Parece que, ao dizer serem as obrigações acessórias decorrentes da legislação tributária, o Código quis explicitar que a previsão dessas situações pode não estar em 'lei', mas em ato de autoridade que se enquadre no largo conceito de 'legislação tributária' dado no art. 96; mesmo, porém, que se ponha em causa o dever de utilizar um certo formu-

COLEÇÃO PREPARANDO PARA CONCURSOS

*(UFRJ/Eletronorte/Advogado/2006)* Estabeleça a diferença entre evasão e elisão fiscal.

Autor: *Márcio Ladeira Ávila*

### Direcionamento da resposta

A questão é bastante conceitual. Logo, a resposta também tem que ser conceitual. De qualquer forma, o candidato não pode se esquecer de citar, sempre que for levantada essa discussão, o parágrafo único do art. 116 do CTN.

### Sugestão de resposta

A evasão é entendida como sinônimo de sonegação e distingue-se da elisão *(tax avoydance)*. Esta última, relacionada à figura do planejamento fiscal, se consubstancia em conduta realizada antes da ocorrência do fato gerador. Por sua vez, a evasão fiscal é a ação ou omissão ocorrida após o nascimento da obrigação tributária.

De acordo com a corrente que adota a interpretação econômica do fato gerador – defensora do primado do Direito Tributário sobre o Direito Civil – a elisão seria ilícita, visto que estaria burlando a forma para se chegar à economia do tributo. Para os adeptos da interpretação sistemática, que é a predominante, essa elisão é lícita, desde que não haja fraude.

O planejamento tributário (elisão), fruto da atividade criativa do intérprete do Direito, pode ser evitado por meio de regras de incidência tributária que não sejam excessivamente detalhadas. A utilização de conceitos indeterminados, desde que objetivamente valorados, é a melhor alternativa para o combate ao planejamento.

Quanto ao tema da elisão tributária, o parágrafo único do art. 116 do CTN prevê que a autoridade administrativa poderá desconsiderar atos ou negócios jurídicos praticados com a finalidade de dissimular a ocorrência do fato gerador do tributo ou a natureza dos elementos constitutivos da obrigação tributária, observados os procedimentos a serem estabelecidos em lei ordinária. O dispositivo autoriza o fisco a desconsiderar atos ou negócios jurídicos que tenham a

---

lário, descrito em ato de autoridade, melhor seria dizer que a obrigação, em situações como essa, decorre da lei, pois nesta é que está o fundamento com base no qual a autoridade pode exigir tal ou qual formulário, cujo formato tenha ficado a sua discrição. E, obviamente, também nessas situações, o nascimento do dever de alguém cumprir tal obrigação instrumental surgirá, concretamente, quando ocorrer o respectivo fato gerador."

finalidade de ocultar a ocorrência do fato gerador ou a natureza dos elementos que configuram a hipótese de incidência.

Na sonegação fiscal (*tax evasion* ou evasão), por outro lado, ocorre o fato gerador e há sua ocultação para o não pagamento do tributo, como é o caso da não emissão de nota fiscal quando da saída de mercadoria de um Estado para outro da federação. Sonegação é ato voluntário pelo qual o contribuinte busca omitir-se do tributo devido. Um exemplo é a nota fiscal "calçada", que se dá quando o sonegador lança um valor na primeira via da nota fiscal, destinada ao cliente, e outro montante nas demais vias, que serão exibidas ao fisco.

## 4.2. Responsabilidade Tributária

*(Faurgs/TJ/RS/Juiz/2016) O Estado do Rio Grande do Sul move uma ação de execução por débitos de ICMS contra a empresa A&B Ltda. Após diversas tentativas de citação da empresa, o oficial de justiça certificou que: "A empresa não foi localizada no endereço fornecido como seu domicílio fiscal". Diante disso, o representante da Fazenda Pública requereu a responsabilização pessoal dos sócios da executada. A empresa A&B Ltda. é formada pelo sócio "A" e pelo sócio "B". De acordo com o contrato social, a administração da sociedade foi atribuída ao sócio "A", e cada um dos sócios detêm 50% do capital social. Frente a essas circunstâncias, examine a viabilidade do pedido formulado pela Fazenda Pública, discorrendo sobre: (a) a presença dos pressupostos que autorizam o redirecionamento, levando em consideração a legislação tributária e a jurisprudência tributária; e (b) as condições que legitimam a responsabilização do sócio "A" e/ou do sócio "B". Fundamente a resposta, indicando os dispositivos legais pertinentes.*

**Autor: Renato de Pretto**

### Direcionamento da resposta

O(a) candidato(a) deveria se posicionar pela possibilidade de responsabilização tributária por redirecionamento da execução fiscal ao sócio "A", de acordo com o disposto no art. 135, inciso III, do Código Tributário Nacional em cotejo com a Súmula nº 435 do Superior Tribunal de Justiça.

### Sugestão de resposta

A responsabilidade pessoal dos sócios por dívida tributária da empresa que compõem encontra-se prevista no art. 135, inciso III, do Código Tributário

Nacional. Referido dispositivo legal exige dois pressupostos ao redirecionamento da execução fiscal proposta contra a empresa para os sócios, quais sejam: (i) ato fraudulento praticado pelo sócio ("excesso de poderes ou infração de lei, contrato social ou estatutos"); e (ii) sócio com poder de decisão ("diretores, gerentes ou representantes de pessoas jurídicas de direito privado").

Registre-se que esses dois requisitos são cumulativos à configuração da responsabilidade tributária subjetiva dos dirigentes de uma empresa. Assim, o mero inadimplemento tributário pela empresa não acarreta, automaticamente, a responsabilidade do sócio com poder de gestão ao consequente pagamento, consoante o teor da súmula nº 430 do Superior Tribunal de Justiça ("O inadimplemento da obrigação tributária pela sociedade não gera, por si só, a responsabilidade solidária do sócio-gerente").

De outro lado, na esteira da orientação jurisprudencial do Superior Tribunal de Justiça, nos moldes de sua súmula nº 435, "presume-se dissolvida irregularmente a empresa que deixar de funcionar no seu domicílio fiscal, sem comunicação aos órgãos competentes, legitimando o redirecionamento da execução fiscal para o sócio-gerente".

Logo, contextualizando os dados da legislação e da jurisprudência tributária acima com a situação fática objeto da questão, viável, na hipótese, o redirecionamento da execução fiscal movida contra a empresa A&B LTDA ao sócio "A". Com efeito, a não localização da empresa no endereço fornecido como seu domicílio fiscal configura o ato ilícito que autoriza o redirecionamento da execução ao sócio-diretor. Ademais, o sócio "B" não será responsabilizado, uma vez que não ostenta poder de condução da sociedade, não bastando a simples condição de sócio à sua responsabilização. Enfim, nos casos de dissolução irregular da sociedade empresária, o redirecionamento da execução fiscal para o sócio-gerente não constitui causa de exclusão da responsabilidade tributária da pessoa jurídica, passando a existir cumulação subjetiva em regime de litisconsórcio (cf. STJ, REsp 1455490).

*(Vunesp/PGM/São_Paulo/Procurador/2014)* No que consiste a denúncia espontânea e quais os seus efeitos na esfera tributária?

**Autores: Helton Kramer Lustoza e Leonardo Zehuri Tovar**

### Direcionamento da resposta

Resumidamente, analisar, à luz do art. 138, CTN, o instituto da denúncia espontânea, até quando pode o contribuinte dela se valer, bem como os principais entendimentos jurisprudenciais sobre o instituto.

### Sugestão de resposta

À luz do art. 138 do CTN, a responsabilidade é excluída pela denúncia espontânea da infração, acompanhada, se for o caso, do pagamento do tributo devido e dos juros de mora, ou do depósito da importância arbitrada pela autoridade administrativa, quando o montante do tributo dependa de apuração.

Verifica-se que é oportunizado ao contribuinte estancar os efeitos de eventual infração tributária cometida; basta que ele venha ao cumprir sua obrigação tributária, antes de qualquer procedimento fiscal, fazer o recolhimento, se for o caso, do tributo com juros, para ser excluída a penalidade.

Portanto, para que se esteja diante da denúncia espontânea é preciso que esta seja levada a efeito antes de a autoridade administrativa tomar conhecimento da infração ou antes do início de qualquer procedimento administrativo ou medida de fiscalização relacionada com a infração denunciada.

Deve, pois, o contribuinte, espontaneamente e antes do início de qualquer procedimento fiscal relacionado com a infração, denunciar o ilícito cometido, efetuando, se for o caso, concomitantemente, o pagamento do tributo devido e dos juros de mora, para, aí sim, ficar excluído da responsabilidade pela infração à legislação tributária.

São três, então, os requisitos pertinentes: (a) havendo alguma infração deve o contribuinte, de forma espontânea, reparar o equívoco; (b) se for o caso, recolher o tributo acrescido de juros e correção; (c) inexistir procedimento pelo Fisco no sentido de apreciar tal conduta antes do reparo realizado pelo contribuinte.

A primeira observação que se faz é a de que a iniciativa do contribuinte em retificar obrigações acessórias não condiz com a denúncia espontânea. Aliás, quanto a este ponto, vale registrar que o STJ, no tocante ao Imposto de Renda Pessoa Física, possui entendimento de que a denúncia espontânea não afasta a penalidade de multa decorrente da extemporaneidade na entrega da declaração de rendimentos, pois os efeitos do art. 138 do CTN não são extensivos às obrigações acessórias (v.g. STJ, AgRg no AREsp 11340).

A segunda observação fica por conta de que o procedimento de fiscalização somente tem início com a lavratura do auto de infração (ou quando exigível, da intimação/notificação para exibição de documentos), em geral, o chamado mandado de procedimento fiscal, e até este momento, a denúncia da infração é considerada espontânea.

Já a terceira decorre da circunstância de que não é qualquer tipo de procedimento anteriormente instaurado pelo Fisco que impede a denuncia espontânea. Por exemplo, o ato que determinar o início do procedimento fiscal que exclui a espontaneidade do contribuinte somente em relação ao tributo, ao período e a matéria nele expressamente inseridos. Equivale dizer: é preciso que se tenha um procedimento instaurado previamente para fiscalizar o tributo, período e fato (matéria) específico. Não é qualquer procedimento existente instaurado pelo Fisco perante o contribuinte que inibe a aplicação da denúncia espontânea.

Subsiste entendimento do STJ no sentido de que "o benefício da denúncia espontânea não se aplica aos tributos sujeitos a lançamento por homologação regularmente declarados, mas pagos a destempo" (Súmula 360). Isto porque, está sedimentada a orientação no sentido de que o art. 138 do CTN é inaplicável à hipótese, porquanto, tratando-se de tributos sujeito a lançamento por homologação, não seria juridicamente admissível que o contribuinte se socorra do benefício da denúncia espontânea para afastar a imposição de multa pelo atraso no pagamento de tributos por ele próprio declarados.

A jurisprudência do STJ também já firmou compreensão de que apenas o pagamento integral do débito que segue à sua confissão é apto a dar ensejo à denúncia espontânea (v.g. REsp 895961). Deste modo, não é possível conceder os mesmos benefícios da denúncia espontânea ao débito garantido por depósito judicial, pois, por meio dele subsiste a controvérsia sobre a obrigação tributária, retirando, dessa forma, o efeito desejado pela norma de mitigar as discussões administrativas ou judiciais a esse respeito.

De igual maneira, para que o contribuinte seja beneficiado com a exclusão da responsabilidade pela infração, deve efetuar o pagamento da totalidade do tributo devido e dos juros de mora. A denúncia deve ser acompanhada do pagamento, e não de simples manifestação de adesão a programa de parcelamento[29].

---

**(TRF/2R/Juiz/2014)** *Em que consiste o instituto da denúncia espontânea? Explicite os requisitos de sua configuração, bem como sua aplicabilidade às obrigações tributárias principal e acessória, e aos tributos sujeitos a lançamento de ofício, declaração e homologação?*

Autor: *Gustavo Baião Vilela*

### Direcionamento da resposta

A questão não apresenta grandes dificuldades, já que o examinador expôs todos os pontos que deverão ser tratados a respeito do tema central

---

29. No antigo Tribunal Federal de Recursos, chegou a ser editada a Súmula 208: "A simples confissão de dívida, acompanhada do seu pedido de parcelamento, não configura a denúncia espontânea".

DIREITO TRIBUTÁRIO

– denúncia espontânea. É importante, portanto, que o candidato responda à questão, atendo-se aos referidos pontos.

Na resposta apresentada, foi adotado o posicionamento seguido pela doutrina em detrimento da jurisprudência quanto à aplicação da denúncia espontânea às obrigações tributárias acessórias. Nesse caso, deve-se apresentar ressalva expressa quanto ao posicionamento jurisprudencial em sentido contrário.

### Sugestão de resposta

A denúncia espontânea é uma forma de exclusão de responsabilidade tributária que se opera pela confissão do débito por parte do contribuinte, bem como o seu pagamento integral.

Os requisitos para a configuração do instituto encontram-se previstos no art. 138 do CTN. O primeiro deles diz respeito à espontaneidade da confissão da infração.

Conforme a legislação ora em vigor, caracteriza-se como espontânea a denúncia apresentada antes do início de qualquer procedimento administrativo ou medida de fiscalização, relacionados à infração.

A data do início da fiscalização coincide com o momento em que o contribuinte toma conhecimento do procedimento que foi instaurado contra si, não bastando para tanto a mera prática de um ato interno por parte do Fisco sem correspondência com a infração.

O art. 7º do Decreto-Lei 70.235/72 arrola algumas hipóteses em que se considera iniciado o procedimento fiscal, dentre eles, o começo do despacho aduaneiro da mercadoria importada e a apreensão de mercadorias.

Além da confissão, é requisito da denúncia espontânea o pagamento integral do montante devido, isto é, atualizado monetariamente e com a incidência de juros. Isso significa que a multa não será afastada quando o contribuinte proceder ao parcelamento do tributo, conforme entendimento jurisprudencial sobre a matéria (STJ, REsp 1.102.577).

Embora a jurisprudência do STJ tenha se firmado em sentido oposto (AgRg no AREsp 11.340), a doutrina[30] destaca que a expressão, se for o caso, constante no art. 138 do CTN diz respeito não à possibilidade de parcelamento, mas à aplicação do instituto às infrações meramente formais.

Assim, a correção de uma obrigação de fazer ou não fazer antes de uma inspeção fiscal também afasta a multa, não havendo que se exigir, em razão de sua natureza, o pagamento integral de qualquer valor pecuniário.

---
30. PAULSEN, Leandro. Direito tributário. 12. ed. Porto Alegre: Livraria do Advogado, 2010, p. 993.

Paira certa dúvida em relação à incidência da denúncia espontânea, em razão dos diversos tipos de lançamento previstos no CTN.

O lançamento por declaração, previsto no art. 147 do CTN, é aquele efetuado com base na declaração do sujeito passivo ou de terceiro, quando um ou outro, na forma da legislação tributária, presta à autoridade administrativa informações sobre matéria de fato, indispensáveis à sua efetivação.

Nesse lançamento, após serem prestadas as informações pelo contribuinte, o próprio Fisco promove o lançamento do tributo. Havendo erro na declaração capaz de reduzir ou suprimir tributo o próprio contribuinte pode retificá-lo antes de ser notificado do lançamento, conforme autorizado pelo art. 147, § 1º, do CTN.

Isso, contudo, não impede que o contribuinte retifique o erro da declaração, mesmo após o lançamento, para recolher o tributo restante, anteriormente ao início de qualquer procedimento fiscal e a revisão do lançamento da parcela suprimida, mediante a incidência do disposto no art. 138 do CTN.

No lançamento por homologação, o sujeito passivo identifica a matéria tributável, efetua declaração e antecipa o pagamento do tributo sem prévio exame da autoridade administrativa que, tomando conhecimento da atividade do sujeito passivo, procede à análise e expressamente a homologa.

Diversamente da modalidade anterior, no lançamento por homologação a declaração do contribuinte constitui por si só o crédito tributário, segundo entendimento já pacificado pelo Superior Tribunal de Justiça (REsp 1.143.094). O crédito já se encontra, portanto, líquido, certo e exigível, passível de ser inscrito em dívida ativa.

Em razão disso, a posição jurisprudencial predominante, estampada na Súmula 360 do STJ é de que "o benefício da denúncia espontânea não se aplica aos tributos sujeitos a lançamento por homologação regularmente declarados, mas pagos a destempo".

Apesar dessa orientação, o instituto é aplicável na hipótese em que o contribuinte, após efetuar a declaração parcial do débito tributário, acompanhada do respectivo pagamento integral, retifica-o antes de qualquer procedimento do Fisco, ou seja, noticia a existência de diferença a maior cuja quitação dá-se concomitantemente.

Isso porque, em tal hipótese, a parcela não paga não foi declarada anteriormente, ou seja, não houve a constituição desse crédito pela declaração já apresentada (cf. STJ, REsp 1.149.022).

O lançamento de ofício previsto no art. 149 do CTN, por fim, é residual, e normalmente ocorre quando o Fisco detecta algum erro ou omissão do contribuinte em relação às modalidades anteriores de lançamento. Havendo o pagamento integral do tributo anteriormente ao início da ação do Fisco, não há dúvida quanto à incidência do benefício da denúncia espontânea.

## DIREITO TRIBUTÁRIO

*(Cespe/TCE/ES/Auditor/2012) Redija um texto dissertativo a respeito da responsabilidade tributária, abordando, necessariamente, os seguintes aspectos: (i) sujeito passivo direto e indireto; (ii) responsabilidade por substituição e responsabilidade por transferência; (iii) responsabilidade do adquirente de estabelecimento comercial em relação às obrigações fiscais do alienante.*

Autor: Fábio Dutra

### Direcionamento da resposta

A questão aborda o tema "responsabilidade tributária" de forma bastante simplificada, exigindo a abordagem dos três itens supracitados. É possível resolvê-la com sem qualquer dificuldade, conforme veremos a seguir.

**1) Sujeito passivo direto e sujeito passivo indireto**

A responsabilidade tributária é um assunto que está relacionado ao elemento subjetivo da obrigação tributária. Sabe-se que, com a ocorrência do fato gerador, surge a obrigação tributária, tendo no polo ativo o credor e no polo passivo o devedor.

O devedor é denominado sujeito passivo da obrigação tributária, sendo esta a pessoa obrigada ao pagamento do tributo ou penalidade pecuniária, conforme preceitua o art. 121, caput, do CTN. O par. único, do referido artigo ainda continua definindo o disposto a seguir:

> Art. 121, Parágrafo único. O sujeito passivo da obrigação principal diz-se:
>
> I – contribuinte, quando tenha relação pessoal e direta com a situação que constitua o respectivo fato gerador;
>
> II – responsável, quando, sem revestir a condição de contribuinte, sua obrigação decorra de disposição expressa de lei.

Temos, assim, dois possíveis sujeitos passivos da obrigação tributária: contribuinte e responsável. A doutrina[31] costuma definir o contribuinte como sendo o **sujeito passivo direto**, e o responsável como o **sujeito passivo indireto**.

Pode-se dizer que a principal motivação para atribuir responsabilidade tributária a terceiros **é porque se trata de uma forma de o Fisco otimizar a atividade de fiscalização e arrecadação tributária**. Pense no seguinte exemplo: seria mais fácil fiscalizar o recolhimento do imposto de renda a ser recolhido por todos os empregados de uma empresa ou apenas o recolhimento a ser

---

31. SOUSA, Rubens Gomes de. Compêndio de Legislação Tributária, 3. ed., Rio de Janeiro, Edições Financeiras S/A, 1960. p. 71-72.

efetuado por esta? Levando em consideração que a empresa pode contratar milhares de empregados, certamente o controle desta será mais efetivo.

Deve-se destacar que a pessoa eleita pela lei como responsável pelo pagamento do tributo **deve possuir uma vinculação, ainda que mínima, com o fato gerador da respectiva obrigação**, conforme se destaca no art. 128, transcrito abaixo:

> Art. 128. Sem prejuízo do disposto neste capítulo, a lei pode atribuir de modo expresso a responsabilidade pelo crédito tributário a terceira pessoa, vinculada ao fato gerador da respectiva obrigação, excluindo a responsabilidade do contribuinte ou atribuindo-a a este em caráter supletivo do cumprimento total ou parcial da referida obrigação.

### 2) Responsabilidade por substituição e responsabilidade por transferência

Além da questão da intensidade em relação ao cumprimento da obrigação tributária, outro aspecto importante é saber em que **momento** o responsável passa a ser revestir desta condição de sujeito passivo da obrigação tributária.

Quando o vínculo jurídico do responsável surge no momento da ocorrência da ocorrência do fato gerador, isto é, a obrigação tributária já nasce tendo no polo passivo o sujeito passivo indireto, diz-se que a modalidade de **responsabilidade é por substituição**.

Por outro lado, quando o fato gerador surge tendo como sujeito passivo o contribuinte e, em decorrência de um fato posterior, surge a figura do responsável, denomina-se **responsabilidade por transferência**. Veja que neste caso o responsável passa a integrar a relação jurídico-tributária em momento posterior ao nascimento da obrigação tributária.

### 3) Responsabilidade do adquirente de estabelecimento comercial em relação às obrigações fiscais do alienante

O art. 133, do CTN, previu a responsabilidade do adquirente de fundo de comércio ou estabelecimento comercial, industrial ou profissional, pelos tributos relativos ao fundo ou estabelecimento adquiridos, **devidos até a data do ato de sua aquisição**. Vejamos a redação do caput do art. 133:

> Art. 133. A pessoa natural ou jurídica de direito privado que adquirir de outra, por qualquer título, fundo de comércio ou estabelecimento comercial, industrial ou profissional, e continuar a respectiva exploração, sob a mesma ou outra razão social ou sob firma ou nome individual, responde pelos tributos, relativos ao fundo ou estabelecimento adquirido, devidos até à data do ato:

I – integralmente, se o alienante cessar a exploração do comércio, indústria ou atividade;

II – subsidiariamente com o alienante, se este prosseguir na exploração ou iniciar dentro de seis meses a contar da data da alienação, nova atividade no mesmo ou em outro ramo de comércio, indústria ou profissão.

Trata-se de uma responsabilidade por transferência, em que os sucessores (adquirentes) tornam-se responsáveis pelos tributos devidos até determinada data. A responsabilidade tributária, neste caso, **pode ser integral ou subsidiária**, a depender das circunstâncias que serão abordadas a seguir.

A responsabilidade será integral do adquirente, se o alienante cessar a exploração do comércio, indústria ou atividade, podendo ser subsidiária, se o alienante prosseguir na exploração ou iniciar dentro de seis meses a contar da data da alienação, nova atividade no mesmo ou em outro ramo de comércio, indústria ou profissão.

Cabe destacar, ainda, que a responsabilidade do adquirente somente ocorre, nos termos do referido dispositivo, se continuar a respectiva exploração da atividade, sob a mesma ou outra razão social ou sob firma ou nome individual.

Com o advento da LC 118/2005, sobrevieram importantes alterações no art. 133 do CTN, acrescentando-lhe três parágrafos. Tais alterações envolvem o processo de **recuperação judicial** e de **falência**.

Sabe-se que tanto na sistemática da recuperação judicial, quando na falência, o alienante está repleto de dívidas, inclusive tributárias. Aplicando-se a regra da responsabilidade por sucessão, o adquirente seria responsável por tais dívidas. Assim, **a LC 118/05 criou uma hipótese de exclusão da responsabilidade do adquirente dos fundos de comércio e dos estabelecimentos**:

Art. 133 – (...):

§ 1º O disposto no caput deste artigo não se aplica na hipótese de alienação judicial:

I – em processo de falência;

II – de filial ou unidade produtiva isolada, em processo de recuperação judicial.

A princípio pode-se imaginar que foi aberta a possibilidade de os sócios da sociedade falida ou em recuperação judicial utilizarem terceiros para adquirir os estabelecimentos livres do ônus tributário. Contudo, de modo a prevenir que tal exceção seja utilizada com fins fraudulentos, o legislador estabeleceu no § 2º o seguinte:

Art. 133. (...).

§ 2º Não se aplica o disposto no § 1º deste artigo quando o adquirente for:

I – sócio da sociedade falida ou em recuperação judicial, ou sociedade controlada pelo devedor falido ou em recuperação judicial;

II – parente, em linha reta ou colateral até o 4º (quarto) grau, consangüíneo ou afim, do devedor falido ou em recuperação judicial ou de qualquer de seus sócios; ou

III – identificado como agente do falido ou do devedor em recuperação judicial com o objetivo de fraudar a sucessão tributária.

Por último, a LC 118/05 acrescentou o § 3º ao art. 133, asseverando que os recursos arrecadados com a alienação de empresa, filial ou unidade produtiva isolada permanecerão à disposição do juízo de falência pelo prazo de um ano, só podendo ser utilizados para pagar dívidas contraídas ao longo da falência, ou para pagar créditos que, na falência, possuem privilégio em relação ao crédito tributário.

### Sugestão de resposta

A relação jurídico-tributária contém dois elementos subjetivos essenciais à satisfação da obrigação tributária: sujeito ativo e sujeito passivo. O sujeito ativo é o credor da obrigação e o sujeito passivo, o seu devedor, podendo este ser contribuinte ou responsável.

Conforme a definição dada pelo Código Tributário Nacional (CTN), contribuinte é quem possui relação pessoal e direta com a situação que constitua o respectivo fato gerador, sendo doutrinariamente denominado sujeito passivo direto. O responsável, por seu turno, é aquele que, sem revestir-se da condição de contribuinte, está legalmente obrigado ao cumprimento da obrigação tributária, sendo considerado sujeito passivo indireto. Não há dúvidas, pois, de que o vínculo do contribuinte com o fato gerador é mais intenso do que o do responsável.

Em paralelo a essa questão, outro ponto relevante na discussão da responsabilidade tributária é o momento em que o responsável passa a integrar o polo passivo da obrigação tributária. Quando o responsável é considerado sujeito passivo desde a ocorrência do fato gerador, entende-se estar havendo responsabilidade por substituição. Por outro lado, se tal vínculo surge apenas em decorrência de fato posterior ao surgimento da obrigação tributária, trata-se de responsabilidade por transferência.

A responsabilidade por transferência pode se dar de várias formas, a saber: responsabilidade de terceiros, responsabilidade por sucessão causa mortis, por sucessão empresarial e até mesmo por aquisição de fundo de comércio ou estabelecimento comercial. Quanto a esta última, o art. 133, do CTN, estabelece que o adquirente responde pelos tributos relativos a fundo ou estabelecimento comercial, quando continuar a respectiva exploração.

Destaque-se que tal responsabilidade pode ser integral, se o alienante cessar a exploração do comércio, indústria ou atividade, podendo ser também subsidiária, caso o alienante prossiga na exploração ou inicie dentro de seis meses a contar da data da alienação, nova atividade no mesmo ou em outro ramo de comércio, indústria ou profissão.

Por fim, é importante ressaltar que tal responsabilidade não se aplica na hipótese de alienação judicial em processo de falência, bem como na alienação judicial de filial ou unidade produtiva isolada, em processo de recuperação judicial, desde que o adquirente não possua vínculo com o devedor falido ou em recuperação judicial que lhes permita fraudar a sucessão tributária.

*(TRF/4R/Juiz/2012) Disserte sobre a responsabilidade tributária do acionista, sócio, diretor, gerente ou administrador de pessoa jurídica, enfocando os seguintes aspectos: (i) hipóteses de cabimento; (ii) responsabilidade pelo não recolhimento; e (iii) natureza jurídica.*

Autor: *Gustavo Baião Vilela*

### Direcionamento da resposta

A questão envolve tema de grande relevância prática, já que são comuns os requerimentos de redirecionamento da execução fiscal ao sócio, diretor, administrador ou gerente da pessoa jurídica.

A jurisprudência e a doutrina são oscilantes quanto à natureza da responsabilidade do sócio, sobretudo, quando fundada no art. 135, inc. III, do CTN. O próprio TRF da 4ª Região possuía jurisprudência de que a responsabilidade seria subsidiária (AC 2006.70.11.001175-6), passando a adotar recentemente o posicionamento de que é apenas solidária (AG 0002916-33.2015.404.0000). Uma resposta adequada à questão não pode fugir desse debate, sendo imprescindível explicitar as posições existentes.

### Sugestão de resposta

O contribuinte é o sujeito passivo da obrigação tributária principal que possui relação pessoal e direta com a situação que constitua o respectivo fato gerador. Pessoal porque ele deve participar do evento que realiza o fato gerador e direta porque deve ser identificado a partir do personagem principal.

O responsável, por sua vez, é definido por exclusão, conforme se extrai do art. 121, parágrafo único, inciso II, do CTN, ao preceituar que é todo aquele obrigado ao pagamento do tributo, sem revestir-se da condição de contribuinte. Trata-se, portanto, de um terceiro eleito como sujeito passivo do tributo, em virtude de um vínculo indireto com o fato gerador, seja por razões de conveniência seja por necessidade.

A obrigação do responsável pode ser originária, em substituição ao contribuinte, ou por transferência, em que a responsabilidade se desloca ao terceiro por algum evento.

Em se tratando de pessoas jurídicas, é natural que a lei preveja certas hipóteses em que os sócios, administradores e gerentes podem ser responsabilizados pelo não recolhimento de tributos.

Em relação aos sócios, dispõe o art. 134, inc. VII, do CTN que, nos casos de impossibilidade de exigência do cumprimento da obrigação principal pelo contribuinte, respondem solidariamente com este nos atos em que intervierem ou pelas omissões de que forem responsáveis os sócios, no caso de liquidação de sociedade de pessoas.

Embora a lei se refira à responsabilidade solidária, é necessário, em primeiro lugar, que o Fisco volte-se contra a pessoa jurídica, sendo aplicável também o benefício de ordem.

É importante destacar que a responsabilidade é subjetiva, isto é, atinge apenas os sócios que efetivamente exercem a gestão da sociedade, encontrando-se excluídos os minoritários e prestadores de capital.

A norma, ao referir-se apenas à sociedade de pessoas, afasta a aplicação à sociedade por cotas de responsabilidade limitada e sociedade anônima, conforme entendimento jurisprudencial (STJ, EDcl no REsp 109.143).

Além da norma anterior, o CTN prevê no art. 135, inc. III, que são pessoalmente responsáveis pelos créditos correspondentes a obrigações tributárias resultantes de atos praticados com excesso de poderes ou infração de lei, contrato social ou estatuto, os diretores, gerentes ou representantes de pessoas jurídicas de direitos privado.

Em relação a esse dispositivo, há divergência acerca da natureza jurídica da responsabilidade, uma vez que diversamente da norma anterior, não traz qualquer ressalva quanto à impossibilidade de pagamento do tributo pelo contribuinte.

Assim, ao referir-se à responsabilidade pessoal, há quem vislumbre que apenas o responsável deverá arcar com a obrigação, excluindo-se a pessoa jurídica[32]. Outra corrente defende que a utilização da expressão pessoalmente não teria o condão de excluir a responsabilidade da pessoa jurídica, afastado de qualquer forma o benefício de ordem[33]. Por fim, há quem sustente que a responsabilidade aqui também seria subsidiária[34].

Na jurisprudência, tem predominado este último entendimento. Tanto assim que a prescrição para o redirecionamento começaria a contar a partir do momento em que constatada a impossibilidade do cumprimento da obrigação por parte da empresa e a prática do ilícito por parte do administrador.

Também nessa hipótese a responsabilidade é subjetiva, exigindo-se a prática de ato com excesso de poderes ou infração de lei por parte do sócio gestor da sociedade, excluída, portanto, a responsabilidade pelo mero inadimplemento da obrigação tributária, conforme entendimento consolidado na Súmula 430 do STJ.

Ainda firmou-se na jurisprudência o entendimento de que presume-se dissolvida irregularmente a empresa que deixar de funcionar no seu domicílio sem comunicação aos órgãos competentes, o que ocorre, por exemplo, quando inexiste baixa na junta comercial. Verificada essa situação, poderá ocorrer o redirecionamento da execução fiscal para o sócio-gerente (STJ, AgRg no AREsp 464.098).

Por fim, o STF, ao julgar recurso extraordinário que declarou inconstitucional o art. 13 da Lei 8.620/93, na redação original, definiu que a norma do art. 135 do CTN possui natureza de norma geral de direito tributário, fundada no art. 146, inc. III, da CF, não sendo possível ao legislador deliberar de forma diversa a respeito da responsabilidade dos administradores, sobretudo, estabelecendo hipóteses de responsabilização objetiva (RE 562.276).

*(COPS-UEL/PGE/PR/Procurador/2011)* Acerca da sujeição passiva tributária, estabeleça a distinção entre responsabilidade por transferência e responsabilidade por substituição.

Autores: *Eduardo Moreira Lima Rodrigues de Castro e Helton Kramer Lustoza*

---

32. FERRAGUT, Maria Rita. Reflexões de natureza material e processual sobre aspectos controvertidos da responsabilidade. Responsabilidade Tributária. Dialética: São Paulo, 2007. p. 221/229. COELHO, Sacha Calmon Navarra. Curso de Direito Tributário Brasileiro. 9. ed. Rio de Janeiro: Forense, 2008. p.724-725.
33. MACHADO, Hugo de Brito. Curso de Direito Tributário. 29. ed. São Paulo: Malheiros, 2008. p. 161.
34. NEDER, Marcos Vinicius. A imputação de responsabilidade a terceiros no auto de infração e o direito de defesa. Responsabilidade Tributária. São Paulo: Dialética, 2007. p.190. SOUSA, Sueli Baptista de. Responsabilidade dos sócios na sociedade limitada. São Paulo: Quatier Latin, 2006, p. 96.

### Direcionamento da resposta

A pergunta devia ser respondida com o máximo de objetividade, haja vista que o espaço para resposta conferido pela organização era diminuto. Sobre as duas espécies de responsabilidade tributária, cabe ao estudante explicar que, na responsabilidade por substituição, a sujeição passiva do responsável surge, por força de lei, antes mesmo da ocorrência do fato gerador da obrigação, enquanto na responsabilidade por transferência a sujeição passiva decorre de fato posterior à ocorrência do fato gerador da obrigação.

### Sugestão de resposta

O instituto da responsabilidade tributária encontra regramento no Código Tributário Nacional nos artigos 121, parágrafo único, inciso II, e 128. O responsável tributário é o sujeito passivo que, por força de disposição expressa de lei, mesmo sem possuir relação pessoal e direta com o fato gerador da obrigação, é chamado a arcar com o ônus tributário.

A responsabilidade tributária é dividida pela doutrina em duas espécies, quais sejam: **a) responsabilidade por substituição** e; **b) responsabilidade por transferência**.

No primeiro caso, por força de lei, a **sujeição passiva do responsável surge antes mesmo da concretização do fato gerador** da obrigação, respondendo o sujeito passivo por débito próprio.

Divide-se a responsabilidade por substituição em (a) responsabilidade por **substituição para frente (ou progressiva)**, quando os sujeitos que ocupam as posições posteriores na cadeia econômica de produção ou circulação são substituídos, no dever de recolher os tributos, por aqueles que ocupam posições anteriores na mesma cadeia, e (b) responsabilidade por **substituição para trás (ou regressiva)**, quando os sujeitos que ocupam as posições anteriores na cadeia de produção ou circulação são substituídos, no dever de recolher os tributos, por aqueles que ocupam posições posteriores na mesma cadeia. A responsabilidade por substituição para frente encontra guarida na Constituição Federal de 1988 no art. 150, § 7º.

Na **responsabilidade por transferência**, por sua vez, a sujeição passiva decorre de acontecimento posterior à ocorrência do fato gerador da obrigação, respondendo o sujeito passivo por débito alheio.

São **subespécie de responsabilidade por transferência**: a) responsabilidade por sucessão (de bens, empresarial e *causa mortis* – CTN, arts. 130 a 133); b) responsabilidade de terceiros (por ato lícito e por ato ilícito – arts. 134, 135 e 137) e; c) responsabilidade por solidariedade (por interesse comum e legal – art. 124, incs. I e II).

*(Fundatec/PGE/RS/Procurador/2010)* Disserte sobre a responsabilidade por substituição e a responsabilidade por transferência, abordando as diferenças entre uma e outra relativamente ao momento em que o responsável ocupa o lugar do contribuinte, se antes ou depois da ocorrência do fato gerador, e esclareça se o responsável, em cada uma das hipóteses, responde por débito próprio ou débito alheio.

**Autores: Eduardo Moreira Lima Rodrigues de Castro e Helton Kramer Lustoza**

### Direcionamento da resposta

O candidato deve dissertar não só sobre as 2 espécies de responsabilidade tributária (por transferência e por substituição), mas também sobre as diversas subespécies das referidas modalidades, salientando que a classificação proposta tem natureza doutrinária e não consta do Código Tributário Nacional de maneira sistematizada.

É indispensável também que se consigne expressamente que, na responsabilidade por substituição, a sujeição passiva surge anteriormente à ocorrência do fato gerador e o responsável responde por débito próprio, enquanto na responsabilidade por transferência a sujeição passiva surge em virtude de evento posterior ao fato gerador, e o responsável acaba por responder por débito alheio.

### Sugestão de resposta

Nos termos do art. 121, parágrafo único, inciso II, do Código Tributário Nacional – CTN, o sujeito passivo diz-se **responsável** quando, sem revestir a condição de contribuinte, sua obrigação decorra de disposição expressa de lei. Trata-se, em outros termos, de sujeito vinculado ao fato gerador, embora não de maneira pessoal e direta (CTN, art. 128), que arcará com o dever de pagar tributo.

A **doutrina** classifica a responsabilidade tributária em duas espécies: **responsabilidade por substituição e responsabilidade por transferência**.

Na responsabilidade por substituição, a sujeição passiva surge, por força de lei, anteriormente à ocorrência do fato gerador da obrigação e o responsável responde por débito próprio.

A doutrina divide ainda a responsabilidade por substituição em responsabilidade por substituição **para trás (ou regressiva)** e responsabilidade por substituição **para frente (ou progressiva)**.

No primeiro caso (responsabilidade regressiva), os sujeitos que ocupam as posições anteriores na cadeia de produção ou circulação são substituídos, no dever de recolher os tributos, por aqueles que ocupam posições posteriores na mesma cadeia, como numa situação hipotética em que uma indústria de borracha é compelida a pagar não só o ICMS incidente sobre as vendas por ela realizadas a atacadista, mas também o tributo incidente sobre o látex adquirido junto às cooperativas de seringueiros.

No segundo caso (responsabilidade progressiva), os sujeitos que ocupam as posições posteriores na cadeia econômica de produção ou circulação são substituídos, no dever de recolher os tributos, por aqueles que ocupam posições anteriores na mesma cadeia, como ocorre numa situação hipotética em que uma refinaria de petróleo é compelida a pagar não só o ICMS incidente sobre a venda por ela realizada à distribuidora, mas também o tributo incidente sobre a venda levada a efeito pela distribuidora aos postos de gasolina, e destes aos consumidores. A substituição progressiva encontra respaldo constitucional no art. 150, § 7º, da Constituição Federal de 1988 – CF/88.

Nos casos de responsabilidade por transferência, a sujeição passiva surge em razão de fato posterior à ocorrência do fato gerador da obrigação e o responsável responde por débito alheio[35].

A **responsabilidade por transferência** subdivide-se em: a) responsabilidade por sucessão (de bens, empresarial e "causa mortis" – CTN, arts. 130 a 133); b) responsabilidade de terceiros (por ato lícito e por ato ilícito, arts. 134, 135 e 137) e; c) responsabilidade por solidariedade (por interesse comum e legal, art. 124, incs. I e II).

*(TJ/SP/Juiz/2008)* A pessoa jurídica de direito privado que resultar de cisão é responsável pelos tributos devidos pelas pessoas jurídicas cindidas, até a data do ato? Fundamente a resposta.

Autor: *Renato de Pretto*

### Direcionamento da resposta

O(a) candidato(a) deveria apresentar um esboço histórico do Código Tributário Nacional, justificando a omissão de seu artigo 132 no que tange à cisão, porquanto anterior à Lei das Sociedades Anônimas (Lei nº 6.404/76), a qual tratou, de maneira pioneira, sobre a matéria. Deveria, ainda, indicar que a

---

35. Luiz Eduardo Schoueri explica que "a responsabilidade strictu sensu (por transferência) surgirá quando o legislador, embora definindo um sujeito passivo pela verificação do fato jurídico tributário, determina, em virtude de outro fato (diverso do fato jurídico tributário) que outra pessoa passará a ser responsável (solidariamente ou não) pelo recolhimento do tributo devido pelo primeiro. É o caso da responsabilidade dos sucessores, de que tratam os arts. 129 a 133 do CTN." (SCHOUERI, Luiz Eduardo. Direito tributário. São Paulo: Saraiva, 2011, p. 479).

ausência supra não impediria a inclusão da cisão de empresas para efeito da responsabilidade tributária prevista no mencionado artigo 132 do Código Tributário Nacional, inclusive consoante precedente do Superior Tribunal de Justiça.

### Sugestão de resposta

O Código Tributário Nacional, em seu artigo 132, não trata da responsabilidade tributária por sucessão empresarial na hipótese de cisão. De fato, a omissão se deve ao contexto histórico, pois o Código, de 1966, é anterior à Lei das Sociedades Anônimas (Lei nº 6.404/76), a qual foi a primeira a se debruçar sobre o tema em seu artigo 229. No entanto, conforme doutrina[36] e jurisprudência do Superior Tribunal de Justiça (REsp 970585), apesar de não constar explicitamente do rol do artigo 132 do Código Tributário Nacional, a cisão da sociedade, por se qualificar como forma de mutação empresarial, subordina-se, para fins de responsabilidade tributária, a idêntico tratamento jurídico outorgado às demais espécies de sucessão.

Estabelecida tal premissa, concernente à possibilidade, em abstrato, de responsabilidade tributária da empresa resultante da empresa cindida, empiricamente, os limites obrigacionais daquela se encontram previstos no artigo 233 da Lei nº 6.404/76, o qual assim dispõe:

> "Art. 233. Na cisão com extinção da companhia cindida, as sociedades que absorverem parcelas do seu patrimônio responderão solidariamente pelas obrigações da companhia extinta. A companhia cindida que subsistir e as que absorverem parcelas do seu patrimônio responderão solidariamente pelas obrigações da primeira anteriores à cisão.
>
> Parágrafo único. O ato de cisão parcial poderá estipular que as sociedades que absorverem parcelas do patrimônio da companhia cindida serão responsáveis apenas pelas obrigações que lhes forem transferidas, sem solidariedade entre si ou com a companhia cindida, mas, nesse caso, qualquer credor anterior poderá se opor à estipulação, em relação ao seu crédito, desde que notifique a sociedade no prazo de 90 (noventa) dias a contar da data da publicação dos atos da cisão."

**(TJ/SP/Juiz/2000)** *Deixando a sociedade de recolher o ICMS em virtude de escassez de receita, podem os seus sócios gerentes ser responsabilizados solidária ou subsidiariamente pelos débitos da pessoa jurídica, nos termos do CTN?*

Autor: *Renato de Pretto*

---

36. SCHOUERI, Luís Eduardo. Direito tributário. 2. ed., Saraiva: 2012, p. 528.

### Direcionamento da resposta

O(a) candidato(a) deveria se pautar na inteligência atribuída por nossos tribunais ao teor do inciso III do art. 135 do CTN, especialmente ao conteúdo das atuais súmulas n° 430 e n° 435 do Superior Tribunal de Justiça.

### Sugestão de resposta

Como regra, a responsabilidade pessoal dos sócios gerentes por dívidas tributárias da pessoa jurídica só se concretiza nos termos do art. 135, inciso III, do Código Tributário Nacional, o qual dispõe que: "Art. 135, CTN. São pessoalmente responsáveis pelos créditos correspondentes a obrigações tributárias resultantes de atos praticados com excesso de poderes ou infração de lei, contrato social ou estatutos: (...) III – os diretores, gerentes ou representantes de pessoas jurídicas de direito privado".

Pois bem. Tal responsabilidade pessoal atribuída aos sócios referidos qualifica-se como subjetiva, é dizer, impõe-se a configuração de dois pressupostos cumulativos àquela responsabilização, quais sejam: (i) *sócio com poder de decisão ou gestão*, o que se denota da expressão "diretores, gerentes ou representantes de pessoas jurídicas de direito privado" do dispositivo legal supramencionado; (ii) *ato ilícito ou fraudulento perpetrado por citado tipo de sócio*, o que se infere da expressão "atos praticados com excesso de poderes ou infração de lei, contrato social ou estatutos" do aludido artigo do Código Tributário Nacional.

Nesse vértice, a resposta à questão é negativa, conforme se extrai da Súmula n° 430 do Superior Tribunal de Justiça: "O inadimplemento da obrigação tributária pela sociedade não gera, por si só, a responsabilidade solidária do sócio-gerente". Veja-se, então, que, a simples circunstância de a sociedade deixar de recolher o ICMS em virtude de escassez de receita não acarreta a responsabilidade solidária do sócio gerente; ao revés, a responsabilidade subjetiva do sócio gerente efetiva-se apenas quando ele pratica ato ilícito, que não se confunde com o singelo inadimplemento tributário, como no caso de presunção de encerramento irregular da empresa. A respeito, a súmula n° 435 do Superior Tribunal de Justiça: "Presume-se dissolvida irregularmente a empresa que deixar de funcionar no seu domicílio fiscal, sem comunicação aos órgãos competentes, legitimando o redirecionamento da execução fiscal para o sócio-gerente".

## 5. CRÉDITO TRIBUTÁRIO

### 5.1. Constituição

**(MPE/RJ/Promotor/2014)** *Discorra sobre a aplicação temporal da lei tributária interpretativa, analisando especificamente a norma do artigo 3º da Lei Complementar 118/05 e sua interpretação jurisprudencial, tendo em vista o prazo prescricional aplicável para o ajuizamento de repetição de indébito, nos casos de tributos lançados por homologação.*

Autor: *Matheus Rezende*

**Sugestão de resposta**

O lançamento por homologação exige que o contribuinte ou responsável tributário declare ao Fisco o fato gerador do tributo, aplique a alíquota sobre a base de cálculo, bem como os demais elementos da obrigação tributária principal e, por fim, realize o pagamento antecipado do tributo. Esse pagamento, por expressa disposição legal tem natureza precária, uma vez que depende de homologação (art. 150, §1º, do CTN). A legislação fixou um prazo máximo de 05 (cinco) anos para que o Fisco homologasse todos os elementos constitutivos da obrigação e do crédito tributário constituído, sob pena de ocorrência de uma homologação tácita (art. 150, §4º, do CTN). Esse prazo deve ser contado da ocorrência do fato gerador.

Vale ressaltar, entretanto, que essa regra aplica-se, segundo a melhor doutrina, apenas para os tributos sujeitos ao lançamento por homologação quando há antecipação do pagamento por parte contribuinte ou responsável tributário. Nos casos de dolo, fraude, simulação e quando não houver pagamento do tributo, aplicar-se-á a regra geral da decadência, prevista no art. 173, I, do CTN. Assim, o prazo decadencial para o Fisco constituir o crédito tributário seria também de 05 (cinco) anos, mas contados a partir do primeiro dia do ano seguinte ao qual o tributo poderia ter sido constituído.

Diante dessa peculiaridade dos tributos sujeitos a lançamento por homologação, no qual não havia pagamento, consolidou-se no Superior Tribunal de Justiça a intitulada "Tese dos Cinco mais Cinco". Isso porque, segundo o Tribunal da Cidadania, na hipótese de inocorrência do pagamento do tributo, o Fisco não tinha o que homologar. Dessa forma, após o transcurso do prazo de 5 (cinco) anos que a Administração Pública tinha para homologar o pagamento inexistente, ela poderia lançar o tributo de ofício, hipótese em que se iniciaria o prazo do art. 173, I, do CTN. Em resumo, ocorreria uma cumulação dos prazos decadenciais do art. 150, §4º, com o art. 173, I, ambos do CTN. Na prática, o Fisco dispunha de 10 (dez) anos para lançar o tributo e constituir o crédito tributário. Era um entendimento extremamente favorável à Fazenda e desfavorável ao contribuinte.

Todavia, o Superior Tribunal de Justiça modificou o seu entendimento para refutar a "Tese dos 5 + 5" em favor do Fisco, para entender que os prazos dos art. 150, §4º, e art. 173, I, ambos do CTN, não são cumulativos. Eles são independentes. Logo, na sistemática dos tributos sujeitos a lançamento por homologação, devem ser observadas as seguintes regras:

a) tributo não declarado e não pago: aplica-se a regra geral de decadência (art. 173, I, CTN) – prazo decadencial inicia-se no primeiro dia do exercício seguinte àquele em que o lançamento poderia ter sido efetuado;

b) tributo declarado e pagamento realizado: aplica-se a regra do art. 150, §4º, do CTN – prazo decadencial para homologação tácita é contado de 05 (cinco) anos da data do fato gerador;

c) tributo declarado e não pago: nesse caso, o STJ sumulou o entendimento de que a simples declaração do contribuinte que reconhece o débito é capaz de constituir o crédito tributário (súmula 436). Estando devidamente constituído, o prazo não será mais de decadência, mas de prescrição. A extinção do crédito pela prescrição será contada a partir do dia após o vencimento para pagamento do tributo.

Por outro lado, havia a "tese dos cinco mais cinco" que era favorável ao contribuinte. Explica-se. Como o pagamento nos tributos sujeitos a lançamento por homologação tem natureza precária, era preciso que o Fisco homologasse ou esperasse o transcurso do prazo de 05 (cinco) anos para ocorrer a homologação tácita, o que acontecesse primeiro. Somente após uma dessas providências é que iniciava-se o prazo de repetição do indébito do art. 168, do CTN. O contribuinte dispunha, na prática de 10 (dez) anos para ajuizar a ação de repetição do indébito, quais sejam, 05 anos para que a Administração homologasse o pagamento antecipado e, após, mais 05 (cinco) anos para ajuizar a ação de repetição.

A LC 118/05 estabeleceu em seu art. 3º que nos casos de tributos sujeitos a lançamento por homologação, muito embora o pagamento tenha natureza precária, esta data passou a ser extremamente relevante para fins de início de contagem do prazo para ajuizar a ação de repetição do indébito.

Com o advento da LC 118/05, houve, expressamente, a antecipação do início da contagem do prazo para ajuizamento da ação de repetição do indébito para o momento em que o pagamento é realizado. Mesmo ainda tendo natureza precária por expressa disposição legal, o pagamento antecipado nos tributos sujeitos a lançamento por homologação provoca a extinção do crédito tributário. Atualmente, o prazo de 05 (cinco) anos para que o contribuinte pleiteie a restituição do valor do tributo pago indevidamente deve ser contado da data do pagamento antecipado. Trata-se, portanto, de regra claramente desfavorável ao contribuinte e vantajosa para o Fisco.

É de se observar que dada a natureza eminentemente interpretativa da norma do art. 3º, da LC 118/05, ela deveria retroagir, nos termos do art. 106, I, do CTN. Segundo este dispositivo, a lei tributária interpretativa pode ser aplicada a fatos ou atos pretéritos, excetuado apenas a interpretação que conduza à aplicação de penalidades. No caso do art. 3º, da LC 118/05, tem-se uma norma tributária genuinamente interpretativa, pois ela teve como objetivo por fim à interpretação jurisprudencial da Tese dos 5 + 5 em favor do contribuinte, que dispunha acerca do prazo para ajuizamento da ação de repetição do indébito tributário.

Contudo, o Superior Tribunal de Justiça resolveu modular os efeitos da aplicação do art. 3º da LC 118/05 de modo que estabeleceu o seguinte entendimento:

1) para os pagamentos antecipados realizados posteriormente à vigência da LC 118/05 (09/06/2005): o prazo para ajuizamento da ação de repetição do indébito é de 05 (cinco) anos, contados da data do pagamento antecipado;

2) para os pagamentos antecipados realizados antes da vigência da LC 118/05 (09/06/2005): deve-se realizar o seguinte procedimento:

   2.1) aplicar a Tese dos 5 + 5;

   2.2) verificar se a aplicação da Tese dos 5 + 5 não superou 05 (cinco) anos da vigência da LC 118/05 (09/06/2010). Se não houver superado, a Tese dos 5 + 5 continua válida;

   2.2.1) Se a aplicação da Tese dos 5 + 5 houver superado 05 (cinco) anos da vigência da LC 118/05 (09/06/2010), aplica-se como data limite para o ajuizamento da ação de repetição do indébito os 05 (cinco) anos da vigência da LC 118/05.

Conclui-se que a Tese dos 5 + 5 encontra-se completamente ultrapassada. Seja para beneficiar o Fisco, nos casos dos tributos sujeitos a lançamento por homologação sem antecipação do pagamento; seja para beneficiar o contribuinte, nos casos de ação de repetição do indébito para tributos sujeitos a lançamento por homologação com pagamento antecipado.

### Comentários

É importante saber a diferença entre decadência e prescrição do crédito tributário. Aquela caracteriza-se pela perda do direito de o tributo ser lançado; logo, não haverá o crédito tributário propriamente constituído. Já prescrição é o prazo máximo que o Fisco tem para cobrar – ajuizar a execução fiscal – do crédito tributário já constituído.

Para aprofundamento sobre a sistemática dos tributos sujeitos a lançamento por homologação para expurgar a "tese dos cinco mais cinco" em favor do Fisco, vide: ALEXANDRE, Ricardo. Direito tributário esquematizado. Método. 2013. p. 451-453).

Para aprofundamento das regras de transição da aplicação do art. 3º, da LC 118/05, vide STJ, REsp 1002932, j. 25.11.2009.

Entender a sistemática dos tributos sujeitos a lançamento por homologação é de extrema relevância, uma vez que é a modalidade de constituição do crédito tributário mais comum e que exige menos trabalho para o Fisco.

Não esquecer da redação da Súmula 436, do STJ, bastante explorada em concursos, in verbis: "A entrega de declaração pelo contribuinte reconhecendo débito fiscal constitui o crédito tributário, dispensada qualquer outra providência por parte do fisco".

Embora já expirado o prazo de 05 (cinco) anos da vigência da LC 118/05, a Tese dos 5 + 5 continua a ser explorada pelos concursos públicos, o que demanda conhecimento por parte do candidato. Vide, por exemplo, a questão ter sido explorada no XXXIII Concurso do MPRJ, prova aplicada em 2014.

---

**(MPF/Procurador_da_República/2012)** *Imposto de Renda. Lançamento por homologação. Indique o "dies a quo" (data certa) do prazo decadencial para a Fazenda Pública homologar, tácita ou expressamente, ou constituir o crédito tributário, nos casos de declaração de rendimentos realizada em 30 de abril de 2011, ano calendário 2010, uma com antecipação de pagamento e a outra sem pagamento.*

Autores: Paulo Roberto Sampaio Santiago e Ricardo Melo Jr.

### Direcionamento da resposta

O candidato precisa de conhecimento acerca da matéria tributária, tanto no Texto Constitucional quanto no próprio Código Tributário, bem como atualização jurisprudencial sobre os assuntos envolvidos.

## DIREITO TRIBUTÁRIO

### Sugestão de resposta

No lançamento por homologação, o contribuinte ou o responsável deve realizar o pagamento antecipado do tributo, ficando a extinção do crédito condicionada à futura homologação (expressa ou tácita) pela Fazenda no prazo decadencial de cinco anos, a contar do fato gerador (art. 150, § 4º, do CTN) – REsp 1355722 e AREsp 706556. No caso do IRPF apurado em ajuste anual, o fato gerador considera-se realizado em 31 de dezembro do ano calendário (STJ no AgRg no Ag 1395402), de modo que o *dies a quo* no caso em questão é 31.12.2010.

Se não houve pagamento antecipado pelo contribuinte, não há o que homologar. Desse modo, o lançamento por homologação passa ser tratado como lançamento direto substitutivo, previsto no art. 149, V, do CTN, cujo prazo decadencial rege-se pela regra geral do art. 173, I, do CTN: cinco anos a contar do primeiro dia do exercício seguinte àquele em que o pagamento antecipado deveria ter sido realizado. Considerando-se que o pagamento do IRPF deveria ser realizado até 30.04.2011 (art. 37 da Lei nº 7.713/1988), o primeiro dia do exercício seguinte é 01.01.2012 (REsp repetitivo 973733 e REsp 1467333).

---

*(Fumarc/AGE/MG/Procurador/2011)* Por hipótese, dado contribuinte de ICMS apresentou documentos fiscais à Administração Tributária mineira, onde se reconheceu saldo devedor daquele imposto, não procedendo a seu pagamento. Pergunta-se: qual o procedimento a tomar pela Fazenda Pública, em face da jurisprudência do Superior Tribunal de Justiça? Fundamente.

Autores: Eduardo Moreira Lima Rodrigues de Castro e Helton Kramer Lustoza

### Direcionamento da resposta

A questão é bastante simples e envolve o conhecimento da jurisprudência do Superior Tribunal de Justiça acerca dos tributos sujeitos a lançamentos por homologação declarados e não pagos no vencimento, segundo a qual o crédito considera-se constituído desde o momento do vencimento da obrigação. No caso em tela, a fim de evitar a prescrição, a Fazenda Pública deve executar o crédito de ICMS no prazo de cinco anos da referida constituição definitiva ou, dentro do referido prazo, provocar a interrupção da prescrição.

### Sugestão de resposta

Conforme jurisprudência sumulada do Superior Tribunal de Justiça – STJ, "a entrega de declaração pelo contribuinte reconhecendo débito fiscal constitui o crédito tributário, dispensada qualquer outra providência por parte do fisco" **(Súmula 436/STJ)**.

Em outros termos, reconhece o STJ que, nos casos de tributos sujeitos a lançamento por homologação, em que **o tributo é declarado e não pago, tem-se por constituído o crédito tributário desde a data do vencimento** da obrigação, data esta que servirá também como termo *a quo* do prazo prescricional tributário de 5 (cinco). Não há que se falar, aqui, em prazo decadencial.

Nesse sentido, dispõe o Código Tributário Nacional que "a ação para a cobrança do crédito tributário prescreve em cinco anos, contados da data da sua constituição definitiva" (CTN, art. 174, *caput*).

No caso concreto apresentado, portanto, a Fazenda Pública deve **inscrever o crédito em dívida ativa e cobrá-lo judicialmente**, por meio do processo **executivo fiscal**, regido pela Lei n. 6.830/80, antes de decorridos 5 (cinco) anos. A interrupção da prescrição, nesse caso, dar-se-á pelo despacho do juiz que determina a citação (CTN, art. 174, parágrafo único, I).

A fim de **evitar a prescrição**, poderá a Fazenda Pública também: a) protestar judicialmente o crédito (CTN, art. 174, parágrafo único, II) e; b) constituir em mora o devedor, por outro ato judicial (CTN, art. 174, parágrafo único, III).

---

*(MPE/RJ/Promotor/2009)* De acordo com a jurisprudência recente do Superior Tribunal de Justiça, no caso de tributos sujeitos a lançamento por homologação, quando o contribuinte realiza o depósito judicial com vistas à suspensão da exigibilidade do crédito tributário, está obrigado o Fisco a lançar o tributo para prevenir a decadência do direito?

Autora: *Vanessa Gonzalez*

### Sugestão de resposta

Revendo a posição pacificada na Corte desde 2005, em recentes decisões[37], o Superior Tribunal de Justiça reconheceu que, nos casos de tributos sujeitos a lançamento por homologação, o depósito judicial do valor questionado tornaria dispensável o ato formal de lançamento por parte do Fisco. Ainda de acordo com o entendimento do Superior Tribunal de Justiça, eventuais diferenças não cobertas pelos valores depositados poderão ser lançadas pelo Fisco no prazo de cinco anos, contados da data da conversão dos depósitos em renda.

---

37. "O depósito judicial do tributo questionado torna dispensável o ato formal de lançamento por parte do Fisco. (...). (EREsp 671773, DJe 3.11.2010)

## Comentários

Primeiramente, deve-se ter em mente que o enunciado mencionava posicionamento recente do STJ. A prova ocorreu em meados de 2009, motivo pelo qual foi sugerida a resposta acima.

Para responder à presente questão, importante destacar que em 2005, o Superior Tribunal de Justiça pacificou a questão com o julgamento do EREsp 572603[38], ocasião em que entendeu que a presença de uma das causas de suspensão da exigibilidade do crédito tributário, previstas no art. 151 do CTN – dentre as quais está o depósito judicial – não impediria o lançamento do tributo, especialmente nos casos de tributos sujeitos a lançamento por homologação, tendo em vista que as causas previstas no art. 151 do CTN não obstam a decadência para a constituição do crédito tributário, mas apenas suspendem a prescrição para a cobrança judicial do crédito tributário.

Assim, o Fisco estaria impedido de praticar qualquer ato contra o contribuinte visando à cobrança do tributo, mas não estaria impedido de efetuar o lançamento. Diante desse posicionamento, o Fisco estaria obrigado a lançar o tributo para prevenir a decadência.

No entanto, em recentes decisões[39] (prolatadas meses antes da realização da prova), o Superior Tribunal de Justiça passou a entender como desnecessário o ato formal de lançamento, nos casos de depósito judicial do valor questionado nos tributos sujeitos a lançamento por homologação.

*(Zambini/Dersa/Advogado/2009)* Quando ocorrerá o lançamento por homologação?

Autor: *Márcio Ladeira Ávila*

---

38. "(...) 1. Nas exações cujo lançamento se faz por homologação, havendo pagamento antecipado, conta-se o prazo decadencial a partir da ocorrência do fato gerador (art. 150, § 4°, do CTN), que é de cinco anos. 2. Somente quando não há pagamento antecipado, ou há prova de fraude, dolo ou simulação é que se aplica o disposto no art. 173, I, do CTN. 3. A suspensão da exigibilidade do crédito tributário na via judicial impede o Fisco de praticar qualquer ato contra o contribuinte visando à cobrança de seu crédito, tais como inscrição em dívida, execução e penhora, mas não impossibilita a Fazenda de proceder à regular constituição do crédito tributário para prevenir a decadência do direito de lançar. (...)". (EREsp 572603, DJ 5.9.2005)

39. "O depósito judicial do tributo questionado torna dispensável o ato formal de lançamento por parte do Fisco (...)". (STJ, EREsp 671773, DJe 3.11.2010)

### Direcionamento da resposta

É importante que o candidato saiba conceituar lançamento e distinguir suas espécies. Devem ser citados os seguintes dispositivos: art. 146, III, *b* da CF/88 e artigos 142 a 150 do CTN.

### Sugestão de resposta

A origem etimológica de "lançamento" está relacionada ao ato de calcular, de efetuar um lance. Alberto Xavier aponta a escassa visibilidade do lançamento na vida jurídica cotidiana, em função da crescente participação dos contribuintes no cálculo de seus próprios tributos ("massificação dos mecanismos de arrecadação"), como uma das principais razões para a atrofia doutrinária do lançamento. A tendência mundial é de que a Administração Fiscal intervenha cada vez menos no momento anterior ao pagamento e, por outro lado, atue cada vez mais na sanção aos ilícitos cometidos pelo sujeito passivo, incumbido de diversos deveres tributários.

O lançamento é de fundamental importância, tanto é assim que a Constituição Federal de 1988 exige a elaboração de lei complementar para tratar de normas gerais sobre lançamento (art. 146, III, *b*). Do ponto de vista legal, lançamento é o procedimento administrativo tendente a verificar a ocorrência do fato gerador da obrigação correspondente, determinar a matéria tributável, calcular o montante do tributo devido, identificar o sujeito passivo e, sendo o caso, propor a aplicação da penalidade cabível (art. 142, *caput*, do CTN).

A definição legal de lançamento não é elogiável, pois, como se sabe, não é função do legislador proceder a construções teóricas, tarefa muito melhor desenvolvida pela doutrina. Ademais, o lançamento não é procedimento, mas sim, ato administrativo conclusivo do procedimento; tampouco tem por objeto a aplicação de penalidade, já que é ato de aplicação da norma tributária material (determina a existência e o *quantum* da prestação tributária individual) ao caso concreto.

Apesar das críticas devidas à definição, a lei estabelece que a atividade de lançamento possui cinco finalidades: 1ª – verificação da ocorrência do fato gerador da obrigação correspondente; 2ª – determinação da matéria tributável; 3ª – cálculo do montante do tributo devido (base de cálculo e alíquota); 4ª – identificação do sujeito passivo (contribuinte ou responsável), e, 5ª – aplicação de penalidade, quando cabível.

O lançamento é ato administrativo vinculado e obrigatório, emanado de agente administrativo competente que, com base em lei, confirma a existência da obrigação tributária (efeito declaratório) e constitui o direito da Fazenda

Pública ao crédito tributário (efeito constitutivo) ou extingue direito preexistente (efeito extintivo), por meio de homologação tácita ou expressa.

O entendimento mais atual é o de que o lançamento é ato administrativo, ainda que para sua formação sejam necessários alguns procedimentos anteriores e outros revisionais posteriores. O lançamento é um só, nada mais sendo que um ato administrativo de aplicação da lei ao caso concreto.

Com efeito, há atos administrativos que necessitam de um ou mais procedimentos para existir. Assim pode ocorrer, também, com o lançamento, onde os procedimentos anteriores e/ou posteriores, quando necessários, não integram o ato. O procedimento ao redor do lançamento, hoje, está muito ligado ao levantamento de provas a respeito da obrigação tributária.

O lançamento é espécie de ato tributário cujo objeto é a declaração do direito do ente público à prestação patrimonial tributária. Alberto Xavier define lançamento como ato administrativo de aplicação da norma tributária material que se traduz na declaração da existência e quantitativo da prestação tributária e na sua consequente exigência. Vale observar que o festejado doutrinador critica as definições de lançamento baseadas nos efeitos produzidos pelo ato, ou seja, que se utilizam de expressões como "constituição do crédito" ou "formalização do crédito".

Em que pese o entendimento esposado acima, a doutrina majoritária conceitua lançamento como ato administrativo vinculado e obrigatório, emanado de agente administrativo competente que, com base na lei, confirma a existência da obrigação tributária (efeito declaratório) e constitui o direito da Fazenda Pública ao crédito tributário (efeito constitutivo) ou extingue direito preexistente (efeito extintivo), por meio da homologação tácita ou expressa do pagamento. Através do lançamento, há a aplicação da lei ao caso concreto, semelhantemente a uma decisão judicial. Atente-se, contudo, que o lançamento não abrange os atos jurisdicionais.

Existem três modalidades de lançamento, de acordo com o grau de participação do sujeito passivo no procedimento: por declaração, de ofício e por homologação. No lançamento por declaração, as informações prestadas pelo sujeito passivo ou terceiro legalmente obrigado dão suporte ao lançamento que será efetuado pela autoridade administrativa. O contribuinte toma a iniciativa do procedimento.

Os atos relacionados a esse tipo de lançamento podem ser divididos em três fases: 1ª – sujeito passivo ou terceiro legalmente obrigado presta informações fiscais; 2ª – autoridade administrativa lança; e, 3ª – sujeito passivo paga ou não o tributo devido.

Existe uma presunção *iuris tantum* de veracidade quanto às informações fiscais prestadas pelo sujeito passivo ou terceiro legalmente obrigado. No entanto, se os valores ou o preço de bens, direitos, serviços ou atos jurídicos não corresponderem às declarações ou esclarecimentos prestados (omissão ou erro na escrita), a autoridade lançadora arbitrará aquele valor ou preço, sempre em atenção ao devido processo legal (art. 148 do CTN).

É necessário frisar que a lógica, combinada com os princípios da razoabilidade e da motivação, deve servir de parâmetro para a prática do arbitramento.

No lançamento de oficio, o próprio Fisco toma a iniciativa da prática do lançamento. Pode existir por 2 (dois) motivos básicos: 1º – expressa determinação legal (art. 149, I, do CTN) – via de regra, quando a lei determina que certo tributo será lançado de ofício, é porque essa modalidade é, de fato, a mais adequada às características do tributo (por exemplo, IPTU); e, 2º – substituição do lançamento feito em tributos lançados por declaração ou por homologação, em razão de algum vício – descumprimento, pelo contribuinte, de deveres de cooperação. Os incisos II a IX, do art. 149, apresentam rol não exaustivo de vícios no lançamento.

Respondendo à pergunta formulada, no lançamento por homologação, a lei estabelece que cabe ao sujeito passivo, antes de qualquer ato da Fazenda Pública, praticar os seguintes atos: apurar o montante do tributo devido; efetuar o pagamento do tributo no prazo legal; e, fazer declarações tempestivas.

O Fisco faz o controle *a posteriori*. O legislador concentra tais atos na pessoa do sujeito passivo, basicamente por razões econômicas. Dessa forma, os custos da atividade administrativa de lançamento são legalmente repassados, em sua maior parte, para o sujeito passivo, que tem o dever de colaborar com a Administração, sempre dentro de certo nível de razoabilidade.

A classificação apresentada – que toma como base o grau de participação do sujeito passivo no procedimento relacionado ao lançamento – é criticada por Paulo de Barros Carvalho, defensor da tese de que o lançamento, por ser ato jurídico administrativo, não se relaciona com as vicissitudes que o precederam, ou seja, não se confunde com procedimento.

A doutrina discute a possibilidade de ocorrer "autolançamento", ou seja, do próprio sujeito passivo praticar o lançamento. Aliomar Baleeiro entende que a) se a autoridade administrativa homologa (ratifica e convalida) o lançamento, este foi de autoria do sujeito passivo; e, b) o autolançamento seria um ato complexo, cujo ato final estaria na homologação, pelo Fisco, do ato praticado pelo contribuinte.

O entendimento de Aliomar Baleeiro procura manter coerência formal com o estatuído no CTN: lançamento é competência privativa das autoridades administrativas. Por isso, não admite de forma explícita que o contribuinte efetuaria um autolançamento. Entendemos de forma diversa, já que o lançamento é ato privativo da Administração Pública (art. 142, do CTN). Portanto, o particular não pratica ato administrativo.

É certo que determinados tributos dispensam a atuação da Administração Tributária no momento anterior ao pagamento do tributo, todavia, quando isso ocorre, a Fazenda Pública confirma ou discorda dos atos praticados pelo sujeito passivo, ou seja, faz o controle posterior. Caso a administração fazendária concorde com referidos atos, deverá homologá-los, o que acarretará a extinção do crédito tributário (art. 150, § 1º c/c art. 156, VII, todos do CTN). Do contrário, havendo discordância, ocorrerá o lançamento de ofício (art. 149, do CTN) e/ou a aplicação de penalidade (lavratura de auto de infração), em razão de ato ilícito.

O ato do devedor anterior ao pagamento, que é simples "operação mental" e não apresenta qualquer relevância jurídica, não se confunde com o lançamento. Nessa linha de raciocínio, quando o contribuinte paga menos que o legalmente previsto, há um descumprimento da obrigação tributária, e não uma falha no lançamento. Após o pagamento efetuado, o que o Fisco faz é verificar se a prestação foi devidamente cumprida ou não. Dita verificação é eventual, ou seja, pode ou não ocorrer.

*(Cespe/TRF/2R/Juiz/2009) Harmoniza-se, ou não, a doutrina dos atos próprios com a revisibilidade do lançamento tributário?*

Autor: Gustavo Baião Vilela

### Direcionamento da resposta

O ponto de maior dificuldade da questão reside exatamente em saber o que vem a ser a doutrina dos atos próprios, expressão pouco utilizada tanto pela doutrina quanto pela jurisprudência. Em termos gerais, representa a consagração do princípio da vedação do comportamento contraditório (*venire contra factum proprium*) também no direito público (STJ, REsp 141.879).

Sendo assim, a limitação à revisão do lançamento tributário contida no art. 146 do CTN está diretamente atrelada à referida doutrina, o que deve ser destacado pelo candidato.

### Sugestão de resposta

A segurança jurídica é um dos princípios basilares do Direito, por garantir a estabilidade e previsibilidade nas relações travadas no seio da sociedade. Uma de suas manifestações mais relevantes decorre do princípio da boa-fé.

Inicialmente a boa-fé estava circunscrita ao estado psicológico do sujeito em estar atuando em conformidade com o direito. Atualmente a boa-fé também recebeu um enfoque objetivo, sendo considerada um modelo de conduta social que impõe a cada um atuar com honestidade, lealdade, probidade e transparência.

Evidentemente que a boa-fé como princípio geral do Direito também vincula a Administração Pública e os administrados nas relações que travam entre si. Não por outra razão que o art. 2°, parágrafo único, inc. IV, da Lei 9.784/99 que regula o processo administrativo federal dispõe que a atuação deverá ocorrer, segundo padrões éticos de probidade, decoro e boa-fé.

Idealizada a partir do princípio da boa-fé e da igualdade, a teoria dos atos próprios preconiza que a atuação da Administração Pública deve ser coerente[40]. Isso significa que não pode atuar de forma diversa em situações semelhantes, após ter criado legítima expectativa na parte contrária, sob pena de esta mudança de orientação quebrar a lealdade e a confiança[41].

A teoria dos atos próprios possui especial aplicação na função interpretativa exercida pelo administrador, seja nas hipóteses de atuação vinculada, seja naquelas de atuação discricionária.

Assim, a autoridade, ao adotar um posicionamento em determinado caso concreto, fica vinculado a outros semelhantes. A alteração, por sua vez, embora possível, deve ser expressamente motivada, somente sendo aplicável às controvérsias instauradas após ser efetivada.

No âmbito legislativo, o art. 2°, parágrafo único, inciso XII, da Lei 9.784/99 que regula o processo administrativo, previu expressamente a vedação da aplicação retroativa da nova interpretação.

No caso específico do direito tributário, a teoria dos atos próprios possui aplicação à revisibilidade do lançamento. Nesse sentido, dispõe o art. 146 do CTN que a modificação introduzida, de ofício ou em consequência de decisão

---

40. ARAGÃO, Alexandre Santos de. Teoria das autolimitações administrativas: atos próprios, confiança legítima e contradição entre órgãos administrativos. *Revista Eletrônica de Direito Administrativo Econômico*, Salvador, n. 14, maio/junho/julho de 2008.
41. PENTEADO, Luciano de Camargo. Figuras parcelares da boa-fé objetiva e *venire contra factum proprium*. Revista de Direito Privado. São Paulo, v. 7, n. 27, p. 252-278, jul./set. 2006.

administrativa ou judicial, nos critérios jurídicos adotados pela autoridade administrativa no exercício do lançamento somente pode ser efetivada, em relação a um mesmo sujeito passivo, quanto a fato gerador ocorrido posteriormente à sua introdução.

É importante destacar que mesmo o fato gerador tendo ocorrido anteriormente à modificação, o lançamento realizado em momento posterior fica sujeito ao critério jurídico antigo. Em outras palavras, não só o lançamento, mas também o fato gerador deve ocorrer após a modificação.

Esse dispositivo vem sendo aplicado, por exemplo, para impedir que a autoridade fiscal após aceitar determinada classificação tarifária feita pelo importador no desembaraço aduaneiro, adote outro critério jurídico, promovendo nova classificação (STJ, AgRg no AREsp 252701).

Cabe frisar que a vedação não atinge a hipótese de erro de fato em que o Fisco pode proceder a revisão do lançamento de ofício, conforme autorizado pelo art. 149, inc. IV, do CTN.

Por sua vez, há controvérsia se este dispositivo abrange também a hipótese de erro de direito em que o Fisco abandona uma interpretação equivocada por outro considerada como correta.

Na jurisprudência e na doutrina, tem predominado o entendimento de que a vedação do art. 146 do CTN alcança também o erro de direito, por também envolver valoração jurídica dos fatos, não fazendo a norma distinção se o critério anteriormente adotado era legítimo ou não[42].

*(Cespe/TCE/TO/Analista/2008) O Código Tributário Nacional dispõe que compete privativamente à autoridade administrativa constituir o crédito tributário pelo lançamento, assim entendido o procedimento administrativo tendente a verificar a ocorrência do fato gerador da obrigação correspondente, determinar a matéria tributável, calcular o montante do tributo devido, identificar o sujeito passivo e, sendo o caso, propor a aplicação da penalidade cabível. Considerando que as informações acima têm caráter unicamente motivador, redija um texto a respeito de crédito tributário. No seu texto, aborde, necessariamente, os seguintes aspectos: (1) Modalidades de lançamento; (2) Hipóteses em que o lançamento, regularmente notificado ao sujeito passivo, pode ser alterado.*

**Autor: Fábio Dutra**

---

42. AMARO, Luciano. Direito Tributário Brasileiro. 10. ed. São Paulo: Saraiva, 2004, p. 345.

### Direcionamento da resposta

**1) Definição de crédito tributário**

O tema central da questão é o crédito tributário. Portanto, para garantir uma boa avaliação pelo examinador, **o texto deve conter a definição de crédito tributário**.

Trata-se de uma obrigação tributária líquida, certa e exigível, tendo no polo ativo a União, os Estados, o Distrito Federal ou os Municípios ou alguma pessoa jurídica de direito público a quem tenha sido delegada a capacidade tributária ativa. No polo passivo, encontra-se o contribuinte ou o responsável pelo adimplemento da obrigação tributária.

O crédito tributário é constituído pelo lançamento, procedimento administrativo vinculado de competência privativa da autoridade fiscal. É o lançamento que confere certeza, liquidez e exigibilidade à obrigação tributária. Assim, é importante entender que o lançamento não se confunde com a ocorrência do fato gerador. Neste, há o surgimento da obrigação tributária, que depende da atuação fiscal (lançamento) para torna-la exigível.

**2) Modalidades de lançamento**

São modalidades de lançamento as seguintes: **de ofício** (ou direto), **por declaração** (ou misto), **por homologação** (ou autolançamento).

O lançamento de ofício é aquele em que todo o procedimento permanece nas mãos da autoridade lançadora, sem qualquer participação do sujeito passivo. Assim, por exemplo, é a autoridade que aplica a legislação vigente e calcula o tributo devido. Exemplo: IPTU.

No lançamento por declaração, o sujeito passivo passa a atuar, prestando informações mediante declarações apresentadas à autoridade lançadora, para que esta providencie o lançamento, e intime o sujeito passivo para pagamento ou impugnação. Exemplo: ITBI.

No que concerne ao lançamento por homologação, cabe ao sujeito passivo calcular o tributo e efetuar o pagamento sem que haja prévio exame da autoridade administrativa. Esta, tomando conhecimento da atividade exercida pelo obrigado, homologa expressa ou tacitamente, por decurso do prazo previsto no CTN. Exemplo: IPI.

Ressalte-se, por fim, que **todo tributo pode vir a ser lançado de ofício, caso ocorra algum dos casos previstos no art. 149 do CTN.**

## DIREITO TRIBUTÁRIO

### 3) Hipóteses em que o lançamento, regularmente notificado ao sujeito passivo, pode ser alterado.

De acordo com o que estabelece o art. 145, do CTN, o lançamento regularmente notificado ao sujeito passivo **só pode ser alterado em virtude de impugnação do sujeito passivo, recurso de ofício e iniciativa de ofício da autoridade administrativa**, nos casos previstos no art. 149.

A impugnação do sujeito passivo (CTN, art. 145, I), após ser notificado do lançamento contra ele efetuado, instaura a fase litigiosa do lançamento, dando início ao processo administrativo fiscal.

A partir de então, o lançamento é submetido a julgamento na via administrativa. Se a decisão for desfavorável ao Fisco, ocorre o denominado recurso de ofício (CTN, art. 145, II), que consiste no envio do processo ao órgão julgador de segunda instância.

Como já mencionado, a alteração do lançamento regularmente notificado ao sujeito passivo também pode decorrer da iniciativa de ofício da autoridade administrativa (CTN, art. 145, III), nas hipóteses elencadas no art. 149. Todavia, neste caso só é possível iniciar a revisão **se não tiver sido extinto por decadência o direito da Fazenda Pública de lançar**.

### Sugestão de resposta

A obrigação de pagar tributos, tecnicamente denominada obrigação tributária principal, surge com a ocorrência do fato gerador. Contudo, embora haja a partir de então um liame obrigacional entre o sujeito passivo e o sujeito ativo, o crédito tributário apenas é constituído com o lançamento, conferindo certeza, liquidez e exigibilidade à obrigação tributária. Este procedimento foi descrito no art. 142 do Código Tributário Nacional (CTN) como sendo privativo da autoridade administrativa.

Nessa linha, a constituição do crédito tributário, viabilizada por meio do lançamento, pode ser efetuada de três modos distintos: de ofício, por declaração ou por homologação. O lançamento de ofício é aquele em que todo o procedimento fica a cargo da autoridade lançadora, sem qualquer participação do sujeito passivo. Como exemplo, o IPTU é lançado de ofício.

O lançamento por declaração, por seu turno, exige a prestação de informações pelo sujeito passivo, a fim de que a autoridade administrativa providencie o lançamento, e intime o sujeito passivo para pagamento ou impugnação, a exemplo do que ocorre com o ITBI.

Já na sistemática do lançamento por homologação, cabe ao sujeito passivo calcular o tributo e efetuar o pagamento sem que haja prévio exame da autoridade administrativa. Esta, tomando conhecimento da atividade exercida pelo obrigado, homologa expressa ou tacitamente, sendo, neste caso por decurso do prazo previsto no CTN. Um dos tributos submetidos a essa modalidade de lançamento é o IPI.

Nesse rumo, o crédito tributário se reputa constituído com a regular notificação do lançamento ao sujeito passivo, sendo sua alteração permitida apenas nas restritas hipóteses do art. 145, do CTN, a saber: impugnação do sujeito passivo, recurso de ofício e iniciativa de ofício da autoridade administrativa, nos casos previstos no CTN.

A impugnação do sujeito passivo ocorre quando este se insurge contra o lançamento efetuado, instaurando a fase litigiosa do procedimento, na via administrativa. Já o recurso de ofício, conhecido também como remessa necessária, dá-se quando a decisão administrativa de primeira instância seja favorável ao sujeito passivo.

Por fim, no que se refere à iniciativa de ofício da autoridade administrativa, o CTN permite, em determinadas situações, que o lançamento seja revisto de ofício, caso ainda não esteja extinto pela decadência. Uma das situações ensejadoras de revisão de ofício ocorre quando a declaração não seja prestada, por quem de direito, no prazo e na forma da legislação tributária.

*(Cesgranrio/BNDES/Advogado/2008)* *Especifique o prazo decadencial para constituição de crédito tributário relativo a contribuições sociais para a seguridade social, em face do que dispõe a Constituição Federal quanto à competência para regular a matéria e o Código Tributário Nacional, levando em conta a atual jurisprudência do Plenário do Supremo Tribunal Federal.*

*Autor: Márcio Ladeira Ávila*

### Direcionamento da resposta

O candidato deve esclarecer na resposta que as normas relativas à prescrição e à decadência tributária têm natureza de normas gerais de Direito Tributário, razão pela qual devem ser tratadas em sede de lei complementar. É relevantíssimo que o candidato cite a Súmula Vinculante n. 8 do STF.

### Sugestão de resposta

Os institutos da prescrição e da decadência, no Direito Tributário, têm a mesma natureza dos existentes no Direito Civil. O que os fundamenta é o atendimento do interesse público e a necessidade de segurança jurídica. Ambos têm natureza jurídica de direito tributário material (substantivo), além de terem caráter extintivo. Outrossim, podem ser reconhecidos de ofício, porque são normas de ordem pública.

Em linhas gerais, a decadência é a perda do direito que pode ser imposto a outrem, independentemente de sua vontade. É um direito potestativo e irrenunciável, onde o sujeito passivo apenas se sujeita à vontade do sujeito ativo. A prescrição, por sua vez, é renunciável e representa a perda do direito subjetivo (direito a uma prestação).

Direcionando o raciocínio para o Direito Tributário, temos que a decadência é a perda do direito potestativo da Fazenda Pública de lançar (constituir) o crédito tributário. O prazo decadencial situa-se entre o fato gerador e o lançamento. O contribuinte não pode se opor ao direito de lançar, cabendo-lhe, apenas, sujeitar-se. Sacha Calmon Navarro Coêlho entende que inexiste decadência do direito de lançar, já que apenas o direito decai, nunca o ato jurídico, que preclui quando sujeitado ao tempo.

A prescrição, por sua vez, é posterior ao lançamento e implica na perda do direito subjetivo da Fazenda Pública ajuizar a execução judicial do crédito tributário. Há um direito subjetivo de a Fazenda cobrar e uma obrigação do contribuinte pagar.

O art. 45 da Lei n. 8.212/91 previa que o direito da Seguridade Social apurar e constituir seus créditos tributários extinguia-se após 10 (dez) anos. O art. 46 da mesma lei, por sua vez, determinava que a prescrição dos referidos créditos ocorria, da mesma forma, em 10 (dez) anos. O parágrafo único do art. 5º do Decreto-Lei n. 1.569/77 determina que a aplicação do seu *caput* suspenderia a prescrição dos créditos a que se referia. Todos os dispositivos mencionados foram declarados inconstitucionais pelo STF, pelo fato de a Suprema Corte entender que as normas relativas à prescrição e à decadência tributárias têm natureza de normas gerais de Direito Tributário, cuja disciplina é reservada à lei complementar.

Os arts. 45 e 46 da Lei n. 8.212/91 violaram o art. 146, III, *b*, da CF/1988, enquanto o parágrafo único do art. 5º do Decreto-Lei n. 1.569/77 violou o art. 18, § 1º da CF/69, que também reservou à lei complementar, o trato das normas gerais de direito tributário. Por essa razão, os dispositivos são eivados de inconstitucionalidade formal.

Nesse sentido, a Súmula Vinculante n. 8 do STF determina serem inconstitucionais o parágrafo único do artigo 5º do Decreto-Lei n. 1.569/1977 e os artigos 45 e 46 da Lei n. 8.212/1991, que tratam de prescrição e decadência de crédito tributário. O entendimento do STF quanto à matéria é importante porque evita a multiplicidade de prazos, em todos os entes políticos da federação.

*(Cespe/TRF/1R/Juiz/2005)* Quais as características, a natureza jurídica e as modalidades do lançamento tributário? Explicá-las, esclarecendo se o prazo previsto no § 4º, do art. 150, do Código Tributário Nacional, é de decadência ou prescrição e como compatibilizar as primeiras com o autolançamento.

**Autor: Gustavo Baião Vilela**

### Direcionamento da resposta

A questão envolve o debate em torno de vários temas relacionados ao lançamento, muitos deles eivados de grande controvérsia. É importante organizar muito bem as ideias, sendo recomendável iniciar a resposta pelo conceito legal, e a partir daí extrair as características, debater a natureza jurídica, as modalidades e, por fim, os prazos prescricionais e decadenciais incidentes no lançamento por homologação, com ênfase naquele previsto no art. 150, § 4º, do CTN.

### Sugestão de resposta

Diversamente do que ocorre no direito civil, no direito tributário a obrigação passa por diferentes graus de eficácia[43]. À luz dessa teoria, embora a ocorrência do fato gerador faça surgir a obrigação tributária, esta, em determinadas hipóteses, somente passa a ser exigível a partir do lançamento.

O lançamento é conceituado pelo art. 142 do Código Tributário Nacional, como sendo o *"procedimento administrativo tendente a verificar a ocorrência do fato gerador da obrigação correspondente, determinar a matéria tributável, calcular o montante do tributo devido, identificar o sujeito passivo e, sendo caso, propor a aplicação da penalidade cabível"*.

Prossegue o código estabelecendo que a atividade administrativa do lançamento é vinculada a lei e obrigatória, sob pena de responsabilidade funcional do agente público negligente.

Além disso, submete-se à lei da data da ocorrência do fato gerador da obrigação, ainda que posteriormente modificada ou revogada, devendo ser observado o disposto no art. 144, parágrafo único que preceitua que *"aplica-se ao lançamento a legislação que, posteriormente à ocorrência do fato gerador da obrigação, tenha instituído novos critérios de apuração ou processos de fiscalização, ampliado os poderes de investigação das autoridades administrativas, ou outorgado ao*

---

43. XAVIER, Alberto. Do lançamento – teoria geral do ato, do procedimento e do processo tributário. São Paulo: Forense, 1997.

*crédito maiores garantias ou privilégios, exceto, neste último caso, para o efeito de atribuir responsabilidade tributária a terceiros".*

Por fim, deve-se ressaltar que o lançamento é, em regra, inalterável, ressalvado o disposto nos artigos 145 e 146 do CTN.

O conceito legal é criticado por parte da doutrina que sustenta que o lançamento é o ato praticado após o desfecho do procedimento administrativo instaurado para verificar a ocorrência do fato gerador[44]. Em outros termos, o procedimento anterior não se confundiria com o lançamento, este apenas um ato administrativo.

Outra controvérsia de relevo diz respeito à natureza declaratória ou constitutiva do lançamento. Aqueles que atribuem ao lançamento a natureza declaratória sustentam que ele visa apenas atestar a existência da obrigação tributária nascida com a ocorrência do fato gerador. Possui, por isso, eficácia *ex tunc*[45].

A natureza constitutiva é defendida sob o argumento de que a obrigação e o crédito tributários somente surgem a partir do lançamento. Ou seja, anteriormente ao lançamento os fatos ocorridos encontram-se a margem da esfera jurídica.

Ambas as posições são passíveis de crítica. A primeira porque desconsidera que a partir do lançamento são acrescentados efeitos importantes à relação jurídica, enquanto a segunda esquece que da ocorrência do fato gerador decorrem efeitos jurídicos importantes, como aquele previsto no art. 144 do CTN, e até mesmo o dever de pagamento, independentemente de qualquer formalização por parte do Fisco.

Sendo assim, a melhor corrente é aquela que atribui ao lançamento tanto eficácia declaratória quanto constitutiva[46], já que além de reconhecer a obrigação tributária anteriormente constituída, possui o condão de tornar exigível o crédito tributário.

Existem três espécies de lançamento. Aquele por declaração, previsto no art. 147 do CTN, é efetuado com base na declaração do sujeito passivo ou de terceiro, quando um ou outro, na forma da legislação tributária, presta à autoridade administrativa informações sobre matéria de fato, indispensáveis à sua efetivação.

---

44. AMARO, Luciano. Direito Tributário Brasileiro. 10. ed. São Paulo: Saraiva, 2004, p. 334.
45. COÊLHO, Sacha Calmon Navarro. Curso de Direito Tributário Brasileiro. 9. ed. Rio de Janeiro: Forense, 2007, p. 649-651.
46. BORGES, José Souto Maior. Lançamento Tributário. 2. ed. São Paulo: Malheiros, 1999, p. 421/422.

Nesse lançamento, após serem prestadas as informações pelo contribuinte, o próprio Fisco promove o lançamento do tributo.

No lançamento por homologação, o sujeito passivo identifica a matéria tributável, efetua declaração e antecipa o pagamento do tributo sem prévio exame da autoridade administrativa. Esta, tomando conhecimento da atividade do sujeito passivo, pode proceder a homologação expressa, ou manter-se inerte, hipótese em que haverá a homologação tácita.

Diversamente da modalidade anterior, no lançamento por homologação a declaração do contribuinte constitui por si só o crédito tributário, segundo entendimento já pacificado pelo Superior Tribunal de Justiça (REsp 1.143.094). Nessa fase, o crédito já se encontra, portanto, líquido, certo e exigível, passível de ser inscrito em dívida ativa.

O art. 150, § 4º, do CTN prevê que "se a lei não fixar prazo a homologação, será ele de cinco anos, a contar da ocorrência do fato gerador; expirado esse prazo sem que a Fazenda Pública se tenha pronunciado, considera-se homologado o lançamento e definitivamente extinto o crédito, salvo se comprovada a ocorrência de dolo, fraude ou simulação".

Conjugando esse dispositivo com o entendimento jurisprudencial anterior, chega-se à conclusão de que apresentada a declaração do contribuinte e constituído o crédito tributário, sem que promova pagamento, o Fisco disporá do prazo prescricional de 5 (cinco) anos para cobrar o tributo, a teor do que dispõe o art. 174, do CTN (STJ, REsp 1.145.128).

Na hipótese de o contribuinte deixar de apresentar a declaração e não efetuar qualquer pagamento, o Fisco, deverá promover o lançamento de ofício em 5 (cinco) anos, sob pena de extinção do crédito tributário.

Trata-se de prazo de decadência, cuja contagem se inicia não da ocorrência do fato gerador, mas do primeiro dia do exercício seguinte àquele em que o lançamento poderia ter sido efetuado, nos termos do art. 173, inc. I, do CTN. Isso porque, segundo a doutrina majoritária, inexistindo declaração e pagamento, não haveria o que o Fisco homologar[47].

Por sua vez, havendo declaração e o correspondente pagamento parcial do débito, o Fisco promoverá a homologação dessa parcela, devendo efetuar o lançamento do restante, no prazo de cinco anos. Verificada essa situação, aplica-se o art. 150, § 4º, do CTN cujo prazo é de decadência e não prescrição, uma vez não ter sido constituído o crédito não quitado. Ressalva o dispositivo os

---

47. AMARO, Luciano. Direito Tributário Brasileiro. 10. ed. São Paulo: Saraiva, 2004. p. 399.

casos de dolo ou fraude, hipótese em que incide a regra geral do art. 173, inc. I, do CTN (STJ, AgRg no REsp 1.523.619).

Por fim, o lançamento de ofício previsto no art. 149 do CTN, é normalmente aplicado aos tributos que têm como fato gerador uma situação permanente cujos dados constam dos cadastros fiscais. Caberá ao Fisco apenas tomar conhecimento daqueles registros para realizar o lançamento.

Além disso, é residual, e normalmente ocorre quando o Fisco detecta algum erro ou omissão do contribuinte em relação às modalidades anteriores de lançamento, o que é possível extrair das diversas hipóteses arroladas nos incisos do art. 149 do CTN.

É possível concluir que o grau de participação do contribuinte na atividade de identificar e quantificar o fato gerador varia do grau mínimo no lançamento de ofício ao máximo no lançamento por homologação, quando a atividade do fisco é de cunho meramente fiscalizatório.

## 5.2. Suspensão

*(PGE/RJ/Procurador/2012) Lei Estadual, com apoio em Convênio ICMS, estabelece como um dos requisitos para fruição de benefício fiscal a inexistência de crédito tributário estadual exigível. Pode usufruir o benefício o contribuinte que tem ajuizada contra si execução fiscal garantida por penhora de imóvel, e embargada?*

Autores: Eduardo Moreira Lima Rodrigues de Castro e Helton Kramer Lustoza

### Direcionamento da resposta

A questão envolve o conhecimento da jurisprudência do Superior Tribunal de Justiça acerca das hipóteses de suspensão da exigibilidade do crédito tributário, positivadas no art. 151 do Código Tributário Nacional, bem como da correta interpretação do art. 206 do mesmo CTN. O candidato deve deixar claro que a simples penhora do imóvel, seguida de apresentação de embargos à execução fiscal, não é causa suspensiva da exigibilidade do crédito tributário.

### Sugestão de resposta

No caso em apreço, só terá direito a gozar do benefício fiscal legalmente previsto **aquele que não tiver qualquer débito tributário** inscrito em dívida ativa ou, em último caso, **o contribuinte cujas dívidas tributárias encontrem-se com** a **exigibilidade suspensa**, nos moldes do art. 151 do Código Tributário Nacional – CTN, cuja redação fazemos questão de transcrever:

"Suspendem a exigibilidade do crédito tributário: I – moratória; II – o depósito de seu montante integral; III – as reclamações e os recursos, nos termos das leis reguladoras do processo tributário administrativo; IV – a concessão de medida liminar em mandado de segurança; V – a concessão de medida liminar ou de tutela antecipada, em outras espécies de ação judicial; VI – o parcelamento."

A **simples existência de penhora de imóvel**, no curso de processo executivo fiscal, seguida do ajuizamento de embargos à execução fiscal, como se percebe, **não é suficiente para suspender a exigibilidade do crédito tributário**, conforme jurisprudência pacífica do Superior Tribunal de Justiça[48].

Não infirma o exposto acima os fatos de a) o artigo 206 do CTN dispor que "Tem os mesmos efeitos previstos no artigo anterior a certidão de que conste a existência de créditos não vencidos, em curso de cobrança executiva em que tenha sido efetivada a penhora, ou cuja exigibilidade esteja suspensa" e; b) a penhora integral configurar um dos requisitos, previstos no art. 739-A, § 1º, do CPC-1973 (NCPC, art. 919, § 1º[49]) para que os embargos à execução fiscal sejam recebidos no efeito suspensivo,

Diante do exposto, **não poderá usufruir o benefício** o contribuinte que tem ajuizada contra si execução fiscal garantida por penhora de imóvel, e embargada.

*(Zambini/Dersa/Advogado/2009)* Quais as hipóteses que suspendem a exigibilidade do crédito tributário?

Autor: *Márcio Ladeira Ávila*

### Direcionamento da resposta

Para que o candidato possa responder à presente pergunta, é fundamental a leitura dos artigos 151 a 155-A do CTN.

---

48. "(...) A jurisprudência desta Corte já se manifestou no sentido de que o oferecimento de penhora em execução fiscal não configura hipótese de suspensão da exigibilidade do crédito tributário, nos termos do artigo 151 do CTN, mas tão somente da execução fiscal, de sorte que não impede a exclusão do contribuinte do regime do Simples." (STJ, AgRg no REsp 1217666, DJ 16.5.2014).

49. Nos termos do art. 919, § 1º, do NCPC, "o juiz poderá, a requerimento do embargante, atribuir efeito suspensivo aos embargos quando verificados os requisitos para a concessão da tutela provisória e desde que a execução já esteja garantida por penhora, depósito ou caução suficientes."

# DIREITO TRIBUTÁRIO

### Sugestão de resposta

A suspensão da exigibilidade do crédito tributário significa a ineficácia temporária dos efeitos atribuídos por lei a certos atos ou fatos jurídicos. A ineficácia é proporcionada, da mesma forma que a eficácia, por situações legalmente previstas. Do ponto de vista prático, a suspensão impede o prosseguimento da cobrança do crédito tributário por parte da Fazenda Pública. Impede, portanto, que se efetue o prosseguimento dos atos materiais tendentes à inscrição em Dívida Ativa e ao início da execução fiscal.

Em razão da inconformidade do contribuinte com o lançamento tributário efetivo ou potencial, suspende-se o seu dever de cumprir a obrigação tributária. Contudo, qualquer que seja a hipótese de suspensão, não dispensa o cumprimento das obrigações acessórias referentes à respectiva obrigação principal (p. ex. emitir documento fiscal), conforme determina o parágrafo único do art. 151 do CTN.

A suspensão da exigibilidade do crédito tributário não tem o condão de impedir sua constituição. A Primeira Câmara do Primeiro Conselho de Contribuintes já decidiu que a concessão de liminar em Mandado de Segurança preventivo somente suspende, em regra, a exigibilidade, mas não a constituição do crédito tributário.

A suspensão da exigibilidade do crédito tributário compreende as seguintes hipóteses, previstas nos incisos I a VI do art. 151: a) moratória; b) depósito integral do montante exigido; c) reclamações e recursos administrativos, de acordo com a legislação; d) concessão de medida liminar em mandado de segurança; e) concessão de medida liminar ou de tutela antecipada, em outras espécies de ação judicial; e, f) parcelamento.

A irresignação do contribuinte, como se sabe, pode se manifestar tanto na esfera administrativa (processo administrativo fiscal) como no âmbito judicial (*por exemplo,* mandado de segurança). Na esfera administrativa, as situações capazes de suspender a exigibilidade são: o depósito; as reclamações e os recursos administrativos. Na esfera judicial, o depósito também aparece como hipótese de suspensão, juntamente com concessão de medida liminar em mandado de segurança e as medidas liminares ou de tutela antecipada, em outras espécies de ação judicial.

Hipótese de suspensão prevista no inc. I do art. 151 do CTN, a moratória tem o significado de prorrogação (postergação) concedida pelo credor ao devedor, do prazo para o pagamento da dívida. É a prorrogação do vencimento do crédito tributário, concedida pelo sujeito ativo da relação tributária, com base em previsão legal.

O débito prorrogado pode ser parcelado ou pago de uma única vez. Regra geral, a moratória somente abrange os créditos já devidamente constituídos à data da lei ou do despacho que a conceder (créditos vencidos), ou ainda, aqueles lançamentos que já tenham sido iniciados àquela data e regularmente notificados ao sujeito passivo, ou seja, em vias de constituição (art. 154, *caput*, do CTN). É evidente que estão excluídos da concessão da moratória aqueles que, para obtê-la, agirem com dolo, fraude ou simulação, conforme dispõe o parágrafo único do mesmo artigo.

A moratória situa-se no campo da reserva legal (art. 97, VI, do CTN). Quando concedida em caráter geral (CTN, art. 152, I, *a* e *b*), decorre diretamente da lei; quando em caráter individual (art. 152, II, do CTN), depende de autorização legal e é concedida por despacho da autoridade da Administração Tributária.

Em relação à moratória de caráter geral, sua concessão poderá estar delimitada a certas regiões do território da pessoa jurídica de direito público que a expedir ou a determinada classe ou categoria de sujeito passivo (CTN, art. 152, § único). É fundamental que compreenda a todos aqueles que se encontrem na mesma situação, de forma indiscriminada.

A pessoa jurídica de direito público competente para instituir o tributo em questão poderá conceder moratória em caráter geral, sendo que a União Federal poderá fazê-lo também em relação aos tributos dos Estados, do Distrito Federal e dos Municípios, desde que seja feito simultaneamente com relação aos tributos de sua competência e às obrigações de direito privado (CTN, art. 152, inc. I).

A moratória concedida em caráter individual leva em consideração as condições pessoais do sujeito passivo e depende de provocação do interessado. Por isso, é concedida pela autoridade fiscal casuisticamente, através de despacho. Não gera direito adquirido, pois, nos termos do disposto no art. 155, *caput*, do CTN, será revogada de ofício sempre que for apurado que o beneficiário deixou de honrar com as exigências (condições) legais para a concessão do benefício. A revogação é feita mediante ato administrativo motivado.

A administração tributária poderá anular o ato sempre que constatar ocorrência de infração legal na obtenção de moratória individual (dolo ou simulação do beneficiado, ou de terceiro em benefício daquele). Nesses casos, serão devidos juros de mora e será aplicada a penalidade cabível (inc. I, do art. 155). Caso contrário, o sujeito passivo deverá recolher o tributo com sua devida atualização e com juros de mora (inc. II, do art. 155).

A concessão da moratória de caráter individual exige: a) a determinação prévia das condições para a concessão do favor; b) o número de prestações e seus vencimentos; e, c) as garantias que devem ser oferecidas pelo beneficiário.

O parcelamento é uma novidade introduzida pela Lei Complementar 104, de 2001 (acréscimo do inciso VI ao art 151, do CTN), como mais uma modalidade de suspensão da exigibilidade do crédito tributário. A "inovação" é fruto da desnecessidade e da redundância legislativa. Outro não é o ensinamento de Ricardo Lobo Torres, segundo o qual nenhuma novidade trouxe a lei complementar, posto que sempre se entendeu que o parcelamento já estava implícito no conceito de moratória, regulada pelo inciso I do art. 151.

Na esfera federal, têm sido publicadas leis, de tempos em tempos, para viabilizar um parcelamento mais favorável ao contribuinte em débito com a União – leia-se: é alongado, comparativamente ao parcelamento ordinário, o prazo para quitação do débito. A adesão ao programa de parcelamento, normalmente, também abrange remissões, anistias e a concessão de descontos em multas, juros e encargos, cumulativamente ou não.

O art. 155-A, § 1º, também introduzido pela LC 104/01, determina que o parcelamento do crédito tributário não exclui a incidência de juros e multas, salvo disposição de lei em contrário.

O depósito do montante integral – que tem o condão de suspender a exigibilidade do crédito tributário – é uma faculdade conferida por lei ao contribuinte (CTN, art. 151, inc. II). Não se confunde com pagamento, que é forma de extinção do crédito tributário. O depósito é uma garantia de instância dada ao suposto credor tributário, que pode ser oferecida tanto em sede de processo administrativo quanto judicial. Também se distingue da consignação em pagamento, porque o consignante quer pagar, ao passo que o depositante quer apenas discutir o débito.

Para que tenha validade, o depósito deve ser efetuado no seu valor integral, o que implica dizer, no valor que o suposto credor entende cabível, pois se o depositante não lograr êxito, o valor depositado será levantado, extinguindo-se a obrigação tributária existente. Na verdade, o depósito do art. 151, inc. II, é de grande utilidade para a Fazenda Pública, por fazer as vezes de uma penhora antecipada; também o é para o contribuinte, por fazer suspender a exigibilidade do crédito tributário e, por último, é valida para o próprio aparelho judiciário, que fica exonerado do encargo de processar a execução.

O depósito prévio, quando ocorre na esfera administrativa, apresenta como vantagem para o contribuinte – caso sucumba ao término do processo administrativo – o fato de impedir a fluência de juros e da correção monetária. Já no âmbito judicial, o depósito impede a cobrança e exime o contribuinte da responsabilidade pela atualização e remuneração do capital depositado, pois o depósito judicial equivale ao que é feito em caderneta de poupança. Nas ações judiciais em que se exija o depósito integral para a discussão do débito (p. ex.

ação declaratória negativa de débito fiscal), caso esse não seja feito, proporcionará o prosseguimento da execução fiscal.

O depósito do montante integral impede a cobrança do crédito através de execução fiscal até que ocorra o trânsito em julgado da decisão no processo de conhecimento. O STJ entende não ser possível o levantamento do depósito judicial antes do trânsito em julgado. O art. 32, § 2º da LEF é norma especial e determina que após o trânsito em julgado da decisão, o depósito, monetariamente atualizado, será devolvido ao depositante ou entregue à Fazenda Pública, mediante ordem do Juízo competente.

O Fisco não pode se apropriar de depósito realizado em processo no qual foi sucumbente, sob a alegação de que existiriam outras dívidas tributárias do mesmo contribuinte e que não foram discutidas no feito. O montante depositado integra o patrimônio do depositante, tanto que seus rendimentos constituem fato gerador do Imposto sobre a Renda. Além disso, o depósito judicial é feito especialmente para discutir determinado débito que está relacionado a uma lide específica.

Além de ser direito subjetivo do sujeito passivo, o depósito é cabível em qualquer procedimento judicial no qual seja objeto a exigência fiscal (*por exemplo,* ações anulatórias, declaratórias, mandado de segurança, etc.), não se fazendo necessária prévia autorização judicial.

A efetivação do depósito retira do contribuinte o direito ao levantamento do valor e faz surgir para a Fazenda Pública o direito de que a retirada do montante somente se efetue após a solução da lide. Se a decisão for favorável a esta última, terá direito ao crédito judicialmente depositado (conversão em renda). Caso contrário, se favorável ao contribuinte, este terá direito à devolução do valor.

A princípio, se o depósito for efetuado em ação declaratória, pode e deve ser pleiteado no bojo da ação principal, dispensando-se a propositura de ação cautelar para esse fim. Contudo, se houver urgência no depósito e a petição inicial da ação principal ainda não estiver devidamente instruída, poderá ser pleiteado como medida preparatória, restando o prazo de trinta dias para a propositura da ação principal, conforme entendimento do STJ.

A Constituição Federal garante o direito de petição aos poderes públicos em defesa de direitos ou contra ilegalidade ou abuso de poder (art. 5º, XXXIV, da CF/1988). Assim, o indivíduo não é obrigado a satisfazer exigência fiscal que lhe pareça ilegítima, nem está obrigado a ingressar em juízo para contestá-la. Pode recorrer à própria Administração, voluntariamente, através de impugnação dirigida às autoridades judicantes e de recursos aos tribunais administrativos (como o Tribunal de Imposto e Taxas – TIT – do Estado de São Paulo, outros Conselhos de Contribuintes estaduais e o CARF, a nível federal).

Cabe às leis reguladoras do processo tributário administrativo, no âmbito da União, Estados, Distrito Federal e Municípios, estabelecer os limites e as hipóteses em que as impugnações e os recursos ocasionarão efeito suspensivo.

No procedimento administrativo, as reclamações e os recursos suspendem a exigibilidade do crédito tributário (art. 151, III, do CTN) e, por conseguinte, a fluência do prazo prescricional, o qual volta a correr após o respectivo julgamento, caso a decisão seja favorável ao Fisco. Nesse sentido, restabelecer-se-á a exigibilidade, passando o sujeito passivo a ter um prazo para cumprir sua obrigação, sob pena do Fisco ajuizar ação judicial para cobrar seu crédito.

De acordo com a jurisprudência do STJ, a formulação do pedido de compensação na via administrativa é uma espécie de impugnação do contribuinte à cobrança do tributo e, portanto, suspende a exigibilidade do crédito tributário.

A constituição definitiva do crédito tributário somente ocorrerá com a decisão final do processo administrativo. Em sentido oposto, se a decisão for favorável ao contribuinte, extinguirá o próprio crédito tributário.

A Constituição Federal de 1988 prevê o Mandado de Segurança (MS) como remédio constitucional contra atos abusivos de autoridades públicas (art. 5º, incs. LXIX e LXX). Caso o *writ* seja utilizado contra uma exigência tributária, o juiz verificará a presença dos requisitos legais (perigo na demora e fumaça do direito) e, se julgar cabível, concederá a liminar, que culminará na suspensão da exigibilidade do tributo.

O MS pode ser preventivo ou repressivo e ambas as espécies são perfeitamente aplicáveis no campo do Direito Tributário. É preventivo quando o contribuinte se encontra na hipótese de incidência tributária, mas a entende ilegal e, justamente por isso, se antecipa ao lançamento fiscal e ataca a própria obrigação tributária. Neste ponto, o impetrante deve apresentar informações ou indícios à autoridade judiciária, que demonstrem o propósito da autoridade da administração em autuá-lo ou notificá-lo pelo não recolhimento do tributo.

Enquanto o MS preventivo atinge a obrigação tributária, o MS repressivo ataca o crédito tributário, por ser posterior ao lançamento. O termo inicial do prazo de decadência de cento e vinte dias é contado a partir da ciência, pelo interessado, do ato impugnado (art. 23 da Lei n. 12.016/09), seja este a lavratura de um auto de infração ou uma notificação de exigência fiscal. A data da ocorrência do fato gerador não pode ser tida como termo inicial do prazo decadencial do direito à segurança.

Para que seja deferida a liminar, não é, em tese, necessário garantir o juízo com depósito ou fiança, embora esta prática seja bastante utilizada por juízes em todo o país. Luciano Amaro critica essa praxe judicial, uma vez que, estando presentes os requisitos legais para a concessão da liminar, o juiz deverá concedê-la independentemente de qualquer exigência do sujeito passivo. A Segunda Turma do STJ já se manifestou sobre a matéria, entendendo ser imprópria a decisão que defere medida liminar mediante depósito da quantia litigiosa, por serem institutos (liminar e depósito) com pressupostos próprios. Em suma, o depósito e a liminar não se confundem nem se cumulam.

É prudente o juiz condicionar a eficácia de medida liminar à prestação de garantia (depósito), quando ocorrerem situações atípicas, como é o caso da impetrante ser uma massa falida. Parece claro que existe, nessa situação, o grande risco de a exação não ser recolhida, por causa da provável insolvência da demandante. O juiz deve, em tais circunstâncias, valer-se de seu poder discricionário, sem descuidar, como sempre, do interesse público.

A tutela antecipada encontra seu fundamento na necessidade de evitar-se, em decorrência da demora na prestação jurisdicional, que qualquer das partes venha, no decorrer do processo, a sofrer danos ou perdas irreparáveis ou de difícil reparação. A possibilidade de perdas irreparáveis não se verifica somente em processos entre particulares, pois sucede também em processos nos quais é parte o Poder Público.

Nesse introito, foi promulgada a Lei Complementar n. 104, que acrescentou um novo inciso (V) ao art. 151, do CTN. Essa lei reconheceu, textualmente, a possibilidade de concessão de tutela antecipada contra a Fazenda Pública, sendo um novo mecanismo legal de suspensão da exigibilidade do crédito tributário. Ou seja, com a promulgação da LC n. 104/2001, restou pacificado o direito do contribuinte de obter a concessão de tutela antecipada quando postular contra a Fazenda Pública, desde que atendidos os requisitos legais.

A inovação legislativa corrobora a força das decisões judiciais não terminativas, em que se vê o reconhecimento liminar dos direitos do contribuinte frente ao ímpeto arrecadador do Estado. O art. 151, V, do CTN, termina por estabelecer a suspensão da exigibilidade do crédito tributário através da concessão de medida liminar ou de tutela antecipada, em outras espécies de ação judicial.

### 5.3. Extinção

*(FMP/PGE/AC/Procurador/2014)* Discorra sobre a decadência do direito de a Fazenda Pública efetuar o lançamento tributário.

Autores: *Eduardo Moreira Lima Rodrigues de Castro* e *Helton Kramer Lustoza*

# DIREITO TRIBUTÁRIO

### Direcionamento da resposta

A resposta deve ser iniciada pelo conceito de decadência para fins tributários, após o que, à luz das disposições do Código Tributário Nacional, mais precisamente de seus artigos 150, § 4 e 173, o candidato deve discorrer de maneira pormenorizada sobre o termo *a quo* do prazo decadencial aplicável a cada uma das modalidades de lançamento (por declaração, de ofício e por homologação), dando especial destaque às situações de tributos sujeitos ao lançamento por homologação.

### Sugestão de resposta

A **decadência tributária** é a perda, pelo decurso do tempo, do direito de a Administração Pública constituir o crédito tributário por meio do lançamento[50]. Trata-se de hipótese de extinção do crédito tributário, positivada no art. 156, inciso V, do Código Tributário Nacional – CTN com o objetivo de conferir segurança jurídica e estabilidade às relações sociais.

Como **regra geral**, dispõe o CTN (art. 173, I) que o direito de a Fazenda Pública constituir o crédito tributário extingue-se após **5 (cinco) anos**, contados do primeiro dia do exercício seguinte àquele em que o lançamento poderia ter sido efetuado.

O termo *a quo* do prazo decadencial de 5 (cinco) anos mencionado acima será **antecipado** para o momento da notificação, ao sujeito passivo, de qualquer medida preparatória indispensável ao lançamento, nos termos do art. 173, parágrafo único, do CTN. A norma em comento, importante salientar, só deve ser aplicada se inda for possível antecipar a contagem de prazo – que poderia ocorrer apenas no primeiro dia do exercício financeiro seguinte –, não produzindo efeitos sobre a contagem de prazo que já teve sua fluência iniciada.

Estabelece ainda o CTN que o prazo decadencial de 5 (cinco) anos pode ter início da **data em que se tornar definitiva a decisão que houver anulado, por vício formal, o lançamento** anteriormente efetuado (CTN, art. 173, II), regra que acaba por premiar o cometimento de ilegalidades na atividade de lançamento, na medida em que devolve ao ente que praticou a infração o prazo para que constitua o crédito[51]. Aqui, importante salientar, só haverá paralisação do prazo decadencial nos casos de vícios formais.

---

50. No mesmo sentido, Paulo de Barros Carvalho leciona que "A decadência ou caducidade é tida como o fato jurídico que faz perecer um direito pelo seu não exercício durante certo lapso de tempo." (CARVALHO, Paulo de Barros. Curso de direito tributário. 14. ed. São Paulo: Saraiva, 2002, p. 461).
51. ALEXANDRE, Ricardo. Direito tributário esquematizado. 5. ed. São Paulo: Método, 2011, p. 470.

Para os tributos sujeitos a **lançamento por homologação**, 3 (três) sãos as situações a se considerar para fins de identificação do termo *a quo* do prazo decadencial tributário, quais sejam, aquelas em que (a) o tributo não é sequer declarado, (b) o tributo é declarado e pago a menor e (c) o tributo é declarado e não pago.

Nos casos em que **o tributo não é sequer declarado pelo sujeito passivo**, aplica-se a regra geral do art. 173, I, do CTN, segundo a qual o prazo decadencial de 5 (cinco) anos tem início no primeiro dia do exercício financeiro seguinte àquele em que o lançamento poderia ter sido efetuado. Tem-se, em verdade, verdadeiro lançamento de ofício.

Nos casos em que o **tributo é declarado e pago a menor**, aplica-se a regra constante do art. 150, § 4º, do CTN. Aqui, terá a Fazenda Pública o prazo de 5 anos contados do fato gerador para lançar a diferença devida, salvo se comprovada a ocorrência de dolo, fraude ou simulação, quando voltaremos a aplicar a regra do art. 173, I, do CTN.

Por fim, nas situações em que o tributo é **declarado e não pago** (no vencimento), não há que se falar em decadência, pois o crédito tributário estará constituído pela própria declaração de débito do contribuinte, conforme entendimento sumulado do Superior Tribunal de Justiça[52].

---

*(TJ/GO/Juiz/2012) A notificação do sujeito passivo, de qualquer medida preparatória indispensável ao lançamento do tributo, posteriormente ao primeiro dia do exercício seguinte àquele em que o lançamento poderia ter sido efetuado, interrompe o prazo decadencial? Explique.*

Autor: Renato de Pretto

### Direcionamento da resposta

O candidato deveria trazer à baila a posição firmada pelo Superior Tribunal de Justiça no sentido de que a regra de antecipação da contagem do prazo de decadência tributária, estabelecida no artigo 173, parágrafo único, do CTN, só tem relevância para a antecipação de seu termo a quo.

### Sugestão de resposta

A notificação do sujeito passivo, de qualquer medida preparatória indispensável ao lançamento do tributo, posteriormente ao primeiro dia do exercício

---

52. Súmula 446/STJ: "A entrega de declaração pelo contribuinte reconhecendo débito fiscal constitui o crédito tributário, dispensada qualquer outra providência por parte do fisco."

seguinte àquele em que o lançamento poderia ter sido efetuado, não interrompe o prazo decadencial.

De fato, a despeito da norma inscrita no parágrafo único do artigo 173 do CTN explicitar a antecipação da contagem do termo inicial do prazo decadencial tributário por força de qualquer medida preparatória indispensável ao lançamento, sua aplicação no caso concreto só se dará se essa medida ocorrer antes do primeiro dia do exercício seguinte àquele em que ocorreu o fato gerador. Caso contrário, referida medida será irrelevante, porquanto já interrompido o prazo decadencial na forma preconizada pelo inciso I do artigo 173 do CTN. Logo, se a notificação de que trata o parágrafo único do artigo 173 do CTN for realizada após o início do prazo decadencial, não terá o condão de dilatá-lo, interrompê-lo ou suspendê-lo.

*(Fepese/DPE/SC/Defensor/2012) Qual o prazo de prescrição do crédito tributário no lançamento de ofício realizado diretamente pela autoridade administrativa? Qual o seu marco inicial? Fundamente.*

Autor: Everton Hertzog Castilhos

### Direcionamento da resposta

Nesta questão, o candidato precisa demonstrar conhecimento a respeito de duas matérias fundamentais para o estudo do direito tributário: prescrição e lançamento tributário (na modalidade "lançamento de ofício"). Muito embora a questão faça referência ao tópico Crédito Tributário, este não deve ser explorado, tendo sido a sua inclusão no enunciado meramente exemplificativa (tanto que a expressão "crédito tributário" poderia ser suprimida da frase sem prejuízo ao entendimento da questão).

De qualquer sorte, o candidato precisaria confrontar as regras do artigo 174 do CTN (onde se encontra o instituto da Prescrição) com aquelas constantes dos artigos 142 e 149 do mesmo diploma. No artigo 142 encontra-se o conceito de Lançamento e no artigo 149 os casos em que o Lançamento ocorre de Ofício.

O lançamento tributário é conceituado como sendo o procedimento administrativo tendente a verificar a ocorrência do fato gerador da obrigação correspondente, determinar a matéria tributável, calcular o montante do tributo devido, identificar o sujeito passivo e, sendo o caso, propor a aplicação da penalidade cabível. Como a atividade de lançar é vinculada e obrigatória, sob pena de responsabilidade funcional, ela deve ser levada a efeito ainda que o valor a ser cobrado seja diminuto. Ainda, sobre o Lançamento de Ofício, de uma maneira bastante sintética, pode-se dizer que é aquele feito por iniciativa da autoridade administrativa, sem qualquer colaboração do sujeito passivo.

Pois bem, compreendido o lançamento de ofício, resta ao examinando observar as regras do artigo 174 já citado. Diz o dispositivo primeiramente que a ação para a cobrança do crédito tributário prescreve em 5 anos. Depois, na sua segunda parte, afirma que o termo inicial da contagem é a constituição definitiva do crédito tributário.

A primeira informação (prazo de 5 anos) é direta e objetiva, não comportando maiores dúvidas. Em outras palavras, este é o único prazo de prescrição na legislação tributária, pouco importando qual seja a modalidade de lançamento.

Assim, a primeira indagação fica facilmente respondida, na medida em que apenas questiona qual seria o prazo. Resposta, portanto, bastante simples e direta. Pode o candidato apenas indicar que o prazo é de 5 anos e que a justificativa está no artigo 174 do CTN.

Para a segunda pergunta, porém, é preciso conjugar os elementos da Prescrição com os do Lançamento de Ofício. Como apurar qual o termo inicial do prazo de Prescrição? Entra em jogo, então, a segunda parte do artigo 174, a qual refere que a Prescrição se conta da data da constituição definitiva do crédito tributário. Sempre lembrando que, para a contagem, aplicam-se as regras de direito comum, ou seja, exclui-se o dia do começo e inclui-se o dia do vencimento (cf. Kiyoshi Harada, *in* Prescrição tributária: termo inicial para contagem do prazo, artigo).

A expressão "definitiva" utilizada pelo Código Tributário no artigo 174 é dotada de extrema relevância. Isso porque há grave celeuma doutrinária e jurisprudencial sobre quando o crédito estará constituído definitivamente. Pode-se dizer, de uma maneira geral, que o prazo prescricional surge quando do momento do nascimento da pretensão exercitável em Juízo. Assim, a primeira situação que pode ser apontada é aquela em que, notificado o contribuinte para pagamento, ele não oferece qualquer impugnação. Neste caso, considera-se constituído definitivamente o crédito tributário na data do decurso do prazo para a apresentação da defesa fiscal. Assim, no dia seguinte ao encerramento do prazo, nasce para o Fisco a pretensão, exercitável em Juízo (*v.g.* STJ, REsp 1248943).

A segunda (e última) situação que pode ser apontada e que interessa ao presente estudo, diz respeito aos casos em ocorre a impugnação do Lançamento pelo contribuinte. Há quem diga que o Lançamento já é definitivo desde a notificação do contribuinte, independentemente do oferecimento de impugnação. É o caso de Kiyoshi Harada (ob. cit.), para quem a espera pelo encerramento do processo administrativo atentaria contra a segurança jurídica, na medida em que a prescrição de 5 anos somente começaria a correr após o encerramento de um procedimento que poderia durar longos anos, sujeitando o contribuinte a ficar sob o jugo da administração eternamente.

O entendimento contrário, porém, revela-se mais técnico, além do que já se encontra pacificado jurisprudencialmente. Considerando que a prescrição é a possibilidade de exercitar em Juízo uma pretensão resistida, é preciso delimitar quando nasce essa pretensão. Se a Prescrição é a possibilidade de exigir um crédito tributário, é preciso então que este esteja vencido e não pago. Em outras palavras, precisa ele preencher todos os requisitos de um título executivo: ser líquido, certo e exigível. Isso somente ocorrerá após a discussão administrativa, pois a própria Fazenda poderá acatar alguns dos argumentos do contribuinte e redimensionar o crédito tributário. A título de curiosidade, no âmbito federal o processo administrativo é regido pelo Dec. 70.235/72, em vigor e base para várias legislações estaduais sobre a matéria.

Portanto, antes do encerramento deste procedimento, não se pode falar em crédito tributário líquido, certo e exigível. Por outro lado, uma vez que se torne portador destes atributos (certeza, liquidez e exigibilidade), aí então o Fisco poderá exercer o seu direito. Ou seja, até este momento, não há pretensão resistida, falta-lhe o necessário interesse de agir (uma das condições da ação no processo civil), pois não há uma demonstração inequívoca por parte do contribuinte de atos que possam concluir pela intenção de não pagar. Dito de outra maneira, não nasceu ainda a pretensão, conforme exige o artigo 174 do CTN. Tanto que se considera suspenso o prazo prescricional enquanto dura o processo administrativo.

Na prática, encerrado o processo administrativo, o crédito tributário se torna líquido, certo e exigível, sendo que então o Fisco notifica o contribuinte para o pagamento, concedendo-lhe um prazo. Aqui não há suspensão da prescrição, pois o crédito já foi constituído com o encerramento da fase administrativa. Trata-se apenas de uma facilidade para possibilitar ao contribuinte efetuar o pagamento. Porém, o crédito já estará constituído e o prazo prescricional correndo.

Como, porém, o problema não fornece maiores dados para que se possa apurar com exatidão o termo inicial do prazo prescricional (não há dados sobre a existência de Autos de Infração ou Processos Administrativos em trâmite, por exemplo), pode-se afirmar que a resposta pretendida pela banca examinadora cinge-se a algo mais genérico, ou seja, que possa ser enquadrado dentro de uma regra geral. Enfim, uma resposta meramente conceitual.

Assim, para a segunda indagação, o candidato poderia responder que o termo inicial do prazo de Prescrição deve ser contado da data da constituição definitiva do crédito tributário. Contudo, como isso seria copiar o teor do artigo 174 do CTN, seria interessante enriquecer a resposta explorando o assunto um pouco mais. Poderia assim o examinando indicar quando ocorrerá essa constituição definitiva, afirmando genericamente que esta ocorrerá quando notificado o contribuinte acerca do lançamento e escoado o prazo legal sem impugnação administrativa ou, ainda, havendo a insurgência administrativa, da data em que encerrar o procedimento.

### Sugestão de resposta

Na esteira do que preconiza o artigo 174 do Código Tributário Nacional, o prazo de prescrição do crédito tributário é de 5 anos, contados da constituição definitiva do tributo. Assim, independentemente da espécie de lançamento levada a efeito pela Administração Tributária, o prazo de prescrição será sempre de 5 anos, que é o único previsto na legislação fiscal. A espécie de lançamento, por outro lado, será relevante apenas para delimitar o marco inicial, isto é, a partir de quando irá iniciar a contagem do prazo.

No caso específico do crédito tributário lançado de ofício pela autoridade administrativa, o prazo de prescrição contar-se-á da constituição definitiva do crédito, a qual pode ser considerada (a) a data em que decorrer o prazo para impugnação, sem que o contribuinte tenha oferecido impugnação administrativa ou (b) apresentada irresignação, da data em que transitar em julgado a decisão administrativa sem que seja possível a interposição de qualquer recurso adicional.

*(Cestari/PGM/Bauru/Procurador/2011)* Qual a diferença entre decadência e prescrição tributária?

**Autores:** *Helton Kramer Lustoza e Leonardo Zehuri Tovar*

### Direcionamento da resposta

Resumidamente conceituar ambos os institutos jurídicos. Fazer uma descrição sintética de institutos que são relevantes à compreensão das diferenças apontadas, tais como o lançamento e a cobrança do crédito tributário. E relevante a alusão, em especial, aos artigos 173, inciso I e 150, § 4º do CTN.

### Sugestão de resposta

A decadência ou caducidade, em termos mais próprios, diz respeito a uma causa extintiva de um direito. Ou melhor, é a perda da oportunidade de se constituir um direito que, *a posteriori*, poderia ser executado. Comumente se afirma que a decadência diz respeito a perda de um direito potestativo devido ao decurso de determinado prazo, cujo tempo é de 5 anos no Direito Tributário, regulado pelos artigos 173, inciso I do CTN (quando o termo *a quo* desse prazo começa a fluir do primeiro dia do exercício seguinte àquele em que o lançamento poderia ter sido efetuado, no caso dos tributos sujeitos ao lançamento de ofício).

E quanto aos tributos sujeitos à homologação, a regra é insculpida no artigo 150, § 4º do CTN, do qual se extrai que o prazo para o fisco efetuar o lançamento é de 5 anos contados da data da ocorrência do fato gerador. Uma observação relevante merece ser feita. É que nos lançamentos por homologação é preciso analisar a decadência sob duas vertentes. Uma, há pagamento do tributo; duas, não há pagamento do tributo. Com o pagamento do tributo, aplica-se a regra disposta no § 4º, do art. 150 do CTN. Se não houver o pagamento do tributo, exige a aplicação do art. 173, I, do CTN, ou seja, o prazo conta-se do primeiro dia do exercício financeiro seguinte àquele que em que o lançamento poderia ter sido efetuado.

Digno de nota ainda é o entendimento sumulado do STJ[53] de que a constituição do crédito tributário, na hipótese de tributos sujeitos a lançamento por homologação ocorre quando da entrega da Declaração. Com esta, fica dispensada a necessidade de qualquer outro tipo de procedimento a ser executado pelo Fisco, de sorte que não há, portanto, que se falar em decadência. A partir desse momento – a entrega da declaração – está constituído definitivamente o crédito e se inicia o prazo prescricional de cinco anos para a cobrança da exação, consoante o disposto no art. 174 do CTN.

Já a prescrição, é a perda da pretensão de ajuizar a execução fiscal pelo decurso do tempo, cujo termo inicial se dá com a constituição definitiva do crédito tributário via lançamento.

Assim, em resumo, entende-se que: (i) a decadência do direito de lançar é a perda do direito de o fisco/administração, do agente competente constituir o crédito tributário, seja pelo lançamento de ofício, por homologação ou advindo do lançamento por declaração; já a (ii) prescrição do direito de o fisco cobrar o crédito tributário é tida como a perda do direito de ação deste em cobrar judicialmente o contribuinte através a execução fiscal. Importante ressaltar que a pretensão condenatória do contribuinte em buscar restituição dos valores pagos indevidamente diz respeito à prescrição.

Especificamente quanto à prescrição, cabe aqui a observação de que, em se tratando de tributos sujeitos a lançamento de ofício ou por declaração, o dia

---

53. Súmula 436/STJ: "A entrega de declaração pelo contribuinte reconhecendo débito fiscal constitui o crédito tributário, dispensada qualquer outra providência por parte do fisco".

inicial do prazo prescricional para o fisco coincide o prazo final para pagamento ou impugnação (em geral 30 dias) ofertado a partir da notificação do lançamento ao sujeito passivo, ao passo que no lançamento por homologação, por força de o reconhecimento do débito tributário ser de alçada do próprio contribuinte, mediante declaração precisa indicativa do sujeito passivo e da quantificação do montante devido, entende o STJ[54] que a contagem do prazo tem como termo inicial a data estipulada para vencimento e pagamento da obrigação tributária declarada.

Sobreleva notar a aceitação da chamada prescrição intercorrente no direito tributário, entendida, em tom geral como, a que ocorre no decorrer do processo executivo fiscal ajuizado, em face da inércia da Fazenda Pública diante da não localização de bens dos devedores passíveis de penhora, ou a não localização dos próprios devedores. O instituto é visualizado no artigo 40 da Lei de Execuções Fiscais, que é permeado de polêmicas, como se verá.

---

54. "(...). 1. O prazo prescricional quinquenal para o Fisco exercer a pretensão de cobrança judicial do crédito tributário conta-se da data estipulada como vencimento para o pagamento da obrigação tributária declarada (mediante DCTF, GIA, entre outros), nos casos de tributos sujeitos a lançamento por homologação, em que, não obstante cumprido o dever instrumental de declaração da exação devida, não restou adimplida a obrigação principal (pagamento antecipado), nem sobreveio quaisquer das causas suspensivas da exigibilidade do crédito ou interruptivas do prazo prescricional (...). 2. A prescrição, causa extintiva do crédito tributário, resta assim regulada pelo artigo 174, do Código Tributário Nacional (...). 3. A constituição definitiva do crédito tributário, sujeita à decadência, inaugura o decurso do prazo prescricional quinquenal para o Fisco exercer a pretensão de cobrança judicial do crédito tributário. 4. A entrega de Declaração de Débitos e Créditos Tributários Federais – DCTF, de Guia de Informação e Apuração do ICMS – GIA, ou de outra declaração dessa natureza prevista em lei (dever instrumental adstrito aos tributos sujeitos a lançamento por homologação), é modo de constituição do crédito tributário, dispensando a Fazenda Pública de qualquer outra providência conducente à formalização do valor declarado (Precedente da Primeira Seção submetido ao rito do artigo 543-C, do CPC: REsp 962379...). 5. O aludido entendimento jurisprudencial culminou na edição da Súmula 436/STJ, verbis: "A entrega de declaração pelo contribuinte, reconhecendo o débito fiscal, constitui o crédito tributário, dispensada qualquer outra providência por parte do Fisco." 6. Consequentemente, o dies a quo do prazo prescricional para o Fisco exercer a pretensão de cobrança judicial do crédito tributário declarado, mas não pago, é a data do vencimento da obrigação tributária expressamente reconhecida. 7. In casu: (i) cuida-se de créditos tributários atinentes a IRPJ (tributo sujeito a lançamento por homologação) do ano-base de 1996, calculado com base no lucro presumido da pessoa jurídica; (ii) o contribuinte apresentou declaração de rendimentos em 30.04.1997, sem proceder aos pagamentos mensais do tributo no ano anterior; e (iii) a ação executiva fiscal foi proposta em 5.03.2002. 8. Deveras, o imposto sobre a renda das pessoas jurídicas, independentemente da forma de tributação (lucro real, presumido ou arbitrado), é devido mensalmente, à medida em que os lucros forem auferidos (Lei 8.541/92 e Regulamento do Imposto de Renda vigente à época – Decreto 1.041/94). 9. De acordo com a Lei 8.981/95, as pessoas jurídicas, para fins de imposto de renda, são obrigadas a apresentar, até o último dia útil do mês de março, declaração de rendimentos demonstrando os resultados auferidos no ano-calendário anterior (artigo 56). (...)". (STJ, REsp 1120295, repetitivo, j. 12.5.2010).

De acordo com o dispositivo em comento o juiz suspenderá o curso da execução, enquanto não for localizado o devedor ou encontrado bens sobre os quais possa recair a penhora, e, nesses casos, não correrá o prazo de prescrição. Com a suspensão, abre-se vista dos autos ao representante judicial da Fazenda Pública (§ 1º); decorrido o prazo máximo de 1 (um) ano, sem que seja localizado o devedor ou encontrado bens penhoráveis, o juiz ordenará o arquivamento dos autos, e, por fim, no que interessa ao presente, se da decisão que ordenar o arquivamento tiver decorrido o prazo prescricional, o juiz, depois de ouvida a Fazenda Pública, poderá, de ofício, reconhecer a prescrição intercorrente e decretá-la de imediato (§ 4º).

Este último ponto, qual seja, a possibilidade de o juiz pronunciar a prescrição intercorrente depois de ordenado o arquivamento é a mais problemática. O § 4º do art. 40, LEF foi incluído pela Lei 11.051/04 e, mesmo antes desta inclusão, entendia-se que o art. 40, *caput*, e §§ 1º a 3º, todos da LEF já consagrava a prescrição intercorrente em matéria tributária, mesmo porque a jurisprudência sempre reconhecia esta modalidade de prescrição na hipótese de arquivamento superior a cinco anos sem que a Fazenda Pública obtivesse êxito em suas diligências no sentido de encontrar o devedor ou bens de sua titularidade.

O STJ (REsp 708234) entendia, como se vê do exemplificativo acórdão a seguir, que "o art. 40 da Lei 6.830/80 deve ser aplicado em harmonia com o art. 174 do CTN, ocorrendo a prescrição após o transcurso do prazo quinquenal sem manifestação do credor".

Houve até edição, por parte deste Tribunal Superior, de súmula, tombada sob o número 314, *in verbis*: *"Em execução fiscal, não localizados bens penhoráveis, suspende-se o processo por um ano, findo o qual se inicia o prazo da prescrição quinquenal intercorrente".*

Assim, nesse contexto, o legislador, por intermédio da Lei 11.051/04, inseriu a previsão contida no § 4º do artigo 40 supra, estabelecendo em lei, a sistemática de reconhecimento da prescrição intercorrente, positivando em tom bastante similar, aquilo que fora consagrado na súmula 314, STJ.

Mesmo com algumas vozes sustentando que o § 4º padeceria do vício de inconstitucionalidade, tal como, *v.g*, o STJ se posicionou acerca do art. 2º, § 3º, LEF (que trata da suspensão de 180 dias do prazo prescricional a partir da inscrição do crédito em Dívida Ativa), pode-se dizer que a jurisprudência não seguiu no mesmo trilho, colhendo-se recentíssimos acórdãos opinando pela constitucionalidade da regra em comento[55].

---

55. "(...) A Lei 11.051/04 não criou nem alterou prazos prescricionais, tampouco estabeleceu normas gerais em matéria de prescrição, disciplinando apenas o reconhecimento da prescrição intercorrente, não se tratando, deveras, de norma de direito material, mas, sim, de regra processual de eficácia imediata, sendo possível a pronúncia da prescrição intercorrente, com lastro na novel

Outro ponto que gerou grandes debates diz respeito ao momento em que tinha (e tem) início o cômputo da prescrição intercorrente, se do primeiro ato interruptivo (do despacho ordenador da citação, a partir da nova redação do artigo 174, p. único, I, CTN), ou se do final do prazo de arquivamento, que é de um ano, nos termos do § 4º do artigo 40, da LEF.

O Superior Tribunal de Justiça, a princípio, mantinha o entendimento no sentido de que o início do aludido lapso ocorre quando do término do prazo de arquivamento[56][57]. Entretanto, cabe a ressalva de que pende neste tribunal o julgamento de recurso repetitivo 1.340.553, ocasião em que a 1ª seção da Corte clareará quatro pontos envolvendo a temática: 1 – Qual o pedido de suspensão por parte da Fazenda que inaugura o prazo de um ano previsto no art. 40 da lei de execução fiscal. 2 – Se o prazo de um ano de suspensão somado aos outros cinco anos de arquivamento pode ser contado em seis anos por inteiro para fins de decretar a prescrição intercorrente. 3 – Quais são os obstáculos ao curso do prazo prescricional da prescrição prevista no art. 40. 4 – Se a ausência de intimação da Fazenda Pública quanto ao despacho que determina a suspensão da execução fiscal ou o arquivamento ou para sua manifestação antes da decisão que decreta a prescrição intercorrente ilide a decretação da prescrição intercorrente.

Por derradeiro, o prazo prescricional, ao contrário do decadencial, pode sofrer interrupções, seja de modo judicial (despacho do juiz que ordenar a citação – art. 174, parágrafo único, I, CTN, com a redação dada pela LC 118/05; protesto judicial e por qualquer ato judicial que constitua o devedor em mora), seja

---

regra, mesmo em relação às ações executivas em curso. (...) (TRF2, AC 2001.51.01.518631-5, DJ 4.05.2011)". E ainda: "(...) A norma insculpida no artigo 40, § 4º, da Lei 6.830/80 – Lei de execuções fiscais – Que possibilita ao magistrado a decretação, de ofício, da prescrição intercorrente, não possui qualquer pecha de inconstitucionalidade, tendo em vista que trata de matéria de ordem processual civil e, portanto passível de regulamentação por Lei ordinária, não estando afeta à reserva de Lei Complementar. (...)". (TJES, AC 24890333982 –DJ 10.02.2011).

56. Por todos: "(...) 3. O acórdão recorrido contrariou o disposto na Súmula n. 314/STJ, na qual este Tribunal consolidou o entendimento no sentido de que a prescrição intercorrente somente tem início após a suspensão do processo por um ano, ainda que desnecessária a intimação da Fazenda da decisão que arquiva o feito, na forma do art. 40 da Lei 6.830/80. 4. A Primeira Seção desta Corte, quando do julgamento do REsp 1102554, consolidou entendimento no sentido de ser necessária a prévia oitiva da Fazenda Pública antes da decretação ex officio da prescrição intercorrente. (...)". (STJ, REsp 1230558, DJ 28.4.2011).

57. Da doutrina, colhe-se a manifestação: "O arquivo após o decurso do prazo de um ano é feito sem a baixa na distribuição do processo. Quer dizer, não há extinção do processo, o crédito fiscal continua em aberto, de modo que o devedor não poderá obter uma certidão negativa. Se no período de 5 anos forem encontrados bens, os autos são desarquivados para prosseguimento da execução. Vencido o prazo de 5 cinco anos, sem a localização de bens, com os autos arquivados, ocorre a prescrição intercorrente. Sua declaração pelo juiz, porém, deve ser precedida impreterivelmente de manifestação da fazenda pública (art. 40, § 4º). É que o ente público pode indicar ao juízo algum fato impeditivo da prescrição". (In: BARROS, Guilherme Freire de Melo. Poder Público em Juízo para Concursos. Salvador: Juspodivm, 2011, p. 189-190.

de modo extrajudicial, cujo exemplo maior é a confissão de dívida, mas que em geral, é a prática de qualquer ato inequívoco que implique reconhecimento do débito pelo contribuinte.

**(FCC/PGE/MT/Procurador/2011)** *Segundo o Código Tributário Nacional o pagamento é forma de extinção do crédito tributário. Se o pagamento for realizado em cheque, a extinção só acontecerá a partir da compensação do título. Em não havendo fundos, não haverá a extinção do crédito tributário. Nesta situação, pode a Fazenda Pública promover a execução do cheque para receber a crédito tributário.*

Autores: *Eduardo Moreira Lima Rodrigues de Castro e Helton Kramer Lustoza*

### Direcionamento da resposta

O candidato deve, além de discorrer sobre o regramento do pagamento do crédito tributário por meio de cheque, constante do art. 162 do Código Tributário Nacional, esclarecer que a cobrança judicial do crédito tributário não pode ocorrer por rito diverso daquele regido pela Lei n. 6.830/80 (Lei de Execução Fiscal – LEF).

### Sugestão de resposta

O pagamento, principal forma de extinção do crédito tributário, em regra, deve ser em moeda corrente, contudo, o Código Tributário Nacional – **CTN ressalva a possibilidade de que tal pagamento seja levado a efeito por meio de cheque**, vale postal (CTN, art. 162, I) e até mesmo, nos casos previstos em lei, por estampilha, papel selado ou por processo mecânico (CTN, art. 162, II). Ainda nos termos do CTN, o crédito pago por cheque somente se considera extinto com o resgate deste pelo sacado (CTN, art. 162, § 2º).

Em **não havendo fundos**, como no caso em exame, **não poderá a Fazenda Pública simplesmente promover a execução do cheque**, nos moldes da execução civil de título extrajudicial, regida pelo Código de Processo Civil – CPC, para receber o crédito tributário.

Deverá a Fazenda, ao contrário, **promover a inscrição do título** em dívida ativa, nos moldes dos artigos 201 e 202 do CTN e, em seguida, **de posse da Certidão de Dívida Ativa – CDA** (CTN, art. 203, parágrafo único), **levar a efeito a execução fiscal da dívida** inscrita, conforme dispõe o art. 1º da Lei n. 6.830, de 22 de setembro de 1980 – **Lei de Execução Fiscal – LEF**.

Referido dispositivo (LEF, art. 1º, *caput*) estabelece que a execução judicial para cobrança da Dívida Ativa da União, dos Estados, do Distrito Federal, dos Municípios e respectivas autarquias será regida pela **Lei de Execução Fiscal** e, subsidiariamente, pelo Código de Processo Civil.

Além disso, a Lei de Execução Fiscal prescreve que "qualquer valor, cuja cobrança seja atribuída por lei às entidades de que trata o artigo 1º, será considerado Dívida Ativa da Fazenda Pública" (LEF, art. 2º, § 1º).

Diante do exposto, no caso concreto apresentado, não pode a Fazenda Pública simplesmente promover a execução do cheque para receber o crédito tributário.

---

*(TJ/SP/Juiz/2007) O que é decadência em abstrato? O que é decadência em concreto? Quais os dispositivos do Código Tributário Nacional que as disciplinam?*

Autor: **Renato de Pretto**

### Direcionamento da resposta

As terminologias na questão em apreço não são usuais. Zelmo Denari empregou-as, basicamente, para diferenciar as hipóteses relativas à decadência inscritas nos arts. 142 e 145 do Código Tributário Nacional. Em suma, deveria o(a) examinando(a) trabalhar com os casos de crédito tributário **devidamente** constituído e de crédito tributário **definitivamente** constituído.

### Sugestão de resposta

Consoante comentários de Zelmo Denari[58] ao julgamento do Recurso Extraordinário nº 94.462 do Supremo Tribunal Federal, há de se diferenciar dois termos decadenciais: (i) o primeiro, relativo ao início da constituição do crédito tributário, como, normalmente, a lavratura do auto de infração, ou mesmo a notificação de qualquer ato preparatório ou a lavratura do termo de início de fiscalização; (ii) o segundo, pertinente à constituição *definitiva* do crédito tributário, vale dizer, ao direito de se encerrar o procedimento fiscal já iniciado a ponto de outorgar à administração um direito subjetivo de cobrança.

---

58. Revista da Procuradoria Geral do Estado de Sao Paulo, n. 21, dez./83, p. 239-258.

Nesse vértice, Denari faz alusão à decadência *in abstracto* e à decadência *in concreto*. Aquela se volta aos tributos apurados por iniciativa da fiscalização, mas esta deixa de acionar o procedimento impositivo, no prazo legal de cinco anos; esta – decadência *in concreto* – se vincula ao fato de, acionado o procedimento impositivo, escoar-se o prazo legal de cinco anos sem definitiva constituição do crédito tributário. E reportando-se à doutrina de Edvaldo Brito, Denari exorta que: "Nesse ponto, conclui-se que há o credito devidamente constituído e o crédito definitivamente constituído. O primeiro configura-se quando a autoridade administrativa percorre todo o *iter* legal descrito no artigo 142 do CTN. O segundo, quando se encerra o tempo útil para qualquer das três providências estipuladas no artigo 145" (Cf. BRITO, Edvaldo. A constituição definitiva do crédito tributário e a prescrição. Caderno de Pesquisas Tributárias, São Paulo, (1)91-3, 1976).

A propósito, em jogo se encontrava na decisão acima mencionado do Supremo Tribunal Federal a conquista da definitividade do crédito tributário. Declarou nossa Suprema Corte que a lavratura do auto de infração não induz tal definitividade para os efeitos inscritos no artigo 174 do Código Tribunal Nacional, a qual é conquistada nos seguintes momentos: a) não havendo impugnação do lançamento, com o exaurimento do prazo de impugnação; b) impugnado o lançamento, com a decisão final administrativa.

Derradeiramente, com a finalidade de atualização da pergunta para concursos futuros, de se recordar que não há de se falar em decadência pelo *processo administrativo inconcluso* no prazo de cinco (5) anos, tal como dispôs lei do Estado de Santa Catarina, a qual, no entanto, foi declarada como inconstitucional pelo Supremo Tribunal Federal à luz do art. 146, inciso III, alínea "b", da Constituição Federal.[59]

---

59. "Norma do Estado de Santa Catarina que estabelece hipótese de extinção do crédito tributário por transcurso de prazo para apreciação de recurso administrativo fiscal. (...) A determinação do arquivamento de processo administrativo tributário por decurso de prazo, sem a possibilidade de revisão do lançamento equivale à extinção do crédito tributário cuja validade está em discussão no campo administrativo. Em matéria tributária, a extinção do crédito tributário ou do direito de constituir o crédito tributário por decurso de prazo, combinado a qualquer outro critério, corresponde à decadência. Nos termos do Código Tributário Nacional (Lei 5.172/1966), a decadência do direito do Fisco ao crédito tributário, contudo, está vinculada ao lançamento extemporâneo (constituição), e não, propriamente, ao decurso de prazo e à inércia da autoridade fiscal na revisão do lançamento originário. Extingue-se um crédito que resultou de lançamento indevido, por ter sido realizado fora do prazo, e que goza de presunção de validade até a aplicação dessa regra específica de decadência. O lançamento tributário não pode durar indefinidamente, sob risco de violação da segurança jurídica, mas a Constituição de 1988 reserva à lei complementar federal aptidão para dispor sobre decadência em matéria tributária. Viola o art. 146, III, b, da CF, norma que estabelece hipótese de decadência do crédito tributário não prevista em lei complementar federal." (STF, ADI 124, DJe 17.4.2009).

**(TJ/DFT/Juiz/2007)** *Prazo prescricional da ação de repetição de indébito de tributos sujeitos a lançamento por homologação.*

Autor: *Marcio Del Fiore*

### Direcionamento da resposta

A questão envolve a sistemática do prazo prescricional da ação de repetição de indébito de tributos sujeitos a lançamento por homologação. O candidato deve demonstrar que no lançamento por homologação o sujeito passivo calcula o montante do tributo devido, antecipa o pagamento e fica no aguardo da homologação do seu proceder pela autoridade administrativa.

Com base nisso, desenvolver a resposta com base no entendimento atual do Superior Tribunal de Justiça e do Supremo Tribunal Federal, devendo mencionar o abandono da teoria dos "cinco mais cinco" a partir do advento da Lei Complementar n. 118/2005 e adoção da seguinte regra. Para as ações de repetição de indébito ajuizadas até 08.06.2005 o prazo prescricional é de 10 anos. Ao passo que, a partir de 09.06.2005, isto é, no dia que entrou em vigor a LC 118/2005, o prazo é de 5 anos, ambos contados do dia do pagamento.

### Sugestão de resposta

Atualmente, nos termos da jurisprudência do Superior Tribunal de Justiça e do Supremo Tribunal Federal, bem como de acordo com a Lei Complementar n. 118/2005, o prazo prescricional da ação de repetição de indébito de tributos sujeitos a lançamento por homologação está sujeito à seguinte regra. Para as ações de repetição de indébito ajuizadas até 08.06.2005 o prazo prescricional é de 10 anos. Ao passo que, a partir de 09.06.2005, isto é, no dia que entrou em vigor a LC 118/2005, o prazo é de 5 anos, ambos contados do dia do pagamento antecipado e independentemente se o pagamento indevido foi feito antes da mencionada lei complementar (nesse sentido: STJ, REsp 1269570, e STF, RE 566621).

Entretanto, nem sempre foi esse o entendimento, pois nos termos do art. 165 do Código Tributário Nacional quem pagou tributo que não era devido tem direito à restituição do valor pago indevidamente, no prazo de 5 anos a contar da data da extinção do crédito tributário art. 168, I, CTN).

No lançamento por homologação, é o sujeito passivo quem calcula o montante do tributo devido e antecipa o respectivo pagamento, extinguindo o crédito tributário sob condição resolutória. Assim, a extinção somente é definitiva com a homologação feita pela autoridade fiscal, que poderá ser expressa ou tácita.

Na prática, como a homologação tácita é a regra, o sujeito passivo acabava por possuir um prazo de 10 anos para formular o pedido de restituição, ou seja, 5 anos para a homologação (quando então o crédito era extinto) mais 5 anos do prazo de restituição propriamente dito.

Em termos mais precisos, efetuado um pagamento que venha a considerar indevido, o sujeito passivo poderia pleitear restituição já no dia seguinte. Apesar disso, o prazo para formular o pedido ainda não começara a fluir, o que viria a ocorrer tão-somente na data da homologação. Como tal homologação é, na maioria das vezes, tácita, o comum era que o prazo de cinco anos previsto no art. 168, I, do CTN só começasse a fluir cinco anos após o fato gerador.

Assim, o sujeito passivo poderia pleitear a restituição desde a data do pagamento indevido até cinco anos após a homologação. Como a data do pagamento e a do fato gerador são bastante próximas o sujeito passivo teria prazo de praticamente dez anos para pleitear a restituição. Trata-se da denominada teoria dos "cinco mais cinco", que era adotada pelo Superior Tribunal de Justiça.

A Receita Federal não concordava com tal entendimento considerando que, no caso do lançamento por homologação, o contribuinte acabava gozando de um prazo muito extenso para pleitear a restituição. 118/2005 com o objetivo de alterar essa regra.°Desse modo, foi editada a Lei Complementar n. Veja o que previu o art. 3º da LC 118/2005:

> "Art. 3º Para efeito de interpretação do inciso I do art. 168 da Lei n. 5.172, de 25 de outubro de 1966 – Código Tributário Nacional, a extinção do crédito tributário ocorre, no caso de tributo sujeito a lançamento por homologação, no momento do pagamento antecipado de que trata o § 1º do art. 150 da referida Lei".

A nova regra, na realidade, muda o prazo para a formulação do pedido de restituição de tributo sujeito a lançamento por homologação. A mudança decorre de um deslocamento do termo inicial do prazo, ou seja, o crédito tributário também é extinto na data do pagamento antecipado.

O art. 4º da LC 118/2005 tentou dar caráter retroativo a essa nova regra, afirmando que ela seria expressamente interpretativa, de modo que poderia ser aplicada a atos ou fatos pretéritos, conforme autoriza o art. 106, I, do CTN. Confira:

> "Art. 4º Esta Lei entra em vigor 120 (cento e vinte) dias após sua publicação, observado, quanto ao art. 3º, o disposto no art. 106, inciso I, da Lei n. 5.172, de 25 de outubro de 1966 – Código Tributário Nacional".

Inicialmente, o Superior Tribunal de Justiça divergiu do entendimento do Supremo Tribunal Federal sobre o assunto. O STJ entendeu que o prazo de 5 anos previsto no art. 3º da LC 118/2005 só pode ser aplicado para os pagamentos indevidos ocorridos após a sua vigência (9.6.2005). Ao passo que, o STF assentou o entendimento de que o prazo de 5 anos previsto no art. 3º da LC 118/2005 só pode ser aplicado para as ações ajuizadas após a sua vigência.

Posteriormente, o Superior Tribunal de Justiça modificou o seu entendimento e aderiu ao que foi decidido pela Suprema Corte e é o posicionamento vigente.

*(Cespe/TRF/5R/Juiz/2007)* No dia 10.2.2005, a empresa X ingressou com ação postulando a restituição de indébito pertinente a tributo (imposto) sujeito a lançamento por homologação, recolhido entre o período de fevereiro/96 a novembro/98, apresentando os comprovantes de recolhimento correspondentes. Nessa ação, a referida empresa sustentava que a exação era inconstitucional, conforme decisão de mérito proferida pelo Supremo Tribunal Federal, em ação direta de inconstitucionalidade julgada em 10.2.1999 e publicada trinta dias depois, tendo o prazo legal decorrido sem a apresentação de recurso. Em sua própria defesa, a Fazenda Nacional suscitou a ocorrência do lapso prescricional. Diante dessa situação hipotética, responda, de forma fundamentada, a seguinte questão: nesse caso, houve prescrição?

Autora: Isaura Cristina de Oliveira Leite

### Direcionamento da resposta

A resposta da presente questão requeria do candidato o conhecimento da tese conhecida como "cinco mais cinco", relativa ao prazo para requerimento de repetição do indébito nas hipóteses de tributo sujeito a lançamento por homologação. Exigia, ainda, conhecimento da jurisprudência a respeito da inconstitucionalidade parcial do art. 4º da Lei Complementar 118/2005, assim como da jurisprudência a respeito do prazo para repetição de tributo declarado inconstitucional.

### Sugestão de resposta

Em seu art. 168, o Código Tributário Nacional prevê o prazo de cinco anos para a extinção do direito de pleitear a restituição de tributo pago indevidamente.

Ao largo da controvérsia doutrinária acerca da natureza do prazo estabelecido para que se pleiteie esta restituição, se é o caso de prescrição ou decadência, interessa mencionar que o referido prazo tem seu termo *a quo* na data da extinção do crédito tributário, o que não implica em maiores dificuldades quando se estuda tributo sujeito a lançamento de ofício ou por declaração, posto confundir-se a data da extinção do crédito com a do próprio pagamento, conforme ao art. 156, I, do CTN.

Nos casos de tributos lançados por homologação, no entanto, como na hipótese em estudo, refere o CTN, em seu art. 156, VII, c/c art. 150, que o pagamento antecipado ao qual está obrigado o contribuinte somente extingue o crédito tributário sob a condição resolutória de posterior homologação do lançamento por parte do Fisco. Em complementação, estabelece o § 4º do mencionado artigo 150, que o Fisco dispõe do prazo de cinco anos para realizar a homologação, desta feita contados da ocorrência do fato gerador do tributo. Expirado o prazo quinquenal, considera-se homologado tacitamente o lançamento e extinto o respectivo crédito, salvo comprovado dolo, fraude ou simulação.

Interpretando os dispositivos acima mencionados, entendeu o Superior Tribunal de Justiça, em jurisprudência firmada ainda na década de noventa, que o prazo a que se refere o art. 168 do CTN somente iniciar-se-ia após a homologação do lançamento, nos casos de tributo a tanto sujeito, visto ser este o marco da extinção do crédito tributário. Em outros termos, segundo o então firme entendimento do STJ, nos casos de pagamento indevido de tributo sujeito a lançamento por homologação, o contribuinte dispunha de até dez anos de prazo para requerer a sua restituição: até cinco referentes ao prazo para a homologação pelo Fisco, seguidos de mais cinco, contados da homologação expressa ou tácita, nos termos do art. 168 do CTN[60].

A este entendimento do STJ, à época já pacífico, sobreveio a edição da Lei Complementar nº 118, de 9 de fevereiro de 2005, que pretendeu trazer norma interpretativa do disposto no art. 168, I, do CTN, para tanto dispondo que "a extinção do crédito tributário ocorre, no caso de tributo sujeito a lançamento por homologação, no momento do pagamento antecipado".

Como se vê, a Lei Complementar em questão pretendeu conferir ao art. 168, I, do CTN uma interpretação diversa daquela que lhe vinha conferindo o STJ, de modo a fixar o prazo para o requerimento de restituição do tributo pago

---

60. "Tributário. Empréstimo compulsório sobre consumo de combustíveis. Decreto-lei nº 2.288, de 23-7-86, art. 10. Repetição do indébito. Direito à restituição. Média de consumo. Decadência. Prescrição. Contagem do prazo. Não caracterização. (...). III. O tributo, a que se denominou empréstimo compulsório, está sujeito a lançamento por homologação, não se podendo falar antes desta em crédito tributário e pagamento que o extingue. Não tendo ocorrido a homologação expressa, o direito de pleitear a restituição só ocorrerá após o transcurso do prazo de cinco anos, contados da ocorrência do fato gerador, acrescido de mais cinco anos, contados daquela data em que se deu a homologação tácita, isto é, em 1996, quanto aos fatos impositivos mais remotos. (...)" (STJ, 2ª Turma, REsp 44221, Rel. Min. Antônio de Pádua Ribeiro, j. 4.5.1994)

COLEÇÃO PREPARANDO PARA CONCURSOS

indevidamente em cinco anos, afastando a tese então conhecida como dos "cinco mais cinco". Conforme se dessume do art. 4º da Lei Complementar, ademais, pretendeu-se que seu art. 3º fosse dotado de aplicação retroativa, uma vez expressamente categorizado como lei interpretativa, nos termos da previsão do art. 106, I, do CTN, o qual arrola as hipóteses em que a legislação tributária será aplicada a fatos ou atos pretéritos.

Ocorre que o Supremo Tribunal Federal, firmou a inconstitucionalidade parcial do art. 4º da Lei Complementar nº 118/2005, sob o entendimento de que pretendera conferir aplicação retroativa a norma (o art. 3º do mesmo diploma) que não possui natureza interpretativa (RE 566621, DJe 10.10.2011). Com efeito, à época da edição da lei complementar, dúvidas não havia em relação à interpretação do art. 168, I, do CTN, já firmada e pacificada pelo STJ. Ao contrário, a lei complementar veio a trazer relevante inovação no ordenamento jurídico vigente, qual seja, a redução do prazo para a restituição dos tributos lançados por homologação. Relevante mencionar que o STJ, por sua Corte Especial, também se pronunciou pela inconstitucionalidade do dispositivo em questão, sob fundamento análogo ao do STF[61].

---

61. "Constitucional. Tributário. Lei interpretativa. Prazo de prescrição para a repetição de indébito, nos tributos sujeitos a lançamento por homologação. LC 118/2005: natureza modificativa (e não simplesmente interpretativa) do seu artigo 3º. Inconstitucionalidade do seu art. 4º, na parte que determina a aplicação retroativa. 1. Sobre o tema relacionado com a prescrição da ação de repetição de indébito tributário, a jurisprudência do STJ (1ª Seção) é no sentido de que, em se tratando de tributo sujeito a lançamento por homologação, o prazo de cinco anos, previsto no art. 168 do CTN, tem início, não na data do recolhimento do tributo indevido, e sim na data da homologação – expressa ou tácita – do lançamento. Segundo entende o Tribunal, para que o crédito se considere extinto, não basta o pagamento: é indispensável a homologação do lançamento, hipótese de extinção albergada pelo art. 156, VII, do CTN. Assim, somente a partir dessa homologação é que teria início o prazo previsto no art. 168, I. E, não havendo homologação expressa, o prazo para a repetição do indébito acaba sendo, na verdade, de dez anos a contar do fato gerador. 2. Esse entendimento, embora não tenha a adesão uniforme da doutrina e nem de todos os juízes, é o que legitimamente define o conteúdo e o sentido das normas que disciplinam a matéria, já que se trata do entendimento emanado do órgão do Poder Judiciário que tem a atribuição constitucional de interpretá-las. 3. O art. 3º da LC 118/2005, a pretexto de interpretar esses mesmos enunciados, conferiu-lhes, na verdade, um sentido e um alcance diferente daquele dado pelo Judiciário. Ainda que defensável a 'interpretação' dada, não há como negar que a Lei inovou no plano normativo, pois retirou das disposições interpretadas um dos seus sentidos possíveis, justamente aquele tido como correto pelo STJ, intérprete e guardião da legislação federal. 4. Assim, tratando-se de preceito normativo modificativo, e não simplesmente interpretativo, o art. 3º da LC 118/2005 só pode ter eficácia prospectiva, incidindo apenas sobre situações que venham a ocorrer a partir da sua vigência. 5. O artigo 4º, segunda parte, da LC 118/2005, que determina a aplicação retroativa do seu art. 3º, para alcançar inclusive fatos passados, ofende o princípio constitucional da autonomia e independência dos poderes (CF, art. 2º) e o da garantia do direito adquirido, do ato jurídico perfeito e da coisa julgada (CF, art. 5º, XXXVI). 6. Arguição de inconstitucionalidade acolhida". (STJ, AI no EREsp 644736, Rel. Min. Teori Albino Zavascki, j. 6.6.2007.)

## DIREITO TRIBUTÁRIO

Com tal declaração de inconstitucionalidade, as disposições da lei complementar pertinentes à alteração do prazo para a restituição de tributos somente produziu efeitos prospectivos, tendo determinado o STF sua aplicação às demandas ajuizadas após a entrada em vigor da lei, ocorrida em 09.6.2005, 120 dias após sua publicação, nos termos do seu art. 4°.

Ora, na hipótese em análise, trata-se de restituição de imposto sujeito a lançamento por homologação cujo recolhimento ocorreu entre fevereiro de 1996 e novembro de 1998, tendo a demanda para sua restituição sido ajuizada em 10 de fevereiro de 2005. Tudo anteriormente, portanto, à entrada em vigor da LC n° 118/2005. Diante disso, aplicável o prazo de até dez anos contados do pagamento, sendo de se ponderar não haver dados sobre eventual homologação expressa. Assim, considerando ter ocorrido a homologação tácita, após cinco anos, o prazo para a restituição do indébito expiraria apenas em fevereiro de 2006.

Em outra seara, cumpre mencionar que o fato de a exação em tela haver sido objeto de declaração de inconstitucionalidade, com julgamento em 10.2.1999, com publicação trinta dias depois, em nada afeta a contagem do prazo para o requerimento da restituição do indébito.

Não se desconhece que, quanto ao tema, já se defendeu que o prazo para a restituição de tributo declarado inconstitucional pelos tribunais pátrios somente teria início a partir da publicação da decisão judicial que reconhecer o vício que inquina a norma, no caso de declaração em controle concentrado, ou da publicação da Resolução do Senado Federal que conferir efeitos *erga omnes* à decisão proferida em controle difuso de constitucionalidade. Este entendimento, no entanto, não prevalece atualmente perante os tribunais pátrios, devendo ser aplicadas, como regra, as normas do CTN que disciplinam os prazos para a restituição.

Diante de tais considerações, no caso em tela, tem-se que não se consumou a prescrição suscitada pelo fisco em sua defesa.

*(Cespe/AGU/Procurador/2005) No direito brasileiro existem alguns institutos que trazem consequências jurídicas importantes, particularmente com relação a prazos. O direito, pode-se assim dizer, possui dois pilares de suma importância, que são o prazo e a prova. Os institutos mais conhecidos relacionados a prazo são: preclusão, perempção, usucapião, prescrição e decadência. No direito tributário, como não poderia ser diferente, a decadência ou caducidade e a prescrição são de suma importância, tanto para o sujeito ativo (União, estados, Distrito Federal e municípios) quanto para o sujeito passivo (contribuinte responsável). A decadência ou caducidade é a perda da possibilidade de a fazenda pública constituir o crédito tributário. A prescrição é a perda da possibilidade de a mesma fazenda pública entrar com um processo de execução em face do sujeito*

*passivo, transcorrido o prazo legal. Em face do texto acima, discorra sobre a decadência e a prescrição tributárias, mencionando seus termos iniciais, e trace, também, um paralelo sucinto, com pelo menos duas características diferenciadoras dos respectivos institutos.*

Autor: **Renato Cesar Guedes Grilo**

### Direcionamento da resposta

O Código Tributário Nacional terminou sendo um pouco confuso no tratamento da prescrição e da decadência, tanto que as trouxe em um mesmo inciso como causa de extinção do crédito tributário (Art. 156, V); inclusive, para alguns doutrinadores, este dado indica peculiar tratamento desses institutos em termos extintivos da obrigação de pagar tributo. Por exemplo, no direito civil se admite que uma obrigação prescrita seja considerada como obrigação natural e o credor que voluntariamente a quite não terá repetição do indébito.

Por outro lado, na seara civilista é inconcebível a impossibilidade de se reaver o que se pagou por obrigação decaída. Destarte, no direito tributário são repetíveis tanto as obrigações decaídas como prescritas que forem pagas pelo sujeito passivo (contribuinte), pois ambos institutos são causa de extinção do crédito tributário. Voltando ao enunciado, já houve um delineamento mínimo da diferença entre decadência e prescrição: um diz respeito à constituição e o outro à cobrança; portanto, esse dado diferenciador deve ser mencionado e também explorado na resposta, sabendo-se, contudo, que o examinador desejará mais do que este ponto de partida (que ele mesmo indicou).

Assim, deve o candidato explicar o tratamento dado pelo CTN aos termos iniciais da decadência, de acordo com as modalidades de Lançamento Fiscal (Art. 150, § 4º, e Art. 173 do CTN), e da prescrição (Art. 174 do CTN), e as diferenças: a decadência é fenômeno administrativo, exclusivamente, e vinculado ao ato administrativo de lançamento fiscal, enquanto a prescrição pode ser reconhecida no curso do processo judicial – prescrição intercorrente; a prescrição se interrompe diante das hipóteses do parágrafo único do Art. 174 do CTN, e a decadência não tem interrupção ou suspensão em seu fluxo; o instituto da decadência alcança um direito potestativo e a prescrição uma pretensão jurídica não satisfeita na data aprazada. Destaco que as duas diferenças aqui indicadas têm por finalidade deixar a resposta sucinta – conforme exigiu o enunciado.

### Sugestão de resposta

A relação jurídica tributária, que nasce com a ocorrência do fato gerador (Art. 114 do CTN) e se encontra preordenada à satisfação do crédito do Fisco, deve respeitar o tempo na dinâmica e sequencia da cobrança.

Assim, como garantias fundamentais do contribuinte, há os institutos da decadência e prescrição[62], que servem como lapsos temporais máximos, ambos de cinco anos, para a ação do Poder Público em direção ao recebimento do crédito, sendo penalizada a sua inércia com a extinção deste (Art. 156, V).

Ocorrido o fato gerador tributário (ou imponível) surge a necessidade de o Fisco realizar o lançamento (Art. 142 do CTN), que é o procedimento administrativo vinculado que se destina à constituição do crédito e para o qual corre prazo de decadência. Assim, a decadência se relaciona ao direito potestativo de lançar e transmudar uma obrigação em crédito tributário, sendo que o seu curso e termo inicial irá variar conforme a modalidade de lançamento: de forma direta e por declaração (Art. 173 do CTN), a decadência conta-se do primeiro dia do exercício seguinte àquele em que o lançamento poderia ter sido efetivado ou da data em que se tornar definitiva decisão que anulou, por vício formal, o lançamento anteriormente realizado; na modalidade chamada de autolançamento o quinquídio contará a partir da ocorrência do fato gerador, que é o prazo que o Fisco tem para homologar ou não o lançamento (Art. 150, § 4º, do CTN).

Da constituição definitiva do crédito tributário disporá o contribuinte de prazo para pagar o débito formalizado no lançamento; quedando-se inerte o devedor, passará a correr o prazo de prescrição, que é aquele também de cinco anos que corre a partir do momento em que surge a exigibilidade do crédito inadimplido (Art. 174 do CTN). A prescrição, portanto, se refere ao crédito exigível e em estado ativo, relacionando-se com a cobrança e com o encaminhamento para inscrição em dívida ativa (sendo que esta não tem o efeito de interromper o prazo de prescrição das dívidas ativas tributárias[63]) e posterior cobrança extrajudicial ou judicial.

---

62. "Duas observações são importantes e merecem ser tratadas em tópico apartado, dentro do contexto da formatação do crédito fiscal. No campo dos créditos tributários, a prescrição e decadência são institutos intimamente relacionados com o PAF: via de regra, o prazo decadencial finda-se exatamente quando nasce a possibilidade de o contribuinte inaugurar a fase contenciosa do lançamento (notificação ao sujeito passivo do lançamento provisório) e a prescrição começa a correr ao final deste processo administrativo fiscal, com a constituição definitiva do crédito tributário (após o prazo para pagamento). No curso do processo administrativo fiscal não corre nenhum prazo extintivo de direito ou da pretensão para a cobrança; vale dizer, haverá um hiato no qual não corre decadência ou prescrição." (GRILO, Renato Cesar Guedes. Manual do procurador da fazenda nacional. 1 ed. Editora Juspodivm: Salvador, 2014. p. 99).
63. O STJ, através da sua Corte Especial, entendeu que os dispositivos constantes no § 2º, do art. 8º e do § 3º do art. 2º da Lei 6.830/80 não tem aplicabilidade às execuções fiscais de dívidas ativas tributárias, tendo em vista que a Constituição Federal exige Lei Complementar para a disciplina da decadência e prescrição tributárias. Corte Especial do STJ: Arguição de inconstitucionalidade no AG 1037765, Dje 17.10.2011 (trecho da ementa): "Assim, são ilegítimas, em relação aos créditos tributários, as normas estabelecidas no § 2º, do art. 8º e do § 3º do art. 2º da Lei 6.830/80, que, por decorrerem de lei ordinária, não podiam dispor em contrário às disposições anteriores, previstas em lei complementar. A inscrição em Dívida Ativa de créditos

Em um paralelo conclusivo e comparativo, tem-se que: a decadência é fenômeno administrativo e vinculado ao ato administrativo de lançamento fiscal, enquanto a prescrição pode ser reconhecida no curso do processo judicial – prescrição intercorrente; a prescrição se interrompe diante das hipóteses do parágrafo único do Art. 174 do CTN, e a decadência não tem interrupção ou suspensão em seu fluxo; o instituto da decadência alcança um direito potestativo e a prescrição uma pretensão jurídica não satisfeita na data aprazada.

### 5.4. Exclusão

(*Fepese/PGM/Florianópolis/Procurador/2011*) *Empresa Angra Ltda., sediada no Estado de Santa Catarina, dedica-se à produção de bebidas, sujeitando-se, nessa qualidade, ao recolhimento do Imposto sobre Produtos Industrializados (IPI). Em razão de isenção específica concedida pela União, com fundamento na Lei X/04, a empresa Angra Ltda. deixou de efetuar o recolhimento do imposto (IPI) a partir do exercício de 2005. A referida isenção foi concedida em função de determinadas condições e pelo prazo certo de dez anos. Com a posse da nova Presidente do Brasil, foi publicado o Decreto Y/11, em 15.1.11, revogando o benefício fiscal, a fim de incrementar as receitas para o financiamento de programas governamentais. De acordo com o Decreto Y/11, todas as empresas beneficiárias da isenção deveriam passar a recolher o imposto (IPI) a partir do mês subsequente a sua publicação. A situação em questão demonstra-se legal?*

**Autores:** *Helton Kramer Lustoza e Leonardo Zehuri Tovar*

*Direcionamento da resposta*

Resumidamente deve ser abordada, à luz dos artigos 176 e 178[64], CTN, o conceito de isenção contratual bem como se ela pode ser revogada a qualquer tempo ou confere a seu beneficiário direito adquirido. Súmula 544/STF[65].

---

tributários não possui nenhuma repercussão no curso do lapso prescricional para o ajuizamento da execução fiscal, cujo termo a quo ocorre, em regra, com a constituição definitiva do crédito tributário." (GRILO, Renato Cesar Guedes. Manual do Procurador da Fazenda Nacional. Editora JusPodivm: Salvador, 2014. p. 144).

64. CTN. Art. 178. A isenção, salvo se concedida por prazo certo e em função de determinadas condições, pode ser revogada ou modificada por lei, a qualquer tempo, observado o disposto no inciso III do art. 104.

65. Súmula 544/STF: "Isenções tributárias concedidas, sob condição onerosa, não podem ser livremente suprimidas".

## Sugestão de resposta

A isenção do caso em comento se trata de concessão por tempo determinado e condicional, o que lhe dá feições contratuais. Ou seja, os sujeitos da relação obrigacional assumem ônus determinados.

O próprio Código Tributário Nacional, em consonância com os princípios constitucionais da intangibilidade do direito adquirido, do ato jurídico perfeito e da coisa julgada, traz em seu artigo 178 o impedimento de revogação a qualquer tempo desse tipo de isenção. Além do mais, a jurisprudência é pacífica quanto a impossibilidade de supressão de isenção concedida onerosamente pelo poder público, tendo como arrimo a Súmula 544 do STF.

Portanto, no caso do questionamento, como a isenção tributária foi concedida mediante inserção de certas condições onerosas e sujeita a termo certo de vigência, a revogação ou supressão desta isenção tributária especial, torna-se juridicamente inválida pela ofensa a direito adquirido e à consagrada orientação sumular do STF.

E ainda: a isenção, como favor legal que é, não poderia ter sido revogada mediante decreto, por ofensa direta ao princípio do paralelismo das formas[66] e ao art. 178, CTN, bem como contrasta com a orientação pretoriana[67].

---

**(TJ/MT/Juiz/2010)** *Discorrer sobre a distinção existente entre imunidade, isenção e anistia.*

Autor: **Renato de Pretto**

## Direcionamento da resposta

Nesta questão, o candidato deveria apontar as peculiaridades de cada um dos institutos tributários reportados, especialmente: a imunidade como hipótese de não-incidência constitucionalmente qualificada; a isenção como uma das causas de exclusão do crédito tributário e incidente apenas sobre tributo; a anistia, também como uma das causas de exclusão do crédito tributário, porém incidente somente sobre a multa tributária.

---

66. Se por lei é outorgada, somente por lei pode ser revogada.
67. Por exemplo: "(...) 1. Isenção concedida por lei complementar e decreto-lei não pode ser revogada por mero decreto. 2. Inteligência do art. 4º da LC 24/75, que autorizou o decreto apenas para ratificar convênio estadual. (...)". (STJ, REsp 36079, DJ 8.3.2000).

### Sugestão de resposta

Os institutos jurídicos pertinentes à questão, de fato, não se confundem. Cada um deles é dotado, na seara tributária, de qualidades próprias.

Nesse sentido, a imunidade tributária qualifica-se como a hipótese de não--incidência constitucionalmente qualificada. Assim, a imunidade é sempre encontrada na Constituição Federal, revelando-se como uma regra negativa de competência, pouco importando a expressão utilizada pelo constituinte. A título de exemplificação, consagram imunidades os artigos 5º, XXXIV, LXXVI, 150, inciso VI e 195, § 7º, todos da Constituição da República.

De seu turno, a isenção, que aparece no artigo 175, inciso I, do CTN como causa de exclusão do crédito tributário, é a dispensa legal do pagamento do tributo. A isenção, como se percebe, encontra-se sempre na lei, no plano do "exercício de competência", abrangendo apenas tributo. Aliás, a isenção não se confunde com a não-incidência, porque esta ilustra o não enquadramento da situação fática na hipótese de incidência tributária.

Enfim, a anistia também se concretiza como uma causa de exclusão do crédito tributário, como se vê no artigo 175, inciso II, do CTN. Ela representa um perdão legal da multa derivada do ilícito fiscal. Portanto, ao contrário da isenção, não absorve o tributo, mas tão-só a multa tributária.

*(TJ/SP/Juiz/1998)* Em que consiste a anistia em direito tributário? Qual a diferença entre anistia e remissão?

Autor: *Renato de Pretto*

### Direcionamento da resposta

O(a) candidato(a) deveria dissertar a respeito da anistia como causa de exclusão do crédito tributário (arts. 175, inciso II e 180/182 do CTN) e da remissão como causa de extinção do crédito tributário (arts. 156, inciso IV e 172 do CTN), apontando, objetivamente, a disparidade entre ambos institutos do direito tributário.

### Sugestão de resposta

A anistia é uma das causas de exclusão do crédito tributário, consoante se depreende do artigo 175, inciso II, do CTN, sendo, ainda, regulada nos artigos

180/182 do mesmo Código. Trata-se do perdão legal à multa decorrente do ilícito fiscal após o cometimento da infração mas antes do lançamento.

De outro lado, a remissão corresponde a uma das causas de extinção do crédito tributário, conforme se infere do artigo 156, inciso IV, do CTN, possuindo, também, disciplina no artigo 172 do mesmo Código. Trata-se do perdão legal ao tributo e/ou multa tributária devido(a) após o lançamento tributário (que constitui o crédito tributário – artigo 142 do CTN).

De se ver que tanto a anistia como a remissão submete-se ao princípio da legalidade tributária, pressupondo lei às suas instituições (art. 97, inciso VI, do CTN). Aliás, de acordo com a Constituição Federal (art. 150, § 6º), é imprescindível a instituição de aludidos benefícios fiscais por meio de "lei específica", vedando-se o chamado "contrabando legislativo" (absoluta ausência de afinidade, pertinência ou conexão de um dispositivo à lei à qual se integra, o que viola os princípios do devido processo legislativo e da segurança jurídica).

Estabelecidas as premissas supra, tem-se que a remissão absorve o tributo e/ou a multa tributária, exigindo ainda justificativa à sua concessão; ao revés, a anistia compreende somente a penalidade tributária perpetradas até a vigência da lei concessiva, podendo ser incondicional.

## 5.5. Garantias e Privilégios

*(TCE/RS/Auditor_Substituto/2013)* As multas fiscais por infração tributária material devidas pelo falido são exigíveis na falência? Fundamente a resposta.

Autor: Fábio Dutra

### Direcionamento da resposta

Esta questão é bastante complexa e exige atenção redobrada para respondê-la corretamente. O candidato deve ter conhecimento da alteração promovida pela Lei 11.101/2005, em relação à exigibilidade das multas fiscais no processo falimentar.

Antes da edição da supracitada norma, vigorava o vetusto Decreto-Lei 7.661/1945, conhecido como a Lei de Falências. Esta norma previa em seu art. 23, par. único, III, o disposto abaixo:

> Art. 23, Parágrafo único. Não podem ser reclamados na falência:
>
> I – as obrigações a título gratuito e as prestações alimentícias;

II – as despesas que os credores individualmente fizerem para tomar parte na falência, salvo custas judiciais em litígio com a massa;

III – as penas pecuniárias por infração das leis penais e administrativas.

Percebe-se, pela redação da norma, que **as penas pecuniárias (multas) não poderiam ser reclamadas na falência**. Com base neste dispositivo, o STF editou súmula cuja redação é a seguinte:

> Súmula STF nº 192. Não se inclui no crédito habilitado em falência a multa fiscal com efeito de pena administrativa.

Ocorre que, com a edição da Lei 11.101/2005, **as penalidades pecuniárias por infração das leis penais e administrativas passaram a integrar o rol de créditos exigíveis no curso do processo de falência**, conforme preceitua o art. 83, VII, desta lei.

Não obstante tenha havido esta significativa alteração, o legislador esclareceu no art. 192 que **a Lei 11.101/2005 não se aplica aos processos de falência ou de concordata ajuizados anteriormente ao início de sua vigência**, os quais serão concluídos nos termos do Decreto-Lei n. 7.661, de 21 de junho de 1945. Isso significa que há, pois, aplicação do Decreto-Lei 7.661/45 aos processos de falência ou de concordata ajuizados no período de sua vigência.

Temos, assim, duas situações distintas, que devem ser inseridas no texto de resposta:

1) Nos processos de falência ajuizados antes do início da vigência da Lei 11.101/2005, as multas fiscais por infração tributária material não são exigíveis, aplicando-se a regra do art. 23, par. único, III, do Decreto-Lei 7.661/45.

2) Nos processos de falência ajuizados após do início da vigência da Lei 11.101/2005, as multas fiscais por infração tributária material são exigíveis, aplicando-se a regra do art. 83, VII, da Lei 11.101/2005.

### Sugestão de resposta

As multas fiscais por infração tributária material devidas pelo falido podem ou não ser exigíveis no processo falimentar, a depender da data em que tenha sido ajuizado o referido processo. Isso ocorre porque a Lei 11.101/2005 alterou as regras aplicáveis aos processos de falência, anteriormente definidas pelo Decreto-Lei 7.661/1945.

Durante a vigência do mencionada norma, não se permitia a exigência de multas fiscais nos processos de falência. O Supremo Tribunal Federal, inclusive, chegou a consolidar seu entendimento neste sentido, ao editar a Súmula 192.

Contudo, com o advento da Lei 11.101/2005, tal vedação deixou de existir, passando a ser prevista expressamente tal possibilidade.

Não se pode desprezar, entretanto, que o art. 192, da Lei 11.101/2005, estabeleceu ser esta norma inaplicável aos processos de falência ou concordata ajuizados antes do início da vigência da Lei 11.101/2005. Portanto, em tais situações, continua sendo aplicável a vedação contida no Decreto-Lei 7.661/45.

Conclui-se, portanto, que nos processos de falência ajuizados antes do início da vigência da Lei 11.101/2005, as multas fiscais por infração tributária material não são exigíveis, sendo tal exigibilidade presente nos processos ajuizados após do início da vigência desta lei.

---

***(Esaf/PFN/Procurador/2012)*** *Disserte, detalhadamente e fazendo referências às normas pertinentes, sobre a situação dos créditos tributários da União: (i) perante a recuperação judicial; e (ii) extrajudicial de empresas.*

Autor: Renato Cesar Guedes Grilo

### Direcionamento da resposta

A questão aborda a sistemática da Lei 11.101/2005 quanto aos créditos tributários para a situação de recuperação judicial e extrajudicial das empresas. Os dispositivos legais que devem ser mencionados são os seguintes: Art. 6º, § 7º (não suspensão das execuções fiscais), sendo que, neste ponto especificamente poderia ser abordada também a jurisprudência do STJ que tem negado vigência a este dispositivo e determinado a suspensão de atos executivos nas execuções fiscais – que, na prática, termina por suspendê-la (v.g. CC 116213, STJ); Art. 57, que determina na recuperação judicial a apresentação de certidões negativas de créditos tributários; Art. 161, § 1º, que determina a exclusão completa dos créditos tributários da recuperação extrajudicial. Relevante mencionar, ainda, os dispositivos da LEF (Lei 6.830/80) e do CTN, que não submetem a cobrança do crédito público a qualquer concurso de credores: arts. 5º e 26 da LEF e 187 do CTN[68].

---

68. Para um maior aprofundamento sobre esses temas atinentes à cobrança do crédito público em execução fiscal: MELO FILHO, João Aurino de (coordenador). Execução fiscal aplicada: análise pragmática do processo de execução fiscal. 2ed. Salvador: Juspodivm, 2013. A propósito sobre essa temática envolvendo a jurisprudência da Segunda Seção do STJ: "Nada obstante, tem entendido o STJ, especialmente sua Segunda Seção, que embora não suspensas as execuções fiscais pela recuperação judicial deferida, quaisquer atos de alienação patrimonial deverão ser

### Sugestão de resposta

A recuperação judicial e extrajudicial do empresário e das sociedades empresárias (Lei 11101/05) visam a superação de crises episódicas, em nome do princípio da preservação da empresa, manutenção de sua atividade produtiva, dos empregos e pagamento dos tributos.

Na recuperação extrajudicial a Lei expressamente afastou a possibilidade de inclusão dos créditos tributários no plano de pagamentos dos débitos da empresa – Art. 161, § 1º. No que diz respeito à recuperação judicial, deve-se destacar preliminarmente que os créditos públicos não se submetem a qualquer concurso de credores, nos exatos termos dos Artigos 5º e 26 da Lei de Execuções Fiscais (Lei 6830/1980), bem como do Art. 187 do CTN.

Nesse mesmo sentido, a Lei 11101/05, em seu Art. 6º, § 7º, dispõe expressamente que a cobrança das execuções fiscais não será suspensa em virtude do deferimento da recuperação judicial, salvo a possibilidade de concessão de parcelamento, nos termos do CTN e de legislação específica. Ademais, na lógica da Lei de falências e recuperação judicial, a regularidade fiscal é pressuposto para o processo de recuperação extrajudicial, pois o Art. 57 determina a apresentação de certidões negativas de créditos tributários.

Portanto, salvo a instituição de parcelamento especial para a hipótese de recuperações judiciais, o crédito público não se encontra vinculado ao plano, não havendo de se falar em suspensão das execuções fiscais.

Contudo, urge ressaltar que, em contraste com as disposições legais mencionadas, a Segunda Seção do STJ[69] tem impedido a realização de atos constritivos e expropriatórios em execuções fiscais contra devedores que tenha recuperação judicial em curso. Data vênia, esse entendimento termina negando vigência à Lei 11101/05, a LEF e ao CTN, pois, na prática, determina a suspensão da execução do crédito fiscal.

---

analisados no juízo da recuperação, sob pena de inviabilizar o instituto (CC 116213, v.g.). Com a devida vênia, o entendimento carece de substrato jurídico." (p. 133).

69. Por exemplo: "(...) 1. As execuções fiscais ajuizadas em face da empresa em recuperação judicial não se suspenderão em virtude do deferimento do processamento da recuperação judicial, ou seja, a concessão da recuperação judicial para a empresa em crise econômico-financeira não tem qualquer influência na cobrança judicial dos tributos por ela devidos. 2. Embora a execução fiscal, em si, não se suspenda, são vedados atos judiciais que reduzam o patrimônio da empresa em recuperação judicial, enquanto for mantida essa condição. Isso porque a interpretação literal do art. 6º, § 7º, da Lei 11.101/05 inibiria o cumprimento do plano de recuperação judicial previamente aprovado e homologado, tendo em vista o prosseguimento dos atos de constrição do patrimônio da empresa em dificuldades financeiras. Precedentes. 3. Conflito conhecido para declarar a competência do Juízo da Juízo da Vara de Falências e Recuperações Judiciais do Distrito Federal para todos os atos que impliquem em restrição patrimonial da empresa suscitante". (STJ, CC 116213).

DIREITO TRIBUTÁRIO

***(Esaf/PFN/Procurador/2008)*** *Determinada pessoa física, que é sujeito passivo de crédito tributário da União (com regular inscrição na dívida ativa), realiza uma declaração na qual manifesta a intenção de doar à determinada instituição de caridade praticamente todo seu patrimônio móvel. A referida declaração é registrada em Cartório de Títulos e Documentos. Examine a situação, sob a ótica e interesses da Fazenda Nacional e considerando a disciplina do Direito Civil. Considere, ainda, que não foi proposta execução fiscal.*

**Autor: Renato Cesar Guedes Grilo**

### Direcionamento da resposta

A promessa de doação integral de patrimônio registrada em cartório por sujeito passivo de crédito tributário configura, a rigor, ato de fraude à futura execução fiscal, devendo a Fazenda Pública, nesse caso, adotar as providências cabíveis para a indisponibilidade do ativo patrimonial do devedor, a fim de garantir o êxito da cobrança judicial do débito.

É preciso ter em mente que a questão da fraude à execução fiscal tem tratamento diferenciado após a Lei Complementar 118/05 que alterou a redação do art. 185 do Código Tributário Nacional (CTN), de forma que não mais é necessária a citação do devedor para que os atos de oneração e alienação de bens ou rendas sejam considerados atos fraudulentos. Ressalte-se, ainda, que não é aplicável a súmula 375 do Superior Tribunal de Justiça às execuções fiscais.

### Sugestão de resposta

Com o advento da Lei Complementar 118/05, a inscrição do crédito tributário na dívida ativa deflagra período de suspeição das movimentações patrimoniais do sujeito passivo do crédito tributário, visto que, de acordo com a atual redação do art. 185 do CTN, "presume-se fraudulenta a alienação ou oneração de bens ou rendas, ou seu começo, por sujeito passivo em débito para com a Fazenda Pública, por crédito tributário regularmente inscrito como dívida ativa".

O mencionado dispositivo tem por objetivo assegurar ao ente público a percepção de seus créditos tributários inscritos em dívida ativa, evitando que o devedor frustre a cobrança com a transferência de seu patrimônio a terceiros.

Daí que o ato do devedor em alienar ou, por outra forma, desfazer-se ou onerar seu patrimônio, que, ao menos potencialmente, poderia garantir débito existente perante o credor, caracteriza a fraude à execução. Cabe ressaltar que a aplicação do instituto da fraude à execução, nos termos do art. 185 do Código Tributário Nacional (CTN), antes da extração da expressão "em fase de execução" determinada pela LC n. 118/2005, conforme a jurisprudência então consolidada pelo Superior Tribunal de Justiça, exigia que o débito estivesse em fase de execução fiscal para legitimar a presunção legal da ocorrência da fraude, ou seja, não bastava a inscrição do crédito tributário em dívida ativa, como atualmente consta no texto legal, mas também se perquiria pela efetivação da cobrança judicial do crédito com a citação validade do executado[70].

A partir da mudança legislativa, bem como do julgamento do REsp 1141990, sob a sistemática dos recursos repetitivos, a presunção legal para a ocorrência da fraude à execução tem como marco inicial a inscrição do débito fiscal em dívida ativa, o que afasta a aplicação da súmula 375/STJ às execuções fiscais.

Na espécie, o registro de declaração de promessa de doação de todo patrimônio móvel de sujeito passivo de crédito tributário da União, com regular inscrição na dívida ativa, caracteriza, em tese, ato fraudulento em desfavor da Fazenda Pública (LEF, art. 30). Nestes casos, a Fazenda Pública poderá manejar a ação cautelar fiscal, cujo escopo é a decretação de indisponibilidade do patrimônio do sujeito passivo de crédito tributário ou não tributário, visando a garantir o efeito prática de futura execução fiscal diante de claro intuito do devedor de frustrar a cobrança judicial do débito tributário.

**(TRF/2R/Juiz/2007)** *O crédito tributário está sujeito à recuperação judicial?*

Autora: *Isaura Cristina de Oliveira Leite*

### Direcionamento da resposta

Questão que exige conhecimentos tanto de Direito Tributário, especialmente quanto aos privilégios do crédito tributário, quanto, e especialmente, de Direito Empresarial, mormente acerca da Lei nº 11.101/2005, que atualmente disciplina os processos de recuperação judicial e falimentar.

### Sugestão de resposta

O instituto da recuperação judicial foi introduzido em nosso ordenamento jurídico pela Lei nº 11.101/2005 e objetiva, segundo o art. 47 do mencionado diploma legal, a viabilizar a superação da situação de crise vivenciada pelo

---

70. Sob tal enfoque foi aprovada a Súmula 375/STJ.

devedor, sendo o instituto informado pelo princípio da conservação da empresa. Tem como importante característica, outrossim, a apresentação pelo devedor do plano de recuperação judicial, documento no qual constará a discriminação pormenorizada dos meios de recuperação que serão empregados, conforme arrolados no art. 50 da lei e entre os quais está a *"concessão de prazos e condições especiais para pagamento das obrigações vencidas e vincendas".*

Quanto aos créditos que estão sujeitos a inclusão no mencionado plano de recuperação, a Lei nº 11.101/2005 dispõe, em seu art. 49, que *"estão sujeitos à recuperação judicial todos os créditos existentes na data do pedido, ainda que não vencidos".* Determina a Lei de Falências, ainda, que tanto a decretação da quebra quanto o deferimento da recuperação judicial suspendem o curso da prescrição e de todas as ações e execuções em face do devedor (art. 6º), exceção feita, porém, aos créditos fiscais, nos termos do art. 6º, § 7º, da lei, cujas respectivas ações estão fora da regra do *caput*.

Na sequência, ainda relativamente às disposições da Lei nº 11.101/2005, anote-se que o art. 57 dispõe ser requisito da aprovação do plano de recuperação sejam apresentadas as certidões negativas de débito tributário, o que fortalece a exclusão de tais débitos do plano, muito embora a jurisprudência pátria tenha mitigado esta exigência, até a edição da lei a que se refere o art. 68 do diploma legal em análise, para regulamentação do parcelamento dos débitos fiscais do empresário e da sociedade empresária em recuperação[71][72].

De outro flanco, dispõe o art. 187 do Código Tributário Nacional, em redação conferida pela Lei Complementar nº 118/2005, que *a cobrança judicial do crédito tributário não é sujeita a concurso de credores,* inclusive à recuperação judicial, dispositivo este que vai ao encontro do art. 29 da Lei das Execuções Fiscais – Lei nº 6.830/80, que exclui qualquer dívida ativa da Fazenda Pública do concurso de credores.

Facilmente se infere de todos os dispositivos acima mencionados, portanto, que os créditos tributários não estão sujeitos à recuperação judicial, não

---

71. "Mesmo com a efetiva vigência do novo texto de falências, em vigor há (...) anos, não se animou, o legislador, a regulamentar a forma como as empresas em recuperação podem obter o parcelamento previsto no art. 68. Não tem sentido, então, que se mantenha o empecilho, que impedirá, na prática, o desenvolvimento efetivo da recuperação do empreendimento. É absolutamente pacífica a jurisprudência desta Câmara nesse sentido, valendo lembrar, como as mais recentes, os Agravos de Instrumento ns. 510.802.4/9-00 e 516.982.4/0-00, respectivamente dos Des. Romeu Ricupero e Pereira Calças. Por tais razões, provejo o recurso para dispensar a agravante de apresentar as certidões que lhe foram exigidas". (Agravo de Instrumento nº 553.159-4/8-00, Rel. Des. José Araldo da Costa Telles, Câmara Especial de Falências e Recuperações Judiciais de Direito Privado do TJSP, j. 27.8.2008).
72. Essa possibilidade de parcelamento no âmbito da recuperação judicial foi finalmente regulamentada pela Lei n. 13.043, de 13 de novembro de 2014, que inseriu o art. 10-A na Lei n. 10.522, de 19 de julho de 2002.

devendo ser incluídos no plano apresentado pela empresa devedora. Terão prosseguimento independentemente do processo concursal.

Esta conclusão, anote-se, é compatibiliza-se perfeitamente com o princípio da indisponibilidade do interesse público, na hipótese representado pelo crédito tributário, bem como com impossibilidade de que se preveja, no plano de recuperação, qualquer abatimento ou parcelamento de tributo, visto que somente a lei pode conceder remissão de crédito tributário (art. 172, CTN). Coaduna-se, ainda, com o princípio da livre concorrência, na medida em que a continuidade da empresa sem o pagamento dos tributos regularmente lançados constituiria vantagem indevida ensejadora de concorrência desleal.

*(TJ/DFT/Juiz/2005) Dissertação: Das Garantias e privilégios do crédito tributário: preferência, cobrança judicial e concurso de credores em insolvência civil e falência. O crédito tributário na recuperação judicial e extrajudicial.*

Autor: Marcio Del Fiore

### Direcionamento da resposta

Diferentemente das outras questões de tributário cobradas que envolvem conhecimento doutrinário e jurisprudencial, essa é uma daquelas dissertações em que o candidato com a lei em mão deve redigir sua resposta com base na letra da legislação e se atentar de mencionar tudo o que o examinador pediu sem se descuidar do poder de síntese.

O candidato deve mencionar que as garantias e privilégios estão dispostos nos artigos 183 a 193 do Código Tributário Nacional, aduzir que muito embora a lei não faça uma distinção entre garantia e privilégio, a doutrina o faz. Como o examinador pediu para tratar de certos pontos, o examinando deve ir direto a eles. Tratar das preferências, explicar a cobrança judicial da dívida fiscal e o concurso de credores em insolvência civil e falência. Nesse ponto, agregará ponto ao candidato que mencionar que a insolvência civil está regulada pelo Código de Processo Civil de 1973, diante da expressa previsão contida no art. 1.052 do atual CPC.

Por fim, o candidato deve explicar a situação do crédito tributário na recuperação judicial e extrajudicial, nos termos da Lei n. 11.101/2005.

### Sugestão de resposta

Das garantias e privilégios do crédito tributário.

As garantias e os privilégios estão previstos nos artigos 183 a 193 do Código Tributário Nacional. O Código não diferencia expressamente garantias de privilégios, mas a doutrina o faz. Ricardo Alexandre ensina que garantias são as regras que asseguram direitos e facilitam a entrada do Estado no patrimônio do particular para receber o tributo, ao passo que os privilégios são as regras que colocam o crédito tributário numa posição de vantagem quanto aos demais.

As regras sobre as preferências estão dispostas nos artigos 186 a 193 do CTN. Aduz o art. 186 que o crédito tributário prefere a qualquer outro, seja qual for sua natureza ou o tempo de sua constituição, ressalvados os créditos decorrentes da legislação do trabalho ou do acidente do trabalho. O dispositivo foi alterado pela Lei Complementar n. 118/2005 e abarcou o entendimento pacificado pela jurisprudência do Superior Tribunal de Justiça que equiparava aos créditos trabalhistas os decorrentes do acidente do trabalho.

O art. 186, parágrafo único, do CTN estabelece que o crédito tributário não prefere aos créditos extraconcursais (art. 84, da Lei n. 11.101/2005), às importâncias passíveis de restituição (art. 85, da Lei n. 11.101/2005) e aos créditos com garantia real, no limite do bem gravado.

Um ponto muito importante refere-se à autonomia do executivo fiscal prevista no art. 187 do CTN. A cobrança judicial do crédito tributário não é sujeita a concurso de credores ou habilitação em falência, recuperação judicial, concordata, que apesar de extinta justifica-se a sua manutenção aos processos ajuizados antes da Lei n. 11.101/2005, inventário ou arrolamento. Nesse sentido, prevalece no Superior Tribunal de Justiça que não é possível o requerimento de falência formulado pela Fazenda Pública considerando que ela dispõe de um instrumento específico e eficiente para a cobrança do crédito tributário, qual seja, a execução fiscal (REsp 287824). O Enunciado 56 da Jornada de Direito Comercial também dispõe: "A Fazenda Pública não possui legitimidade ou interesse de agir para requerer a falência do devedor empresário".

Tendo em vista o disposto no art. 187 do CTN, é possível afirmar que a ação de execução fiscal é exceção à universalidade do juízo falimentar.

O art. 187, parágrafo único, do CTN estabelece que no concurso de preferência entre pessoas jurídicas de direito público deve ser obedecida a seguinte ordem na realização dos pagamentos: I – União; II – Estados, Distrito Federal e Territórios, conjuntamente e "pro rata"; III – Municípios, conjuntamente e pro rata. Ainda que o dispositivo crie uma preferência entre entes federados, desde a Constituição Federal anterior, o Supremo Tribunal Federal considerou a regra válida (Súmula 563/STF).

Ademais, o art. 29, parágrafo único, da Lei n. 6.830/1980 (Lei Das Execuções Fiscais) repete a regra acima mencionada e acrescenta as autarquias. O Superior Tribunal de Justiça admitiu a validade do acréscimo, inclusive editou a Súmula

497 que dispõe: "Os créditos das autarquias federais preferem os créditos da Fazenda Estadual desde que coexistam penhoras sobre o mesmo bem".

No que se refere à insolvência civil regulada nos artigos 748 a 786 – A do Código de Processo Civil de 1973, registre-se que o atual CPC, no seu art. 1.052, definiu que até a edição de lei específica, as execuções contra devedor insolvente em curso ou que venham a ser propostas, permanecem reguladas pelo COC de 1973. Assim, embora o quadro geral de credores seja estabelecido pela lei civil (CPC/73, art. 769; NCPC, art. 1.052), o que se nota é que alguns créditos ficaram de fora do quadro geral, mas que também devem ser pagos na insolvência, a exemplo dos créditos fiscais e os encargos e dívidas da massa.

Por derradeiro, os créditos tributários estão excluídos da recuperação judicial (é uma interpretação do art. 6°, § 7° c/c art. 57 da Lei n. 11.101/2005, inclusive em atenção ao principio da isonomia) e da recuperação extrajudicial (art. 161, § 1°, da Lei n. 11.101/2005).

## 6. ADMINISTRAÇÃO TRIBUTÁRIA

*(Esaf/PFN/Procurador/2016)* Leia a ementa do julgado abaixo e, a seguir, disserte, detalhadamente, sobre o protesto de certidão da dívida ativa, abordando a evolução jurisprudencial e legislativa sobre a matéria, bem como a sua utilidade para a Fazenda Pública: "Tributário. Processual civil. Agravo regimental no agravo de instrumento. Certidão da dívida ativa – CDA. Protesto. Desnecessidade. Agravo não provido. 1. A jurisprudência do Superior Tribunal de Justiça tem afirmado a ausência de interesse em levar a protesto a Certidão da Dívida Ativa, título que já goza de presunção de certeza e liquidez e confere publicidade à inscrição do débito na dívida ativa. 2. Agravo regimental não provido" (Superior Tribunal de Justiça, 1ª Turma, AgRg no Ag 1316190/PR, Rel. Min. Arnaldo Esteves Lima, DJe 25.5.2011).

Autor: *Renato Cesar Guedes Grilo*

### Direcionamento da resposta

Inicialmente destaco a necessidade de o candidato reservar um tempo para estudar acerca da carreira para a qual está prestando concurso. É fundamental, especialmente após a aprovação para a segunda fase e provas orais, ter a curiosidade de saber os temas atuais mais relevantes para o cargo.

Nesse caso, a questão aborda o protesto Certidão de Dívida Ativa da União – CDA. A Procuradoria-Geral Federal (PGF), no seio da AGU, foi pioneira na cobrança das dívidas autárquicas e fundacionais por meio do mecanismo extrajudicial do protesto. Depois, a PGFN passou a adotar o procedimento, o que foi amplamente divulgado no site da Instituição e nos meios de comunicação jurídica.

A PGFN, atualmente, ajuíza apenas as execuções fiscais de débitos acima do valor de R$ 20 mil e resolveu realizar o protesto extrajudicial das CDAs abaixo de tal montante, tendo subsequentemente expandido tal procedimento diante dos exitosos índices de recuperação dos créditos protestados. Estados e Municípios também passaram a adotar esse mecanismo alternativo de cobrança.

Na primeira edição do 'Manual do Procurador da Fazenda Nacional' tive a oportunidade de alertar aos leitores da relevância do tema, em tópico destacado da obra – que terminou sendo cobrado no certame seguinte para a carreira[73]:

> Alertamos os leitores que o tema do protesto extrajudicial da Dívida Ativa da União é extremamente atual e relevante para toda a Advocacia Pública, sendo que a Procuradoria-Geral Federal (PGF) e a Procuradoria-Geral da Fazenda Nacional (PGFN) já realizam tal medida, com a tendência de expansão diante dos resultados positivos que são observados.

Portanto, fica a dica acerca da necessidade de se estudar a carreira e os temas que lhe são caros. Para a resposta adequada ao questionamento, os seguintes pontos eram de fundamental importância.

a) conceituar o instituto do protesto e asseverar que o sistema de cobrança da Dívida Ativa encontra-se em crise de efetividade, diante do insucesso obtido por meio das execuções fiscais.

b) destacar a alteração legislativa e do entendimento jurisprudencial ocorridos a respeito da temática – a viragem jurisprudencial se deu no REsp 1.126.515, como já tive a oportunidade de asseverar, descrevendo suas razões[74]:

> Nesse Recurso Especial 1.126.515 (16/12/2013), a Segunda Turma do STJ alterou o antigo entendimento e concluiu pela possibilidade do protesto da CDA. Com base no voto do Ministro relator, Herman Benjamin, podem ser estabelecidos os seguintes argumentos – de fundamental compreensão para todos aqueles que se preparam para os concursos para a advocacia pública: a) a Lei 9.492/1997 não disciplina apenas o protesto de títulos cambiais, tampouco versa apenas sobre relações de Direito Privado. (...). b) a natureza bifronte do protesto viabiliza sua utilização, inclusive para a CDA e as decisões judiciais condenatórias transitadas em julgado,

---

73. GRILO, Renato Cesar Guedes. Manual do Procurador da Fazenda Nacional. Salvador: JusPodivm, 2014. p. 148.
74. GRILO, Renato Cesar Guedes. Manual do Procurador da Fazenda Nacional. Salvador: JusPodivm, 2014. p. 152-155.

não cabendo ao juiz substituir o administrador público na opção política de protestar os créditos públicos: o prestígio à eficiência administrativa na cobrança de valores menores. (...). c) a certidão de dívida ativa como título produzido em contraditório. (...). d) conformidade do protesto da CDA com o "II Pacto Republicano de Estado por um sistema de Justiça mais acessível, ágil e efetivo". (...). Inclusive, o Conselho Nacional de Justiça (CNJ) analisou os Pedidos de Providência 2009.10.00.004178-4 e 2009.10.00.004537-6, nos quais se discutiu a legalidade de orientações firmadas, respectivamente, nas Corregedorias de Justiça dos Estados de Goiás e do Rio de Janeiro, versando sobre a possibilidade de protesto de sentenças judiciais relativas à obrigação alimentar e de CDA, tendo chegado à seguinte conclusão: "Certidão de dívida ativa. Protesto extrajudicial. Corregedoria Geral da Justiça do Estado do Rio De Janeiro. Legalidade do ato expedido. Inexiste qualquer dispositivo legal ou regra que vede ou desautorize o protesto dos créditos inscritos em dívida ativa em momento prévio à propositura da ação judicial de execução, desde que observados os requisitos previstos na legislação correlata. Reconhecimento da legalidade do ato normativo expedido pela Corregedoria Geral da Justiça do Estado do Rio de Janeiro.

c) as diretrizes do CNJ sobre o tema; muitos alunos que fizeram o certame acharam estranho o espelho cobrar o entendimento do CNJ sobre o tema, valendo 1 ponto. Contudo, como visto acima, em 2014, antes do concurso, já havia alertado os leitores do Manual do Procurador da Fazenda Nacional acerca da relevância do tema e da decisão do CNJ, que foi bastante divulgada e mencionada pelo Ministro Herman Benjamin no precedente do STJ (que modificou o entendimento jurisprudencial sobre o tema naquela Corte Especial de Justiça).

Segue abaixo uma proposta de resposta que não tem a pretensão de ser a "correta", mas apenas de indicar uma diretriz de como se responder a um questionamento subjetivo em concursos públicos; tenho certeza de que o leitor, com seu estilo e inteligência próprios, sem se distanciar do conteúdo exigido, terá condições de fazê-lo bem melhor!

### Sugestão de resposta

A cobrança do crédito público passa por um debate pela reformulação das suas possibilidades à luz da eficiência que deve almejar o Poder Público na busca da recuperação dos créditos inadimplidos. Nesse sentido, discute-se a elaboração de reformas no sistema de execução fiscal judicial, mas também a utilização de mecanismos alternativos de cobrança amigável e extrajudicial, merecendo destaque o protesto da Certidão de Dívida Ativa (CDA).

Protesto pode ser conceituado como o ato público e solene, mediante apresentação, pelo credor, de títulos ou documentos de dívida, certificando o descumprimento ou a negativa das obrigações neles declaradas. Esse conceito pode ser encontrado no Artigo 1º da Lei 9.492/1997.

A questão que se coloca, de fundamental relevância para o Poder Público, especialmente para crédito de menor valor – que estão, inclusive, abaixo do custo para movimentação da máquina administrativa e judicial de cobrança – é se a Certidão de Dívida Ativa poderá ser objeto de protesto extrajudicial. O Superior Tribunal de Justiça tinha uma jurisprudência pacífica vedando a possibilidade de protesto da Certidão de Dívida Ativa, como se percebe pelo julgado indicado no enunciado.

Contudo, a Segunda Turma do STJ alterou o antigo entendimento e concluiu pela possibilidade do protesto da CDA, entendendo que: a) a Lei 9.492/1997 não disciplina apenas o protesto de títulos cambiais, tampouco versa apenas sobre relações de Direito Privado; b) a natureza bifronte do protesto viabiliza sua utilização, inclusive para a CDA e as decisões judiciais condenatórias transitadas em julgado, não cabendo ao juiz substituir o administrador público na opção política de protestar os créditos públicos: o prestígio à eficiência administrativa na cobrança de valores menores; c) conformidade do protesto da CDA com o "II Pacto Republicano de Estado por um sistema de Justiça mais acessível, ágil e efetivo", contando inclusive com manifestação do CNJ favorável ao instituto do protesto; d) a constituição da CDA em contraditório, contando com a participação do sujeito passivo.

Por fim, merece destaque que a Lei 12.767 de 2012 acresceu um parágrafo único ao Artigo 1º da Lei 9.492/97 para afirmar expressamente que as Certidões de Dívida Ativa do Poder Público se incluem no conceito de título sujeito à protesto.

Por tudo o que se disse, não há qualquer impedimento na coexistência de institutos de direito totalmente diversos e inconfundíveis (cobrança extrajudicial e execução fiscal), além de inexistir regra que obrigue apenas ao credor público a utilização de uma única forma de cobrança. Pensar diferente é negar ao Estado que seja eficaz na arrecadação do dinheiro dos contribuintes, privilegiando os maus pagadores e despertando a cultura de que a inadimplência é a melhor opção.

---

*(Fundatec/PGE/RS/Procurador/2015) Disserte sobre o acesso do fisco a informações bancarias dos contribuintes, abordando as seguintes questões: (a) fundamento legal; (b) aplicabilidade na esfera estadual; (c) reserva de jurisdição; e (d) orientação do STF quanto a sua constitucionalidade.*

Autores: *Eduardo Moreira Lima Rodrigues de Castro e Helton Kramer Lustoza*

### Direcionamento da resposta

A obtenção da pontuação máxima atribuída à questão dependia não só do conhecimento dos **dispositivos da Lei Complementar n. 105/2001 (artigos 5º e 6º)** e do **Código Tributário Nacional (art. 197, II)** que versam sobre o acesso direto (sem intervenção judicial) a informações bancárias dos contribuintes pelo Fisco, mas também das controvérsias referentes à constitucionalidade desse acesso (direto), à luz do que preveem os **incisos X e XII do art. 5º, da Constituição de 1988**, que dispõem sobre o direito à intimidade e ao sigilo de dados.

**À época da realização do exame,** não havia qualquer decisão – acerca da validade ou invalidade dos dispositivos supracitados – detentora de eficácia vinculante e *erga omnes*, cabendo ao candidato mostrar conhecimento da divergência existente no âmbito do Supremo Tribunal Federal – STF (AC 33-MC e RE 389808), que ora se posicionava num sentido, ora em outro.

Em meados de 2016 (algum tempo após a realização do exame), quando do julgamento das **Ações Diretas de Inconstitucionalidade 2390, 2386, 2397 e 2859**, o STF manifestou-se pela validade dos dispositivos supracitados (LC n. 105, art. 6º). Fosse o teste realizado hoje, seria possível falar em "entendimento consolidado", já que o acórdão tem eficácia vinculante e *erga omnes*.

### Sugestão de resposta

O **acesso direto do Fisco a informações bancárias dos contribuintes** encontra previsão legal no **art. 197, inciso II, do Código Tributário Nacional** (Mediante intimação escrita, são obrigados a prestar à autoridade administrativa todas as informações de que disponham com relação aos bens, negócios ou atividades de terceiros os bancos, casas bancárias, Caixas Econômicas e demais instituições financeiras), e nos **artigos 5º** (O Poder Executivo disciplinará, inclusive quanto à periodicidade e aos limites de valor, os critérios segundo os quais as instituições financeiras informarão à administração tributária da União, as operações financeiras efetuadas pelos usuários de seus serviços) **e 6º** (As autoridades e os agentes fiscais tributários da União, dos Estados, do Distrito Federal e dos Municípios somente poderão examinar documentos, livros e registros de instituições financeiras, inclusive os referentes a contas de depósitos e aplicações financeiras, quando houver processo administrativo instaurado ou procedimento fiscal em curso e tais exames sejam considerados indispensáveis pela autoridade administrativa competente) **da Lei Complementar n. 105, de 10/01/2001.**

As regras descritas acima suscitam numerosas **controvérsias referentes à sua validade**.

**De um lado**, encontram-se aqueles que entendem válido o acesso direto às informações pela Administração Tributária, o que fazem fundamentados no **dever fundamental de pagar tributos** e na **regra contida no art. 145, § 1º, da Constituição**, que, para fins de identificação da capacidade contributiva, faculta à Administração tributária "identificar, respeitados os direitos individuais e nos termos da lei, o patrimônio, os rendimentos e as atividades econômicas do contribuinte". Afirmam ainda que **não haveria**, aqui, **quebra de sigilo**, mas mera **transferência de informações entre entidades obrigadas a manter o sigilo**, e que a **edição de regulamento, em âmbito estadual**, à exemplo do que já fez a União (Decreto n. 3.724, de 10 de janeiro de 20010), far-se-ia indispensável para a garantia dos preceitos estabelecidos em lei, sobretudo aqueles referentes à necessidade de (a) prévia instauração de procedimento fiscalizatório, (b) indispensabilidade da medida e (c) preservação do sigilo pelas autoridades fiscais, **posição com a qual concordamos**.

**Do outro lado**, encontram-se aqueles que defendem que as referidas **regras violam os direitos fundamentais à intimidade e ao sigilo de dados**, positivados nos **incisos X e XII do art. 5º da Constituição de 1988**, e que, para acesso às informações, deveria a autoridade fiscal solicitar **autorização judicial**.

Ainda **não há posicionamento definitivo do Supremo Tribunal Federal** sobre o tema. Tramitam diversas ações diretas de inconstitucionalidade impugnando a LC 105/2001 e a sua regulamentação, porém em nenhuma delas foi exarada decisão, sequer quanto ao pedido cautelar. Ademais, malgrado tenha sido reconhecida a repercussão geral da matéria em outubro de 2009 (RE 601314), o *leading case* ainda não foi julgado, tendo o Plenário proferido decisões antagônicas no final de 2010 (AC 33 MC e RE 389808), ambas destituídas de efeitos *erga omnes* e de eficácia vinculante.[75]

---

**(PGE/MS/Procurador/2015)** *A Empresa "A" fora autuada pelo Fisco Estadual sob a alegação de descumprimento de obrigação principal, já que realizou operação de circulação de mercadorias não escrituradas em sua documentação fiscal, no período de janeiro de 2009 a dezembro de 2012, deixando*

---

75. Como visto acima, quando do julgamento das ADIs 2390, 2386, 2397 e 2859, todas de Relatoria do Ministro Dias Toffoli, em meados de 2016, o Supremo Tribunal Federal reconheceu a constitucionalidade dos dispositivos da LC n. 105/2001. Argumentou a Corte Suprema, na oportunidade, que não haveria que se falar em "quebra de sigilo bancário", mas, ao contrário, a afirmação desse direito. Observou-se, ademais, que seria clara a confluência entre os deveres do contribuinte – o dever fundamental de pagar tributos – e os deveres do Fisco – o dever de bem tributar e fiscalizar, e que o que ocorreria não seria propriamente a quebra de sigilo, mas a 'transferência de sigilo' dos bancos ao Fisco.

*de recolher ICMS, fato esse provado a partir do confronto das informações prestadas pela operadora de cartão de crédito/débito com os valores registrados pelo contribuinte. Ajuizada ação anulatória, a Empresa "A" apresentou como tese de mérito a alegação de que a utilização de dados sobre as operações realizadas com cartões de crédito/débito viola as garantias fundamentais de intimidade e sigilo bancário, somando-se ao fato de que não houve a devida observância ao procedimento constante no artigo 6º, da LC n. 105/2001. Na qualidade de Procurador do Estado, apresente os argumentos de defesa para fins de desconstituição das teses apresentadas pelo contribuinte, indicando os respectivos dispositivos legais.*

**Autores:** Eduardo Moreira Lima Rodrigues de Castro e Helton Kramer Lustoza

### Direcionamento da resposta

Para impugnar integralmente as teses apresentadas pelo contribuinte, o candidato deveria discorrer, em primeiro lugar, sobre os dispositivos do **Código Tributário Nacional** que versam sobre as **obrigações acessórias (art. 113, §§ 2º e 3º76)** e a inaplicabilidade das disposições legais excludentes do direito de a Administração Tributária "examinar livros, arquivos, documentos, papéis e efeitos comerciais ou fiscais, dos comerciantes industriais ou produtores, ou da obrigação destes de exibi-los" **(art. 19577)**.

Além disso, o postulante deveria fundamentar a autuação realizada pelo Fisco nos **artigos 81-A e 81-B do Código Tributário do Mato Grosso do Sul**[78] –

---

76. CTN. Art. 113. A obrigação tributária é principal ou acessória. § 2º A obrigação acessória decorre da legislação tributária e tem por objeto as prestações, positivas ou negativas, nela previstas no interesse da arrecadação ou da fiscalização dos tributos. § 3º A obrigação acessória, pelo simples fato da sua inobservância, converte-se em obrigação principal relativamente à penalidade pecuniária.

77. CTN. Art. 195. Para os efeitos da legislação tributária, não têm aplicação quaisquer disposições legais excludentes ou limitativas do direito de examinar mercadorias, livros, arquivos, documentos, papéis e efeitos comerciais ou fiscais, dos comerciantes industriais ou produtores, ou da obrigação destes de exibi-los.

78. Art. 81-A. As administradoras de cartão de crédito ou de débito e os estabelecimentos similares são obrigados a prestar, no prazo e na forma estabelecidos em regulamento, as informações relativas às operações de crédito e de débito que realizarem, vinculadas às operações ou prestações realizadas por contribuintes deste Estado. Parágrafo único. Das informações previstas no caput, não poderão constar quaisquer dados relativos às pessoas físicas clientes dos estabelecimentos contribuintes de ICMS do Estado de Mato Grosso do Sul, vedada a divulgação dessas informações para qualquer finalidade e por qualquer meio, observadas as normas contidas nos incisos X e XII do art. 5º da Constituição Federal e no art. 198 da Lei n. 5.172, de 25 de outubro de 1966 (Código Tributário Nacional), com redação dada pela Lei Complementar n.104, de 10 de janeiro de 2001. (NR) Art. 81-B. Nos casos de prestações de informações ao Fisco, por administradoras de cartões de créditos ou de débitos e por estabelecimentos similares, assim

## DIREITO TRIBUTÁRIO

que fixam o **dever das administradoras de cartão de crédito ou de débito (obrigação acessória)** de **prestar informações relativas às operações de crédito e de débito** que realizarem, vinculadas às operações ou prestações realizadas por contribuintes do Estado –, discorrendo sobre a **constitucionalidade dos referidos dispositivos** e sobre a **inexistência de qualquer violação aos direitos à intimidade e ao sigilo de dados (CF/88, art. 5º, X e XII)**. Haveria, em verdade, de acordo com os Tribunais Superiores, mera **"transferência de dados sigilosos"** entre as instituições financeiras e a Administração Tributária.

O **"espelho da resposta"** considera que as informações prestadas pelas instituições financeiras, em obediência ao contido nos artigos 81-A e 81-B do CTE-MS, "não dizem respeito a informações bancárias (depósito e aplicações financeiras); mas sim, informações financeiras do contribuinte relativas às suas transações comerciais, de forma globalizada", e que, por esse fundamento, **as disposições do art. 6º da Lei Complementar n. 105/200179 não seriam aplicáveis.** Segundo a banca, **o art. 6º da LC n. 105/2001 aplicar-se-ia apenas aos casos em que a própria instituição financeira fosse objeto de fiscalização.**

**A questão**, como se vê, **é polêmica**, em primeiro lugar, por demandar o conhecimento de **dispositivos específicos da legislação estadual**; em segundo lugar, por **dar como pacífico** no âmbito dos Tribunais Superiores **entendimento** (acerca validade do acesso direto de informações bancárias pelo Fisco sem intermédio do Poder Judiciário) **que só viria a se consolidar** – com eficácia vinculante e efeitos erga omnes – **em meados de 2016,** após o julgamento das Ações Diretas de Inconstitucionalidade n. 2390, 2386, 2397 e 2859 pelo STF; em terceiro lugar, por **considerar válida lei estadual que, aparentemente, conflita com as disposições do art. 6º da LC n. 105/2001**, bem como com o entendimento exarado pelo STF.

### Sugestão de resposta

Integralmente nos termos apresentados pela banca examinadora.

"**1º**) A regra disposta no **art. 6º da LC 105/2001 é dirigida às instituições financeiras quando estas estão em processo de fiscalização**, e não aos

---

como por administradoras de shoppings centers, as informações: I – devem ser prestadas de forma ou modo globalizado; II – podem ser prestadas por período; III – não podem identificar os adquirentes das mercadorias ou os tomadores dos serviços.

79. Art. 6º As autoridades e os agentes fiscais tributários da União, dos Estados, do Distrito Federal e dos Municípios somente poderão examinar documentos, livros e registros de instituições financeiras, inclusive os referentes a contas de depósitos e aplicações financeiras, quando houver processo administrativo instaurado ou procedimento fiscal em curso e tais exames sejam considerados indispensáveis pela autoridade administrativa competente.

contribuintes do ICMS. O contribuinte tem o dever de apresentar todos os dados e documentos necessários à fiscalização de sua atividade.

E, em contrapartida, a administração tributária tem amplos poderes para analisar e requisitar as informações necessárias, não tendo aplicação quaisquer disposições legais excludentes ou limitativas do direito de examinar mercadorias, livros, arquivos, documentos, papéis e efeitos comerciais ou fiscais, dos comerciantes industriais ou produtores, ou da obrigação destes de exibi-los (**CTN, art. 195**).

**2º)** **O interesse público na arrecadação e na fiscalização tributária legitima o ente federado a instituir obrigações, aos contribuintes**, que tenham por objeto prestações, positivas ou negativas, que visem guarnecer o fisco o maior número de informações possíveis acerca do universo das atividades desenvolvidas pelos sujeitos passivos (**artigo 113, do CTN**).

**3º)** Existe dever instrumental no sentido de que as administradoras de cartão de crédito/débito e os estabelecimentos similares são obrigados a prestar, no prazo e na forma estabelecidos em regulamento, as **informações relativas às operações de crédito/débito que realizarem**, vinculadas às operações ou prestações realizadas por contribuintes deste Estado (**artigo 81-A, do CTE**).

Assim, **descabe a equiparação** da requisição de informações a instituições financeiras, em casos pontuais e específicos, com a obrigatoriedade imposta às administradoras/operadoras de cartões de fornecer informações, sem vinculação específica a contribuinte, decorrente de um dever instrumental, que, na forma do artigo 113, § 2º, do CTN, tem existência para viabilizar o cumprimento das obrigações principais, ou seja, tem o objetivo de viabilizar o controle dos fatos relevantes para o surgimento de obrigações principais.

**4º)** As informações fornecidas pelas operadoras de cartões se limitam apenas a expor o faturamento parcial do estabelecimento cujo recebimento ocorreu por este meio de cartão de crédito ou de débito (art. 81-B, do CTE). Ou seja, as **informações são prestadas de forma genérica** (81-B, do CTE), o que demonstra que os dados obtidos pelo Fisco Estadual não dizem respeito a informações bancárias (depósito e aplicações financeiras); mas sim, **informações financeiras do contribuinte relativas às suas transações comerciais, de forma globalizada**.

**5º)** O **contribuinte faz interpretação equivocada do art. 6º da LC n. 105/2001**, visto que tal dispositivo refere-se a eventual exame de documentos, livros e registros que estejam em poder das instituições financeiras, não alcançando os dados (que tais entidades já são obrigadas a fornecer periodicamente à administração tributária, na forma da lei estadual).

É **entendimento firmado nas Cortes Superiores** que o acesso do fisco as movimentações bancárias de contribuinte **não importa em exposição da vida** privada ao domínio público, já que se mantém o sigilo com relação a esses dados**, uma vez que o Fisco os preserva do conhecimento público, sendo apenas levado exclusivamente ao conhecimento do fisco para confronto com as outras informações prestadas pelo contribuinte.

6º) A doutrina e a jurisprudência têm entendido que os **direitos e garantias fundamentais não são absolutos**, sofrendo limitações, mormente quando há interesse público relevante, o que é perfeitamente aceitável, em decorrência do princípio da razoabilidade e da proporcionalidade."

*(Cesgranrio/Liquigás/Advogado/2013)* Equipamentos que estavam sendo transportados para uma empresa e que seriam utilizados em sua linha de produção foram apreendidos. A alegação da Secretaria de Arrecadação Estadual foi que a nota fiscal que os acompanhava era inidônea, já que não registrava uma diferença de alíquota devida ao Fisco e, com isso, resultava na ausência de recolhimento do aludido imposto. Assim, foi lavrado o auto de infração e realizado o respectivo lançamento. A empresa, que tem uma encomenda para entregar, vem a constituir um advogado para a defesa de seus interesses. Ciente de que entre a recente data da autuação e sua constituição como patrono da referida empresa transcorreram menos de dois dias, apresente relatório, na condição de advogado chamado a se pronunciar sobre o tema, contemplando, com a devida fundamentação jurídica, os itens relevantes ao enfrentamento da matéria sob análise.

Autor: *Márcio Ladeira Ávila*

### Direcionamento da resposta

A questão exige do candidato, basicamente, a noção de sanção política e o remédio constitucional para combatê-la judicialmente. Existem três súmulas do STF sobre o assunto: 70, 323 e 547. Os seguintes dispositivos constitucionais devem ser citados: art. 5º, inc. XXII e art. 170, caput.

### Sugestão de resposta

A apreensão pelo fisco de equipamentos que seriam utilizados na linha de produção da empresa caracteriza coerção política. Perceba que se o auto de infração foi lavrado e realizado o respectivo lançamento, não havia qualquer justificativa para a apreensão dos equipamentos, o que afronta o direito fundamental de propriedade (CF/88, art. 5º, inc. XXII) e ofende também o princípio da livre iniciativa (artigo 170, caput, CF/88). Como a Fazenda Pública tem outros meios para cobrar o crédito tributário, a medida se apresenta abusiva e prejudicial à atividade econômica, ainda que, em tese, a nota fiscal fosse inidônea. A autotutela da Administração Pública é medida excepcional ante o monopólio estatal da jurisdição.

O STF contém três súmulas sobre a matéria. Nestes termos, é inadmissível a interdição de estabelecimento como meio coercitivo para cobrança de tributo (Súmula n. 70). Também não é lícito à autoridade proibir que o contribuinte em débito adquira estampilhas, despache mercadorias nas alfândegas e exerça suas atividades profissionais (Súmula n. 547). A Súmula n. 323 é perfeitamente aplicável ao caso em tela, ao estatuir que é inadmissível a apreensão de mercadorias como meio coercitivo para pagamento de tributos.

Portanto, é cabível o *writ* constitucional do mandado de segurança com pedido de liminar com vistas à liberação da mercadoria, ante o abuso de poder da autoridade coatora (art. 7, inc. III, da Lei 12.016/2009), a ser impetrado no prazo de 120 dias, contados da ciência do ato ilegal praticado (art. 23 da Lei 12.016/2009). O fato de a empresa ter uma encomenda para entregar deve ser utilizado como prova da urgência na concessão da liminar.

**(Cesgranrio/Petrobras/Advogado/2012)** *Determinada empresa do ramo petrolífero é surpreendida por notificação apontando débito tributário fixado pela Receita Federal da União e que, sem pagamento, gerará, execução, impedindo a expedição de certidões negativas nos moldes do Código Tributário Nacional. Desenvolver um texto, abordando os itens*

Autor: Márcio Ladeira Ávila

### Direcionamento da resposta

O candidato deve abordar os seguintes pontos: a) notificação como parte do processo administrativo fiscal; b) características da certidão negativa de débito e da certidão positiva com efeito de negativa, e c) pressupostos e efeitos da execução fiscal. Ademais, é importante que o candidato também aborde outras ações judiciais que possam estar relacionadas à cobrança do débito tributário.

### Sugestão de resposta

A inscrição em Dívida Ativa é requisito para tornar o débito tributário exequível e constitui condição *sine qua non* para sua existência regular. A dívida, quando regularmente inscrita, goza da presunção de liquidez e tem o efeito de prova pré-constituída, como dispõe o art. 204 do CTN e o art. 3° da Lei 6.830/1980. Depreende-se de tais artigos, a absoluta indispensabilidade da correta inscrição da dívida para configurar sua eficácia e garantir a sua exequibilidade.

Não obstante, é importante ressaltar a limitação prevista pelo parágrafo único do art. 204 do CTN, quanto à presunção de certeza e liquidez das dívidas regularmente inscritas. O dispositivo legal define esta presunção como relativa, podendo ser questionada para sofrer apuração diante de prova inequívoca apresentada pelo interessado.

O Decreto n. 70.235/72 faculta ao contribuinte o direito de impugnar o débito tributário lançado, o que lhe garante, caso o faça, a expedição de certidão positiva com efeito de negativa. Assim, as reclamações e os recursos suspendem a exigibilidade do crédito tributário (art. 151, inc. III, do CTN) e, por conseguinte, a fluência do prazo prescricional, o qual volta a correr após o respectivo julgamento, caso a decisão seja favorável ao Fisco no todo ou em parte.

No presente caso, como o débito tributário foi fixado pelo fisco, não pode gerar a imediata execução fiscal. Na verdade, o contribuinte tem que ser intimado para pagar ou, facultativamente, impugnar o auto de infração. O fisco não pode "pular" essa etapa e partir diretamente para a execução fiscal, sob pena de violar o devido processo administrativo. A dispensa de procedimento administrativo fica por conta da constituição do crédito tributário em razão da apresentação de Declaração de Débitos e Créditos Tributários Federais – DCTF, de Guia de Informação e Apuração do ICMS – GIA, ou de outra declaração dessa natureza, prevista em lei, conforme jurisprudência consolidada do STJ.

Como o fisco documentou que o contribuinte corre o risco de não mais obter certidão negativa (prova da ilegalidade), caracterizada está a violação ao direito líquido e certo ao devido processo administrativo fiscal. A Constituição Federal de 1988 prevê o Mandado de Segurança (MS) como remédio constitucional contra atos abusivos de autoridades públicas (art. 5°, incs. LXIX e LXX).

Enquanto o MS preventivo atinge a obrigação tributária, o MS repressivo ataca o crédito tributário, por ser posterior ao lançamento, como ocorre no presente caso. O termo inicial do prazo de decadência de cento e vinte dias é contado a partir da ciência, pelo interessado, da notificação de exigência fiscal (art. 23 da Lei n. 12.016/09).

Superada a discussão na esfera administrativa, é importante frisar que a execução judicial para cobrança da Dívida Ativa da Fazenda Pública é regida pela Lei n. 6.830/80 – Lei de Execução Fiscal (LEF) – e, subsidiariamente, pelo Código de Processo Civil.

Após a citação, o executado tem o prazo de cinco dias para pagar ou garantir a execução (art. 8° da LEF), através de depósito em dinheiro à ordem do juízo, de fiança bancária, ou de indicação de bens à penhora.

Ao invés de pagar ou garantir a execução, o executado também pode oferecer exceção de pré-executividade quando estejam presentes matérias de ordem pública, fatos modificativos ou extintivos do direito do exequente, desde que comprovados de plano, sem necessidade de dilação probatória, conforme entendimento do STJ (por exemplo, a declaração de inconstitucionalidade pelo STF de norma legal que fundamentaria pretenso crédito tributário da Fazenda Pública, a prescrição e o pagamento anterior do débito). De acordo com a Súmula n. 393 do STJ, a exceção de pré-executividade é admissível na execução fiscal relativamente às matérias conhecíveis de ofício que não demandem dilação probatória.

*(Ceperj/PGM/São_Gonçalo/Procurador/2011) Analise as questões jurídicas concernentes ao caso apresentado a seguir. O contribuinte JT recebe a visita de agentes fiscais do Município WW que, no exercício regular da atividade fiscal, exigem a apresentação dos livros comerciais obrigatórios e demais registros legais, dando início a regular procedimento administrativo fiscal. Após análise dos documentos apresentados, os agentes públicos não constatam qualquer irregularidade. Apesar disso, em decisão baseada na legislação federal sobre o tema, diante da ausência de lei local sobre o assunto, surge decisão determinando a quebra do sigilo bancário e fiscal quanto aos outros entes federativos. Com base no caso apresentado, disserte sobre a possibilidade do cometimento de algum ilícito por parte da autoridade fiscal e sobre a existência de algum remédio processual para o caso.*

Autores: Helton Kramer Lustoza e Leonardo Zehuri Tovar

### Direcionamento da resposta

Resumidamente discorrer sobre a proteção constitucional do sigilo bancário e fiscal, bem como o enfrentamento de inconstitucionalidade de lei infraconstitucional que permite o poder executivo decretar a quebra de sigilo, sem autorização judicial. Apresentar, ainda, solução processual tendente a atacar ato da autoridade administrativa que afaste o direito constitucional ao sigilo sem o devido processo legal.

### Sugestão de resposta

Com efeito, há entendimento fixado pelo STJ[80], em sede de recursos repetitivos, no sentido de que a utilização de informações financeiras pelas autori-

---

80. A esse respeito: "(...) Com a implementação da Lei Complementar 105/01, a quebra do sigilo bancário, em procedimento administrativo-fiscal, passou a prescindir de autorização judicial (art. 6°). (...)". (STJ, RMS 31435, DJ 21.06.2010).

dades fazendárias não viola o sigilo de dados bancários, em face do que dispõe não só o Código Tributário Nacional (art. 144, § 1º), mas também a Lei 9.311/96 (art. 11, § 3º, com a redação introduzida pela Lei 10.174/01) e a Lei Complementar 105/01 (arts. 5º e 6º), inclusive podendo ser efetuada em relação a períodos anteriores à vigência das referidas leis.

Todavia, o STF mantém a compreensão de que, à luz do disposto no inciso XII do artigo 5º da Constituição Federal, a regra é a privacidade quanto à correspondência, às comunicações telegráficas, aos dados e às comunicações, ficando a exceção – a quebra do sigilo – submetida ao crivo de órgão equidistante – o Judiciário – e, mesmo assim, para efeito de investigação criminal ou instrução processual penal. Para a Suprema Corte, então, conflita com a Carta da República norma legal atribuindo às autoridades fazendárias, seja ela federal ou local, esta última se valendo de norma federal que supostamente seria aplicada analogicamente, o afastamento do sigilo de dados relativos ao contribuinte[81].

Aliás, se não há ao menos norma local autorizativa, como no caso, resta evidenciado ainda mais tormentosa a possibilidade de quebra. Isto porque, o sigilo previsto no art. 5º, inciso XII, da Constituição Federal, protege as informações e os dados bancários das pessoas físicas e jurídicas. Aludido sigilo não é absoluto, mas os casos que excepcionam a regra geral devem estar previstos em lei.

Assim, não cabe a legitimação de outorga de poder a qualquer órgão estatal para que passe a desempenhar atribuição exclusiva do Poder Judiciário, sob pena de violação dos princípios do juiz natural, duplo grau de jurisdição, independência e autonomia dos poderes e da inafastabilidade do controle jurisdicional.

Exatamente por isso, como adiantado, o plenário do STF reconheceu que é necessário assegurar a privacidade do contribuinte, bem como que só é viável ser aberta exceção se existente ordem judicial, e para instrução penal, não para demais finalidades.

Entretanto, uma importante observação: embora haja orientação do STF em um determinado caso, não há declaração de inconstitucionalidade dotada de efeito vinculante quanto ao art. 5º da LC 105, algo que só ocorrerá quando finalizado o julgamento do mérito das ADI's 2386, 2390, 2397 e 4010.

---

81. Trata-se do julgado do RE 389808, no qual, pelo apertado placar de 5 votos a 4, o Plenário do Supremo Tribunal Federal deu provimento ao referido recurso, em que a empresa GVA Indústria e Comércio S/A questionava o acesso da Receita Federal a suas informações fiscais, sem fundamentação e sem autorização judicial. Como dito, por apenas cinco votos a quatro, os ministros entenderam que não pode haver acesso a esses dados sem ordem do Poder Judiciário.

Diante disso, pode a parte lesada buscar, por exemplo, através de ação mandamental, provimento para o fim de declarar incidentalmente, a inconstitucionalidade da Lei Complementar n. 105/01, e, por arrastamento, da Instrução Normativa da Receita Federal do Brasil, n. 802, de 27.12.2007[82], evitando, com isso, sofrer efeitos de indevida quebra de sigilo e de envio de informações protegidas.

*(Fundatec/PGE/RS/Procurador/2010)* Discorra sobre o uso de sanções políticas contra o contribuinte inadimplente, dizendo o que são essas sanções, indicando exemplos e abordando a possibilidade ou impossibilidade do seu uso por parte da Fazenda Pública. Neste último caso, a resposta deve indicar os dispositivos constitucionais, infraconstitucionais e jurisprudenciais que a fundamentam.

Autores: **Eduardo Moreira Lima Rodrigues de Castro e Helton Kramer Lustoza**

### Direcionamento da resposta

Para obter pontuação máxima, é fundamental que o candidato apresente o conceito de sanção política tributária, os principais exemplos de sanções políticas, os enunciados de súmula do Supremo Tribunal Federal aplicáveis à matéria e os dispositivos constitucionais violados em razão da aplicação das mencionadas sanções políticas.

### Sugestão de resposta

Cunhou-se a expressão **"sanção política"** para designar as medidas restritivas ou proibitivas impostas aos contribuintes como meio indireto de cobrança de tributos. Fala-se que referidas práticas possuem natureza política justamente por **violarem dispositivos de lei ou mesmo valores consagrados no texto da Constituição**[83].

Entre as referidas sanções políticas, destacam-se as seguintes: a) interdição do estabelecimento; b) retenção de mercadorias; c) cancelamento da inscrição da empresa no cadastro de contribuintes de determinado imposto.

---

82. Dispõe sobre a prestação de informações de que trata o art. 5 º da LC 105/2001.
83. Nas palavras de Luis Roberto Barroso e Ana Paula de Barcellos, as sanções políticas tributárias "consistem na imposição de medidas coercitivas pela própria Administração no intuito de compelir o contribuinte a efetuar o pagamento de obrigações fiscais." (Inconstitucionalidade da aplicação de sanções políticas em razão de débito tributário "in" Direito sancionador: sistema financeiro nacional. Belo Horizonte: Fórum, 2007, p. 235).

Doutrina e jurisprudência majoritárias têm rechaçado a maior parte das previsões normativas que regulem práticas que se assemelhem àquelas narradas no parágrafo anterior.

Nesse sentido, a súmula da jurisprudência dominante do Supremo Tribunal Federal encontra-se repleta de enunciados atinentes ao tema das sanções políticas. **O enunciado n. 70** assevera que "é inadmissível a interdição de estabelecimento como meio coercitivo para cobrança de tributo"; **o enunciado n. 323**, por sua vez, dispõe que: "é inadmissível a apreensão de mercadorias como meio coercitivo para pagamento de tributos"; por fim, **o verbete n. 247** diz que "não é lícito à autoridade proibir que o contribuinte em débito adquira estampilhas, despache mercadorias nas alfândegas e exerça suas atividades profissionais".

Em linhas gerais, tem-se afirmado que as sanções políticas violam os direitos individuais fundamentais do devido processo legal, do contraditório e da ampla defesa, positivados no **art. 5º, incisos LIV e LV**, da Constituição Federal de 1988, uma vez que já existe previsão legal de rito especial para cobrança judicial da dívida ativa da Fazenda Pública, qual seja, aquele previsto na Lei n. 6.830/80 – Lei de Execução Fiscal.

Querendo cobrar tributos, deve a Fazenda Pública fazer uso da **execução fiscal**, não dos meios coercitivos listados anteriormente.

Além disso, as sanções políticas violam as normas constantes dos **art. 5º, inciso XIII, e 170, parágrafo único, ambos da Constituição**, que versam sobre a liberdade de exercício profissional e a liberdade econômica.

As limitações aos referidos direitos, previstas nos mencionados artigos, devem estar ligadas à qualificação para o exercício profissional e da atividade econômica, jamais ao pagamento de tributos.

---

*(Esaf/PFN/Procurador/2003) Discorrer sobre as hipóteses previstas na Lei Complementar n. 105, de 10 de janeiro de 2001, em que o fornecimento ou prestação de informações pelas instituições financeiras à administração tributária não constitui violação do dever de sigilo a que estão sujeitas em relação a suas operações ativas e passivas e serviços prestados, inclusive no tocante a contas de depósitos e aplicações financeiras. Devem ser enfatizados os termos e condições legalmente estabelecidos para a prestação de informações, nas aludidas hipóteses, à administração tributária da União, dos Estados, do Distrito Federal e dos Municípios, inclusive no que se refere à prescindibilidade, ou não, de prévia autorização ou determinação do Poder Judiciário, nos termos da Lei Complementar n. 105, de 2001.*

**Autor: Renato Cesar Guedes Grilo**

### Direcionamento da resposta

A questão é um pouco antiga e remete à discussão sobre a possibilidade de compartilhamento de informações sigilosas pelas instituições financeiras às autoridades fazendárias. De fato, de lá pra cá a discussão ganhou novos contornos, de forma que, atualmente, parte da questão não pode ser respondida como requer o enunciado. Isto porque o Supremo Tribunal Federal firmou posicionamento pela impossibilidade de compartilhamento de tais informações sem a autorização judicial para tanto.

### Sugestão de resposta

A questão do fornecimento ou prestação de informações pelas instituições financeiras à administração tributária, prevista na Lei Complementar n. 105/2001, já foi objeto de apreciação do Supremo Tribunal Federal em diversas oportunidades.

Conforme é cediço, o sigilo bancário, como dimensão dos direitos da privacidade (art. 5º, X, CF) e ao sigilo de dados (art. 5º, XII, CF), é direito fundamental sob reserva legal, podendo ser quebrado no caso previsto no art. 5º, XII, in fine, ou quando colidir com outro direito albergado na Carta Maior.

Neste último caso, a solução do impasse, mediante a formulação de um juízo de concordância prática, há de ser estabelecida através da devida ponderação dos bens e valores, in concreto, de modo a que se identifique uma 'relação específica de prevalência' entre eles.

No caso em tela, é possível verificar-se a colisão entre os direitos à intimidade e ao sigilo de dados, de um lado, e o interesse público à arrecadação tributária eficiente, de outro, a ser resolvido, como prega a doutrina e a jurisprudência, pelo princípio da proporcionalidade.

Com base em posicionamentos do STF (RE 389808), ainda que se aceite a possibilidade de requisição extrajudicial de informações e documentos sigilosos, o direito à privacidade, deve prevalecer enquanto não houver, em jogo, um outro interesse público, de índole constitucional, que não a mera arrecadação tributária.

Noutras palavras, o Princípio da Reserva de Jurisdição tem plena aplicabilidade na espécie, razão pela qual não que se falar atualmente em possibilidade de quebra de sigilo bancário, mediante o fornecimento de informações às autoridades fazendárias, visto que a regra constitucional quanto à privacidade, ficando a exceção – a quebra do sigilo – submetida ao crivo de órgão equidistante – o Judiciário – e, mesmo assim, tão somente para efeito de investigação criminal ou instrução processual penal[84].

## 7. DOS PRINCÍPIOS GERAIS DO SISTEMA TRIBUTÁRIO NACIONAL

(*Officium/TJ/RS/Juiz/2012*) *Compete privativamente à autoridade administrativa constituir o crédito tributário pelo lançamento (art. 142 do CTN). O lançamento regularmente notificado ao sujeito passivo pode ser alterado mediante impugnação do sujeito passivo (art. 145, I do CTN). Com base no sistema tributário nacional, é possível a edição de norma do Estado do Acre, estabelecendo hipótese de extinção do crédito tributário por transcurso de prazo para apreciação de impugnação administrativa fiscal? Justifique.*

**Autor: Renato de Pretto**

### Direcionamento da resposta

O candidato deveria conhecer posicionamento jurisprudencial do STF sobre a matéria, o qual nega a possibilidade da edição da norma aludida na questão sob pena de mácula ao disposto no artigo 146, inciso III, alínea "b", da Constituição Federal.

### Sugestão de resposta

Não é possível a edição da norma referida. Com efeito, a hipótese retrataria uma nova causa de extinção do crédito tributário derivada do transcurso de prazo para apreciação de impugnação administrativa fiscal, equivalente à decadência, a qual merece tratamento por meio de lei complementar geral, consoante redação do artigo 146, inciso III, alínea "b", da Constituição da República.

Aliás, a decadência do crédito tributário pressupõe lançamento extemporâneo, e não o decurso de prazo e inércia da autoridade fiscal na revisão do lançamento originário. Enfim, muito embora o processo administrativo tenha que se pautar pelos princípios da razoável duração do processo e da segurança jurídica, sem lei complementar regularmente formalizada nos moldes supra, não há perempção ou prescrição intercorrente no processo administrativo fiscal.

---

84. Impende ressaltar que é possível a revisão de tal entendimento firmado pelo Supremo Tribunal Federal, uma vez que foi reconhecida a Repercussão geral do tema no bojo do RE 387602 RS (14.11.2014), que ainda julgamento na sistemática do art. 543-B do Código de Processo Civil.

***(TJ/SP/Juiz/2009)*** *Em que consiste o fenômeno jurídico-tributário conhecido por "guerra fiscal"?*

**Autor: Renato de Pretto**

### Direcionamento da resposta

O(a) examinando(a) deveria aludir ao risco da "guerra fiscal" à cláusula pétrea do pacto federativo (art. 60, § 4°, inciso I, da Constituição), podendo, ainda, exemplificar a hipótese, tratando-se de concurso estadual, com o ICMS.

### Sugestão de resposta

O termo "guerra fiscal", na realidade, exsurge quando da configuração de conflitos de competência entre os entes federados. Em razão disso, a pretexto de evitar essas situações, a Constituição da República em seu artigo 146, inciso I, estabelece que compete à lei complementar "dispor sobre os conflitos de competência entre os entes federados".

Essa mesma situação de "guerra fiscal" é corriqueiramente visualizada na concessão de benefícios fiscais unilaterais quanto ao ICMS, violando frontalmente a norma constitucional do artigo 155, § 2°, inciso XII, alínea "g", que submete sua concessão à decisão consensual dos Estados, na forma de Lei Complementar.

Como vem decidindo nossa Suprema Corte (ADI-MC-REF 4705), os entes federados não podem utilizar sua competência legislativa privativa ou concorrente para retaliar outros entes federados, sob o pretexto de corrigir desequilíbrio econômico, pois tais tensões devem ser resolvidas no foro legítimo, que é o Congresso Nacional (artigos 150, inciso V, 151, inciso I e 152 da Constituição).

Ademais, a orientação do Supremo Tribunal Federal (ADI 3794.) é particularmente severa na repressão à guerra fiscal entre as unidades federadas, pois as normas constitucionais que impõem, por exemplo, disciplina nacional ao ICMS são preceitos contra os quais não se pode opor a autonomia do Estado, na medida em que são explícitas limitações. Tanto é que a jurisprudência do Supremo não tem admitido a modulação dos efeitos da declaração de inconstitucionalidade em casos de leis estaduais que instituem benefícios sem o prévio convênio exigido pelo artigo 155, § 2°, inciso XII, da Constituição, sob pena de tal modulação consistir, em essência, verdadeiro incentivo à guerra fiscal.

Denota-se, enfim, que a Constituição Federal, ao inibir as tensões geradas por eventuais guerras fiscais, procura reforçar a forma federativa de Estado, núcleo intangível de nossa Lei Maior (art. 60, § 4°, inciso I).

# DIREITO TRIBUTÁRIO

**(TJ/DFT/Juiz/2003)** *A Lei Complementar n. 26/97-DF prevê a dedução de até 3% (três por cento) do valor do ISS, IPTU e IPVA devidos por pessoas físicas e jurídicas que patrocinarem práticas esportivas. Analise o cabimento ou não de ação direta de inconstitucionalidade contra a Lei Complementar referida, apontando expressamente os fundamentos constitucionais de sua opção.*

**Autor: Marcio Del Fiore**

### Direcionamento da resposta

A questão demanda do candidato o conhecimento sobre noções básicas de direito financeiro, especificamente o princípio da não afetação ou não vinculação de impostos a fundo, órgão ou despesa expressamente previsto no art. 167, IV, da CF/88.

Desse modo, a Lei Complementar n. 26/97 viola o princípio da não vinculação de impostos a fundo, órgão ou despesa.

### Sugestão de resposta

No caso apresentado é cabível o ajuizamento de ação direta de inconstitucionalidade contra a Lei Complementar n. 26/97, tendo em vista a violação do art. 167, IV, da CF/88 que estabelece o princípio da não afetação ou não vinculação de impostos a fundo, órgão ou despesa.

Por este princípio, o dinheiro oriundo da arrecadação dos impostos deve ser destinado ao custeio dos serviços públicos indivisíveis, ou seja, uti universi (elemento finalístico da arrecadação). Em outras palavras, eles custeiam as despesas genéricas, não havendo uma destinação específica.

Convém não confundir a vinculação da receita com a vinculação do fato gerador. Com efeito, os impostos são desvinculados nesses dois aspectos, tendo em vista que, a uma, não estão vinculados a nenhuma ação estatal específica (desvinculação em relação ao fato gerador); a duas, o produto da sua arrecadação não destina a um fundo, órgão ou despesa específica (desvinculação a fundo, órgão ou despesa.

É importante mencionar que somente a Constituição pode fixar exceções ao princípio da vinculação, por meio de emenda constitucional. Não é possível criar novas exceções por meio de lei ordinária ou complementar.

Desse modo, a referida Lei Complementar ao prever a dedução de até 3% (três por cento) do valor do ISS, IPTU e IPVA devidos por pessoas físicas e jurídicas que patrocinarem práticas esportivas vincula, de maneira inconstitucional, a receita de impostos e contraria o que estabelece o art. 167, IV, da CF/88.

O Supremo Tribunal Federal teve a oportunidade de analisar a constitucionalidade da referida Lei Complementar n. 26/97 na ADI 1750 e julgou procedente para declarar a inconstitucionalidade da vinculação do imposto sobre propriedade de veículos automotores – IPVA, contida na LC 26/97 do Distrito Federal, uma vez que o ato normativo atacado a faculta vinculação de receita de impostos, vedada pelo artigo 167, inciso IV, da CF/88. Aduziu, ainda, ser irrelevante se a destinação ocorre antes ou depois da entrada da receita nos cofres públicos.

Por fim, é importante registrar que o Supremo Tribunal Federal não conheceu dos pedidos da ADI 1.750 no que se refere aos impostos municipais (ISS e IPTU), pois os atos normativos editados pelo Distrito Federal no exercício de competência legislativa reservada aos municípios (art. 32, § 1º, da CF/88) não se sujeitam ao controle abstrato de constitucionalidade pela Suprema Corte.

## 8. DAS LIMITAÇÕES DO PODER DE TRIBUTAR

### 8.1. Imunidades

*(Consulplan/TJ/MG/Cartórios/Remoção/2016)* Determinada entidade fechada de previdência social privada pretende se enquadrar no conceito de instituição de assistência social para se valer da imunidade prevista no art. 150, VI, "c" da Constituição Federal. Para tanto, declara não ter fins lucrativos, ser mantida por uma sociedade anônima e também receber contribuição anual dos beneficiários. A referida entidade terá direito à imunidade prevista no art. 150, VI, "C" da Constituição Federal? Fundamente sua resposta.

**Autora: Letícia Franco Maculan Assumpção**

### Direcionamento da resposta

Nesta questão o candidato deverá abordar: (a) a Súmula 730 do Supremo Tribunal Federal – STF, segundo a qual a imunidade tributária conferida a instituições de assistência social sem fins lucrativos pelo art. 150, VI, "c", da Constituição somente alcança as entidades fechadas de previdência social privada se não houver contribuição dos beneficiários. (b) O candidato deverá confrontar os requisitos previstos na Súmula com as informações constantes da questão, concluindo pela inexistência do direito à imunidade.

### Sugestão de resposta

Conforme Súmula 730 do Supremo Tribunal Federal – STF, a entidade fechada de previdência social privada mencionada na questão não se enquadra no conceito de instituição de assistência social, portanto não poderá se valer da imunidade prevista no art. 150, VI, "c" da Constituição Federal. Isso porque a referida entidade recebe contribuição anual dos beneficiários e o STF estabeleceu que a imunidade tributária conferida a instituições de assistência social sem fins lucrativos somente alcança as entidades fechadas de previdência social privada se não houver contribuição dos beneficiários[85].

**(Ieses/TJ/PA/Cartórios/2016)** *O estado membro X deseja criar, por meio de uma emenda a constituição estadual, uma nova hipótese de imunidade tributária, não prevista na Constituição Federal, para os impostos estaduais. A referida emenda também prevê que os beneficiários da nova imunidade não poderão ser fiscalizados pela autoridade fazendária, em razão da criação desta nova imunidade. Com base no enunciado responda o que significa a imunidade tributária, abordando na resposta se é possível um Estado Membro criar uma nova hipótese de imunidade e se a imunidade tributária pode afetar as obrigações tributárias acessórias.*

**Autora:** *Letícia Franco Maculan Assumpção*

### Direcionamento da resposta

O candidato deverá abordar a imunidade como uma limitação constitucional ao poder de tributar e como uma forma de competência tributária negativa, destacando que a imunidade tem sede na Constituição Federal, não sendo possível a criação de imunidades pelos Estados membros, bem como que a imunidade tributária não afeta as obrigações acessórias.

### Sugestão de resposta

A *imunidade tributária* tem sua origem e eficácia assegurada pelo texto da Constituição da República. Quando a Constituição se utiliza de palavras e

---

85. Apesar de não ser objeto da questão, é interessante, e talvez possa ser utilizada em prova oral, a informação de que a referida Súmula 730 não foi convertida em efeito vinculante. Na oportunidade de análise da conversão ou não em efeito vinculante, o ministro Marco Aurélio afirmou que o dispositivo constitucional em questão não distingue as entidades de assistência social, se apenas são beneficiárias da imunidade aquelas que não contam com a contribuição dos beneficiários ou se todas as entidades. O ministro Marco Aurélio ressaltou que: "Creio que é uma matéria sobre a qual devemos refletir um pouco mais e não chegar, portanto, à edição de verbete vinculante, já que estaríamos estabelecendo uma distinção não contida na alínea "c" do inciso VI do artigo 150 da Constituição Federal."

expressões com intuito de informar que determinada situação provocará o efeito de não-tributação[86], está invocando o instituto da imunidade tributária.[87] A imunidade impede que a lei defina como hipótese de incidência tributária aquilo que é imune.

A imunidade tributária é limitação pela Constituição da República da competência tributária, ou seja, é forma de competência tributária negativa[88], pois são *regras negativas de competência*, disciplinam o âmbito normativo, mais especificamente o das competências tributárias, delimitando o campo impositivo das Pessoas Políticas. Em razão disso, não pode o estado membro X, por meio de emenda à constituição estadual, criar uma nova hipótese de imunidade tributária, não prevista na Constituição Federal, para os impostos estaduais.

É obrigação acessória qualquer tipo de obrigação imposta pela legislação tributária que não seja levar dinheiro aos cofres públicos[89]. A obrigação tributária acessória é completamente independente da obrigação principal, razão pela

---

86. A Constituição da República de 1988 não faz menção expressa à imunidade tributária. No texto constitucional são utilizadas as terminologias isenção, não-incidência, não incide, entre outras, para referir-se à imunidade.

87. Para Hugo de Brito Machado: "Imunidade é o obstáculo decorrente de regra da Constituição à incidência de regra jurídica de tributação. O que é imune não pode ser tributado. A imunidade impede que a lei defina como hipótese de incidência tributária aquilo que é imune. É limitação de competência tributária." (MACHADO, Hugo de Brito. Curso de Direito Tributário. 28. ed. São Paulo, Malheiros Editores, 2007. p. 304).

88. Sobre a competência tributária negativa, importante lembrar que competência tributária é a aptidão para criar, no plano abstrato, tributos. As competências tributárias são "regras de estrutura", pois disciplinam a instituição de outras regras, segundo limites rígidos. As imunidades compõem o sistema de competências tributárias, sendo regras negativas de competência. As imunidades são regras de estrutura, que, ao contrário de incidir sobre comportamentos humanos, disciplinam o âmbito normativo, mais especificamente o das competências tributárias, contribuindo para delimitar o campo impositivo das Pessoas Políticas. Curso de Direito Tributário. 16. ed. São Paulo: Saraiva, 2004, p. 213-215. Para CARRAZZA, as regras de competência são regras sobre regras, tendo como destinatários os legisladores: "Aliás, para as pessoas políticas, a Constituição é a Carta das Competências. Ela indica o que podem, o que não podem e o que devem fazer, inclusive e principalmente em matéria tributária." CARRAZZA, Roque Antonio. Curso de Direito Constitucional Tributário. 19. ed. São Paulo: Malheiros, 2003, p. 434-435. Nas palavras de Humberto Bergmann Ávila: "A competência tributária, no entanto, é resultado da análise conjunta de duas espécies de normas jurídicas: de um lado, das normas que atribuem poder ao Estado para instituir tributos por meio da especificação dos fatos e situações que se tornam suscetíveis de tributação (normas de competência); de outro, as normas que subtraem poder do Estado sobre determinados fatos e situações que se tornam insuscetíveis de tributação (normas limitativas da competência)." ÁVILA, Humberto Bergmann. Sistema Constitucional Tributário. 2. ed. São Paulo: Saraiva, 2006, p. 213-214.

89. Conforme o artigo 113 do CTN "A obrigação tributária é principal ou acessória", esclarecendo o seu § 2º que: "A obrigação acessória decorre da legislação tributária e tem por objeto as prestações, positivas ou negativas, nela previstas no interesse da arrecadação ou da fiscalização dos tributos."

qual alguns doutrinadores utilizam outras nomenclaturas, como *obrigações de caráter formal* ou *deveres instrumentais,* demonstrando que estas obrigações acessórias são formalidades, são instrumentos da arrecadação, visando a permitir ou a implementar a própria atividade tributária. A imunidade tributária, pois, não afeta as obrigações tributárias acessórias.[90-91]

---

***(Cespe/AGU/Advogado/2015)*** *Determinada sociedade de economia mista, prestadora de serviços de tratamento de esgoto e abastecimento de água a um estado da Federação, ajuizou ação contra a União, visando a obtenção do reconhecimento da imunidade tributária sobre os serviços públicos por ela prestados. A partir dessa situação hipotética, redija um texto dissertativo a respeito da possibilidade, conforme o entendimento do STF, da extensão da imunidade tributária recíproca prevista na Constituição Federal de 1988 à referida sociedade de economia mista. Em seu texto, aponte os três parâmetros utilizados pelo STF ao pacificar seu entendimento sobre a matéria*

**Autor: Renato Cesar Guedes Grilo**

### Direcionamento da resposta

A questão cobra a jurisprudência do Supremo Tribunal Federal sobre a aplicação da imunidade tributária recíproca do art. 150, VI, *a*, da CF, segundo o qual, é vedado à União, aos estados, ao Distrito Federal e aos municípios instituir impostos sobre o patrimônio, a renda ou os serviços uns dos outros.

Nesse sentido, já tive a oportunidade de asseverar que[92]:

---

90. Para Luciano Amaro: A acessoriedade da obrigação dita "acessória" não significa (como se poderia supor, à vista do principio geral de que o acessório segue o principal) que a obrigação tributária assim qualificada dependa da existência de uma obrigação principal à qual necessariamente subordine. As obrigações tributárias acessórias (ou formais, ou ainda instrumentais) objetivam dar meios à fiscalização tributária para que investigue e controle o recolhimento de tributos (obrigação principal) a que o próprio sujeito passivo da obrigação acessória, ou outra pessoa, esteja, ou possa estar, submetido. AMARO, Luciano. Direito Tributário Brasileiro. 14. ed. Ver. e atual. São Paulo: Saraiva, 2008.
91. Sobre o tema, vide a ementa do seguinte acórdão: "(...). 1. A imunidade prevista no Art. 150, inciso VI, da Constituição Federal, não desobriga o importador imune das obrigações acessórias decorrentes do desembaraço aduaneiro dos bens objetos da importação. 2. O exame de similaridade não afeta o direito à imunidade tributária que o Estado do Tocantins possui em relação ao imposto de importação. (...)". (TRF2, AMS 2002.51.01.009661-4, DJ 11.11.2010)
92. GRILO, Renato Cesar Guedes. Manual do Procurador da Fazenda Nacional. 1 ed. Salvador: Jus-Podivm, 2014. p. 46.

A imunidade é uma norma de incompetência tributária, na nomenclatura de Paulo de Barros Carvalho, ocorrente sempre que o constituinte exclui da possibilidade abstrata – aberta aos entes políticos – a instituição de um tributo. Tem, assim, sede constitucional e funciona para o estímulo do desenvolvimento cultural – como é o caso da imunidade que abrange 'livros, jornais, periódicos e o papel destinado a sua impressão.' (CF, art. 150, VI, d). Por outro lado, a imunidade se relaciona à capacidade contributiva quando exclui a incidência de impostos sobre o 'patrimônio, renda ou serviços' dos entes políticos, pois estes não ostentam capacidade para contribuir – na medida em que desempenham serviço público, sem qualquer fim lucrativo ou financeiro.

Contudo, tendo o texto constitucional se referido apenas aos entes da Federação, algumas empresas públicas e sociedades de economia mista (administração pública indireta) prestadoras de serviços públicos postularam também o direito à referida imunidade já que, conforme asseverado na citação acima, não há expressão da capacidade contributiva no exercício de serviço público, sendo este, ao fim e ao cabo, a razão máxima da existência do Estado.

Ao pacificar o tema, o Supremo considerou que as sociedades de economia mista prestadoras de serviços públicos podem ser alcançadas pela imunidade tributária recíproca, desde que: a) a imunidade se aplique apenas à propriedade, bens e serviços utilizados na satisfação dos objetivos institucionais inerentes ao ente federado, cuja tributação poderia colocar em risco a respectiva autonomia política; b) não podem ser objeto de imunidade tributária recíproca as atividades de exploração econômica, destinadas primordialmente a aumentar o patrimônio do Estado ou de particulares, por se apresentarem como manifestações de riqueza e deixarem a salvo a autonomia política; c) a desoneração não deve ter como efeito colateral relevante a quebra dos princípios da livre-concorrência e do exercício de atividade profissional ou econômica lícita.

Colaciono o precedente do STF sobre a temática, de fundamental importância:

> (...) Imunidade tributária recíproca. Art. 150, inciso VI, *a*, da Constituição Federal. Sociedade de economia mista. Companhia Catarinense de Águas e Saneamento (CASAN). Não preenchimento dos parâmetros traçados por esta Corte para a extensão da imunidade tributária recíproca. Precedente. Agravo não provido. 1. Não há *error in procedendo* ou violação da ampla defesa por alegada afronta ao Regimento Interno do STF, em seus arts. 250 (que prevê julgamento colegiado para as ações cíveis originárias) e 251 (que dispõe sobre a concessão de palavra às partes e ao PGR na sessão de julgamento), uma vez que esta Corte admite a possibilidade de o relator decidir, monocraticamente, pretensão sobre a qual a jurisprudência da Corte já tenha se posicionado, nos termos do art. 21, § 1.º, do RISTF. Precedentes. 2. A Corte já firmou o entendimento de que é possível a

extensão da imunidade tributária recíproca às sociedades de economia mista prestadoras de serviço público, observados os seguintes parâmetros: a) a imunidade tributária recíproca se aplica apenas à propriedade, bens e serviços utilizados na satisfação dos objetivos institucionais imanentes do ente federado; b) atividades de exploração econômica, destinadas primordialmente a aumentar o patrimônio do Estado ou de particulares, devem ser submetidas à tributação, por apresentarem-se como manifestações de riqueza e deixarem a salvo a autonomia política; e c) a desoneração não deve ter como efeito colateral relevante a quebra dos princípios da livre-concorrência e do livre exercício de atividade profissional ou econômica lícita". Precedentes: RE 253.472/SP, Tribunal Pleno. Rel. p/ ac. Min. Joaquim Barbosa, DJe 1.º/2/11 e ACO 2243/DF, decisão monocrática, Rel. Min. Dias Toffoli, DJe 25/10/13.

Segue abaixo um texto sugestivo de resposta; recomendo aos leitores adotarem a seguinte sistemática: ver os enunciados das questões aqui presentes, resolvê-los em caderno e só depois conferir com as sugestões de resposta e direcionamento das questões. Assim a fixação do conhecimento é de altíssimo nível.

### Sugestão de resposta

A Imunidade Tributária é uma técnica constitucional de limitação do Poder de Tributar que se traduz, segundo a doutrina, em norma de 'incompetência tributária', servido de valoração jurídica a princípios constitucionais.

Especificamente quanto à Imunidade Tributária recíproca, art. 150, VI, *a*, da CF, há a valorização do princípio da capacidade contributiva e da autonomia dos entes Federativos, na medida em que, ao prestarem serviços públicos, os entes públicos não ostentam qualquer signo capaz de gerar efeito contributivo.

Contudo, vez que o texto constitucional se refere apenas aos "entes da Federação", empresas públicas e sociedades de economia mista, prestadoras de serviços públicos, embora entidades privadas da Administração Indireta, passaram a pleitear judicialmente o amparo da regra imunizante. A argumentação de fundo para tal pretensão é de que a finalidade da Imunidade Constitucional foi reconhecer que o Estado, ao prestar o serviço público, está desempenhando o principal fim de sua existência, independentemente que o faça por meio da Administração Direta ou da Indireta, não ostentando, nesse caso, capacidade contributiva.

O Supremo Tribunal Federal entendeu que as sociedades de economia mista e empresas públicas que desenvolvam serviços públicos podem ser abrangidas pela imunidade tributária recíproca, desde que atendam três critérios fundamentais: a) que a imunidade se restrinja aplica apenas à propriedade, bens e serviços utilizados na satisfação dos objetivos institucionais inerentes ao ente federado, cuja tributação poderia colocar em risco a respectiva autonomia política; b) que a regra imunizante não sirva como objeto de atividades de exploração econômica, destinadas primordialmente a aumentar o patrimônio do Estado ou de particulares, por se apresentarem como manifestações de riqueza e deixarem a salvo a autonomia política; c) por fim, que a desoneração não possua como efeito colateral relevante a quebra dos princípios da livre-concorrência e do exercício de atividade profissional ou econômica lícita.

Portanto, em favor da autonomia política dos entes Federativos, da ausência de capacidade contributiva no desempenho do fim estatal de prestar serviços públicos, atendidos os requisitos fixados pelo STF, as Sociedades de Economia Mista e Empresas Públicas que os prestem estarão abrangidas pela imunidade tributária recíproca do art. 150, VI, *a*, da CF.

*(FCC/PGM/Recife/Procurador/2014)* Diversos projetos de infraestrutura aeroportuária já foram concedidos à exploração da iniciativa privada de acordo com o regime da Lei 8.987/95 (Lei de Concessões), por meio do qual a posse dos bens públicos é entregue, em virtude do contrato de concessão, para exploração e prestação do serviço público pelo particular. Em 2012, logo após a iniciativa pioneira de concessão do Aeroporto de São Gonçalo do Amarante, foram realizados os leilões dos aeroportos de Brasília, Guarulhos e Campinas. No final de 2013, foram realizados os leilões dos aeroportos do Rio de Janeiro (Galeão) e Belo Horizonte (Confins). Nos modelos de concessões já realizados, a Infraero é acionista da Concessionária de Serviços Públicos constituída para a exploração do serviço público concedido, com diversos direitos – inclusive de veto quanto a determinadas decisões – em relação ao acionista privado. Ambos são acionistas da Concessionária de Serviços Públicos, que é a signatária do contrato de Concessão de Serviços Públicos. Existem estudos no âmbito da Secretaria da Aviação Civil (SAC) para a concessão de outros aeroportos. Espera-se que o modelo de concessão seja substancialmente o mesmo para os demais. No âmbito de determinada Prefeitura, existem opiniões divergentes quanto aos prós e contras de eventual concessão do Aeroporto Internacional localizado em seu território. Por sua vez, a Infraero, por meio de diversas ações judiciais, tem obtido êxito em sua tese de que é beneficiária de imunidade tributária (Supremo Tribunal Federal – STF, Recurso Extraordinário 363412-AgR, entre outros). A Infraero também já teve êxito perante o STF na defesa dessa tese de imunidade no julgamento dos recursos extraordinários n. 577511 e n. 607535. Considerando o acima, o prefeito municipal deseja um parecer que analise, fundamentadamente, em comparação com o status atual, os efeitos de uma eventual futura concessão do Aeroporto

*Internacional em seu Município, em relação aos tributos da Municipalidade, relativamente à cobrança de: (i) IPTU em relação ao terreno e edificações que constituem o sítio aeroportuário, a ser lançado contra o Concessionário de Serviços Públicos. (ii) ISSQN sobre os serviços aeroportuários a serem prestados pelo futuro operador aeroportuário nas linhas aéreas domésticas e nas linhas aéreas internacionais. (iii) ISSQN sobre a locação das áreas comerciais no interior do aeroporto.*

**Autores: Helton Kramer Lustoza e Leonardo Zehuri Tovar**

### Direcionamento da resposta

Resumidamente deve se diferenciar a imunidade dos supracitados julgados com o caso em comento, eis que a imunidade recíproca da Infraero não se pode confundir com a concessão de serviços públicos a empresa privada que explora atividade comercial com o objetivo de lucro. Fazer uma digressão a respeito do sujeito passivo do IPTU e do fato gerador de ISSQN.

### Sugestão de resposta

Muito embora os serviços prestados pela Infraero, administração da infraestrutura aeroportuária, sejam considerados pela Constituição como serviços públicos de monopólio da União, conforme dispõe o art. 21, XII, 'c', da Carta, a situação jurídica muda quando há a sua concessão para a iniciativa privada.

Aliás, apenas na prestação de serviço público relacionado diretamente com o transporte aéreo, isto é, de infraestrutura aeroportuária, nos termos do art. 21, XII, 'c', da Constituição Federal, que o STF reconheceu a imunidade recíproca à Infraero (RE 363412-AgR).

A situação ora analisada é distinta e não se amolda ao que fora destacado no parágrafo anterior. Explica-se: os artigos 32 e 34 do Código Tributário Nacional preveem a posse e o possuidor[93] como, respectivamente, fato gerador e contribuinte do IPTU, daí sobrevindo a sujeição passiva, porquanto o possuidor, ao se comportar como proprietário, explorando atividade econômica e auferindo lucros, deve pagar o imposto a que também está obrigada toda sociedade privada.

---

93. Há de se observar que a definição da questão tem gerado controvérsias na jurisprudência e na doutrina, porquanto pode se entender que o contrato de concessão de uso não configura posse com ânimo de dono, e portanto, o IPTU não seria devido também pelo concessionário. O assunto está no aguardo de julgamento de recurso com repercussão geral reconhecida. (STF, RE 601720-RG).

Além do que, o § 3º do art. 150 da Constituição Federal veda a imunidade recíproca para aqueles que exerçam atividades que objetivem lucro e o § 2º do art. 173, também da Carta Política, proíbe a concessão de qualquer benefício fiscal a empresa pública que explore atividade econômica.

A imunidade recíproca prevista pelo art. 150, VI, 'a', da Constituição, somente se amolda à Infraero quando é esta a prestadora dos serviços públicos e possuidora dos bens, como os prédios que compõem os aeroportos. No caso da concessão, a iniciativa privada se torna possuidora dos prédios e instalações aeroportuárias e fazem uso dos mesmos com o intuito de lucro.

Em casos análogos e já decididos pelos tribunais superiores, *v.g.* os tabeliães e cartorários, não foi reconhecida a imunidade ao ISSQN (STJ, AgRg no AREsp 50120). Isto porque, apesar de serem serviços públicos por delegação da administração, são prestados em caráter eminentemente privado.

Nesse passo, a transferência de posse dos imóveis aos concessionários tem o objetivo claro de exploração comercial dos serviços aeroportuários e independe o fato de esses serviços terem a origem pública ou privada, pois se explorados com o intuito comercial, a imunidade constitucional não se aplica. Desse modo, totalmente válido, no plano estritamente teórico, o lançamento tributário de IPTU sobre os bens imóveis em que serão instalados o aeroporto. Trata-se, inclusive, de importante fonte de renda aos Municípios.

Claro que há contraposição à orientação contida no parágrafo anterior, em especial no que se refere à possibilidade ou não de incidência de IPTU nos casos em que cedido o uso, de forma remunerada a terceiros e este é qualificado como pessoa de direito privado. Primeiro porque, na qualidade de concessionário, como visto, detém posse precária. Diante disso, não há como desdobrá-la, exatamente porque o concessionário não será contribuinte porque lhe falta *animus domini* e a concedente continuará sendo imune, conforme reconhecido e visto anteriormente pela Suprema Corte (RE 253394). De mais a mais, é preciso insistir no ponto de que *"o IPTU deve ser cobrado do proprietário ou de quem detém o domínio útil ou a posse do imóvel, vinculando-se tal imposto a institutos de direito real. Assim sendo, tendo o contrato de concessão de uso de bem público natureza pessoal e não real, inexiste previsão legal para que o cessionário seja contribuinte do IPTU"* (AgRg no REsp 947267), algo também reconhecido pelo STJ.

Por outro lado, o fato gerador do ISSQN pressupõe a atividade humana e a obrigação de *fazer* e não poder ser confundida com a locação de áreas do aeroporto a lojistas e afins. Ou seja, não se trata de imunidade nesse caso, mas não incidência do referido tributo sobre as obrigações de *dar*, tudo na conformidade da Súmula Vinculante 31/STF: ""É inconstitucional a incidência do imposto sobre serviços de qualquer natureza – ISS sobre operações de locação de bens móveis"[94].

E, por fim, quanto à incidência ou não de ISSQN sobre os serviços aeroportuários a serem prestados pelo futuro operador aeroportuário nas linhas aéreas domésticas e nas linhas aéreas internacionais, nos termos do item II do questionamento proposto, a resposta se encontra no item 20.02 da Lista Anexa à LC n. 116/03, diploma que dispõe sobre o Imposto Sobre Serviços de Qualquer Natureza, de competência dos Municípios e do Distrito Federal, e dá outras providências.

Segundo o item sob comento, dão ensejo à tributação por ISSQN os serviços aeroportuários, utilização de aeroporto, movimentação de passageiros, armazenagem de qualquer natureza, capatazia, movimentação de aeronaves, serviços de apoio aeroportuários, serviços acessórios, movimentação de mercadorias, logística e congêneres. Portanto, com a edição da LC n. 116/03 a questão se encontra fora de controvérsia, porquanto devidamente legislada. E mais: faz-se aqui a mesma ressalva de antes, pois apesar de se tratar de serviços públicos em essência, exercido mediante delegação, é prestado em caráter eminentemente privado, não se aplicando ou estendendo por isso, a imunidade recíproca ao futuro operador.

*(Cespe/PGE/BA/Procurador/2013) Uma instituição educacional, após dois anos de funcionamento, solicitou ao fisco local o reconhecimento de sua imunidade para fins tributários em relação ao seu patrimônio, renda ou serviços, e, para tanto, encaminhou diversos documentos a fim de demonstrar que era uma instituição sem fins lucrativos e que se adequava aos requisitos legais exigidos. Durante a análise feita pelo fisco local, constatou-se que os diretores recebiam salários muito acima dos existentes no mercado e que haviam instituído fundação que distribuía valores para diversas outras entidades, cujos sócios eram os mesmos diretores da referida instituição de educação. Diante desses fatos, a administração tributária consultou a procuradoria a respeito do deferimento ou não do pedido de reconhecimento da imunidade da instituição educacional. Considerando a situação hipotética apresentada acima, na qualidade de procurador responsável pela análise, discorra sobre os seguintes pontos invocados a*

---

94. Que apesar de constar a vedação da exação tributária sobre bens móveis, ela também atinge os imóveis. Essa interpretação estende-se, portanto, aos contribuintes que alugam imóveis próprios ou sobre os quais detém os direitos de posse, posto que a atividade de locação não envolve prestação de serviços mas, uma obrigação de dar. Mesmo entendimento tem o STJ (REsp 952159).

*baixo, à luz da Constituição Federal (CF) e do CTN: (i) Qual é o conceito de imunidade aplicada a instituição de educação? (ii) Toda e qualquer instituição de educação possui imunidade prevista na CF em relação ao seu patrimônio, renda ou serviços? Fundamente sua resposta. (iii) Analise a possibilidade de ser reconhecida a imunidade para a referida instituição educacional, esclarecendo se o fisco poderá cobrar os valores de tributos que não foram pagos até a solicitação do reconhecimento da imunidade.*

**Autores: Eduardo Moreira Lima Rodrigues de Castro e Helton Kramer Lustoza**

### Direcionamento da resposta

É imperativo abordar, aqui, além do dispositivo constitucional que regula a imunidade tributária das instituições educacionais sem fins lucrativos (CRFB/88, art. 150, VI, c), a natureza de "lei complementar" da "lei" mencionada no supracitado art. 150, VI, c, da Constituição (por força do que prescreve o art. 146, II, CRFB/88).

Para a solução do caso concreto apresentado, por fim, o candidato deve fazer menção aos 3 (três) requisitos, constantes do art. 14 do CTN, necessários ao gozo da imunidade tributária das instituições educacionais sem fins lucrativos, explicando que a divisão disfarçada de lucros afasta o direito ao gozo da imunidade.

### Sugestão de resposta

A **imunidade educacional** está positivada no art. 150, VI, c, da Constituição Federal de 1988 – CF/88. Nos termos de nossa *Lex Suprema*, "sem prejuízo de outras garantias asseguradas ao contribuinte, é vedado à União, aos Estados, ao Distrito Federal e aos Municípios instituir impostos sobre patrimônio, renda ou serviços dos partidos políticos, inclusive suas fundações, das entidades sindicais dos trabalhadores, das instituições de educação e de assistência social, sem fins lucrativos, atendidos os requisitos da lei."

A hipótese de não incidência constitucionalmente qualificada em comento, uma das mais relevantes limitações constitucionais ao poder de tributar, **tem por objetivo proteger o pluralismo político**, a liberdade sindical e incentivar a atuação privada em áreas de relevante interesse público como **educação** e assistência social.

Dispõe ainda a Constituição que a imunidade em epígrafe compreende somente o patrimônio, a renda e os serviços, relacionados com as finalidades essenciais das entidades nelas mencionadas (CF/88, art. 150, § 4º).

Como se pode perceber pela leitura do dispositivo supracitado, a imunidade em estudo foi estipulada em **norma constitucional de eficácia limitada**, dependendo de lei para produção de todos os seus efeitos. A "lei" a que se faz menção, aqui, conforme jurisprudência pacífica do Supremo Tribunal Federal, é a "lei complementar", espécie normativa competente para regular as limitações constitucionais ao poder de tributar, nos termos do art. 146, II, da CF/88 (nesse sentido, dentre outros: ADI 1802-MC).

O CTN, recepcionado com status de lei complementar pela ordem jurídica inaugurada em 1988, faz as vezes de estatuto regulamentador da imunidade em comento, ao estabelecer, em seu **art. 14, como requisitos para a imunidade, que as instituições educacionais**: a) não distribuam qualquer parcela de seu patrimônio ou de suas rendas, a qualquer título; b) apliquem integralmente, no País, os seus recursos na manutenção dos seus objetivos institucionais; e c) mantenham escrituração de suas receitas e despesas em livros revestidos de formalidades capazes de assegurar sua exatidão.

Daí já se pode perceber que **nem toda instituição educacional ou de assistência social sem fins lucrativos terá direito à imunidade tributária**.

No caso concreto apresentado, a instituição educacional não poderá fazer gozo da imunidade, devendo ser notificada a pagar o imposto devidos mesmo antes do pedido de reconhecimento da imunidade – que é de natureza meramente declaratória.

A constatação de pagamento de salários em montante muito acima dos existentes no mercado, aliado à instituição de fundação para distribuição de valores a diversas outras entidades, cujos sócios eram os mesmos diretores da referida instituição de educação, nos termos de jurisprudência majoritária, configura distribuição disfarçada de lucros, logo, viola o primeiro dos requisitos constantes do art. 14 do CTN[95].

*(Fumarc/CM/Patos_de_Minas/Procurador/2012)* Dissertar sobre: imunidade, isenção e não incidência.

Autor: Helton Kramer Lustoza

### Direcionamento da resposta

O efeito da não tributação poderá ocorrer através de três formas: não incidência, imunidade ou isenção. Através das quais o contribuinte estará

---

95. Dentre outros, confira-se: "(...) Empréstimo concedido a Vice-Presidente da empresa com taxa de juros superior às utilizadas pelo mercado. Lucro apurado pela empresa no exercício. Três contratos de mútuo firmados. Distribuição disfarçada de lucro". (STJ, REsp 970585, DJ 7.4.2008).

dispensando de recolher o tributo, mas cada uma delas possui um embasamento e tratamento diferente dispendido pelo ordenamento jurídico.

Para Regina Helena Costa, "a 'não-incidência' corresponde a inocorrência do impacto norma jurídica sobre determinado fato, vale dizer, a indiferença de determinada conduta realizada, diante da norma jurídica"[96]. A não incidência se refere a ausência de enquadramento normativo-tributário de uma situação jurídica, ou seja, ocorre quando um determinado fato não se enquadra na hipótese de incidência tributária, evitando o nascimento da obrigação tributária.

Já, a imunidade tributária é uma forma de dispensa de pagamento feita pela própria Constituição Federal. Para Roque Antonio Carrazza (Curso de Direito Constitucional Tributário), "a competência tributária é desenhada também por normas negativas, que veiculam o que se convencionou chamar de imunidades tributárias". Isso significa que a imunidade seja uma ausência de tributária derivada de uma norma constitucional, situada no campo da competência tributária.

Por outro lado, a isenção é uma forma de dispensa de pagamento originária da legislação infraconstitucional. Neste caso somente aquele ente federativo que possui a competência de tributar é que poderá criar uma regra isentiva, salvo em matéria de normas gerais (ISSQN e ICMS). Segundo Roque Antonio Carrazza (obra citada) que "tanto a competência para tributar como a competência para isentar estão submetidas ao princípio da legalidade". Esta dispensa de pagamento poderá ocorrer através de lei ordinária, lei complementar ou tratado internacional devidamente ratificado pelo Brasil.

### Sugestão de resposta

Cabe notar que a Constituição Federal definiu hipoteticamente os fatos e situações jurídicas que estão sujeitas a incidência tributária. Mas a não tributação poderá ocorrer de três formas: não incidência, imunidade ou isenção.

A Constituição Federal descreve os fatos e situações jurídicas que estarão sujeitas à hipótese de incidência tributária, delimitando, via de consequência, a competência tributária. Todas aquelas situações que não estejam albergados pela hipótese de incidência são entendidas como não passiveis de incidência de determinado tributo. Por exemplo, a impossibilidade de incidência do imposto sobre a renda e proventos de qualquer natureza (art. 153, III, da CF) sobre verbas indenizatórias.

---

96. COSTA, Regina Helena. Imunidade tributária: teoria e análise da Jurisprudência do STF. 2 ed. rev. atual. São Paulo: Malheiros, 2006, p. 39.

## DIREITO TRIBUTÁRIO

A imunidade, por sua vez, é entendida como uma forma de dispensa de pagamento feita pela própria Constituição Federal. Isso significa que a imunidade é ausência de tributação decorrente de previsão expressa contida no texto constitucional. O poder constituinte cria a competência tributária, mas simultaneamente impede que parcela dessa mesma competência seja exercida (competência negativa). O artigo, 150, VI, d, da Constituição Federal, por exemplo, estabelece ser vedado aos entes federativos instituir impostos sobre livros, jornais periódicos e o papel destinado a sua impressão. Também prevê a imunidade reciproca (alínea "a"), imunidade de templos de qualquer culto (alínea "b"), imunidade de partidos políticos (e de suas fundações), das entidades sindicais dos trabalhadores e das instituições de educação e de assistência social, sem fins lucrativos (alínea "e").

Além das imunidades ditas gerais, descritas no art. 150, VI, da CF, também existem outras imunidades, ditas "específicas", no decorrer do texto constitucional.

Convém mencionar que as imunidades tributárias, previstas no art. 150 da Constituição Federal – identificadas como limitações constitucionais à competência tributária – já foram definidas como cláusulas pétreas pela jurisprudência do Supremo Tribunal Federal, por decorrerem das garantias individuais dos cidadãos.

Por outro lado, a isenção é uma forma de dispensa de pagamento originária da legislação infraconstitucional. Neste caso somente aquele ente federativo que possui a competência de tributar é que poderá criar uma regra isentiva, salvo em matéria de normas gerais (ISSQN e ICMS). Por força do art. 150, § 6º da Constituição Federal, somente a lei especifica federal, estadual ou municipal, conforme o caso, poderá criar a isenção tributária.

Desta forma, enquanto a imunidade tributária tem natureza constitucional – limitando a competência tributária – a isenção é criada pela legislação infraconstitucional.

---

**(PGE/RJ/Procurador/2012)** *Discorra sobre a imunidade dos templos de qualquer culto, esclarecendo se tal imunidade abrange imóveis de propriedade de instituição religiosa alugados a terceiros, cemitérios e casas paroquiais.*

**Autores:** *Eduardo Moreira Lima Rodrigues de Castro e Helton Kramer Lustoza*

### Direcionamento da resposta

Além de mencionar as normas constantes do art. 150, inciso VI, b, e § 4º, da Constituição Federal de 1988, que regulam a imunidade dos templos de qualquer culto, o candidato precisa conhecer a jurisprudência do Supremo Tribunal Federal acerca da aplicação da imunidade aos imóveis de propriedade da instituição religiosa alugados a terceiros, aos cemitérios e às casas paroquiais.

### Sugestão de resposta

Nos termos da Constituição Federal de 1988 – CF/88, é vedada a instituição de impostos sobre os templos de qualquer culto (CF/88, art. 150, VI, b). A imunidade em comento tem por objetivo conferir **efetividade ao direito fundamental à liberdade de culto**, positivado no art. 5º, VI, da CF/88, na medida em que diminui a influência do Estado, normalmente exercida por meio da tributação, nas atividades de fé.

A Constituição estabelece ainda que a imunidade religiosa compreende somente o patrimônio, a renda e os serviços, relacionados com as **finalidades essenciais** das entidades nelas mencionadas (CF/88, art. 150, § 4º). Graças à norma constante do referido dispositivo, o alcance da imunidade religiosa, na maioria dos casos, só poderá ser verificado em face da situação concreta.

Sobre as imunidades, hipóteses de não incidência constitucionalmente qualificadas, recomenda o Supremo Tribunal Federal – STF que as normas que as veiculam sejam **interpretadas de maneira teleológica**, ou seja, com vistas à identificação da finalidade essencial para a qual foram instituídas.

Em razão do exposto, o STF tem decidido pela **não incidência** tributária sobre os imóveis de propriedade da instituição religiosa **alugados a terceiros** nas situações em que o valor do aluguel seja revertido para o desenvolvimento das atividades essenciais da entidade[97].

No que diz respeito aos **cemitérios**, o STF vem distinguindo a situação dos cemitérios que consubstanciam **extensões de entidades de cunho religioso** da situação daqueles que são **objeto de exploração comercial** por empresas que alugam ou vendem jazigos. Apenas na primeira hipótese haveria direito à não incidência constitucionalmente qualificada[98].

---

97. Dentre outros, confira-se: "(...) A imunidade prevista no art. 150, VI, "b", CF, deve abranger não somente os prédios destinados ao culto, mas, também, o patrimônio, a renda e os serviços "relacionados com as finalidades essenciais das entidades nelas mencionadas". 5. O § 4º do dispositivo constitucional serve de vetor interpretativo das alíneas "b" e "c" do inciso VI do art. 150 da Constituição Federal. Equiparação entre as hipóteses das alíneas referidas." (STF, RE 325822, DJ 14.5.2004).

98. "(...) Os cemitérios que consubstanciam extensões de entidades de cunho religioso estão abrangidos pela garantia contemplada no artigo 150 da Constituição do Brasil. Impossibilidade da incidência de IPTU em relação a eles." (STF, RE 578562, DJ 12.9.2008).

Por fim, com base nos mesmos fundamentos apresentados acima (destinação do bem à finalidade essencial da entidade), tem-se entendido que a **imunidade religiosa alcança até mesmo os imóveis em que localizadas as casas paroquiais.** Considera-se que referidos bens funcionam como verdadeiras extensões das entidades religiosas.

---

*(MPE/PR/Promotor/2012) A imunidade tributária atinge todos os tributos? E a isenção tributária? Explique e aponte também os pontos em comum entre as duas modalidades (imunidade e isenção tributárias).*

Autor: Alexandre Schneider

### Direcionamento da resposta

A questão exige que o candidato aborde as diferenças existentes entre as figuras da imunidade e da isenção tributárias e a extensão de ocorrência de uma e de outra como modalidades de limitação ao poder de tributar do Estado, em relação às espécies tributárias existentes no ordenamento jurídico-tributário. Além disso, deverão ser explicitadas as semelhanças entre uma e outra situação.

### Sugestão de resposta

Inicialmente, cumpre referir que a Constituição Federal, no Capítulo I do Título VI, precisamente nos artigos 145 a 162, normatizou o Sistema Tributário Nacional, estabelecendo os princípios gerais tributários, os contornos das espécies tributárias, a partilha de competências entre os Entes da Federação e, principalmente, as limitações do poder de tributar do Fisco (União, Estados, Distrito Federal e Municípios), nos artigos 150 a 152. Da compreensão do cabedal normativo-tributário constitucional percebe-se diversas situações (a exemplo do que apregoam os artigos 150, VI, alíneas 'a' a 'e'; e 151, II) em que o texto constitucional veda a criação de tributos em relação a determinadas pessoas, situações, etc.

Doutrinariamente, a **imunidade** traduz-se na interdição constitucional dos entes políticos de tributar determinadas pessoas, seja pela natureza jurídica que detêm, pelo tipo de atividade desenvolvida ou ainda ligadas a determinados fatos, bens ou situações. A imunidade é regra excepcional que atua no âmbito da delimitação de competência tributária (limitando o Ente Federado no exercício de sua potestade de instituição do tributo) e não no seu exercício.

De seu turno, a **isenção** não constitui vedação ao poder de tributar, mas a dispensa legal (prevista em lei, não na Constituição) do pagamento do tributo.

Em suma, a imunidade, por ter sede constitucional, é uma forma de não-incidência do tributo, tendo em vista que a norma de estatura superior (Constituição) impede que uma norma legal criada pelo Poder Legislativo de cada Ente Federado defina como fato gerador as situações imunes descritas na Lei Maior. Assim, inexistindo na legislação infraconstitucional, ordinária, qualquer previsão de incidência da norma tributárias sobre as situações imunes descritas na Constituição, não se há de falar sequer na ocorrência do fato gerador, por simples ausência de previsão legal, e, por conseguinte, não se revela possível nem mesmo a formação da obrigação tributária.

De outra banda, na isenção, inexiste qualquer norma constitucional delineadora de eventual impedimento de instituição do tributo sobre os fatos previstos na norma isencional. Logo, por expressa previsão legal da hipótese de incidência tributária, tem-se a ocorrência do fato gerador e a corolária geração da obrigação tributária. Mas, posteriormente, o crédito tributário será excluído, em razão da *mens legislatoris* vazada na lei isentiva, eximindo o contribuinte do dever de recolher o valor da exação.

Nesse panorama, pode-se concluir que na imunidade tributária as regras imunizantes podem suprimir a competência tributária para quaisquer espécies tributárias, bastando a respectiva previsão constitucional. Entretanto, por se constituir regra excepcional, somente atinge aqueles tributos expressamente marcados, mencionados, na Constituição Federal, não sendo passível de supressão nem mesmo pelo poder constituinte derivado, sendo vedada emenda constitucional neste par, por se tratar de garantia individual do contribuinte, protegida por cláusula pétrea (STF, ADI 939). Ao passo que a isenção poderá atingir quaisquer tributos, cabendo a decisão de instituir ou revogar a norma isencional à pessoa política investida constitucionalmente da capacidade tributária de criar cada tributo, segundo o influxo, comumente, de critérios de extrafiscalidade voltados a incentivar ou fomentar determinadas atividades ou setores da economia.

Considerando a diversidade jurídica entre imunidade e isenção, *Paulo de Barros Carvalho* afirma que os institutos são absolutamente díspares, não sendo possível traçar paralelo entre eles ("São categorias jurídicas distintas, que não se interpenetram, mantendo qualquer tipo de relacionamento no processo de derivação ou de fundamentação, a não ser em termos muito oblíquos e indiretos", in Curso de Direito Tributário).

Entretanto, ousa-se divergir para afirmar dois pontos de convergência entre os institutos. O primeiro parte da conclusão de que ambos constituem normas de estrutura, uma atuando na definição da competência tributária (imunidade), ao passo que a outra incide no exercício do poder de tributar (isenção). Por último, a semelhança reside no fato de que, ajustando-se o sujeito passivo em uma das situações previstas no suporte fático das normas imunitórias ou isentivas, não será lícito ao Fisco cobrar o tributo, seja por inexistir incidência de norma tributária (imunidade) ou por não se configurar a exigência da obrigação, por haver uma regra infraconstitucional que exclui a obrigação tributária principal (isenção).

*(FCC/TCE/AP/Analista/2011)* A Constituição Federal dispõe que a imunidade recíproca de impostos sobre o patrimônio, renda e serviços vinculados às finalidades essenciais ou dela decorrentes é extensiva às autarquias e fundações instituídas e mantidas pelo Poder Público, mas não é extensiva aos impostos sobre patrimônio, renda e serviços relacionados com a exploração de atividades econômicas regidas pelas normas aplicáveis a empreendimentos privados, ou em que haja contraprestação ou pagamento de preços ou tarifas pelo usuário (art. 150, VI, "a" e §§ 2º e 3º, da CF/88. Defina imunidade tributária e explique sobre a possibilidade ou não de alcançar o patrimônio, renda e serviços relacionados com prestação de serviço público por empresa pública, ainda que haja contraprestação ou pagamento de preços ou tarifas pelo usuário.

Autor: *Fábio Dutra*

### Direcionamento da resposta

O tema central da questão é a imunidade recíproca, embora não se possa desprezar que a banca também solicita a definição genérica do que vem a ser imunidade tributária.

**1) Definição de imunidade**

A imunidade tributária pode ser definida como uma **hipótese de não incidência tributária constitucionalmente qualificada**, pelo fato de que qualquer imunidade deve estar prevista na Constituição Federal. Trata-se de uma delimitação da competência tributária, já que impede os entes federados de tributarem o objeto ou a pessoa imune. Como decorrência disso, não há ocorrência do fato gerador, não havendo que se falar em relação jurídico-tributária entre o sujeito passivo e o sujeito ativo.

As imunidades recebem diversas classificações doutrinárias, tais como:

- Classificação quanto ao parâmetro de concessão: objetiva, subjetiva e mista;

- Classificação quanto a origem: ontológicas e políticas;

- Classificação quanto à forma de previsão: explícitas e implícitas;
- Classificação quanto à necessidade de regulamentação: incondicionadas e condicionadas;
- Classificação quanto ao alcance: gerais e específicas.

Há diversas imunidades espalhadas no texto constitucional, sendo aplicáveis a várias espécies tributárias. As mais relevantes, contudo, encontram-se no art. 150, VI, "a" a "e", da CF/88.

### 2) Imunidade recíproca e a sua extensão às empresas públicas

A imunidade recíproca foi prevista no art. 150, VI, "a", da CF/88, cuja redação é a seguinte: *sem prejuízo de outras garantias asseguradas ao contribuinte, é vedado à União, aos Estados, ao Distrito Federal e aos Municípios instituir **impostos sobre patrimônio, renda ou serviços**, uns dos outros*. Ademais, o art. 150, § 2º, da CF/88, assevera que a imunidade recíproca é extensiva às autarquias e às fundações instituídas e mantidas pelo Poder Público, no que se refere ao patrimônio, à renda e aos serviços, vinculados a suas finalidades essenciais ou às delas decorrentes.

Contudo, cabe ressaltar que a imunidade recíproca não se aplica ao patrimônio, à renda e aos serviços, relacionados com exploração de atividades econômicas regidas pelas normas aplicáveis a empreendimentos privados, ou em que haja contraprestação ou pagamento de preços ou tarifas pelo usuário.

Por esse motivo é que a imunidade recíproca não abrange as empresas públicas e sociedades de economia mista, **quando exploradoras de atividades econômicas**. Entretanto, de acordo com o STF (RE 407099), **sendo tais entidades prestadoras de serviço público de prestação obrigatória e exclusiva de Estado, fazem jus à imunidade recíproca**.

Assim, **as empresas públicas prestadoras de serviço público de prestação obrigatória e exclusiva de Estado fazem jus à imunidade**, ainda que suas atividades impliquem contraprestação ou pagamento de preços ou tarifas pelo usuário.

Recorde-se, por fim, que a imunidade extensiva às empresas públicas e sociedades de economia mista reflete o entendimento jurisprudencial do STF, não existindo qualquer disposição expressa na CF/88 acerca dessa extensão.

*Sugestão de resposta*

A imunidade tributária pode ser definida como uma hipótese de não incidência tributária constitucionalmente qualificada. Trata-se de uma delimitação da competência tributária, pois atua no sentido de restringir os entes federados de tributarem o objeto ou a pessoa imune. Como consequência, não há ocorrência do fato gerador nem surgimento do liame obrigacional.

DIREITO TRIBUTÁRIO

Das imunidades previstas no texto constitucional, a imunidade recíproca se destaca pelas controvérsias jurisprudenciais, pois consiste em vedar a incidência de impostos sobre o patrimônio, renda e serviços dos entes federados. A propósito, a imunidade recíproca é extensiva às autarquias e às fundações instituídas e mantidas pelo Poder Público, no que se refere ao patrimônio, à renda e aos serviços, vinculados a suas finalidades essenciais ou às delas decorrentes, conforme preceitua o art. 150, § 2º, da CF/88.

Todavia, a referida imunidade tributária não se aplica ao patrimônio, à renda e aos serviços, relacionados com exploração de atividades econômicas regidas pelas normas aplicáveis a empreendimentos privados, ou em que haja contraprestação ou pagamento de preços ou tarifas pelo usuário.

Por esse motivo é que a imunidade recíproca não abrange as empresas públicas e sociedades de economia mista, quando exploradoras de atividades econômicas. Entretanto, de acordo com o STF, sendo tais entidades prestadoras de serviço público de prestação obrigatória e exclusiva de Estado, fazem jus à imunidade recíproca.

Em decorrência do exposto, as empresas públicas prestadoras de serviço público de prestação obrigatória e exclusiva de Estado fazem jus à imunidade, ainda que suas atividades impliquem contraprestação ou pagamento de preços ou tarifas pelo usuário.

Recorde-se, por fim, que a imunidade extensiva às empresas públicas e sociedades de economia mista reflete o entendimento jurisprudencial do STF, não existindo qualquer disposição expressa na CF/88 acerca dessa extensão.

**Observação:** Citar dispositivos de uma lei conta pontos por demonstrar conhecimento. Contudo, se não tiver certeza absoluta do número do artigo ou parágrafo, faça isso genericamente. Por exemplo: "(...) conforme determina o Código Tributário Nacional.".

*(Fundep/TJ/MG/Cartórios/Remoção/2011) Conceitue, de forma sucinta, com ênfase nas diferenças existentes entre os institutos, a imunidade, a isenção e a não incidência tributárias.*

Autora: Letícia Franco Maculan Assumpção

### Direcionamento da resposta

Nesta questão o candidato deverá abordar: (a) a imunidade tributária, que tem sua origem e eficácia assegurada pelo texto Constitucional. A isenção, que somente poderá ser instituída por lei do ente federativo que detiver a competência tributária. A não-incidência, que é o não enquadramento normativo a uma conduta. (b) A diferença entre a imunidade, a isenção e a não incidência tributárias.

### Sugestão de resposta

A **imunidade tributária** tem origem e eficácia asseguradas pelo texto Constitucional. Quando a Constituição se utiliza de palavras e expressões com intuito de informar que determinada situação provocará o efeito de não-tributação[99], estará invocando o instituto da imunidade tributária.[100] [101]

Já a **isenção** somente poderá ser instituída por lei do ente federativo que detiver a competência tributária: só isenta quem pode tributar. A diferença é que a imunidade é referendada na Constituição e a isenção por meio de lei infraconstitucional (lei ordinária) do ente tributante. A imunidade não poderá ser modificada, pois se trata de cláusula pétrea, enquanto a isenção poderá ser modificada ou revogada por outra norma infraconstitucional.

Quanto à **não-incidência**, é o não enquadramento normativo a uma conduta, isto é, a conduta fática não se identifica com nenhuma hipótese normativa, razão pela qual não há o nascimento de relação jurídico-tributária. Assim, na *não-incidência*, o fato não pode ser contemplado legalmente como gerador de determinado tributo. A não-incidência não provoca efeitos jurídicos, obrigações e deveres, pois não há enquadramento da conduta à norma padrão de incidência tributária.

---

**(TRF/2R/Juiz/2007)** *Um Consulado de país estrangeiro, sediado no Rio de Janeiro, recebeu a cobrança da Prefeitura para o pagamento do IPTU e taxa de iluminação de seu imóvel-sede. À luz da legislação, doutrina e jurisprudência pertinentes dê seu parecer sobre o caso. Comente também se os tribunais superiores têm decidido uniformemente essa questão.*

**Autora: Isaura Cristina de Oliveira Leite**

---

99. A Constituição da República de 1988 não faz menção expressa à imunidade tributária. No texto constitucional são utilizadas as terminologias isenção, não-incidência, não incide, entre outras, para referir-se à imunidade.
100. Para Hugo de Brito Machado: "Imunidade é o obstáculo decorrente de regra da Constituição à incidência de regra jurídica de tributação. O que é imune não pode ser tributado. A imunidade impede que a lei defina como hipótese de incidência tributária aquilo que é imune. É limitação de competência tributária." (MACHADO, Hugo de Brito. Curso de Direito Tributário. 28. ed. São Paulo, Malheiros Editores, 2007. p. 304).
101. As regras imunizantes sinalizam situações que prestigiam valores constitucionalmente inafastáveis, como a liberdade de expressão, o acesso à cultura, a liberdade religiosa, o pacto federativo, a liberdade política e a difusão da educação e do ensino.

## DIREITO TRIBUTÁRIO

### Direcionamento da resposta

Nesta questão, deveria o candidato apresentar seu conhecimento a respeito das imunidades tributária, de jurisdição e de execução de que gozam os Estados estrangeiros, com base nas Convenções de Viena para as Relações Diplomáticas e para as Relações Consulares, firmando de maneira clara a distinção havida entre elas. Deveria, demais disso, demonstrar o entendimento jurisprudencial predominante nos Tribunais Superiores a respeito do tema[102].

### Sugestão de resposta

Tanto a Convenção de Viena sobre Relações Diplomáticas quanto a Convenção de Viena sobre Relações Consulares trazem a previsão de que os Estados estrangeiros, assim como os chefes das missões, gozam de isenção de impostos e taxas, sendo o reconhecimento desta isenção fiscal – ou imunidade tributária, como denominada na jurisprudência do Superior Tribunal de Justiça – pacífica no âmbito da referida Corte. Por tal razão, tem-se por indevida a cobrança do Imposto Territorial Urbano em face do Consulado, imune, nos termos do art. 32 da Convenção de Viena para assuntos Consulares (1967).

Os mesmos dispositivos que albergam a imunidade tributária, por outro lado, trazem expressa uma exceção a esta regra, determinando que a imunidade em exame não abrange "*o pagamento de serviços específicos que lhe sejam cobrados*". Desta maneira, vê-se que a cobrança da espécie tributária "taxa", quando cobrada em razão de serviço individualizado e específico, ao contrário do que ocorre com o IPTU, é legítima, consoante a Convenção de Viena.

Ressalve-se, no entanto, que a cobrança de "taxa" de iluminação pública não constitui exceção à regra da isenção fiscal dos Estados estrangeiros, vez que "*o serviço de iluminação pública não pode ser remunerado mediante taxa* (Supremo Tribunal Federal, súmula 670), tendo em vista que não se trata de serviço específico e divisível. Trata a hipótese, na verdade, de uma contribuição de competência dos municípios, nos termos do art. 149-A da Constituição, espécie tributária que não é alcançada pela exceção prevista na Convenção de Viena.

---

102. Quanto à jurisprudência dos tribunais superiores, considerando o largo tempo decorrido entre a realização do concurso e a presente obra, tem-se que a jurisprudência já sofreu alterações sensíveis no que respeita à matéria indagada. À época da prova, decerto, a questão era mais relevante e interessante, apresentando maior grau de dificuldade. Atualmente, a maior parte das dúvidas que poderiam ser suscitadas na resolução da questão já foram sanadas pela jurisprudência. Optou-se por resolver a questão com base no estágio atual da doutrina e da jurisprudência relativa ao tema, como forma de não confundir o conhecimento do candidato, contribuindo, ao contrário, com seu aperfeiçoamento.

Apesar de indevidas ambas as exações pretendidas contra o Consulado, cumpre mencionar que, acaso devidas, a sua cobrança judicial reclamaria o exame, ainda, da "imunidade de jurisdição" de que gozam os Estados estrangeiros. Esta imunidade diz com a impossibilidade de os Estados e organizações internacionais serem julgados por outros Estados contra a sua vontade, construção esta baseada no princípio da igualdade jurídica entre os entes soberanos.

Formulada a partir de normas eminentemente costumeiras, há, segundo a doutrina, duas principais teorias que pretendem explicar a imunidade de jurisdição.

A primeira, tida por Teoria Clássica, ensina que os Estados estrangeiros gozam de imunidade absoluta de jurisdição, sendo, portanto, impossível o seu julgamento por autoridades de outro Estado, exceto se a ela renunciarem. Trata-se de construção doutrinária baseada na igualdade entre os Estados soberanos, partindo do pressuposto de que, sem superioridade ou autoridade de um sobre o outro, impossível haver submissão à jurisdição interna de um deles, exceto se houver o consentimento do Estado julgado[103]. Segundo a Teoria Clássica, portanto, na hipótese de demanda de qualquer espécie contra Estado estrangeiro, mostra-se necessária a sua consulta, a fim de provocá-lo a renunciar ou não à sua imunidade. Caso não haja a renúncia à imunidade de jurisdição, a única decisão judicial possível seria a extinção do processo sem exame do mérito.

Modernamente, no entanto, com o incremento da complexidade das relações comerciais entre órgãos de um Estado no território de outro, a teoria clássica passou a se mostrar inadequada, tendo sido arquitetada a chamada Teoria dos Atos de Império e de Gestão, segundo a qual a imunidade de jurisdição somente existe nas hipóteses em que o Estado atua no exercício de sua soberania. Nos atos do Estado como se particular fosse, sem relação direta com a soberania, não há o gozo da imunidade referida.

Por fim, há que se mencionar que os Estados gozam, ainda, de imunidade de execução, sendo esta a garantia de que os seus bens não serão objeto de expropriação para o adimplemento de quaisquer obrigações. Esta espécie de imunidade subsiste, inclusive, quanto os Estados praticam atos de gestão, exceto, mais uma vez, se a ela renunciarem, em cada caso concreto. Neste contexto, portanto, pode-se afirmar que, caso o Estado estrangeiro renuncie à imunidade de jurisdição ou sofra condenação relativa a ato de gestão, não

---

103. "A teoria da imunidade absoluta permite, portanto, que um Estado estrangeiro não se sujeite à jurisdição doméstica de outro ente estatal, salvo com o seu consentimento, limitando, portanto, o poder jurisdicional do Estado". (PORTELA, Paulo Henrique Gonçalves. Direito Internacional Público e Privado. 4. ed., Salvador: JusPodivm, 2012, p. 201.)

poderá ter seus bens expropriados, devendo o credor, para a satisfação de seu crédito judicial ou administrativamente acertado e não pago voluntariamente, recorrer à expedição de carta rogatória ao dito Estado devedor ou valer-se de negociações conduzidas pelo Ministério das Relações Exteriores para pagamento pela via diplomática.

Em resumo, tem-se que no caso em exame, o Estado estrangeiro deverá ser consultado, a fim de que proceda com a renúncia ou não de sua imunidade de execução, antes de se processar ou não a execução fiscal. Porém, dada a imunidade tributária, que alcança ambas as exações pretendidas, caso haja a renúncia, concluir-se-á, ao final, pela procedência de eventuais embargos.

No que respeita à jurisprudência pátria, quanto à imunidade de jurisdição prevaleceu por muito tempo o apego à Teoria Clássica, considerando o Supremo Tribunal Federal ser esta imunidade absoluta. Porém, a partir do advento da Constituição Federal de 1988, iniciou-se a adesão dos tribunais superiores à teoria dos Atos de Império e de Gestão, mormente após o STF firmar que a imunidade de jurisdição não é absoluta, não prevalecendo na hipótese de matéria trabalhista a ser julgada após a vigência da Constituição de 1988[104]. A partir daí, a jurisprudência consagrou a possibilidade de que os atos meramente de gestão dos Estados e organismos estrangeiros pudessem ser apreciados pelo Poder Judiciário, o que inclui atos de gestão civis ou comerciais, bem assim nos casos de responsabilidade civil. É este, com efeito, o caminho trilhado pelo STJ[105].

No que respeita à chamada imunidade de execução, notadamente nas execuções fiscais – caso em exame, o STF é firme em seu entendimento de que a imunidade nestes casos é absoluta[106], no que é de perto seguido pelo Superior tribunal de Justiça (RO 138/RJ, DJe 19.3.2014).

---

104. Estado estrangeiro. Imunidade judiciária. Causa trabalhista. Não há imunidade de jurisdição para o estado estrangeiro, em causa de natureza trabalhista. Em princípio, esta deve ser processada e julgada pela justiça do trabalho, se ajuizada depois do advento da constituição federal de 1988 (art. 114). Na hipótese, porém, permanece a competência da justiça federal, em face do disposto no § 10 do art. 27 do ADCT da Constituição Federal de 1988, c/c art. 125, II, da EC 1/69. (...). (ACi 9696/SP, STF, Pleno, Rel. Min. Sydney Sanches, j. 31.5.1989.
105. Ação de indenização. Estado estrangeiro. Alegação de imunidade de jurisdição. Não reconhecimento. Recurso cabível da sentença. (...) III. Não há imunidade de jurisdição para o Estado estrangeiro, em causa relativa a responsabilidade civil. (...)" (STJ, 2ª Turma, Ag. 36.493/DF, Rel. Min. Antônio de Pádua Ribeiro, DJ 19.9.1994.)
106. "É da jurisprudência do Supremo Tribunal que, salvo renúncia, é absoluta a imunidade do Estado estrangeiro à jurisdição executória". (ACO 543 AgR/SP, STF, Pleno, Rel. Min. Sepúlveda Pertence, j. 30.8.2006). "A jurisprudência do Supremo Tribunal Federal não admite o ajuizamento de execução fiscal pela União em face de Estado estrangeiro". (ACO 740 AgR/SP, STF, 1ª Turma, Rel. Min. Roberto Barroso, j. 9.9.2014)

*(UFRJ/Eletronorte/Advogado/2006)* Estabeleça a diferença entre não incidência, imunidade e isenção.

Autor: *Márcio Ladeira Ávila*

### Direcionamento da resposta

O candidato deve compreender que as imunidades estão ligadas aos direitos fundamentais e, por isso mesmo, estão espalhadas pela Constituição Federal. De qualquer forma, é importante uma leitura atenta do art. 150, inc. VI da CF/88. O tema da isenção é infraconstitucional, sendo importante a leitura dos artigos 97, inc. VI, 176 a 179, todos do CTN.

### Sugestão de resposta

As imunidades tributárias representam delimitações negativas das competências tributárias explícitas ou implícitas, que, atendendo aos direitos fundamentais do contribuinte (mínimo existencial), são concedidas a determinados objetos, pessoas ou situações.

De acordo com o entendimento mais positivista, a imunidade seria qualidade do fato, que não poderia ser atingido pelo tributo em razão da norma constitucional – a Carta Magna teria arrolado todas as competências tributárias, determinando elementos específicos que estariam excluídos dessa competência. A imunidade seria qualquer exclusão tributária constitucionalmente qualificada.

Nesses termos, para a corrente positivista, a única diferença entre a imunidade e a isenção estaria no veículo de expressão da norma (Constituição *versus* leis isentivas promulgadas pela União, Estados, Municípios ou DF).

Por outro lado, conforme a corrente jusnaturalista, a imunidade assim se perfaz por derivar diretamente dos direitos fundamentais, enquanto a isenção deriva de políticas econômicas, expressas ou não na Constituição. As imunidades, quando atreladas a direitos fundamentais, por força do art.60, § 4º, IV, da CF/1988, não podem ser revogadas do texto constitucional porque são cláusulas pétreas.

A Constituição, em seu artigo 150, VI, veda à União, aos Estados, ao Distrito Federal e aos Municípios instituir impostos sobre: a) patrimônio renda ou serviços, uns dos outros; b) templos de qualquer culto; c) patrimônio, renda ou serviços dos partidos políticos, inclusive suas fundações, das entidades sindicais dos trabalhadores, das instituições de educação e de assistência social, sem fins lucrativos, atendidos os requisitos da lei; d) livros, jornais, periódicos e o papel destinado a sua impressão; e, e) fonogramas e videofonogramas musicais produzidos no Brasil contendo obras musicais ou literomusicais de autores brasileiros e/ou obras em geral interpretadas por artistas brasileiros bem como os suportes materiais ou arquivos digitais que os contenham, salvo na etapa de replicação industrial de mídias ópticas de leitura a laser.

A não incidência, diferentemente da imunidade, é extraída da própria norma de tributação. Todos os fatos alheios às hipóteses de incidência elencadas na norma são não incidentes em relação a ela. Não existe, por exemplo, incidência de IPTU sobre bens móveis.

A isenção se dá no plano normativo (decorre da lei) – está ligada ao princípio da legalidade tributária (CTN, art. 97, VI) –, pois a norma isentiva derroga a eficácia da norma tributante, em relação a determinadas situações pessoais (isenção subjetiva) ou reais (isenção objetiva). Nestes termos, de acordo com Hugo de Brito, a isenção é a exclusão, por lei, de parcela da hipótese de incidência, ou suporte fático da norma de tributação, sendo objeto da isenção a parcela que a lei retira dos fatos que realizam a hipótese de incidência da regra de tributação.

Não é possível a interpretação analógica para fins de concessão de isenção. Por essa razão, a Segunda Turma do STJ vedou a aplicação da norma isentiva do imposto de renda aplicável à cegueira, para a hipótese da surdez. Mais recentemente, o STJ entendeu não ser possível o Poder Judiciário estender o benefício de isenção fiscal a categoria não abrangida pela regra isentiva. Segundo o Tribunal, a concessão de isenção fiscal é ato discricionário do Poder Público, não sendo possível ao Poder Judiciário, sob o pretexto de tornar efetivo o princípio da isonomia, reconhecer situação discriminatória de categorias não abrangidas pela regra isentiva e estender, por via transversa, benefício fiscal sem que haja previsão legal específica.

Do mesmo entendimento compartilhou o STF, em 2013. A Suprema Corte consignou ser vedado ao Poder Judiciário atuar como legislador positivo, estabelecendo isenções não previstas em lei, ainda que sob o pretexto de atenção ao princípio da igualdade.

A Primeira Turma do STJ deparou-se com interessante caso no qual o Fisco federal havia entendido inaplicável a isenção de IPI sobre a importação de maquinário, para a hipótese de importação de peças integrativas que garantiriam seu perfeito funcionamento. De acordo com o STJ, o reconhecimento da isenção fiscal também para as ferramentas adquiridas não significa estender o benefício a situações não previstas pelo legislador, mas sim conferir a ele sua exata dimensão, tendo em vista a indispensabilidade para a operação do maquinário.

A isenção é fenômeno endógeno, pois atua na estrutura da norma tributária. Na isenção, não nasce o dever de pagar, nem, portanto, o direito de crédito da Fazenda. Não é fenômeno posterior ao nascimento da obrigação tributária. A norma que a estabelece, diminui o campo de incidência da norma de tributação. Por ser norma de não incidência, pressupõe a competência do ente político da federação para instituição do tributo.

O STF tem diversos precedentes no sentido de que a isenção diz respeito à exclusão do crédito tributário, enquanto o fato gerador tem pertinência com o nascimento da obrigação tributária. Dito de outra forma, entende a Suprema Corte que a isenção é a dispensa do pagamento de um tributo devido em face da ocorrência de seu fato gerador. O entendimento jurisprudencial aqui referido gera a seguinte consequência: caso a norma isentiva seja revogada, não será necessária outra norma para restabelecer a tributação, já que a isenção ocorre depois do fato gerador.

Lei específica deve estabelecer: a) as condições e os requisitos para a concessão da isenção; b) os tributos a que se aplica; e, c) conforme o caso, o prazo de sua duração.

Apesar de a isenção obstar a constituição do crédito tributário, isso não interfere na subsistência das obrigações acessórias.

O art. 178 do CTN estabelece que a isenção pode ser revogada ou modificada por lei, a qualquer tempo. Não há direito adquirido à isenção, mas existe uma exceção: quando concedida por prazo certo e em função de determinadas condições (art. 178 do CTN c/c art. 41, § 2º do ADCT). Os benefícios fiscais condicionados possuem natureza bilateral, o que justifica a maior proteção do contribuinte.

### 8.2. Princípios

*(FCC/TCE/GO/Analista/2014) Considere a seguinte situação hipotética: no dia 25 de Novembro de 2014, foi publicada a Lei Estadual nº 01, aumentando a base de cálculo do imposto sobre a propriedade de veículos automotores para o exercício de 2015 no Estado de Goiás. No dia 27 de Novembro de 2014, foi publicada a Lei Estadual nº 02 instituindo impostos sobre templos de qualquer culto localizado no Estado de Goiás. No dia 3 de Dezembro de 2014, foi publicada a Lei Estadual nº 03 instituindo imposto sobre o patrimônio, renda ou serviços dos partidos políticos com sede no Estado de Goiás. No dia 12 de Dezembro de 2014, foi publicada a Lei Estadual nº 04 instituindo imposto sobre jornais com circulação somente dentro do Estado de Goiás. Nestes casos, responda fundamentadamente se as referidas Leis Estaduais respeitam a Constituição Federal.*

Autor: *Fábio Dutra*

### Direcionamento da resposta

Analisaremos a questão, individualizando as leis citadas em seu enunciado. Dessa forma, ao final, seremos capazes de dissertar acerca da constitucionalidade de cada uma das normas publicadas.

**1) Lei Estadual nº 01/2014**

Foi informado que a Lei Estadual 01/2014 foi publicada no dia 25 de novembro de 2014, tendo como objeto a majoração da base de cálculo do IPVA (Imposto sobre a Propriedade de Veículos Automotores) para o exercício de 2015.

O IPVA é imposto de competência estadual, logo os Estados podem editar leis para instituir ou modificar tal imposto. Portanto, no quesito competência tributária, não há qualquer ofensa ao texto constitucional.

No que se refere ao fato gerador do IPVA, este é comumente definido pelos Estados no dia 01 de janeiro de cada ano. Portanto, a lei publicada no dia 25 de novembro de 2014 teria que produzir efeitos já no dia 01 de janeiro de 2015, a fim de que ela se aplicasse ao próximo exercício (2015).

A princípio, poder-se-ia imaginar que não haveria tal possibilidade, em razão do princípio da anterioridade nonagesimal, que veda a cobrança de tributos antes do decurso do prazo de 90 dias, a contar da data de publicação da lei. Contudo, deve-se salientar que **a majoração da base de cálculo do IPVA foi excepcionada de tal princípio**.

O motivo é óbvio: a base de cálculo desse imposto é calculada com base no preço médio praticado no mercado, no final do ano anterior ao de incidência do imposto. Desse modo, se não houvesse tal exceção, a lei majoradora da base de cálculo do IPVA só poderia ser publicada em outubro, deixando de levar em consideração a variação no preço dos veículos até o fim do ano anterior.

**Portanto, com base nos argumentos acima expostos, a Lei 1/2014 é constitucional.**

**2) Lei Estadual nº 02/2014**

Primeiramente, cabe a seguinte pergunta: quais impostos foram instituídos? Nada foi dito. De qualquer forma, não se pode esquecer de que os Estados somente possuem competência tributária para instituir três impostos, quais sejam: ICMS, IPVA e ITCMD.

O que se deve ressaltar, no entanto, é o fato de **a lei estadual ter instituído impostos sobre os templos de qualquer culto**, localizados no Estado de Goiás.

Não podemos nos esquecer de que **os templos foram imunizados da incidência de impostos**, como se verifica na redação do art. 150, VI, "b", da CF/88, abaixo transcrito:

> Art. 150. Sem prejuízo de outras garantias asseguradas ao contribuinte, é vedado à União, aos Estados, ao Distrito Federal e aos Municípios: (...).
>
> VI – instituir impostos sobre: (...).
>
> b) templos de qualquer culto;

As imunidades, como se sabe, traçam limitações ao poder de tributar, desenhando a competência tributária dos entes federados e, consequentemente, estabelecendo sobre pessoas e objetos sobre os quais não podem incidir tributos.

Nessa linha, o art. 150, VI, "b", disciplinou a **imunidade religiosa**, vedando que qualquer ente federado, inclusive os Estados-membros, cobre impostos sobre os templos de qualquer culto.

**Por conseguinte, a Lei 2/2014 não está de acordo com os preceitos constitucionais. É, pois, inconstitucional.**

### 3) Lei Estadual nº 03/2014

Também foi informado que, no dia 3 de Dezembro de 2014, foi publicada a Lei Estadual nº 03, **instituindo imposto sobre o patrimônio, renda ou serviços dos partidos políticos com sede no Estado de Goiás**.

Seguindo a mesma linha de raciocínio dos comentários elaborados em relação à Lei Estadual nº 02/2014, há imunidade sobre os partidos políticos, conforme preceitua o art. 150, VI, "c", da CF/88:

> Art. 150. Sem prejuízo de outras garantias asseguradas ao contribuinte, é vedado à União, aos Estados, ao Distrito Federal e aos Municípios: (...).
>
> VI – instituir impostos sobre: (...).
>
> c) patrimônio, renda ou serviços dos partidos políticos, inclusive suas fundações, das entidades sindicais dos trabalhadores, das instituições de educação e de assistência social, sem fins lucrativos, atendidos os requisitos da lei;

Portanto, não são apenas os partidos políticos que estão imunes da incidência de impostos federais, estaduais e municipais, mas também as suas fundações. **Portanto, a Lei Estadual 3/2014 não poderia fazer incidir imposto sobre o patrimônio, renda ou serviços dos partidos políticos com sede no Estado de Goiás, sob pena de ser patentemente inconstitucional.**

## DIREITO TRIBUTÁRIO

### 4) Lei Estadual nº 04/2014

Ainda no curso do ano de 2014, a Lei nº 04/2014 foi publicada, instituindo imposto sobre jornais com circulação somente dentro do Estado de Goiás. Trata-se, mais uma vez, de ofensa ao texto constitucional, no que diz respeito à imunidade cultural, estampada no art. 150, VI, "d", da Magna Carta:

> Art. 150. Sem prejuízo de outras garantias asseguradas ao contribuinte, é vedado à União, aos Estados, ao Distrito Federal e aos Municípios: (...).
>
> VI – instituir impostos sobre: (...).
>
> d) livros, jornais, periódicos e o papel destinado a sua impressão.

Não se pode instituir impostos sobre jornais, seja onde ocorre a sua circulação dentro do território nacional. Portanto, a União, os Estados, o Distrito Federal, e os Municípios não podem cobrar impostos sobre livros, jornais periódicos e o papel destinado à sua impressão.

**Com efeito, a Lei Estadual 4/2014 não condiz com os ditames constitucionais, devendo ser considerada inconstitucional.**

### Sugestão de resposta

Os Estados possuem autonomia para se organizarem e instituírem suas próprias leis, criando tributos cuja competência tenha sido a eles atribuídas pela Constituição Federal (CF), podendo, inclusive, majorá-los, reduzi-los, e até mesmo extingui-los, desde que, evidentemente, seja respeitado o princípio da legalidade, isto é, mediante edição de lei. Ademais, em qualquer caso, tais leis devem estar em consonância com a Constituição Federal, sob pena de serem declaradas inconstitucionais.

Nesse rumo, no caso hipotético, relativo ao Estado de Goiás, a Lei Estadual nº 01, publicada no dia 25 de novembro de 2014, está de acordo com o texto constitucional, por ter majorado a base de cálculo do Imposto sobre Propriedade de Veículos Automotores (IPVA), para produzir efeitos no ano de 2015. A referida majoração torna-se possível, em virtude de o princípio da anterioridade nonagesimal permiti-la, relativamente ao IPVA. Dessa forma, não há que se aguardar noventa dias para produção de efeitos da referida norma.

No tocante à Lei Estadual nº 02/2014, tendo como objeto a instituição de impostos sobre os templos de qualquer culto, localizados no Estado de Goiás, cabe ressaltar que as entidades religiosas gozam da imunidade denominada pela doutrina "imunidade religiosa". Sendo assim, o Estado de Goiás é incompetente para tributar, por meio de impostos, os templos de qualquer culto, razão pela qual a citada norma é evidentemente inconstitucional.

Nesse mesmo sentido, a Lei Estadual nº 03/2014 deve ser considerada inconstitucional, por violar o disposto no art. 150, VI, "c", da CF, já que este dispositivo veda a cobrança de impostos sobre o patrimônio, renda ou serviços dos partidos políticos, inclusive suas fundações, revelando mais uma imunidade tributária aplicável não só aos Estados, mas também à União, ao Distrito Federal e aos Municípios.

Por fim, há que se destacar, na esteira do raciocínio acima exposto, que as imunidades tributárias não visam proteger apenas entidades, mas também objetos. É o que ocorre com a imunidade cultural, que veda a incidência de impostos federais, estaduais, distritais e municipais sobre os livros, jornais, periódicos e o papel destinado à sua impressão. Por conseguinte, a Lei Estadual nº 04/2014, ao instituir imposto sobre jornais com circulação somente dentro do Estado de Goiás, também deve ser considerada inconstitucional.

*(MPE/RJ/Promotor/2014)* Emenda Constitucional pode autorizar a cobrança de tributo previamente instituído pelo Município sem previsão na Constituição Federal? Justifique.

**Autora: Bárbara Nascimento**

### Sugestão de resposta

Não, pois o direito brasileiro não admite o fenômeno da constitucionalização superveniente.

A competência tributária é rigorosamente distribuída na Constituição da República. Quanto aos Municípios, eles podem instituir impostos, taxas, contribuições de melhoria (art. 145, CRFB) e contribuição para custeio da iluminação pública (art. 149-A, CRFB).

Quanto aos impostos, o art. 156 traz taxativamente aqueles que o Município pode cobrar. A instituição de um imposto fora dessas possibilidades (IPTU, ITBI e ISS) seria inconstitucional. Apenas a União pode instituir imposto residual (art. 154, CRFB).

Quanto às demais espécies tributárias no art. 145, ou seja, taxas e contribuição de melhoria, seus requisitos estão expressos na própria CRFB. O Município não pode inventar novas espécies de tributo. Como afirma Luís Roberto Barroso, o poder de tributar é também o poder de destruir, de forma que há uma garantia constitucional do cidadão em face da tributação abusiva do Estado.

Portanto, se o Município viola a competência tributária constitucionalmente estabelecida, seja criando uma espécie tributária nova ou violando as regras que disciplinam as já existentes, sua atuação será inconstitucional. Originalmente inconstitucional. Assim, não poderá uma emenda constitucional posterior constitucionalizar esse tributo.

O STF adota a teoria da nulidade das normas inconstitucionais e entende que a declaração de inconstitucionalidade possui, em regra, efeitos ex tunc (salvo na hipótese de modulação dos efeitos). Então, se a lei nasce inconstitucional, será sempre inconstitucional, não podendo ser constitucionalizada por Emenda futura.

Registre-se que até há entendimento doutrinário em sentido contrário, defendendo que com a possibilidade de modulação de efeitos o STF aproximou-se da teoria da anulabilidade do controle de constitucionalidade defendida por Kelsen, argumentando que o STF poderia permitir que uma lei que nasceu inconstitucional mas se tornou materialmente compatível com a CRFB após uma Emenda pudesse ser considerada válida após essa EC (nunca retroagindo para legitimar o passado), evitando que o Município tivesse que editar uma nova lei, mas o STF não aceita tal tese.

Veja-se o exemplo da Taxa de Iluminação Pública e da COSIP. O STF declarou inconstitucional a TIP (Súmula 670, STF), pois não estavam presentes os requisitos do art. 145, II, da CRFB. Ou seja, não havia um serviço específico e divisível de iluminação pública nem exercício de poder de polícia. Diante disso, puderam os Municípios simplesmente criar uma espécie tributária não prevista na CRFB? Não. Foi necessário vir a EC 39/2002 e acrescentar o art. 149-A à CRFB, permitindo que os Municípios instituíssem a COSIP. Essa Emenda constitucionalizou eventuais leis anteriores que estabelecessem tal contribuição, ainda que com outro nome? Também não, porque não há constitucionalização superveniente para o STF.

---

*(Cespe/TRF/1R/Juiz/2013)* Redija um texto dissertativo a respeito do seguinte tema: "Os princípios da igualdade e da vedação ao confisco, conforme a Constituição Federal de 1988 (CF)." Ao elaborar sua dissertação, aborde, necessariamente e na sequência dada, os seguintes aspectos: (i) princípio da igualdade; (ii) igualdade segundo a CF; (iii) dever de distinguir segundo a capacidade econômica (capacidade contributiva como princípio fundamental da justiça tributária); (iv) igualdade e vedação de confisco; (v) direito de propriedade e vedação à tributação confiscatória segundo a CF.

Autora: *Isaura Cristina de Oliveira Leite*

### Direcionamento da resposta

Tratando-se da questão dissertativa, mostra-se mais importante que nas demais questões a estrutura da resposta em texto coeso, sem quebras de contexto ou respostas separadas às diversas indagações contidas no enunciado, em que pese o examinador tenha traçado um roteiro que deveria ser utilizado na "sequência dada". Aqui, o candidato deveria desenvolver temas relativos ao princípio da igualdade, especialmente na seara do Direito Tributário, sendo o espaço ideal para demonstração de conhecimentos teóricos de Direito Constitucional e Tributário.

### Sugestão de resposta

Por definição, princípios são mandamentos nucleares de um sistema, disposições fundamentais que dão unidade, racionalidade e harmonia às diferentes partes do todo que é o sistema jurídico positivo. Neste aspecto, tem-se que o princípio da igualdade, expressamente albergado no art. 5º do Texto Constitucional, é norma à qual devem observância todas as demais insertas ordenamento pátrio, as quais devem ser editadas, interpretadas e aplicadas em consonância com o cânone da igualdade, que finda por estruturar a ideia de justiça desenvolvida pelo Direito.

De maneira geral, concorda a doutrina que é difícil chegar-se ao conceito do que é a igualdade, sendo relevante o conceito proposto por Humberto Ávila, em seu **Teoria da Igualdade Tributária** (2015, p. 43), segundo quem igualdade seria uma relação entre sujeitos em função de um critério que serve a uma finalidade. Neste aspecto, a igualdade pressupõe a avaliação ou comparação entre objetos, tomando-se como base uma medida relevante, renda auferida, por exemplo, que mantenha uma relação com a finalidade que justifica a comparação.

Conforme já citado, a Constituição Federal vigente assegura a igualdade, inclusive como direito fundamental, afirmando, em seu art. 5º, a igualdade de todos perante a lei, garantia esta nominada pela doutrina de "igualdade formal". Por ela, ficam vedadas todas as distinções arbitrárias ou absurdas, não justificáveis pelos valores e demais princípios eleitos pela Constituição como relevantes ao Estado Democrático de Direito brasileiro. Vale dizer, e aqui mais uma vez se invoca a lição de Humberto Ávila, veda-se a distinção não baseada em critério justificado por finalidade amparada na própria Constituição.

De se notar que esta primeira análise alberga a vertente negativa ou limitativa da atuação do legislador e do intérprete, que não poderão editar ou interpretar normas de modo que veiculem desequiparações abusivas.

Por outro lado, porém, a Constituição Federal trouxe em seu texto dispositivos que albergam, claramente, a chamada "igualdade material", como, v.g., quando determina ser objetivo da República a redução das desigualdades regionais. De tal forma, tem-se que o princípio da igualdade consagrado na CF/88 também exige, para além da igualdade formal, o tratamento desigual de todas as pessoas colocadas em situação de desigualdade fática, na exata medida desta desigualdade. Ora, se as desigualdades existem, sendo decorrentes dos mais diversos fatos sociais, o princípio em comento também impõe ao legislador uma atuação positiva, de busca da equiparação jurídica dos cidadãos, numa tentativa de oferecer-lhes oportunidades igualitárias.

Assim sendo, o Princípio da Igualdade na CF/88 significa, em síntese rápida, que se confira tratamento isonômico a todos, apresentando uma vertente negativa, segundo a qual resta proibido o tratamento desigual aos iguais, e uma vertente positiva, que obriga o estabelecimento de tratamento desigual dispensado a pessoas em situação de desigualdade, para tanto considerando critérios justificados pelos valores e demais princípios consagrados pela própria Constituição, sempre visando à isonomia dos cidadãos.

Em Direito Tributário o tema da igualdade é sensível e inspirou o constituinte a inserir no texto constitucional diversas regras conformadoras do Poder de Tributar estatal.

O primeiro cânone emergente da igualdade tributária, com efeito, é o princípio da generalidade dos tributos. Se todos são iguais, cumpre a todos submeterem-se de forma isonômica à tributação, sem discriminações irrazoáveis ou à míngua de apoio ou fundamento nos demais princípios constitucionalmente consagrados. Este cânone, de fato, está expressamente previsto na Constituição, em seu art. 150, inciso II, segundo o qual "é vedado à União, aos Estados, ao Distrito Federal e aos Municípios instituir tratamento desigual entre contribuintes que se encontrem em situação equivalente, proibida qualquer distinção em razão de ocupação profissional ou função por ele exercida, independente da denominação jurídica dos rendimentos, títulos ou direitos".

Impõe-se, porém, a distinção dos cidadãos em face das disparidades econômicas verificadas entre os contribuintes. E se impõe porque, por força de mandamento constitucional expresso, a tributação por meio de impostos – tributos desvinculados de uma atuação estatal específica – deve ser graduada, sempre que possível, em função da capacidade econômica dos contribuintes (art. 145, § 1º, CF/88).

Tal distinção é, com efeito, o segundo desdobramento da igualdade em matéria tributária, constituindo-se no princípio da capacidade contributiva, segundo o qual a responsabilidade, que é de todos, de contribuir com recursos financeiros para a manutenção do Estado e seus serviços deve medir-se proporcionalmente às forças econômicas de cada um. Quem possui maior riqueza deve pagar proporcionalmente mais impostos do que quem a possui em menor quantidade, o que demonstra que o postulado em exame é, exatamente, a concreção do princípio da igualdade na seara tributária, em sua vertente positiva, qual seja, a que obriga o legislador a uma atuação positiva que vise à equiparação ou ao tratamento isonômico dos cidadãos. A capacidade contributiva deverá ser, exatamente, o critério de comparação e diferenciação entre os contribuintes.

Relevante mencionar, neste ponto, que o princípio da capacidade contributiva é que impõe recaia a tributação por impostos sobre fatos que apontem ou evidenciem signos de riqueza. Em outras palavras, ao escolher o legislador tributário os fatos da vida que determinarão o nascimento de obrigações tributárias (hipóteses de incidência), deverá fazê-lo procurando acontecimentos que possam ser medidos economicamente, já que a obrigação tributária tem, por imposição legal, caráter pecuniário. De outra parte, a capacidade contributiva impõe que o ônus do impacto tributário seja repartido de tal modo a que cada sujeito contribua de acordo com a expressividade do evento econômico manifestado. Quanto a este aspecto, interessante apontar que a segunda proposição, que realiza efetivamente a igualdade ou a justiça tributária (que cada contribuinte seja tributado de acordo com a expressividade do sinal de riqueza eleito), somente se viabiliza se, previamente, se houver realizado a primeira, ou seja, tenha sido eleito um fato de conteúdo econômico para figurar como hipótese de incidência[107].

De todo modo, emerge de todos os aspectos da capacidade contributiva que este princípio constitui-se em mecanismo fundamental de realização da Justiça Fiscal, vertente que lhe assegura, ainda, inegável natureza de Direito Fundamental, na medida em que se presta também a conter o ímpeto de arrecadação do Estado, impedindo o contribuinte de submeter-se a sacrifício patrimonial exagerado e preservando a sua capacidade de subsistência[108].

---

107. Sobre capacidade contributiva absoluta e relativa, vide CARVALHO, Paulo de Barros, Direito Tributário Linguagem e Método, 5. ed. São Paulo: Noeses, 2013, p. 331-336.

108. "O princípio da capacidade contributiva hospeda-se nas dobras do princípio da igualdade e ajuda a realizar, no campo tributário, os ideais republicanos. Realmente, é justo e jurídico que quem, em termos econômicos, tem muito pague, proporcionalmente, mais imposto do que quem tem pouco. Quem tem maior riqueza deve, em termos proporcionais, pagar menos imposto do que quem tem menor riqueza. Noutras palavras, deve contribuir mais para a manutenção da coisa pública. As pessoas devem pagar impostos na proporção de seus haveres, ou seja, de seus índices de riqueza. O princípio da capacidade contributiva informa a tributação por meio de impostos. Intimamente ligado ao princípio da igualdade, é um dos mecanismos mais eficazes para que se alcance a tão almejada Justiça Fiscal. (CARRAZZA, Roque Antônio. Curso de direito constitucional tributário, São Paulo: Malheiros, 1999, p. 65.)

Na sequência, esta função de proteger o contribuinte contra os excessos do Estado na tributação leva à análise de terceira vertente do princípio da igualdade nos domínios do Direito Tributário, qual seja, a vedação à tributação com efeitos confiscatórios, expressamente prevista no art. 150, IV, da CF/88, e que se refere a todas as espécies tributárias, não se restringindo a impostos, como no caso do princípio da capacidade contributiva.

Confisco, como se sabe, é a tomada da propriedade privada pelo Estado (fisco), sem o pagamento da correspondente indenização. Este evento, salvo em situações excepcionalíssimas e mais afetas à aplicação de sanções, como, por exemplo, na hipótese prevista no art. 243 da Constituição, é vedado no ordenamento jurídico pátrio, que reconhece e protege a propriedade como direito fundamental. Ora, se ao Estado é, em regra, impossível a expropriação do patrimônio do cidadão, igualmente lhe é vedado confiscá-lo por meio de tributos excessivos, que esgotem o conteúdo econômico da propriedade ou a inutilizem para o contribuinte.

Nesta toada, vê-se que a vedação à tributação com efeito de confisco deriva ou tem fundamento nos princípios da igualdade e da capacidade contributiva, na medida em que o comando de não esgotar ou atingir excessivamente, através da tributação, o patrimônio das pessoas implica, necessariamente, a avaliação de sua capacidade contributiva e a sua consequente distinção com base em critérios econômicos. Decerto, a quantificação do que configura tributo confiscatório tem contornos vagos e imprecisos, para cuja tarefa a doutrina especializada invoca a razoabilidade, o que, inegavelmente, aproxima este princípio dos já comentados igualdade e capacidade contributiva, sempre com vistas a impedir que o Estado elimine o patrimônio privado por meio da tributação, ou impeça, pelo mesmo meio, o desenvolvimento de atividade lícita.

Lado a lado com os princípios da igualdade e da capacidade contributiva, o direito de propriedade, nos contornos que lhe conferiu a Constituição Federal vigente (função social etc), também concorre para que se precise o ponto a partir do qual uma exação se desnatura de tributo a confisco, sendo corrente o entendimento de que isto ocorre a partir do momento em que onera o contribuinte a ponto de ofender-lhe o direito de propriedade, de resto protegido contra a expropriação sem prévia e justa indenização. O confisco, assim sendo, implica a própria negação do direito de propriedade, constituindo sua vedação uma extensão da garantia do referido direito fundamental. A tributação, participação do estado na riqueza privada para financiamento de seus fins precípuos, não pode findar por constituir-se em meio indireto de aniquilamento desta mesma riqueza.

Note-se, por relevante, que a ocorrência de eventual efeito de confisco da tributação deve ser aferida considerando-se toda a carga tributária incidente sobre determinada expressão de riqueza, e não verificada quanto a cada tributo isoladamente. De fato, restaria esvaziada a garantia à propriedade se, em que pese não poder instituir um tributo que inviabilizasse, sozinho, a propriedade particular, pudesse o Estado instituir diversos tributos que, somados, tornassem inviável a manutenção do bem da vida tributado. É este o entendimento do Supremo Tribunal Federal (ADC 8 MC, DJ 4.4.2003), de cujo exame vê-se que a avaliação de eventual excesso da carga tributária incidente sobre um bem da vida deve levar em consideração, inclusive, a capacidade econômico-financeira do próprio contribuinte.

Por outro lado, cumpre asseverar que a Constituição prevê, em que pese a vedação do confisco, a possibilidade de exacerbar-se a tributação com vistas ao cumprimento de funções extrafiscais atribuídas por ela própria a determinados tributos.

É o caso, por exemplo, da majoração das alíquotas de imposto de importação com vistas a desestimular o consumo de produtos supérfluos ou nocivos oriundos do exterior, bem como da progressividade no tempo das alíquotas do imposto sobre a propriedade predial e territorial urbana, quando o imóvel não cumprir sua função social, tudo nos termos da previsão do art. 182, § 4º, da Constituição.

Trata-se, como se vê, de implementação, por meio da cobrança exacerbada de tributos, que deixam de possuir finalidade meramente fiscal, de valores ou políticas de grande relevância social ou econômica, como é o caso de forçar o proprietário a destinar seu imóvel de forma a cumprir sua função social, elemento inerente e indissociável do conceito de propriedade.

O aumento da tributação para fins extrafiscais, no entanto, não autoriza a elevação do tributo a ponto de transmutar-lhe em confisco, de maneira que subsiste a garantia da vedação ao efeito confiscatório mesmo quando o Estado pretenda compelir o contribuinte ao cumprimento de valores constitucionalmente relevantes. O impede, com efeito, novamente o direito de propriedade, sendo certo que o Estado não pode, ainda que sob o manto de relevantes interesses sociais, suprimir direitos e garantias individuais que socorrem aos contribuintes.

---

**(BioRio/PGM/Várzea_Paulista/Procurador/2012)** *Descreva o princípio tributário da anterioridade e justifique, pelo menos, três exceções a esse princípio.*

**Autores:** *Helton Kramer Lustoza e Leonardo Zehuri Tovar*

## DIREITO TRIBUTÁRIO

### Direcionamento da resposta

Resumidamente indicar a base legal na Constituição Federal, em seu art. 150, III, "b" e "c". E indicar as exceções, bem como o motivo da sua existência.

### Sugestão de resposta

Pelo princípio da anterioridade, em especial do Direito Tributário, os tributos instituídos ou majorados não podem ser cobrados antes de decorrido o exercício financeiro em que haja sido publicada a lei que os instituiu ou aumentou, observando o prazo mínimo de noventa dias de *vacatio legis*.

Lembrando-se que o regramento do artigo 150, inciso III, sofreu a inclusão da alínea "c" (da anterioridade nonagesimal) a partir da Emenda Constitucional de n. 42 de 2003, na chamada reforma tributária.

Em outras palavras, pode-se dizer que a regra constitucional determina que não poderá ser cobrado tributo (i) no mesmo exercício financeiro da sua criação ou majoração, pelo princípio da anterioridade comum e (ii) antes de decorridos noventa dias da data em que haja sido publicada a lei, pelo princípio da anterioridade nonagesimal. Sobre esse último item (o 'ii'), vê-se a inclusão da alínea 'c' ao art. 150, III, CF, como algo extremamente salutar, porquanto propicia ao contribuinte uma maior segurança, ao evitar que no último dia do exercício financeiro (ou pouco antes disso) a carga tributária seja majorada ou mesmo sejam instituídos novos tributos, como historicamente ocorria[109].

A anterioridade tributária, aliás, por tudo isso, configura-se como garantia fundamental ao contribuinte, eis que se trata de uma blindagem constitucional ao poder de tributar, em respeito à segurança jurídica e à previsibilidade do contribuinte. Por essa importância, a referida regra constitucional, por grande parte da doutrina[110] e por decisão do STF, reveste-se da qualidade de cláusula pétrea, não podendo ser suprimida nem mesmo através de emenda constitucional.

---

109. "O presente dispositivo constitucional vem atender uma necessidade dos contribuintes, prestigiando a segurança jurídica em matéria tributária. Faz com que não mais possam ocorrer alterações na legislação em 31 de dezembro, como muitas vezes ocorreu, instituindo ou majorando tributos para vigência já a partir de 1º de janeiro. Muitas vezes houve até mesmo edições extras dos Diário Oficial em 31 de dezembro, sábado à noite, sem que sequer tenha chegado a circular, e que no dia seguinte, sem terem chegado ao conhecimento sequer dos mais atentos, já geravam obrigações tributárias (...). Com a nova regra da alínea 'c' do inciso II do art. 150, acrescida pela EC 42/03, supre-se a deficiência da anterioridade de exercício relativamente às alterações de final de ano, fazendo com que o contribuinte possa efetivamente conhecer com antecedência as normas instituidoras ou majoradoras de tributos. Viabiliza-se, com isso, planejamento do contribuinte". (In: PAULSEN, Leandro. Direito Tributário – Constituição e Código Tributário à luz da doutrina e da jurisprudência. Porto Alegre, Livraria do Advogado: 2007, p. 218).

110. Com efeito, um exemplo de manifestação doutrinária nesse sentido, com alusão expressa à ADI 939-7, por meio da qual o Supremo Tribunal Federal considerou a anterioridade como

Ser cláusula pétrea não significa que não se presenciem exceções, contidas no texto constitucional, logicamente. As exceções ao princípio da anterioridade estão elencadas no art. 150, § 1º, CF: a) Empréstimo Compulsório (art. 148, I, CF); b) Imposto de Importação; c) Imposto de Exportação; d) Imposto Sobre Produtos Industrializados – IPI; e) Imposto sobre Operações de Crédito, Câmbio e Seguros – IOF; f) Imposto Extraordinário de Guerra. Registram-se também as exceções contidas nos arts. 177, § 4º, I, 'b' (CIDE-combustíveis[111]) e art. 155, § 4º, IV, 'c' (ICMS-combustíveis[112]), todos da Constituição da República, ressaltando-se que, quanto ao ICMS, essa ressalva somente poderá ser aplicável caso venha a ser adotada a sistemática de incidência diferenciada prevista na EC 33/01 (incidência monofásica, ainda não implantada pelos Estados).

As exceções à nonagesimal (também conhecida como noventena) são: a) Empréstimo Compulsório (art. 148, I, CF); b) Imposto de Importação; c) Imposto de Exportação; d) Imposto Sobre Produtos Industrializados – IPI; e) Imposto sobre Operações de Crédito, Câmbio e Seguros – IOF; f) Imposto Extraordinário de Guerra; ou seja, as mesmas da anterioridade geral, com o (i) acréscimo do imposto de renda; (ii) da base de cálculo do IPTU; e, (iii) da base de cálculo do IPVA.

*(Fundatec/PGE/RS/Procurador/2012)* Discorra sobre os princípios da anualidade tributária, da anterioridade anual, da anterioridade nonagesimal e da anterioridade mitigada e comente, em consonância com a jurisprudência majoritária do Supremo Tribunal Federal, sobre a incidência ou não do princípio da anterioridade nonagesimal em se tratando da prorrogação de lei que instituiu determinado tributo temporário.

Autores: *Eduardo Moreira Lima Rodrigues de Castro e Helton Kramer Lustoza*

---

uma cláusula pétrea: "(...) Lembremo-nos, ainda, que a grande novidade do referido art. 60 está na inclusão, entre as limitações ao poder de reforma da Constituição, dos direitos inerentes ao exercício da democracia representativa e dos direitos e garantias individuais, que por não se encontrarem restritos ao rol do art. 5º, resguardam um conjunto mais amplo de direitos constitucionais de caráter individual dispersos no texto da Carta Magna. Neste sentido, decidiu o Supremo Tribunal Federal (ADI 939) ao considerar cláusula pétrea, e consequentemente imodificável, a garantia constitucional assegurada ao cidadão no art. 150, III, b, da Constituição Federal (princípio da anterioridade tributária), entendendo que ao visar subtraí-la de sua esfera protetiva, estaria a Emenda Constitucional n. 3, de 1993, deparando-se com um obstáculo intransponível, contido no art. 60, § 4º, IV, da Constituição Federal". (In: Alexandre de Moraes. Direito Constitucional. São Paulo: Saraiva, 2001, p. 527).

111. Poderá ter sua alíquota reduzida e restabelecida por ato de competência do Poder Executivo Federal.

112. Poderá ter sua alíquota reduzida e restabelecida por deliberação conjunta dos Estados e do Distrito Federal.

# DIREITO TRIBUTÁRIO

### Direcionamento da resposta

A questão envolve o conhecimento das limitações constitucionais ao poder de tributar constantes dos artigos 150, inciso III, alíneas "b" e "c", e 195, § 6°, da Constituição Federal de 1988. Faz-se mister que o candidato, além de enfatizar a não incidência do princípio da anualidade tributária após o advento da CF/88, esclareça que o princípio da anterioridade nonagesimal só tem cabimento nos casos de instituição de tributo, não de mera prorrogação.

### Sugestão de resposta

Os princípios constitucionais da anterioridade, anterioridade mitigada e anterioridade nonagesimal, positivados, respectivamente, nos artigos 150, inciso III, alíneas "b" e "c", e 195, § 6°, da Constituição Federal de 1988 – CF/88, ao lado do princípio da irretroatividade tributária (art. 150, III, a, CF/88), compõem aquilo que doutrina mais autorizada convencionou chamar de **princípio da não surpresa tributária**.

Como afeta direitos e garantias individuais fundamentais, como a propriedade e a liberdade, a incidência tributária não pode ser objeto de surpresas por parte dos contribuintes. Estes deverão ter tempo suficiente para, caso necessário, adequarem seus gastos e sua rotina à espera de eventual nova exação. Percebe-se, assim, que o princípio da não surpresa tributária é consectário lógico da **segurança jurídica e estabilidade nas relações sociais**.

Em virtude da norma da **anterioridade tributária** (CF/88, 150, III, b), a lei instituidora do tributo deverá ser sempre publicada até o último dia do exercício financeiro anterior, caso deseje produzir efeitos no exercício financeiro subsequente.

A Constituição Federal prevê alguns tributos cuja majoração ou instituição não se submete ao princípio em estudo (CF/88, art. 150, § 1°). Além dos chamados impostos extrafiscais (II, IE, IPI e IOF), cujas finalidades não meramente arrecadatórias exigem alteração mais célere de alíquotas, não incide o princípio da anterioridade sobre os empréstimos compulsórios para fazer face a despesas com guerra externa ou sua iminência e sobre o Imposto Federal Extraordinário de Guerra.

Segundo a norma da **anterioridade mitigada**, deve haver um intervalo mínimo de 90 (noventa) dias entre a publicação da lei que institui ou majora tributos e sua eficácia, obedecido o princípio da anterioridade, o que impede que leis exacionais publicadas no último dia do exercício financeiro produzam efeitos imediatos – em detrimento da segurança jurídica dos contribuintes. Não se submetem ao princípio em comento os impostos previstos nos arts. 148, I, 153,

I, II, III e V; e 154, II, da CF/88, nem a fixação da base de cálculo dos impostos previstos nos arts. 155, III, e 156, I.

O princípio da **anterioridade nonagesimal** está positivado no art. 195, § 6º, da CF/88, segundo o qual as contribuições sociais de que trata este artigo só poderão ser exigidas após decorridos noventa dias da data da publicação da lei que as houver instituído ou modificado, não se lhes aplicando o disposto no art. 150, III, "b" (anterioridade anual). A norma, como se pode perceber, difere da anterioridade mitigada na medida em que: a) se aplica exclusivamente às contribuições sociais e; b) não deve obediência à anterioridade anual.

O **princípio da anualidade tributária**, segundo o qual nenhum tributo pode ser cobrado no exercício financeiro se não tiver prevista a sua cobrança no respectivo orçamento, não tem previsão na Constituição Federal de 1988 e não foi por ela recepcionado.

Por fim, importante frisar que, nos moldes da jurisprudência pacífica do Supremo Tribunal Federal, não há que se falar em incidência do princípio da **anterioridade nonagesimal** nos casos de mera prorrogação de tributo instituído por lapso temporal determinado, haja vista que a Constituição faz menção apenas à instituição do tributo[113].

*(Fundep/TJ/MG/Cartórios/Ingresso/2011) Identifique na Constituição Federal e conceitue, de forma sucinta, três princípios constitucionais do Direito Tributário.*

Autora: *Letícia Franco Maculan Assumpção*

### Direcionamento da resposta

O candidato deverá identificar e apresentar o conceito de três princípios constitucionais de Direito Tributário. Sugere-se que o candidato escolha os mais conhecidos princípios tributários, quais sejam: a legalidade, a anterioridade e a irretroatividade.

---

113. "Segundo orientação firmada por esta Suprema Corte no julgamento do RE 566032, a EC 42/03 prorrogou a cobrança da CPMF calculada à alíquota de 0,38%, sem implicar aumento ou recriação do tributo. Por tal razão, era-lhe inaplicável a regra da anterioridade de noventa dias, 'nonagesimal', 'especial' ou 'noventena'. Pelas mesmas razões, isto é, a não caracterização de ruptura de regime jurídico fomentador de justa expectativa à redução do tributo, também é inaplicável à cobrança do tributo o prazo de 'vacatio legis' previsto na Lei de Introdução ao Código Civil – LICC". (STF, RE 633441-AgR, voto, Min. Joaquim Barbosa, DJe 14.11.2011).

### Sugestão de resposta

Dentre os princípios constitucionais tributários, destacam-se os seguintes:

**Princípio da legalidade:** veda expressamente à União Federal, aos Estados Membros, ao Distrito Federal e aos Municípios exigir ou aumentar tributos sem lei que o estabeleça. Ninguém será obrigado a cumprir um dever instrumental tributário que não tenha sido criado por meio de lei, pela pessoa política competente. Pode-se dizer, pois, que a legalidade para o direito tributário é a exigência de lei para criar ou majorar tributos, sendo ainda que a lei deve trazer o tipo tributário.[114]

**Princípio da irretroatividade:** é o princípio que veda a cobrança de tributos em relação a fatos geradores ocorridos antes do início da vigência da lei que os houver instituído ou aumentado.

**Princípio da anterioridade:** também chamado por parte da doutrina de "princípio da não-surpresa tributária", termo que abarca o princípio da anterioridade comum e o princípio da anterioridade nonagesimal. O princípio da anterioridade é exclusivamente tributário[115]. Pode ser conceituado como o princípio que exige que a lei que crie ou aumente o tributo seja anterior ao exercício financeiro em que o tributo seja cobrado e, além disso, que se observe a antecedência mínima de noventa dias entre a data de publicação da lei que o instituiu ou aumentou e a data em que passa a aplicar-se[116].

---

114. Ou seja, por meio de ato do legislativo, cria-se a lei (reserva formal), e tal lei descreve o tipo tributário (reserva material), que há de ser um conceito fechado, seguro, exato, rígido e reforçador da segurança jurídica. Observando os elementos que permitem a identificação do fato imponível (hipótese de incidência, sujeito ativo e passivo), fica vedado o emprego da analogia e da discricionariedade. Para aprofundamento, ver CARRAZA, Roque Antonio. Curso de direito constitucional tributário. 22. ed. São Paulo: Malheiros, 2006.

115. Sobre esta peculiaridade do princípio da anterioridade, o doutrinador José Francisco da Silva Neto ensina: "(...) com efeito, enquanto para os demais ramos do Direito a pura vigência de seus textos de lei já os torna factivelmente exigíveis, pois aptos à produção de efeitos a partir de referida vigência, as normas jurídicas tributárias, que criem ou majorem, para fins de cumprimento ao princípio em tela, não exigem previsão sobre aquele momento, mas quanto ao de vincular ou de incidir sobre os casos concretos" (SILVA NETO, 2004, p. 132).

116. Há exceções constitucionais ao princípio da anterioridade (de exercício ou à nonagesimal): (a) Para os empréstimos compulsórios que atendam às despesas extraordinárias (art. 148, I – CF), para os impostos sobre importação, exportação, renda e proventos de qualquer natureza e sobre operações financeiras (IOF), bem como os impostos extraordinários instituídos por guerra externa ou sua iminência (art. 154, II), não se aplicará a regra da "vacatio" constitucional de 90 (noventa) dias. Deste modo, a cobrança é admitida imediatamente após a publicação do ato normativo que os houver instituído ou aumentado, exceção feita ao IR; que tem submissão ao princípio da anterioridade; (b) Para o imposto sobre produtos industrializados (IPI) a situação, após a E/C nº 42/03, ficou de certa forma atípica, posto que tal tributo não cumpre o princípio

**(MPE/RJ/Promotor/2011)** *Disserte sobre os princípios da anterioridade e anterioridade nonagesinal em matéria tributária.*

Autor: Marco Antonio Reis

### Sugestão de resposta

A anterioridade genérica ou anual, enquanto limitação ao poder de tributar prevista no art. 150, III, "b", CRFB/88, consiste na vedação ao Fisco da cobrança de tributo no mesmo exercício financeiro de sua instituição ou majoração. Insere-se nos chamados direitos de defesa (*Abwehrrechte*), com natureza de cláusula pétrea e concretiza o valor da segurança jurídica.

Os tributos que excepcionam tal limitação são: (i) os impostos de importação, exportação, sobre operações de crédito, seguro e câmbio, sobre produtos industrializados (em função da natureza extrafiscal destes, ligada à regulação político-econômica), (ii) o ICMS sobre combustíveis e lubrificantes sujeitos à incidência unifásica, (iii) os empréstimos compulsórios em caso de guerra e calamidade pública, (iv) o imposto extraordinário de guerra e (v) as contribuições dos arts. 195, parágrafo 6º e do 177, parágrafo 4º, I, b, *in fine*.

A anterioridade nonagesimal ou noventena, enquanto limitação ao poder de tributar decorrente do poder constituinte derivado (EC 42/2003), prevista na alínea 'c' do inciso III, art. 150, CR, manifesta o mesmo valor e natureza supra, e consiste na proibição de cobrança pelo Fisco de certos tributos

---

da anterioridade (v. § 1º do art. 150 – CF), mas em caso de aumento de alíquota (que é feito por decreto do Poder Executivo, conforme art. 153, § 1º – CF) a cobrança deverá obedecer o mencionado prazo de 90 (noventa) dias trazido pela citada alteração constitucional; (c) Quanto ao IPVA (art. 155, III – CF) e ao IPTU (art. 156, I – CF), no que se refere ao aumento da base de cálculo, tal alteração, ainda que se paute pelo princípio da anterioridade, não se submeterá ao criado prazo de 90 (noventa) dias. Deste modo, sendo a alteração em causa publicada até o dia 31 de dezembro a eficácia deste ato se imporá já em 1º de janeiro do ano seguinte. Por outro lado, se for o caso de aumento de alíquotas a legislação deverá cumprir o princípio da anterioridade, bem como a "vacatio" constitucional de 90 (noventa) dias. (d) As contribuições sociais decorrentes do art. 195 da CF não levarão em conta nem o princípio da anterioridade propriamente dito, conforme determina o art. 149 da CF, e nem o prazo de 90 (noventa) dias da E/C nº 42/03. Para tal espécie tributária prevalece o disposto no § 6º do citado art. 195, isto é, as contribuições sociais devem cumprir um "outro" prazo de 90 (noventa) dias, ou seja, quando estas forem instituídas ou modificadas a eficácia da lei ficará postergada para 90 (noventa) dias após a data da sua publicação, independentemente de se levar em conta o chamado exercício financeiro. Assim, de forma prática, se a lei que altera tal tributo for publicada em fevereiro de determinado ano a cobrança será possível após o decurso do prazo de 90 (noventa) dias. De outra forma, se a lei for publicada em novembro, o tributo somente será exigível depois de 90 (noventa) dias da data da publicação. Em síntese, deve sempre ser cumprida a "vacatio" constitucional de 90 (noventa) dias dissociada do exercício financeiro. Se aplica ao caso o intitulado princípio da anterioridade nonagesimal ou anterioridade especial ou mitigada.

antes de decorrido o prazo de 90 dias do termo a quo da publicação da lei instituidora ou majoradora de tais tributos. As hipóteses de exceção à noventena são: i) a instituição e majoração do IR; (ii) a majoração da base de cálculo do IPVA e do IPTU.

### Comentários

A resposta acima, dada na ocasião da prova, poderia ser mais sintética. Explica-se: optou-se, aqui, por dar o nome dos tributos que excepcionam os princípios mencionados a fim de poupar ao leitor o tempo de consulta à legislação. Quando da prova, porém, bastaria a menção aos dispositivos em si, o que pouparia algumas linhas ao candidato.

Não obstante o limite de linhas em uma questão preliminar, a pergunta é aberta, pois o examinador deseja uma dissertação sobre o tema. Note o leitor que a resposta contempla várias informações, ainda que de modo resumido: o conceito, a natureza jurídica, o fundamento legal, o valor que orienta os princípios, bem como exceções a estes. No caso da anterioridade nonagesimal, ainda se sublinha a informação de que se trata de fruto do poder constituinte derivado. Em questões desta natureza, cabe ao candidato mencionar o máximo de informações relevantes sobre o assunto.

*(AOCP/PGM/Cabo_de_Santo_Agostinho/Procurador/2010)* Enumere os impostos cujas alíquotas podem ser majoradas ou diminuídas por ato do Poder Executivo e discorra sobre a finalidade dessa exceção ao princípio da legalidade.

**Autores:** Helton Kramer Lustoza e Leonardo Zehuri Tovar

### Direcionamento da resposta

Resumidamente fazer menção a base legal na Constituição Federal, em seu art. 153, parágrafo 1º[117]. E indicar o motivo desta permissão constitucional.

---

117. CF. Art. 153. Compete à União instituir impostos sobre: I – importação de produtos estrangeiros; II – exportação, para o exterior, de produtos nacionais ou nacionalizados; III – renda e proventos de qualquer natureza; IV – produtos industrializados; V – operações de crédito, câmbio e seguro, ou relativas a títulos ou valores mobiliários; VI – propriedade territorial rural; VII – grandes fortunas, nos termos de lei complementar. § 1º É facultado ao Poder Executivo, atendidas as condições e os limites estabelecidos em lei, alterar as alíquotas dos impostos enumerados nos incisos I, II, IV e V.

## Sugestão de resposta

O artigo 97, inciso IV, do CTN, dispõe que somente a lei poderá fixar as alíquotas de um tributo, contudo, exceções dessa estrita legalidade, dispostas na Constituição Federal, em especial no art. 153, § 1º, CF, asseveram a existência de impostos federais que poderão ter suas alíquotas majoradas (ou reduzidas) por ato do Poder Executivo Federal, o que se dá comumente por decreto presidencial ou portaria do Ministro da Fazenda. São eles: II, imposto de importação; IE, imposto de exportação, IPI, imposto de – produtos industrializados e; IOF, imposto sobre operações financeiras.

Com a emenda constitucional de n. 33 de 2001, ainda foram acrescentados ao texto da CF, a Contribuição de Intervenção no Domínio Econômico sobre combustíveis (CIDE- combustíveis, conforme art. 177, § 4º inciso I, "b"[118]) e o Imposto sobre Circulação de Mercadorias e Serviços, também, sobre combustíveis (ICMS-combustível, conforme artigo 155, § 4º, IV[119]).

Como dita supra, tais excepcionalidades se verificam com uma mitigação do princípio da legalidade, eis que tais tributos possuem a característica da extrafiscalidade[120] e possuem um viés regulatório[121]. Isto é, promovem estímulos e desestímulos a comportamentos e não se prestando a mera arrecadação de tributos.

**(TJ/DFT/Juiz/2006)** *O princípio da anterioridade tributária é cláusula pétrea?*

Autor: *Marcio Del Fiore*

## Direcionamento da resposta

A questão é interdisciplinar envolvendo direito constitucional e direito tributário. O art. 60, §4º, da CF/88 estabelece o rol das cláusulas pétreas, isto é,

---

118. Poderá ter sua alíquota reduzida e restabelecida por ato de competência do Poder Executivo Federal.
119. Poderá ter sua alíquota reduzida e restabelecida por deliberação conjunta dos Estados e do Distrito Federal.
120. Por exemplo, Ricardo Lobo Torres: "A extrafiscalidade, como forma de intervenção estatal na economia, apresenta uma dupla configuração: de um lado, a extrafiscalidade se deixa absorver pela fiscalidade, constituindo a dimensão finalista do tributo; de outro, permanece como categoria autônoma de ingressos públicos, a gerar prestações não tributárias". (In: TORRES, Ricardo Lobo. Curso de direito financeiro e tributário. Rio de Janeiro: Renovar, 2001, p. 167).
121. Outra definição de extrafiscalidade é encontrada nesta manifestação doutrinária: "(...) a extrafiscalidade, afastando-se do mecanismo de pura arrecadação, objetiva corrigir situações sociais ou econômicas anômalas, buscando o atingimento de objetivos que preponderam sobre os fins simplesmente arrecadatórios de recursos financeiros para o Estado". (In: SABBAG, Eduardo. Manual de Direito Tributário. São Paulo: Saraiva 2009, p. 34).

aquelas imutáveis pelo Poder Constituinte Derivado. O candidato deve mencionar que o princípio da anterioridade tributária está associado a não surpresa, corolário da segurança jurídica e de acordo com o entendimento do Supremo Tribunal Federal, exposto na ADI 939-7 – DF é considerado cláusula pétrea. De modo que, os direitos e garantias individuais estão pulverizados na Constituição de 1988, não somente arrolados no art. 5º.

### Sugestão de resposta

O princípio da anterioridade tributária é considerado cláusula pétrea, pois está associado a não surpresa, decorrente do princípio da segurança jurídica, razão pela qual é considerado espécie de direito fundamental.

A doutrina constitucionalista, como por exemplo, Alexandre de Moraes ensina que o rol de direitos e garantias individuais não estão restritos ao art. 5º da CF, mas encontram-se dispersos no texto constitucional. Especialmente, no que toca aos princípios constitucionais tributários os doutrinadores mencionam que nos artigos 150 a 152 da CF está o denominado Estatuto dos Contribuintes, pois envolvem normas constitucionais que conferem ou declaram bens que possam integrar o patrimônio jurídico do contribuinte.

O próprio Supremo Tribunal Federal já se manifestou no sentido de que o princípio da anterioridade tributária é cláusula pétrea. Foi no bojo da ADI 939-7 – DF ao entender pela inconstitucionalidade da Emenda Constitucional 3/1993 que instituiu o Imposto Provisório sobre Movimentação Financeira – IPMF sem respeitar o referido princípio ferindo, por conseguinte, cláusula pétrea.

Desse modo, o princípio da anterioridade tributária representa importante conquista político-jurídica dos contribuintes, constitui expressão fundamental dos direitos outorgados pela Constituição Federal de 1988 e é considerado intocável pelo Poder Constituinte Derivado.

---

**(UFRJ/Eletronorte/Advogado/2005)** *Discorra sobre os princípios constitucionais tributários da irretroatividade e anterioridade, estabelecendo a distinção entre ambos e exemplificando.*

Autor: *Márcio Ladeira Ávila*

### Direcionamento da resposta

O candidato deve proceder à leitura dos seguintes dispositivos: art. 150, inc. III e § 1º, art. 195, § 6º e art. 177, § 4º, I, *b*, todos da CF/88, além do art. 106 do CTN.

### Sugestão de resposta

O princípio da irretroatividade da lei, aplicado em sede de Direito Tributário, determina que nenhum tributo será cobrado se a lei que o instituir não for anterior ao fato gerador, por ela criado ou majorado (art. 150, III, *a* da CF/1988). Assim, garante-se a segurança jurídica (previsibilidade e confiabilidade) e o princípio da não surpresa do contribuinte, ao mesmo tempo em que se descreve o comportamento a ser adotado pelo Poder Legislativo.

Exemplo oposto à previsibilidade é, infelizmente, dado pelo próprio STF, por sua antiga Súmula 584, segundo a qual, ao imposto de renda calculado sobre os rendimentos do ano-base, aplica-se a lei vigente no exercício financeiro em que deve ser apresentada a declaração. O entendimento da Suprema Corte também esvazia outro princípio a ser estudado, que é o da anterioridade, no que se refere ao imposto de renda.

Esse princípio, assim como o da legalidade, constitui base fundamental para o exercício da competência tributária e encontra institutos similares em todas as áreas do Direito. De fato, a localização da lei no tempo e a limitação temporal para sua aplicabilidade são condições *sine qua non* de segurança jurídica.

Não obstante, o CTN estipula nos incisos do art. 106, as exceções ao princípio, que permitem a aplicação da lei a fatos anteriores a sua vigência. Tal dispositivo procura regular as relações tributárias no tempo, diminuindo os prejuízos provocados por lei derrogada, ou estendendo os benefícios percebidos por lei nova, nos limites estabelecidos.

Quanto ao princípio da anterioridade, por sua vez, a CF/88 estabelece ser vedada a cobrança de tributos "no mesmo exercício financeiro em que haja sido publicada a lei que os instituiu ou aumentou" (art. 150, III, *b*). Ricardo Lodi Ribeiro defende que a anterioridade é eminentemente uma regra, por fundamentar-se no princípio da não surpresa, faceta axiológica da irretroatividade.

A Constituição Federal prevê exceções ao princípio da anterioridade, quais sejam: empréstimos compulsórios destinados a atender despesas extraordinárias, decorrentes de calamidade pública, de guerra externa ou sua iminência; impostos que incidam sobre: a) importação de produtos estrangeiros, b) exportação para o exterior, de produtos nacionais ou nacionalizados, c) produtos industrializados; operações de crédito, câmbio e seguro, ou relativas a títulos ou valores imobiliários; e, impostos extraordinários criados na iminência ou no caso de guerra externa.

Também não se submetem ao princípio: contribuições de seguridade social (princípio da anterioridade nonagesimal ou mitigada); ICMS monofásico sobre combustíveis; e, CIDE-Combustível (para estabelecer ou restabelecer alíquota, mas não para aumentá-la, conforme art. 177, § 4º, I, b).

A Emenda Constitucional 42/2003, acrescentou a alínea c ao inciso III do artigo 150, e modificou a atuação deste princípio. Segundo a nova redação, observado o disposto na alínea b do inciso mencionado, é vedada a cobrança de tributos antes de decorridos noventa dias da data em que haja sido publicada a lei que os instituiu ou aumentou.

Esse aumento da vacância no período de aplicação da lei tem por objetivo assegurar ao contribuinte a publicidade adequada, garantindo-se o amplo conhecimento dos tributos devidos (reforço à anterioridade de exercício). Dessa forma, pela nova redação, os tributos só poderão ser regularmente cobrados no exercício posterior e após noventa dias de sua publicação.

O art. 150, § 1º, da CF/1988 determina que a nova regra não se aplica aos tributos abaixo elencados, de forma que se submetem apenas à anterioridade do art. 150, III, b, da CF: os empréstimos compulsórios destinados a atender despesas extraordinárias, decorrentes de calamidade pública, de guerra externa ou sua iminência (art. 148, inc. I); os impostos que incidam sobre: a) importação de produtos estrangeiros; b) exportação para o exterior, de produtos nacionais ou nacionalizados; c) operações de crédito, câmbio e seguro, ou relativas a títulos ou valores imobiliários; o imposto sobre renda e proventos de qualquer natureza; os impostos extraordinários criados na iminência ou no caso de guerra externa; e, as bases de cálculo do IPVA e do IPTU.

O IPI não faz parte da relação dos tributos que se submetem apenas à anterioridade. Por essa razão, o Plenário do STF concedeu medida liminar em ADI para suspender o art. 16 do Decreto 7.567/2011, que conferiu vigência imediata à alteração da Tabela de Incidência do IPI (TIPI), que, em síntese, majorou alíquotas sobre operações envolvendo veículos automotores. Os Ministros Gilmar Mendes, Celso de Mello e Cezar Peluso destacaram que o princípio da anterioridade nonagesimal constituiria direito fundamental deslocado do art. 5º da CF, destinado a salvaguardar o contribuinte do arbítrio destrutivo ou dos excessos gravosos do Estado.

O princípio da anterioridade não pode ser confundido com o da anualidade, segundo o qual a cobrança de tributos dependeria de autorização anual do Poder Legislativo, mediante previsão orçamentária. Anualmente, deveria o Legislativo tomar ciência dos tributos instituídos e de sua arrecadação, para conferir a correta aplicação dos recursos.

Segundo lição de Hugo de Brito Machado, o princípio da anualidade difere do da anterioridade porque, além da lei de criação ou aumento do imposto, há necessidade de previsão da cobrança no orçamento de cada ano. A previsão de cobrança na lei orçamentária anual é indispensável. O princípio da anualidade, ainda aplicado em alguns sistemas jurídicos, não se aplica mais no Brasil.

A anterioridade nonagesimal aplica-se especificamente às contribuições sociais destinadas a financiar a seguridade social (art. 195, § 6º da CF/1988). Não se confunde com a anterioridade nonagesimal introduzida pela EC 42/2003, porque não exige que a cobrança do tributo seja feita no exercício posterior.

O Pleno do STF entendeu indevida a cobrança da Contribuição Social sobre o Lucro Líquido (CSLL), tal como exigida pela EC 10/1996, relativamente ao período de 1º de janeiro de 96 a 6 de junho do mesmo ano, por violação ao princípio da anterioridade nonagesimal. A referida Emenda, publicada no DOU de 07/03/1996, deveria produzir efeitos apenas após noventa dias da sua publicação. Porém, de acordo com seu art. 2º, a majoração retroagiu a 1º de janeiro de 1996, razão pela qual foi considerada indevida.

*(TJ/SP/Juiz/1998)* Em que consistem os princípios da irretroatividade e da anterioridade da lei tributária? São eles aplicáveis a todos os tributos?

Autor: Renato de Pretto

### Direcionamento da resposta

O(a) candidato(a) deveria versar acerca do conteúdo de citados princípios prescritos nas alíneas do inciso III do artigo 150 da Constituição Federal, indicando os precedentes mais importantes de nossa Suprema Corte sobre eles. De igual maneira, deveria apontar as exceções a tais princípios, seja no plano constitucional (no que tange à anterioridade tributária), seja no plano infraconstitucional (no que toca à irretroatividade tributária).

### Sugestão de resposta

A priori, quanto ao **princípio da irretroatividade tributária**, dispõe a alínea "a" do inciso III do artigo 150 da Constituição Federal que "sem prejuízo de outras garantias asseguradas ao contribuinte, é vedado à União, aos Estados, ao Distrito Federal e aos Municípios cobrar tributos em relação a fatos geradores ocorridos antes do início da vigência da lei que os houver instituído ou aumentado". Logo, o nascimento da obrigação tributária só acontece quando o fato gerador em concreto (ou fato imponível) se configurar após o início de vigência da lei tributária.

A propósito, não há, no plano constitucional, exceção ao princípio da irretroatividade tributária. Nada obstante, no âmbito infraconstitucional, mais precisamente no Código Tributário Nacional, encontramos duas exceções à irretroatividade da lei tributária. Mencionadas exceções, contudo, não se referem à exigência de tributos, mas à interpretação da lei tributária (art. 106 do CTN) e à aplicação da lei tributária procedimental ou formal (art. 144, § 1º, do CTN).

Nesse sentido, reza o Código Tributário Nacional:

> "Art. 106. A lei aplica-se a ato ou fato pretérito:
>
> I – em qualquer caso, quando seja expressamente interpretativa, excluída a aplicação de penalidade à infração dos dispositivos interpretados;
>
> II – tratando-se de ato não definitivamente julgado:
>
> a) quando deixe de defini-lo como infração;
>
> b) quando deixe de tratá-lo como contrário a qualquer exigência de ação ou omissão, desde que não tenha sido fraudulento e não tenha implicado em falta de pagamento de tributo;
>
> c) quando lhe comine penalidade menos severa que a prevista na lei vigente ao tempo da sua prática."

Outrossim, preconiza o § 1º do artigo 144 do Código Tributário Nacional:

> "Art. 144, § 1º Aplica-se ao lançamento a legislação que, posteriormente à ocorrência do fato gerador da obrigação, tenha instituído novos critérios de apuração ou processos de fiscalização, ampliado os poderes de investigação das autoridades administrativas, ou outorgado ao crédito maiores garantias ou privilégios, exceto, neste último caso, para o efeito de atribuir responsabilidade tributária a terceiros."

Repise-se que as hipóteses supra de retroatividade da lei tributária não se relacionam com a instituição ou majoração de tributos.

De outro lado, quanto ao **princípio da anterioridade tributária**, a partir da Emenda Constitucional nº 42/03, introduziu-se em nosso sistema constitucional uma nova faceta de anterioridade tributária, que, no inciso III do artigo 150 do Texto Fundamental, apresenta-se, hoje, de duas formas:

i) princípio da anterioridade tributária de exercício financeiro ou comum ou anual ou geral, instituída na alínea "b" de aludido dispositivo constitucional, por meio do qual é vedado aos entes federados cobrar tributos no mesmo exercício financeiro em que haja sido publicada a lei que os instituiu ou aumentou. Destarte, criado ou aumentado o tributo num ano, apenas no próximo ano civil é que essa criação ou aumento poderá ser exigido. De fato, nos termos do artigo 34 da Lei nº 4.320/64, "o exercício financeiro coincidirá com o ano civil".

Tal princípio não se confunde com o abolido, desde a Emenda Constitucional nº 1/69, princípio da anualidade, que exigia a prévia autorização orçamentária anual à instituição do tributo. E consoante precedente do Supremo Tribunal Federal (ADI 939), o princípio da anterioridade tributária de exercício financeiro, por se revelar como verdadeira garantia individual do contribuinte, qualifica-se como cláusula pétrea.

No princípio da anterioridade tributária, destaca-se a *publicação* da lei para aferição de sua obediência ou não; no princípio da irretroatividade, avulta-se a *vigência* da lei para exame de sua observância ou não.

Malgrado a regra seja a incidência aos tributos do princípio da anterioridade tributária de exercício financeiro, a própria Constituição elenca quatro exceções às quais não se aplica o princípio:

1. Art. 150, § 1º, 1ª parte, CF: Empréstimos Compulsórios só do inciso I do artigo 148 da Constituição (calamidade pública, guerra externa ou sua iminência); Imposto de Importação; Imposto de Exportação; Imposto sobre Produtos Industrializados, Imposto sobre Operações Financeiras; e Impostos Extraordinários da União;

2. Artigo 155, § 4º, inciso IV, alínea "c", da Constituição: ICMS-combustíveis monofásico;

3. Artigo 177, § 4º, inciso I, alínea "b", da Constituição: CIDE-combustíveis;

4. Artigo 195, § 6º, da Constituição: contribuições especiais de seguridade social, às quais se aplica a anterioridade especial de 90 dias ali reportada.

ii) princípio da anterioridade tributária mínima ou noventena, instituído na alínea "c" do inciso III do artigo 150 da Constituição, por meio do qual é vedado aos entes federados cobrar tributos antes de decorridos noventa dias da data em que haja sido publicada a lei que os instituiu ou aumentou, observado o disposto na alínea b. Pelo que se depreende, na atualidade, há, como regra geral, a aplicação cumulativa à instituição ou à majoração de tributos de ambas as anterioridades – anual e mínima. Aliás, o princípio da anterioridade tributária mínima apenas se realça se o tributo for criado ou aumentado no último trimestre do ano; caso contrário, automaticamente, estará cumprido com a exigência no ano seguinte por força do princípio da anterioridade tributária anual.

A Constituição também trouxe exceções à anterioridade mínima, todas elas previstas na parte final do § 1º do artigo 150, quais sejam: Empréstimos Compulsórios só do inciso I do artigo 148 da Constituição (calamidade pública, guerra externa ou sua iminência); Imposto de Importação; Imposto de Exportação; Imposto sobre a Renda, Imposto sobre Operações Financeiras; e Impostos Extraordinários da União; fixação da base de cálculo do IPVA e do IPTU.

## 9. IMPOSTOS EM ESPÉCIE

### 9.1. Dos Impostos da União

#### 9.1.1. IOF

*(MPF/Procurador_da_República/2013)* Diretor de um estabelecimento financeiro legalmente impedido de contrair empréstimo junto à instituição que dirige, concretiza a operação. No caso, não é devido o imposto sobre operação de crédito ou incide a tributação, malgrado a conduta criminalmente típica? Justificar a opção que adotar à luz dos arts. 3º e 118 do Código Tributário Nacional e indicar o entendimento do Supremo Tribunal Federal e do Superior Tribunal de Justiça acerca do tema.

Autores: Paulo Roberto Sampaio Santiago e Ricardo Melo Jr.

**Direcionamento da resposta**

O candidato precisa de conhecimento acerca da matéria tributária, tanto no Texto Constitucional quanto no próprio Código Tributário, bem como atualização jurisprudencial sobre os assuntos envolvidos.

**Sugestão de resposta**

Apesar de se tratar de conduta tipificada como crime contra o SFN (art. 17 da Lei 7.472/1986), há incidência tributária do IOF, uma vez concretizada a operação (realizado o fato gerador). Isso porque, em Direito tributário, vige o princípio *pecunia non olet*, segundo o qual é irrelevante para a Fazenda se o ato que constitui fato gerador é lícito ou não. É dizer, independentemente da ilicitude da operação, o fato gerador da obrigação tributária ocorreu (disponibilização do valor decorrente de operação de crédito – art. 1º, I, da Lei 5.143/1966), podendo a Fazenda constituir o crédito e cobrá-lo (caso a instituição financeira não efetue o devido desconto e recolhimento).

Ademais, embora o tributo não possa constituir sanção por ato ilícito (art. 3º do CTN), é certo que a incidência tributária independe da validade jurídica e da natureza do objeto dos atos que configurem o fato gerador (art. 118 do CTN). Desse modo, mesmo sendo o ato ilícito, caso manifeste riqueza tributável, é possível a exação. Ainda nessa linha, com fundamento na igualdade material, a jurisprudência do STF (HC 94240; HC 77530) e do STJ (HC 88565; REsp 1208583). Mesmo no campo criminal, os tribunais reconhecem o dever do contribuinte de, sob pena de sonegação, informar os rendimentos auferidos de atividade ilícita (sem privilégio em relação aos atos lícitos), afastando assim suposto conflito com o princípio *nemo tenetur se detegere*.

### 9.1.2. IPI

(TRF/4R/Juiz/2015) *Analise, em linhas gerais, a aplicação do princípio (para alguns, técnica) da não cumulatividade em relação ao Imposto sobre Produtos Industrializados e à Contribuição para a Seguridade Social (Cofins não cumulativa), destacando as características, as semelhanças e as diferenças da aplicação do referido princípio nesses tributos.*

Autora: Isaura Cristina de Oliveira Leite

**Direcionamento da resposta**

Aqui o candidato deveria iniciar abordando o conceito e a finalidade da técnica ou princípio da não-cumulatividade, apontado sua matriz constitucional. Na sequência deveria abordar as distinções existentes entre os regimes do IPI e da Confins não-cumulativa, iniciando justamente pelo mandamento constitucional de obrigatoriedade da não-cumulatividade do imposto, o que não ocorre com relação à contribuição.

**Sugestão de resposta**

Importante tema no âmbito do Direito Tributário, especialmente dadas as dificuldades que suscita sua sistematização, o princípio ou técnica da não-cumulatividade está previsto na Constituição como de aplicação a quatro diferentes tributos, a saber, o IPI (art. 153, § 3º, II), o ICMS (art. 155, § 2º, I) e as contribuições para o PIS e COFINS (art. 195, § 12), tendo igualmente previsto a Carta que eventual imposto que venha a ser instituído pela União com respaldo em sua competência residual (art. 154, I) deverá ser, necessariamente, não-cumulativo.

Em linha gerais, o princípio da não-cumulatividade destina-se a evitar o agravamento do ônus tributário incidente sobre produtos e serviços submetidos a tributação polifásica[122] durante a cadeia de operações percorrida de sua produção ao consumo.

Com este escopo, então, pelo princípio da não-cumulatividade tem o contribuinte o direito de deduzir do tributo devido em cada operação o que já fora pago anteriormente, disto resultando que o tributo pago ao longo da cadeia constitui-se em crédito a ser apropriado pelo contribuinte adquirente, que o abaterá do montante a ser pago na etapa seguinte da cadeia, podendo o contribuinte, inclusive, tanto no regime do IPI quanto no da Cofins, aproveitar os chamados créditos extemporâneos, assim denominados aqueles que não foram aproveitados na ocasião apropriada.

Para além destas características gerais, comuns a todos os tributos não-cumulativos, a regulamentação do aproveitamento dos créditos do IPI e da Cofins apresentam particularidades que as tornam bastante distintas.

A primeira distinção emana da própria Constituição Federal, que impôs a obrigatoriedade da não-cumulatividade ao IPI. Quanto à Cofins, ao contrário, a Constituição conferiu ao legislador ordinário a faculdade de definir os setores de atividade econômica para os quais o referido tributo será não-cumulativo. E, de fato, quanto à Confins tem-se que subsistem na legislação ordinária dois regimes – o da Cofins cumulativa e o da não-cumulativa, a depender do setor da atividade econômica haver sido distinguido pelo legislador para a doção do sistema não-cumulativo.

Na sequência, tem-se que, no âmbito do IPI, os créditos apurados são aproveitados conforme a sistemática do crédito físico, ou seja, o contribuinte somente pode creditar-se do imposto incidente sobre as entradas de itens que se incorporem fisicamente ao produto final. Já na hipótese da Cofins, até por imperativos da hipótese de incidência desta contribuição, o sistema adotado é o do crédito financeiro, segundo o qual o contribuinte credita-se do tributo incidente em todas as despesas em que houver incorrido, como, v.g., o consumo

---

122. "Para bem compreender a não-cumulatividade, convém lembrar que a tributação, quando incidente sobre operações que conduzem bens e serviços da produção ao consumo, pode-se dar de forma monofásica ou plurifásica. Diz-se monofásica a tributação que atinge determinado bem ou serviço apenas uma vez, em uma das fases da cadeia que o conduz da produção ao consumo. (...). Já a tributação plurifásica seria aquela que alcançaria o bem ou o serviço em mais de um dos elos da cadeia por ele percorrida da produção ao consumo. E, justamente por isso, caso não se adote sistemática visando a evitar a acumulação, o ônus tributário tenderá a acumular-se e a agravar-se, de forma proporcional ao número de operações tributadas. (...)" (MACHADO SEGUNDO, Hugo de Brito. Não Cumulatividade Tributária. In: Estudos Tributários, São Paulo: Saraiva, 2014. p. 34).

de energia elétrica, incorporando-se, portanto, financeiramente ao seu custo, ainda que não integre fisicamente o produto ou serviço final.

A forma de calcular-se o valor a ser creditado também é substancialmente diverso.

No regime da Cofins, como convivem contribuintes sujeitos à cumulatividade com contribuintes de Cofins não-cumulativa, sendo inclusive distintas as alíquotas incidentes em cada caso, determina a lei que o cálculo do crédito a ser abatido deverá ser feito com a aplicação da alíquota incidente na saída sobre o valor de entrada, pouco importando qual teria de fato incidido sobre a operação anterior, sendo certo que a alíquota da Cofins cumulativa é substancialmente menor. Por outro lado, as operações de entrada não submetidas à contribuição, ainda que por algum mecanismo de exoneração tributária (isenção ou imunidade, por exemplo), não geram créditos a serem apropriados pelo contribuinte.

O cálculo do crédito do IPI, por seu turno, na medida em que a não-cumulatividade lhe é inerente e universal, é feito sempre com base no que efetivamente incidiu na operação anterior.

Por fim, quanto ao IPI, cumpre salientar que, após idas e vindas da jurisprudência pátria, consolidou-se no âmbito do Supremo Tribunal Federal o entendimento de que, quando a operação de entrada não for tributada, não terá o contribuinte o direito de apropriar-se de suposto crédito "presumido", exceção feita, apenas, à hipótese de isenção regional específica, como é o caso da Zona Franca de Manaus, na medida em que a não permissão deste creditamento findaria por esvaziar as finalidades da isenção regional.

**(TRF/2R/Juiz/2013)** *Túlio da Silva, advogado domiciliado no Município do Rio de Janeiro, adquiriu uma motocicleta nova na Concessionária Duas Rodas Ltda. em março de 2013. Todavia, ao tomar conhecimento do valor da alíquota do IPI que incidira sobre o veículo, e que montava a 35%, considerou-a confiscatória, daí porque decidiu ajuizar ação de repetição de indébito tributário em uma das varas federais da capital, pleiteando a devolução do que foi pago a este título. Como V. S$^a$., na qualidade de juiz federal substituto da vara para a qual foi distribuída a inicial, se posicionaria na espécie?*

Autor: **Gustavo Baião Vilela**

### Direcionamento da resposta

A questão, embora pareça ser simples, exige análise cuidadosa por parte do candidato. Num primeiro momento, ao referir-se a suposto confisco do IPI, o enunciado poderia induzir o candidato mais desatento a se posicionar pela improcedência ou procedência do pedido, ou seja, analisar o próprio mérito da demanda.

No entanto, não é essa a intenção do examinador na presente questão. Isso porque sendo o IPI tributo indireto, o consumidor, na condição de contribuinte de fato, não possui legitimidade para ingressar com a demanda, conforme entendimento jurisprudencial predominante acerca do art. 166 do CTN.

Assim, a discussão em torno do princípio do não-confisco é meramente residual, devendo o candidato ater-se à classificação dos tributos como direto e indireto, ao enquadramento do IPI como tributo indireto e à análise do art. 166 do CTN, para concluir ao final, que o consumidor não possui legitimidade ativa para a propositura da demanda.

### Sugestão de resposta

O princípio do não confisco previsto no art. 150, inc. IV, da CF constitui importante limitação ao poder de tributar, ao impedir que sejam cobradas alíquotas tão elevadas a ponto de tornar inviável a manutenção do patrimônio do devedor.

Ao afetar a propriedade, o confisco por meio do tributo acaba abalando outros direitos fundamentais, por impossibilitar que a riqueza produzida e adquirida seja utilizada em despesas igualmente relevantes ao contribuinte, como aquelas relacionadas à saúde, moradia e alimentação (STF, ADI 2010).

Não há, portanto, como desvincular o princípio do não confisco ao da capacidade contributiva, sendo certo que a sua análise varia de acordo com o tipo de tributo.

Em relação aos tributos extrafiscais, como é o caso do IPI, a doutrina vem afastando ou mitigando a aplicação do princípio, tendo em vista que a cobrança visa cumprir objetivos de cunho econômico, social ou político, ultrapassando a mera função arrecadatória. Assim, uma alíquota mais elevada pode ser fixada para desestimular o consumo de determinado bem[123], o que fica mais evidente no IPI, em função da incidência do princípio da seletividade.

De qualquer modo, deve-se considerar que o IPI é tributo indireto. Ou seja, o ônus financeiro é suportado por pessoa diversa do responsável pelo

---

123. COÊLHO, Sacha Calmon Navarro. Curso de Direito Tributário Brasileiro. 9. ed. Rio de Janeiro: Forense, 2008, p. 278.

recolhimento. O primeiro é qualificado como contribuinte de fato, enquanto o segundo contribuinte de direito.

Nos tributos indiretos, a repetição de indébito é regulada pelo art. 166 do CTN que dispõe que "a restituição de tributos que comportem, por sua natureza, transferência do respectivo encargo financeiro somente será feita a quem prove haver assumido o referido encargo, ou, no caso de tê-lo transferido a terceiro, estar por este expressamente autorizado a recebê-la".

A jurisprudência, ao interpretar o referido dispositivo, adotou o posicionamento de que o contribuinte de direito somente poderá pleitear a restituição do tributo se comprovar ter assumido o encargo ou no caso de tê-lo transferido a terceiro, estar expressamente autorizado a ingressar com a demanda (STJ, REsp 1.131.476).

Por sua vez, o contribuinte de fato não deteria legitimidade ativa, por não integrar a relação jurídica tributária e apenas possuir interesse econômico (STJ, REsp 903.394).

No caso dado, considerando que Túlio da Silva é consumidor final da motocicleta, mero contribuinte de fato do IPI, não possui legitimidade ativa para pleitear a restituição do referido tributo, sob alegação de incidir alíquota confiscatória, devendo o feito ser extinto sem análise do mérito, nos termos do art. 485, inc. VI, do NCPC.

(TRF/2R/Juiz/2007) *Quais os fundamentos jurídicos-tributários, de caráter teleológico, que viabilizam a apropriação dos créditos do IPI?*

Autora: *Isaura Cristina de Oliveira Leite*

### Direcionamento da resposta

A primeira exigência da questão é, de fato, identificar que a apropriação de créditos do IPI é tema afeto à sua não-cumulatividade. A partir disto, restava informar a finalidade da norma constitucional que a instituiu.

### Sugestão de resposta

Previsto no art. 153, IV, da Constituição Federal, o Imposto sobre Produtos Industrializados, de competência da União, possui como características mais marcantes sua seletividade, esta em função da essencialidade do produto tributado, e a não-cumulatividade, destinada a evitar o agravamento da tributação a incidir sobre o produto, ao final da cadeia de operações necessárias à produção e ao consumo de um determinado bem.

DIREITO TRIBUTÁRIO

Quanto a esta última característica, como regra, é sabido que os produtos industrializados exigem, em seu processo de fabricação, diversas matérias primas e outros produtos, genericamente nominados de insumos, e sobre os quais pode ter havido a tributação pelo IPI.

A não-cumulatividade do tributo em questão constitui-se, exatamente, na técnica de deduzir do imposto devido pelo produto final o que já fora pago anteriormente, quando da aquisição dos diversos insumos, dela resultando que o imposto pago ao longo da cadeia de produção é crédito a ser apropriado pelo contribuinte adquirente, que o abaterá do montante a pagar de IPI na etapa seguinte da cadeia.

A partir do conceito de cumulatividade e de não-cumulatividade, portanto, insculpidos na Constituição (arts. 153, IV, § 3º, II, e 155, II, § 2º, I), fica claro que a finalidade – ou fundamento teleológico – da apropriação dos créditos do IPI, assim como dos demais tributos não-cumulativos (ICMS, PIS, Cofins, esta em algumas hipótese, e imposto residual) é, precipuamente, evitar o chamado "efeito cascata" da tributação, de maneira a desonerar o contribuinte da carga tributária gerada por uma tributação polifásica cumulativa.

---

*(Cesgranrio/Refap/Advogado/2007) Você é indagado a respeito da eventual incidência do Imposto Sobre Produtos Industrializados (IPI) em operações relativas a combustíveis e derivados de petróleo, bem como sobre a possível incidência de outros impostos, já existentes ou a serem instituídos, sobre essas mesmas operações. Redija sucinto parecer jurídico fundamentado, abordando todos os impostos que, de acordo com o atual Sistema Tributário Nacional previsto na Constituição Federal de 1988, podem incidir sobre as operações relativas a combustíveis e derivados de petróleo, discriminando o ente federativo competente para exigi-los.*

Autor: *Márcio Ladeira Ávila*

### Direcionamento da resposta

O dispositivo principal para a formulação da resposta é o art. 153, § 3º da CF/88. Após, é relevante abordar, ainda que superficialmente, sobre o ICMS, o Imposto de Importação e o Imposto de Exportação.

### Sugestão de resposta

O IPI não incide sobre em operações relativas a combustíveis e derivados de petróleo por força de expressa disposição constitucional. Nos termos do art. 153, §

3º da CF/88, com a redação dada pela Emenda Constitucional n. 33/01, à exceção do ICMS, do Imposto de Importação e do Imposto de Exportação, nenhum outro imposto poderá incidir sobre operações relativas a derivados de petróleo e combustíveis. Conforme leciona Leandro Paulsen, outros tributos, que não impostos, ou outras operações, que não as especificadas, não se encontram abrangidos pela imunidade.

A Primeira Turma do STF possui precedente no sentido de que a imunidade prevista no artigo 155, § 3º, da Constituição diz respeito às operações relativas a energia elétrica, combustíveis líquidos e gasosos, lubrificantes e minerais, o que não ocorre em operações sobre sacos de matéria plástica, pela única circunstância de o polietileno ser derivado do petróleo e elemento para a fabricação deles, não são, evidentemente, operações referentes a combustível líquido como é o petróleo. Também já entendeu a Primeira Turma que estender a regra imunizadora do IPI ao sal de cozinha, com base no enquadramento deste na categoria "mineral", demandaria o revolvimento do conjunto fático-probatório e da legislação infraconstitucional, inclusive de índole local e que a jurisprudência do STF se consolidou no sentido de que a imunidade prevista no art. 153, § 3º, do Texto Constitucional, é restrita às hipóteses ali previstas, não sendo cabível interpretação extensiva.

Portanto, conforme previsto no art. 155, § 3º da CF/88, os impostos que incidem sobre referidas operações são três: ICMS, II e IE. O II e o IE são de competência da União.

Quanto ao II, de acordo com o art. 19 do CTN, a entrada do produto estrangeiro no território nacional constitui seu âmbito de incidência, que é monofásico (fato gerador instantâneo). A ideia central é a entrada do produto para consumo interno, pois a mera passagem pelo território nacional não constitui fato gerador do imposto de importação. Contudo, para fins do seu cálculo, o momento exato da entrada do produto é a data do registro da DI (Declaração de Importação) de mercadoria despachada para consumo (art. 23 do Decreto-Lei n. 37/66) no Sistema Integrado de Comércio Exterior (Siscomex).

Quanto à compatibilidade entre a norma genérica do art. 19 do CTN e a específica do DL 37/66 (art. 23), o Plenário do STF fixou, no início da década de 80, sua jurisprudência no sentido de que a caracterização de um necessário momento naquela não previsto, e o condicionamento de indeclináveis providências de ordem fiscal, não a desfiguram nem contraditam, porém, a complementam para tornar precisa, no espaço, no tempo e na circunstância, a ocorrência do fato gerador. Mas, antes mesmo do entendimento consolidado no STF, o TRF já havia sumulado o entendimento segundo o qual é compatível com o artigo 19 do Código Tributário Nacional a disposição do artigo 23 do Decreto-Lei n. 37, de 18.11.1966.

O imposto sobre exportação de produtos nacionais ou nacionalizados para o estrangeiro, é de competência da União (inc. II do art. 153, CF/1988). Assim como ocorre com o imposto de importação, é facultado ao Poder Executivo alterar as alíquotas do IE, desde que atendidas as condições e os limites estabelecidos em lei (§ 1º do art. 153 da CF/1988).

O fato gerador do imposto é a saída de produtos nacionais ou nacionalizados do território nacional (art. 23 do CTN). De acordo com o art. 1º, § 1º do Decreto-Lei 1.578/1977: "Considera-se ocorrido o fato gerador no momento da expedição da Guia de Exportação ou documento equivalente".

A Constituição Federal de 1988 estabelece ser competência dos Estados e do Distrito Federal a instituição de imposto sobre operações relativas à circulação de mercadorias e sobre prestações de serviços de transporte interestadual e intermunicipal e de comunicação, ainda que as operações e as prestações se iniciem no exterior (art. 155, II).

Via de regra, suas características principais são a habitualidade e a finalidade comercial. Quanto a esta última característica, a Súmula Vinculante n. 32 do STF determina que o ICMS não incide sobre alienação de salvados de sinistro pelas seguradoras. As sociedades seguradoras são vedadas por lei de explorar qualquer outro ramo de comércio ou indústria, de forma que não podem ser comerciantes de sucata. A alienação é elemento da própria operação de seguro, não existindo, portanto, finalidade de obtenção de lucro.

A função do ICMS é predominantemente fiscal. Contudo, é extrafiscal quando o ente tributante adota a seletividade em função da essencialidade das mercadorias e dos serviços (art. 155, § 2º, III, da CF/1988).

É um imposto plurifásico. A exceção é a incidência única sobre combustíveis e lubrificantes, qualquer que seja a sua finalidade (art. 155, § 2º, XII, *h*, da CF/1988). A Lei Complementar n. 87/96 estabelece as normas gerais do referido imposto.

### 9.1.3. IRPF/IRPJ

*(MPF/Procurador_da_República/2015) Empresa mantinha contrato de exclusividade com produtora de bebidas no tocante à sua distribuição ao mercado varejista. Abrupta e injustificadamente, a companhia que lhe fornecia os produtos rompeu com a avença, inviabilizando os negócios da distribuidora. Após largas discussões, chegaram a um acordo pelo qual esta foi ressarcida pelos prejuízos arcados com a perda do negócio mediante valor em dinheiro. O ingresso desse valor deixou de ser escriturado. Indaga-se: Sobre ele deve incidir o imposto sobre a renda de pessoa jurídica? Justificar.*

**Autores:** Paulo Roberto Sampaio Santiago e Ricardo Melo Jr.

COLEÇÃO PREPARANDO PARA CONCURSOS

### Direcionamento da resposta

O candidato precisa de conhecimento acerca da matéria tributária, tanto no Texto Constitucional quanto no próprio Código Tributário, bem como atualização jurisprudencial sobre os assuntos envolvidos.

### Sugestão de resposta

O imposto de renda tem como fato gerador a aquisição da disponibilidade econômica ou jurídica de renda (produto do capital e/ou do trabalho), bem como de qualquer acréscimo patrimonial (CF, art. 153, III, e CTN, art. 43). É dizer, o pressuposto para a cobrança do referido imposto pela União é que o patrimônio do contribuinte seja acrescido e, para as pessoas jurídicas, referido acréscimo se materializa no lucro (real, presumido ou arbitrado) decorrente da exploração de atividade econômica ou do patrimônio.

No caso destacado, verifica-se que o valor em dinheiro disponibilizado pela produtora de bebidas configura ressarcimento pelos prejuízos causados, de modo que sua natureza é de indenização, ou seja, de recomposição do patrimônio que sofreu danos em decorrência do ato ilícito (suspensão do fornecimento).

Desse modo, embora haja disponibilidade jurídica e financeira, não se trata de renda, por não ter havido acréscimo, mas mera recomposição patrimonial. Isso não configura fato gerador do IRPJ, consoante entendimento pacificado nos Tribunais Superiores, que excluem da sua incidência qualquer pagamento que tenha natureza efetivamente indenizatória (exemplo das Súmulas 386 e 498 do STJ).

Na mesma linha, o art. 70, § 5°, da Lei 9.430/1996 exclui da incidência tributária do IRPJ o pagamento de indenizações decorrentes da reparação de danos patrimoniais, diferenciando-as das multas decorrentes de mera rescisão contratual, que constituem acréscimo patrimonial.

---

*(MPF/Procurador_da_República/2012) O imposto sobre a renda e proventos de qualquer natureza tem como fato gerador a aquisição de disponibilidade econômica ou jurídica (CTN, art. 43). Disponibilidade jurídica. Conceito. Indicar dois exemplos.*

Autores: **Paulo Roberto Sampaio Santiago** e **Ricardo Melo Jr.**

### Direcionamento da resposta

O candidato precisa de conhecimento acerca da matéria tributária tanto no Texto Constitucional quanto no próprio Código Tributário, bem como atualização jurisprudencial sobre os assuntos envolvidos.

## DIREITO TRIBUTÁRIO

### Sugestão de resposta

Disponibilidade jurídica consiste na existência de direito à percepção da renda ou dos proventos. É dizer, basta que o contribuinte tenha o título jurídico que lhe confira o direito à realização do crédito para que incida o imposto de renda, sendo dispensável que os recursos estejam financeiramente disponíveis.

Como aponta Hugo de Brito Machado, a noção de disponibilidade jurídica se relaciona com o conceito contábil de regime de competência, segundo o qual a receita se considera auferida no momento em que surge o crédito, independentemente do efetivo recebimento dos recursos (disponibilidade financeira).

Nessa linha, também o STJ (REsp 1266868; REsp 983134) – embora sem distinguir disponibilidade econômica de jurídica – considera realizado o fato gerador a partir do "simples acréscimo patrimonial, independentemente da existência de recursos financeiros".

Como exemplos, podem-se citar a venda a prazo (a renda considera-se auferida no momento do surgimento do crédito e não do seu pagamento – STJ no AREsp 664736) e o pagamento posterior de créditos trabalhistas (a renda considera-se auferida no mês e ano em que era devida, devendo ser aplicadas as normas de então, inclusive no tocante às faixas de tributação/alíquota – STF no RE 614406).

---

*(TRF/3R/Juiz/2010) Em relação ao imposto sobre a renda e a contribuição social sobre o lucro líquido, responda: (i) Há um conceito constitucional de renda e proventos de qualquer natureza, delimitador da competência tributária impositiva, para fins de instituição do imposto previsto no artigo 153, III, da Constituição Federal? (ii) Os lucros apurados no exterior por coligada de pessoa jurídica brasileira, no encerramento de cada exercício financeiro, devem ser oferecidos à tributação no Brasil? (iii) De acordo com o artigo 149, § 2º, da Constituição Federal, as contribuições sociais e de intervenção no domínio econômico não incidirão sobre as receitas de exportação. Esta imunidade alcança a contribuição social sobre o lucro líquido, destinada ao custeio da seguridade social? (iv) Pessoa jurídica questiona, por intermédio de mandado de segurança, a incidência da contribuição social sobre o lucro líquido sobre as receitas de exportação, sabendo-se que nenhum débito tributário relativamente a esta incidência foi reconhecido em seus documentos fiscais. Medida liminar é concedida. Sete anos após, há o trânsito em julgado da ação. A decisão final é desfavorável à empresa. Indaga-se: houve a constituição do crédito tributário? Operou-se a decadência?*

**Autora:** *Isaura Cristina de Oliveira Leite*

### Direcionamento da resposta

A resposta a esta questão – quatro questões em uma, na verdade – requer, preponderantemente, conhecimento a respeito da jurisprudência do Supremo Tribunal Federal e do Superior Tribunal de Justiça sobre os temas tratados. Conquanto a citação de doutrina ou correntes doutrinárias na resposta ajude em seu aprofundamento, de fato a resposta exata é encontrada na jurisprudência, exceto, talvez, na indagação referente ao conceito constitucional de renda, sobre o que há mais aprofundada doutrina disponível.

### Sugestão de resposta

Item i.

O Supremo Tribunal Federal assentou, reiterada vezes, que a apuração daquilo que é "renda" para fins e incidência tributária é matéria constitucional, de maneira que o conceito em questão não está na esfera de liberdade do legislador infraconstitucional (cf. RE 188.684). Esta conclusão, que encontra respaldo em doutrina pátria amplamente majoritária[124], aponta que legislador infraconstitucional está, ao instituir o imposto de que trata o art. 153, III, da Constituição Federal, inexoravelmente adstrito ao conceito de renda e proventos de qualquer natureza que se extrai, ainda que implicitamente, da Constituição Federal.

Com efeito, tendo o legislador constituinte, para os fins de realizar a repartição de receitas tributárias entre as pessoas políticas, feito uso do critério material do tributo a ser outorgado (hipótese de incidência), é evidente que não poderá o legislador ordinário alterar o conteúdo deste critério, sob pena de

---

124. No escólio de José Artur Lima Gonçalves, "(...) o conceito de renda não pode ficar – e não fica – à disposição do legislador infraconstitucional e que, por outro lado, o conceito de renda não está explicitado no texto constitucional, impõe-se deduzir um conceito de renda pressuposto pela Constituição". (GONÇALVES, José Artur Lima, Imposto sobre a Renda Pressupostos Constitucionais, São Paulo: Malheiros, 2002, p.174). "Bandeira de Mello aponta que as normas infraconstitucionais não podem conferir aos termos 'renda' e 'proventos' uma conotação ou denotação transbordantes do sentido admissível na intelecção normal e daqueles demarcados constitucionalmente. Ressalta ainda o ilustre jurista que, caso fosse negada essa assertiva, de que as significações das normas jurídicas de hierarquia inferior devem adequar-se às significações de 'renda' e 'proventos' presentes no Texto Supremo, os preceptivos constitucionais teriam valência nula, isto é: 'não se prestam a cumprir sua única e específica função: demarcar, na qualidade de regras superiores, o campo de liberdade do legislador, assim como de todos os regramentos, atos e intelecções sucessivos. Deveras, se o legislador ou o aplicador da regra pudessem delinear, através da redefinição das palavras constitucionais, assumiriam, destarte, a função constituinte' (MELLO, Celso Antônio Bandeira de. Imposto de Renda. Depósitos Bancários. Revista de Direito Tributário, ano 7, n. 23/24, p. 92, 1983)". (MOSQUERA, Roberto Quiroga. Renda e Proventos de Qualquer Natureza O Imposto e o Conceito Constitucional – São Paulo: Dialética, 1996, p. 40/41).

interferir na própria repartição de competências tributárias. Em outras palavras, tivesse o legislador ordinário liberdade para alterar ou fixar o conceito de renda para fins de incidência tributária, estaria assumindo, na verdade, função constituinte.

Assim sendo, não se pode fugir à conclusão de que a própria Constituição fornece, ainda que de maneira implícita, o conceito de renda e proventos de qualquer natureza, assim como fornece o conceito de todos os elementos da norma de incidência tributária, conclusão que não se mostra problemática diante da constatação de ser o Direito Tributário brasileiro eminentemente constitucionalizado.

De tal maneira, conquanto no Brasil a definição expressa de renda e proventos de qualquer natureza esteja posta no Código Tributário Nacional, em seu art. 43, deve-se interpretar este conceito à luz dos ditames constitucionais[125], tarefa para cuja resolução tem a doutrina buscado cotejar todos os institutos próximos igualmente citados em sede constitucional, v.g., faturamento, lucro e patrimônio, bem como os princípios constitucionais a serem observados na instituição do tributo. Neste diapasão, pode-se chegar ao conceito de que renda e proventos de qualquer natureza equivale ao aumento ou incremento patrimonial do contribuinte, apurado em um lapso temporal, resultado do capital ou do trabalho ou de outras fontes, deduzidas as despesas para a aquisição desta riqueza nova, de maneira a representar um efetivo incremento na capacidade contributiva do sujeito passivo.

Item ii.

Conforme previsão do art. 43, § 2º do Código Tributário Nacional, em dispositivo acrescentado pela Lei Complementar nº 104, de 10 de janeiro de 2001, a receita ou o rendimento oriundos do exterior deverá sofrer tributação, tendo sido determinada a edição de lei ordinária para disciplinar o momento e as condições em que se dará sua disponibilidade, para fins de incidência do imposto de renda[126]. Assim sendo, uma vez que haja acréscimo patrimonial auferido por pessoa jurídica domiciliada no Brasil, ainda que obtido em razão de participa-

---

125. "A definição do conceito de 'renda', no Brasil, é constituída no plano da legislação complementar (arts. 43 e 44 do Código Tributário Nacional), porém com supedâneo em referência constitucional expressa, patamar normativo onde se encontram estabelecidos seus pressupostos (art. 153, III, da CR)". (CARVALHO, Paulo de Barros, Direito Tributário Linguagem e Método, 5. ed. São Paulo: Noeses, 2013, p. 678.)

126. Aplica-se, atualmente, a chamada "tributação em bases universais", significando que a norma tributária brasileira alcança rendas auferidas por controladas ou coligadas no exterior, em contraposição ao critério da territorialidade adotado até o advento da Lei n. 9.249, de 26 de dezembro de 1995, que pioneiramente alterou este panorama.

ção nos lucros percebidos por coligadas e controladas no exterior, este acréscimo é regularmente tributado, nos termos da lei.

Neste sentido, ou seja, admitindo amplamente esta tributação, o Supremo Tribunal Federal manifestou-se na ADI nº 2588/DF, na qual teve a oportunidade de examinar a constitucionalidade do art. 43, § 2º, do CTN.

Atualmente, a matéria está disciplinada na Lei nº 12.973, de 13 de maio de 2014, e alcança a tributação dos lucros obtidos das coligadas e controladas situadas no exterior tanto pelo IR quanto pela CSLL.

Item iii.

A Emenda Constitucional nº 33, de 11 de dezembro de 2001, inseriu na Constituição uma regra geral de incentivo às exportações do País ao incluir o § 2º, I, em seu art. 149, a partir do que restou proibida a cobrança de contribuições sociais sobre as receitas obtidas com exportações. Esta restrição foi, com efeito, aplicada sem qualquer reserva ao PIS e à COFINS, contribuições que incidem sobre a totalidade da receita auferida pelas pessoas jurídicas (art. 195, I, a, da Constituição Federal).

A controvérsia se deu no que respeita à Contribuição Social sobre o Lucro Líquido – CSLL, prevista no art. 195, I, b, da Constituição. Defendeu-se, por parte dos contribuintes, que a imunidade contida no inciso I do § 2º do art. 149 da CF/88 alcançava o lucro obtido com exportações, impedindo sua inclusão na base de cálculo da CSLL. O Fisco, ao revés, conferiu interpretação restritiva à imunidade objeto da então novel norma constitucional, sob o argumento de que, ao contrário do PIS e da COFINS, que efetivamente tributam o faturamento, a CSLL, que tributa o lucro, não estaria alcançada pela imunidade.

A controvérsia instaurada na ocasião foi definitivamente resolvida pelo Supremo Tribunal Federal, que decidiu, em regime de repercussão geral, que a imunidade do art. 195, § 2º, I, da CF/88 não é aplicável à CSLL, forte no argumento de que são conceitos distintos os de receita e lucro, devendo-se interpretar de forma estrita o dispositivo constitucional em exame (RE 564413, DJe 28.10.2010)[127].

Conclui-se, de tal maneira, que a CSLL incide sobre o lucro apurado nas atividades de exportação.

---

127. A inclusão das receitas obtidas com exportações na base de cálculo da Contribuição Social sobre o Lucro Líquido foi reafirmada pelo Supremo Tribunal Federal, no julgamento dos embargos de declaração opostos em face do acórdão que julgou o RE 564.413, ocorrido em 13 de agosto de 2014.

Item iv.

A exemplo do Imposto sobre a Renda e Proventos de Qualquer Natureza, a Contribuição Social sobre o Lucro Líquido é tributo sujeito a lançamento por homologação, nos termos do art. 150 do Código Tributário Nacional, sendo que, na hipótese reportada, o contribuinte deixou de proceder com o pagamento antecipado a que estava obrigado, visto não haver nenhum débito reconhecido de CSLL nos documentos ficais do estabelecimento.

Nos termos da disciplina do CTN para o lançamento por homologação, a constituição do crédito opera-se quando a autoridade administrativa, tomando conhecimento da atividade realizada pelo contribuinte (pagamento), a homologa (art. 150, CTN). Se, conforme dado o problema, não houve a antecipação do pagamento, tem-se que não houve a constituição o crédito tributário respectivo.

Por outro lado, em casos tais, é sabido que deve o Fisco proceder com o lançamento de ofício, nos termos do art. 149, V, c/c art. 150, todos do CTN, lançamento este denominado pela jurisprudência do Superior Tribunal de Justiça de **lançamento direto substitutivo do lançamento por homologação**. Para tanto, dispõe do prazo decadencial de 5 (cinco) anos, contados do primeiro dia do exercício seguinte ao que o lançamento poderia ter sido efetuado (art. 173, I, CTN).

A controvérsia se dá, quanto ao tema, na situação em que, por força de qualquer as hipóteses previstas no art. 151 do CTN, há a suspensão da exigibilidade do crédito tributário, antes de haver o Fisco perfectibilizado o lançamento de ofício supletivo do lançamento por homologação. É o caso ora sob estudo, em que o crédito tributário restou suspenso por força de liminar concedida em mandado de segurança, nos termos do art. 151, IV, do CTN.

Para uma parte da doutrina e da jurisprudência pátrias, com efeito, a suspensão da exigibilidade do crédito tributário não impede que o Fisco promova sua constituição nem que flua o respectivo prazo decadencial, razão pela qual, ainda que na vigência de uma causa de suspensão, deve a administração tributária lançar o tributo, de resto atividade vinculada e obrigatória, de modo a prevenir a decadência[128]. Este entendimento encontra respaldo, mencione-se, no art.

---

128. "(...). 1. A constituição do crédito tributário, nos termos do CTN, não sofre interrupção ou suspensão, iniciando-se o prazo na data da ocorrência do fato gerador. 2. A partir do fato gerador, dispõe a Fazenda do prazo de cinco anos para constituir o seu crédito, não estando inibida de fazê-lo se houver suspensão da exigibilidade, nos termos do art. 150, § 4º do CTN. 3. A liminar concedida em mandado de segurança (art. 151, IV, CTN), bem assim as demais hipóteses do mesmo art. 151, não impedem que a Fazenda constitua o seu crédito e aguarde para efetuar a cobrança. 4. Ocorrência da decadência, porque constituído o crédito após cinco anos da ocorrência do fato gerador (art. 173, I, CTN) (...). (REsp 575991/SP, Rel. Min. Eliana calmon, 2ª Turma, DJ 22.8.2005).

63 da Lei nº 9.430, de 27 de dezembro de 1996, segundo o qual na constituição de crédito tributário destinada a prevenir a decadência, relativo a tributo de competência da União, cuja exigibilidade houver sido suspensa na forma dos incisos IV e V do art. 151 da Lei nº 5.172, de 25 de outubro de 1966, não caberá lançamento de multa de ofício.

Outra corrente, ao revés, entende que a norma do CTN que declara a suspensão da exigibilidade do crédito tributário acarreta para a administração o impedimento de lançar o crédito, o que seria, afinal, um ato de exigência do tributo lançado[129]. Para esta corrente de pensamento, a impossibilidade de suspensão do prazo decadencial não é, modo algum, da natureza do instituto, decorrendo, tão-somente, do direito positivo. Neste esteio, a norma vigente no direito privado segundo a qual o prazo decadencial não se suspende ou se interrompe não pode ser transportada para o Direito Tributário, havendo, neste, previsão expressa de interrupção do prazo decadencial.

Atualmente, prevalece no STJ o entendimento de durante a vigência de qualquer das hipóteses previstas no art. 151 do CTN, flui regularmente o prazo decadencial para a constituição do crédito tributário ainda não lançado, razão pela qual está o Fisco autorizado a efetuar o lançamento, a fim de prevenir sua consumação.

No caso em exame, portanto, decorridos sete anos até o trânsito em julgado de decisão desfavorável ao contribuinte, sem notícias de que tenha sido lançado de ofício o crédito, operou-se sua decadência.

---

**(TRF/2R/Juiz/2007)** *A provisão para devedores duvidosos, pode ser legitimamente excluída da realização da renda da pessoa jurídica, para fins da respectiva incidência tributária?*

Autora: *Isaura Cristina de Oliveira Leite*

### Direcionamento da resposta

Mais uma questão que mescla conhecimentos de Direito Tributário e Empresarial, desta feita, da legislação societária. Requer, ainda, uma pequena visita ao Direito Financeiro.

---

[129]. "O CTN declara que a liminar suspende a exigibilidade do crédito. A Fazenda fica com um duplo impedimento: Não pode lançar, pois o lançamento não passa de um ato de exigência fiscal pelo sujeito ativo. Se ocorrer, será ato administrativo ineficaz e anulável". (COÊLHO, Sacha Calmon Navarro. Liminares e Depósitos Antes do Lançamento por Homologação – Decadência e Prescrição, 2. ed., Dialética, 2002, p. 76/77).

## DIREITO TRIBUTÁRIO

**Sugestão de resposta**

A provisão para devedores duvidosos ou para créditos de liquidação é conceito afeto à legislação societária, financeira e contábil, consistente na reserva de numerário destinado a prevenir possíveis perdas no recebimento de créditos, garantindo a saúde financeira das instituições. No caso das instituições financeiras, por exemplo, cuida-se de imposição legal, destinada a preservar sua higidez econômica, devendo ser constituído segundo normas oriundas do Conselho Monetário Nacional, no exercício das atribuições a ele conferidas pela Lei nº 4.595/64.

Até o ano de 1996, a Lei nº 8.981/95 permitia a dedução do montante provisionado para fins de apuração do Imposto de Renda da Pessoa Jurídica e da Contribuição Social sobre o Lucro Líquido, quando o referido montante fosse calculado de acordo com a legislação tributária.

A partir do ano-calendário de 1997, porém, após a edição da Lei nº 9.430/96, não é mais possível proceder-se com o lançamento da provisão para devedores duvidosos como despesa operacional, não mais sendo legítima sua dedução para fins de apuração do imposto de renda.

É que, de fato, os valores mantidos em provisão não constituem despesa da pessoa jurídica, não saindo de sua titularidade ou representando um decréscimo patrimonial imediato. Somente quando se consumar a perda dos valores ou quanto for efetivamente contabilizado a perda ou o não recebimento do crédito, a despesa respectiva poderá ser excluída da realização da renda, para fins de incidência tributária, conforme a regulamentação na legislação tributária em vigor.

### 9.2. Dos Impostos dos Estados e do Distrito Federal

#### 9.2.1. ICMS

*(UEPA/PGE/PA/Procurador/2015) No âmbito do tema da Repartição de Receitas Tributárias oriundas da arrecadação do ICMS, a chamada Quota-Parte, responda as seguintes indagações: (a) Em caso de concessão pelo Estado de benefício fiscal no recolhimento do ICMS para determinadas operações, quando veiculado por meio de lei em sentido formal, pode o Estado promover a retenção proporcional da receita não arrecadada equivalente à Quota-Parte do ICMS dos Municípios? Fundamente à luz das normas constitucionais e da jurisprudência atual do STF; (b) Os valores das multas moratórias são considerados no cálculo da Quota-Parte do ICMS? Fundamente. E os das multas punitivas? Fundamente.*

Autores: *Eduardo Moreira Lima Rodrigues de Castro e Helton Kramer Lustoza*

### Direcionamento da resposta

Para resposta integral aos questionamentos realizados pela Banca Examinadora, é indispensável que o candidato demonstre conhecimento acerca dos dispositivos constitucionais (artigos 158, IV, e 160, *caput*) e infraconstitucionais (LC n. 63/90, art. 1º, parágrafo único) que regem a matéria, assim como o entendimento do Supremo Tribunal Federal (STF, RE 526831, j. 18.6.2008), vigente à época do exame, relativo à impossibilidade de retenção da quota-parte do ICMS devido aos Municípios em caso de concessão de benefício fiscal pelo Estado. Deve-se mencionar também que tanto a Constituição de 1988 quanto a LC n. 63/90 prescrevem que as transferências abrangem adicionais e acréscimos relativos ao imposto, o que compreende as multas moratórias, mas não as punitivas.

Importante salientar que, **em meados de novembro de 2016** (muito tempo após a realização do exame), **o STF proferiu julgado, com repercussão geral reconhecida**, em que estabeleceu que "*é constitucional a redução do produto da arrecadação que lastreia o fundo de participação dos municípios e respectivas cotas devidas às municipalidades, **em razão da concessão regular de incentivos, benefícios e isenções fiscais** relativos aos impostos de renda e sobre produtos industrializados por parte da União*". Na oportunidade, restou esclarecido pelo Ministro Relator Edson Facchin, que "*A desoneração tributária regularmente concedida impossibilita a própria previsão da receita pública. Logo, torna-se incabível... interpretar a expressão 'produto da arrecadação' de modo que não se deduzam essas renúncias fiscais.*" *(*STF, RE 705423, j. 17.11.2016).

### Sugestão de resposta

a) Nos termos do **art. 158, inciso IV, da Constituição Federal de 1988 – CF/88**, "**pertencem aos municípios vinte e cinco por cento** do produto da arrecadação do imposto do Estado sobre operações relativas à circulação de mercadorias e sobre prestações de serviços de transporte interestadual e intermunicipal e de comunicação." Em âmbito infraconstitucional, o assunto foi regulamentado pela **Lei Complementar n. 63, de 11/01/90**, que "Dispõe sobre critérios e prazos de crédito das parcelas do produto da arrecadação de impostos de competência dos Estados e de transferências por estes recebidos, pertencentes aos Municípios."

A regra em comento, ao conferir aos referidos Entes as receitas de que necessitam para desempenhar suas atribuições constitucionais, acaba por **concretizar a ideia de autonomia política e financeira dos Municípios**, pensada pelo constituinte de 1988.

Como, embora arrecadados pelos Estados, os recursos (25% do ICMS) efetivamente pertencem aos Municípios, e, à luz da regra contida no **art. 160, *caput*, da Constituição de 1988**, segundo a qual "É vedada a retenção ou qualquer restrição à entrega e ao emprego dos recursos", **o Supremo Tribunal Federal (RE 526831) consolidou a tese segundo a qual a retenção da quota parte decorrente de benefício fiscal**, ainda que concedido por meio de lei estadual, **afronta a autonomia dos Municípios**. Referido benefício fiscal só poderia atingir a parcela devida ao próprio Estado.

b) **Os valores das multas moratórias**, quais sejam aquelas decorrentes de atraso dos devedores em pagar débitos do ICMS, **são incluídos no cálculos do ICMS**, por caracterizarem "adicionais e acessórios relativos ao imposto."

Sobre o tema, assim versa o **art. 160, *caput*, da Constituição Federal de 1988**: "Art. 160. **É vedada a retenção ou qualquer restrição à entrega e ao emprego dos recursos atribuídos, nesta seção**, aos Estados, ao Distrito Federal e aos Municípios, neles compreendidos adicionais e acréscimos relativos a impostos."

No mesmo sentido, prescreve o **art. 1º, parágrafo único da LC n. 63/90**, que" As parcelas de que trata o caput deste artigo compreendem os juros, a multa moratória e a correção monetária, quando arrecadados como acréscimos dos impostos nele referidos."

Já as **multas punitivas** são sanções aplicadas pela Administração Tributária em decorrência do descumprimento da legislação tributária, não podendo ser enquadradas como meros "acréscimos de impostos". Consequentemente, **não devem ser incluídas no cálculo da quota parte** do ICMS devido aos Municípios.

---

*(Fundatec/PGE/RS/Procurador/2015) Disserte sobre o diferencial de alíquotas do ICMS, definindo-o e indicando o titular da competência para cobrá--lo e sua finalidade. Analise a constitucionalidade da sua exigência quanto às empresas incluídas no Simples Nacional, expondo os principais argumentos suscitados pelo contribuinte.*

Autores: *Eduardo Moreira Lima Rodrigues de Castro e Helton Kramer Lustoza*

### Direcionamento da resposta

O denominado diferencial de alíquotas do ICMS está previsto no art. 155, § 2º, VII, da Constituição Federal, com seguinte teor:

> Art. 155. Compete aos Estados e ao Distrito Federal instituir impostos sobre: (...).

§ 2º O imposto previsto no inciso II atenderá ao seguinte: (...)

VII – nas operações e prestações que destinem bens e serviços a consumidor final, contribuinte ou não do imposto, localizado em outro Estado, adotar-se-á a alíquota interestadual e caberá ao Estado de localização do destinatário o imposto correspondente à diferença entre a alíquota interna do Estado destinatário e a alíquota interestadual;

VIII – a responsabilidade pelo recolhimento do imposto correspondente à diferença entre a alíquota interna e a interestadual de que trata o inciso VII será atribuída:

a) ao destinatário, quando este for contribuinte do imposto;

b) ao remetente, quando o destinatário não for contribuinte do imposto;

Note-se que este dispositivo constitucional teve seu texto recentemente alterado pela EC 87/2015, onde definiu que o diferencial de alíquota será aplicado a toda e qualquer comercialização de mercadorias, na qual a operação se destine a consumidor final, **contribuinte ou não do imposto**, localizado em outro Estado. Neste caso, será adotada a alíquota interestadual (destinado ao Estado de origem) e caberá ao Estado do destinatário o imposto correspondente à diferença entre a alíquota interna do Estado do destino e a alíquota interestadual.

Na opinião de Roque Antonio Carrazza (ICMS. São Paulo: Malheiros. 2006, p .392/393):

"Estes dispositivos, que tratam de operações e prestações interestaduais, têm em mira preservar a arrecadação dos Estados quando em seus território estiverem localizados consumidores finais de mercadorias ou de serviços. Ademais, não fosse o diferencial de alíquotas haveria um forte desestímulo à compra de mercadorias ou à fruição de serviços, por parte dos consumidores finais, nos próprios Estados em que estão sediados ou domiciliados".

Em linhas gerais, o diferencial de alíquotas, além do estímulo à fruição dos serviços e mercadorias no Estado, também tem a função de promover o equilíbrio financeiro entre os Estados, incrementando a arrecadação dos Estados destinatários, que são prejudicados pela atribuição da competência impositiva aos Estados produtores.

Convém notar que antes da EC 87/2015, a qual alterou o texto do art. 155, § 2º, VII, da Constituição Federal, sobre as vendas interestaduais de mercadorias destinadas a consumidor final não contribuinte do imposto era aplicada somente a alíquota interna do Estado de origem. Com a alteração do texto constitucional, o ICMS deverá ser dividido entre o Estado de origem (alíquota interestadual) e o Estado de destino (diferença entre a alíquota interna no destino e a alíquota interestadual), independente do consumidor final ser ou não contribuinte do imposto.

Desta forma, o diferencial de alíquota aplica-se a toda e qualquer empresa que realize a operações interestadual, nos termos descritos, até mesmo para as empresas optantes do Simples Nacional, conforme entendimento do Superior Tribunal de Justiça:

> "(...). 1. Nos termos do art. 13, § 1º, XIII, g, da LC 123/2006, norma compatível com a Constituição Federal de 1988, o enquadramento no regime Simples Nacional não afasta a incidência do ICMS devido nas operações com mercadorias oriundas de outros Estados, sujeitas à antecipação do recolhimento do imposto. (...). 3. Devem respeito à regra da anterioridade anual a instituição e a majoração de tributos, situações que não ocorreram no caso dos autos. De todo modo, só pela obediência ao art. 150, III, b, da CF/88 não se impediria a aplicação, no ano de 2007, da LC 123/2006, publicada no ano anterior, como logo se percebe. (...)". (AgRg no RMS 29259, Rel. Min. Napoleão Nunes Maia Filho, 1ª T., DJe 15.10.2015)

Apesar deste entendimento jurisprudencial, a doutrina tem feito severas críticas a esta situação, o que ficou ainda mais acirrado a partir da promulgação da EC 87/2015. Existem argumentos substanciais para se defender a inconstitucionalidade desta obrigatoriedade, pois *"o recolhimento do ICMS, sem dedução, por via de antecipação tributária, representa bi-tributação, uma vez que o estabelecimento já recolhe o imposto na forma prevista na Lei do Simples Nacional e não pode repassar ao consumidor o que recolheu de forma complementar na entrada do produto no estado."*[130]

Observação:

O Ministro Dias Toffoli, ao receber a ADI 5464, concedeu liminar para suspender a eficácia da cláusula 9ª do Convênio ICMS 93/2015, do Conselho Nacional de Política Fazendária (Confaz), que dispõe sobre os procedimentos a serem observados nas operações e prestações que destinem bens e serviços a consumidor final não contribuinte do ICMS, localizado em outra unidade federada.

Na decisão, o ministro afirma que, em exame preliminar, a cláusula 9ª do convênio invade campo de lei complementar e apresenta risco de prejuízos, sobretudo para os contribuintes do Simples Nacional, que podem perder competitividade e cessar suas atividades, nos seguintes termos: "O que se extrai desta documentação é que a imposição das novas regras do ICMS às empresas que optaram ao Simples Nacional é uma ameaça à sobrevivência dessas empresas,

---

130. Fonte: "A inconstitucionalidade frente ao Simples da nova exação de antecipação de ICMS/RS", Guilherme Casulo Velho, disponível na internet.

relatando, em várias reportagens encaminhadas, o fechamento dos pequenos negócios Brasileiros".

Fonte: http://heltonkramer.com/2016/02/stf-liminar-suspende-clausula-de-convenio-do-confaz-sobre-icms-em-comercio-eletronico/. Processo: ADI 5464/DF

**Sugestão de resposta**

O diferencial de alíquotas do ICMS é o valor cobrado pelo Estado de destino nas operações interestaduais. Este valor, segundo o art. 155, § 2º, VII e VIII da Constituição Federal, correspondendo à diferença entre a alíquota interna do Estado de destino e a alíquota interestadual.

Convém notar que antes da EC 87/2015, a qual alterou o texto do art. 155, § 2º, VII, da Constituição Federal, sobre as vendas interestaduais de mercadorias destinadas a consumidor final não contribuinte do imposto era aplicada somente a alíquota interna do Estado de origem. Porém, com a alteração do texto constitucional, o ICMS deverá ser dividido entre o Estado de origem (alíquota interestadual) e o Estado de destino (diferença entre a alíquota interna no destino e a alíquota interestadual, sobre o valor da operação), independente do consumidor final ser ou não contribuinte do imposto.

Além do estímulo à fruição dos serviços e mercadorias no Estado, a sistemática do diferencial de alíquotas também tem a função de promover o equilíbrio financeiro entre os Estados, incrementando a arrecadação dos Estados destinatários, que são prejudicados pela competência tributária dos Estados produtores.

O diferencial de alíquota aplica-se a toda e qualquer empresa que realize as operações interestaduais, não havendo a exclusão das empresas optantes do Simples Nacional de tal forma de pagamento. Isso ocorre pelo fato da Lei Complementar n. 123/2006 ter estabelecido a apuração e recolhimento dos impostos e contribuições da União, dos Estados, do Distrito Federal e dos Municípios, mediante regime único de arrecadação, englobando, inclusive, o ICMS, conforme art. 13, VII desta legislação. Contudo, o art. 13, § 1º, XIII, 'h', da LC 123/2006, exclui do sistema de regime único do Simples Nacional o pagamento *"nas aquisições em outros Estados e no Distrito Federal de bens ou mercadorias, não sujeitas ao regime de antecipação do recolhimento do imposto, relativo à diferença entre a alíquota interna e a interestadual".*

Segundo a própria LC 123/2006, mesmo as empresas optantes do Simples Nacional estariam sujeitas ao pagamento do diferencial de alíquota, exceto nas operações com bens ou mercadorias sujeitas ao regime de antecipação do recolhimento do imposto com encerramento da tributação, nas aquisições em outros Estados e Distrito Federal, previsto no art. 13, § 1º, XIII, 'g'.

O Superior Tribunal de Justiça (AgRg no RMS 29259) já analisou tal situação e atestou que o art. 13, § 1º, XIII, g, da LC 123/2006 está compatível com a Constituição Federal de 1988, sendo que o enquadramento no regime Simples Nacional não afasta a incidência do ICMS devido nas operações com mercadorias oriundas de outros Estados.

Também existe a previsão na cláusula 9ª do Convênio 93/2015 do CONFAZ, confirmando a aplicação do diferencial de alíquotas ao Estado de destino também as empresas optantes do Simples Nacional (vide ADI 5464).

Ainda que diante deste embasamento legal e jurisprudencial, a doutrina tem se insurgido contrária à aplicação desta sistemática às empresas optantes do Simples Nacional, tendo em vista o dever do Estado garantir tratamento favorecido às microempresas e às empresas de pequeno porte, conforme previsto no art. 146, III, 'd' da Constituição Federal.

Tendo em vista que as empresa sujeitas à LC 123/2006 devem promover o pagamento do ICMS mediante documento único de arrecadação, seria muito mais prejudicial obrigá-las a promover o pagamento em separado do diferencial de alíquotas[131].

Argumenta-se ainda, por parte dos contribuintes, que ao momento em que se reconhece a obrigatoriedade das empresas optantes do Simples Nacional recolherem o valor do diferencial de alíquota, estas empresas estão, por outro lado, impedidas de se creditar deste valor de acordo com o art. 23 da LC 123/2006. Esta situação estaria gerando uma mácula ao princípio constitucional da não cumulatividade – previsto no art. 155, § 2º, I da CF – porquanto a LC n. 123/2006 não autoriza a utilização de créditos do ICMS para abatimento com o montante a pagar.

Ocorre que o Superior Tribunal de Justiça (REsp 1193911) já se manifestou no sentido que essa obrigatoriedade não ofende a sistemática do Simples Nacional, uma vez que a cobrança do diferencial é prevista expressamente pelo art. 13, § 1º, XIII, "g", da LC 123/2002, mas também porque a impossibilidade de creditamento e compensação com as operações subseqüentes é vedada em qualquer hipótese, e não apenas no caso do diferencial.

De qualquer forma, o assunto ainda está pendente de solução, na medida em que o Supremo Tribunal Federal acatou a repercussão geral do RE 632783,

---

131. Artigo publicado no site Conjur. Gustavo Perez Tavares. Sergio Villanova Vasconcelos. Disponível na Internet.

o qual discute exatamente a constitucionalidade da aplicação do diferencial de alíquota para empresas optantes do Simples Nacional[132].

Desta forma, até o pronunciamento definitivo do Supremo Tribunal Federal e, frente a presunção de constitucionalidade da legislação infraconstitucional, tem-se que as empresas optantes do Simples Nacional estão obrigadas a recolher o chamado diferencial de alíquotas nas operações interestaduais (vide ADI 5464).

**(PGE/PR/Procurador/2015)** *A pessoa jurídica Alfa Ltda., sediada no Estado do Paraná, ajuíza Ação de Repetição de Indébito em face da referida unidade federativa com vistas à devolução de ICMS recolhido sobre demanda de potência contratada e não utilizada. Diante da situação hipotética narrada acima, à luz da legislação vigente, bem como da jurisprudência do Superior Tribunal de Justiça, responda, de maneira fundamentada, aos itens a seguir: (a) É válida a cobrança de ICMS sobre demanda de potência contratada e não utilizada? (b) Na qualidade de mera consumidora da energia elétrica (contribuinte de fato), a pessoa jurídica Alfa Ltda. possui legitimidade ativa para a ação de repetição de indébito em face do Estado do Paraná?*

Autores: **Eduardo Moreira Lima Rodrigues de Castro e Helton Kramer Lustoza**

### Direcionamento da resposta

O ICMS é um imposto estadual que tem sua regra matriz de incidência definida no art. 155, II da Constituição Federal, onde se identifica sua incidência sobre as operações de circulação de mercadorias, serviços de transporte interestadual e intermunicipal e serviços de comunicação, nos seguintes termos:

> Art. 155. Compete aos Estados e ao Distrito Federal instituir impostos sobre:
>
> II – operações relativas à circulação de mercadorias e sobre prestações de serviços de transporte interestadual e intermunicipal e de comunicação, ainda que as operações e as prestações se iniciem no exterior;

Observe-se que são três hipóteses que autorizam a incidência do tributo, de modo que àquela que se refere à circulação de mercadoria exige "*que tal circulação só pode ser jurídica (e não meramente física). A circulação jurídica pressupõe a transferência (de uma pessoa para outra) da posse ou da propriedade da mercadoria*"[133]

---

132. Tem repercussão geral a discussão sobre a cobrança do ICMS de empresa optante pelo Simples Nacional, na modalidade de cálculo conhecida como diferencial de alíquota. (STF, RE 632783-RG, DJ 23.2.2012).

133. CARRAZZA, Roque Antonio. ICMS. 11. ed. São Paulo: Malheiros, 2006, p. 39.

Assim, a operação que será tributada pelo ICMS se refere a uma transferência da propriedade de mercadoria em virtude do negócio jurídico, em razão disso que se torna indispensável a identificação de uma relação mercantil. Sobre o assunto, o Supremo Tribunal Federal já se manifestou no sentido de que o *"perfil constitucional do ICMS exige a ocorrência de operação de circulação de mercadorias (ou serviços) para que ocorra a incidência e, portanto, o tributo não pode ser cobrado sobre operações apenas porque elas têm por objeto 'bens', ou nas quais fique descaracterizada atividade mercantil-comercial"* (STF, **ADI 4565-MC**, Pleno, j. 7.4.2011).

Representando a maior arrecadação tributária do país, o ICMS demanda o estudo dos seus contornos constitucionais a partir da leitura do art. 155 da Constituição Federal, bem como de sua regulamentação em nível nacional, realizada pela Lei Complementar n. 87/96, Resoluções do Senado Federal, Convênios do Conselho Nacional de Política Fazendária – CONFAZ.

A partir da prescrição do art. 155, § 2º, XII, da CF/88, coube a LC 87/96 definir os aspectos gerais do imposto, como os contribuintes, substituição tributária, regime de compensação do imposto, dentre outros assuntos.

Ressalta-se que não é a Lei Complementar n. 87/96 que irá promover a criação do tributo, pois a instituição e definição de alíquotas sempre ficarão a cargo dos Estados, os quais exercerão sua competência tributária através de seu órgão legislativo. Contudo, a função legislativa estadual em matéria de ICMS, em algumas situações, está sujeita as condições definidas pelos Convênios do Conselho Nacional de Política Fazendária – CONFAZ e pelas Resoluções do Senado Federal.

No primeiro caso, ocorre quando da instituição de isenções, incentivos e benefícios fiscais, que dependerá da aprovação do CONFAZ. E, no segundo caso, por força do art. 155, § 2º, IV, da CF/88, as alíquotas aplicáveis às operações interestaduais e de exportação estão disciplinadas pela Resolução n. 22/89, podendo, ainda, haver a fixação de alíquotas mínimas e máximas aplicáveis às operações internas (art. 155, § 2º, V, "a" e "b").

*Sugestão de resposta*

a) Segundo o art. 155, II da Constituição Federal, o aspecto material da regra matriz de incidência do ICMS está circunscrito às atividades de operações de circulação de mercadorias, serviços de transporte interestadual e intermunicipal e serviços de comunicação.

Seguindo diretriz constitucional, o art. 2º da Lei Complementar n. 87/96, que regulamenta a incidência do imposto, dispõe que este incide sobre "/

– *operações relativas à circulação de mercadorias...", sendo que o § 1º autoriza a incidência também "sobre a entrada, no território do Estado destinatário, de petróleo, inclusive lubrificantes e combustíveis líquidos e gasosos dele derivados, e de energia elétrica, quando não destinados à comercialização ou à industrialização, decorrentes de operações interestaduais, cabendo o imposto ao Estado onde estiver localizado o adquirente".*

Quanto a primeira hipótese, cabe notar que mercadoria pode ser entendida como bem móvel que foi objeto de transferência jurídica através de uma relação mercantil-empresarial. Tendo em vista que o Código Civil considera as energias que tenham valor econômico – incluindo a energia elétrica – como bem móvel (art. 83, I), poderá haver a incidência do ICMS quando sua transferência ocorrer através de uma relação mercantil. Tanto é assim que a própria Constituição Federal, em seu art. 155, § 3º, disciplinou que à exceção dos Impostos sobre Importação e Exportação, nenhum outro imposto, além do ICMS, poderá incidir sobre operações relativas a energia elétrica.

Após logos anos de controvérsias, a jurisprudência pátria sedimentou o entendimento no sentido de que não haverá a incidência do ICMS sobre demanda de energia contratada em que não tenha havido o efetivo consumo. O Superior Tribunal de Justiça (REsp 960476, repetitivo) decidiu que o fato gerador do ICMS ocorre não a partir do serviço, mas sim da circulação da mercadoria, independente da política tarifária fixada pela ANEEL. Isso resulta no posicionamento de que não há que se falar em incidência de ICMS no fornecimento de energia elétrica no caso de demanda contratada, mas apenas sobre o consumo.

Assim o tributo deveria ser calculado somente sobre a demanda efetivamente utilizada pelo consumidor, sendo este entendimento materializado na Súmula n. 391 do STJ: "O ICMS incide sobre o valor da tarifa de energia elétrica correspondente à demanda de potência efetivamente utilizada".

b) O art. 165 Código Tributário Nacional assegura ao sujeito passivo o direito à restituição, total ou parcial do tributo, diante do pagamento indevido. Contudo, em se tratando de tributo indireto, por comportarem transferência do seu encargo financeiro, a restituição somente estará autorizada diante da comprovação de quem houver assumido o referido encargo, ou, no caso de tê-lo transferido a terceiro, estar por este expressamente autorizado a recebê-la, nos termos do art. 166 do CTN.

Tendo em vista que o ICMS é um imposto notadamente indireto, ficando nítidas as figuras do contribuinte de direito (concessionária) e o de fato (consumidor), de forma que este sofre o impacto do tributo, o que causa uma polêmica acerca da legitimidade ativa para a propositura da ação de repetição de indébito tributário.

Neste caso, o art. 9º, § 1º da LC 87/96 disciplina que a responsabilidade tributária poderá ser atribuída "às empresas geradoras ou distribuidoras de energia elétrica, nas operações internas e interestaduais". Assim, tem-se a figura do contribuinte de direito, sendo que a concessionária ficará responsável pelo recolhimento do tributo e, do outro lado, o contribuinte de fato, que por sua vez, será o consumidor que suportará o encargo econômico do tributo.

Ainda que sujeitas a críticas, nota-se o entendimento majoritário na doutrina e jurisprudência de não admitir a legitimidade ativa do contribuinte de fato para a repetição do indébito tributário (v. g. STF, RE 114977, dentre outros). O raciocínio dominante é de que o art. 121 do Código Tributário Nacional elegeu como sujeito passivo da obrigação principal a pessoa obrigada ao pagamento de tributo ou penalidade pecuniária. Inclusive o Superior Tribunal de Justiça (REsp 903394) fixou entendimento que o contribuinte de fato estará impedido de acionar diretamente a Administração Pública por inexistir uma relação jurídico-tributária, pois é o contribuinte de direito que possui essa conexão íntima com o núcleo do aspecto material da hipótese de incidência.

Entretanto, o próprio Superior Tribunal de Justiça, em julgamento sob rito de recursos repetitivos (REsp 1299303) – garantiu a legitimidade processual dos consumidores de energia elétrica a buscarem a repetição de indébito do ICMS sobre a demanda contratada e não utilizada. Neste caso, apesar do consumidor se enquadrar na figura do contribuinte de fato, não haverá aplicação do entendimento majoritário acima exposto, uma vez que no caso de repetição do tributo sobre demanda de potência contratada e não utilizada a jurisprudência tem levado em consideração algumas peculiaridades.

A relação jurídica existente neste caso é distinta na medida em que o Poder concedente (União Federal) e a concessionária possuem uma relação tipicamente administrativa, com atuação conjunta na prestação de serviço público. Com isso, existirá um contrato administrativo entre a União Federal e a Concessionária (contribuinte de direito), regulamentando rigidamente a atividade, o que fragilizará a possibilidade de discussões judiciais em matéria tributária, tendo em vista este regime específico.

Neste panorama, a concessionária assume apenas formalmente o papel de contribuinte de direito e o consumidor estaria impedido de discutir a cobrança ilegal do ICMS ou ficaria sem o serviço, pois inexiste concorrência capaz de impor à concessionária atitude no sentido de defender o interesse do consumidor[134].

---

134. Extraídas do voto do Min. Rel. Cesar Asfor Rocha no REsp 1299303.

**(PGE/MS/Procurador/2015)** *A partir da construção da regra-matriz de incidência tributária do ICMS importação, hipótese em que o candidato deverá identificar todos os critérios constantes no antecedente e no consequente da referida norma jurídica, pede-se que seja analisado se a importação de bem móvel mediante operação de "leasing" consubstancia hipótese de incidência de ICMS. No caso, deverá o candidato levar em consideração a existência ou não de opção de compra ao final, citando os regramentos legais.*

**Autores: Eduardo Moreira Lima Rodrigues de Castro e Helton Kramer Lustoza**

### Direcionamento da resposta

O ICMS é um imposto estadual que tem sua regra matriz de incidência definida no art. 155, II da Constituição Federal, onde se identifica sua incidência sobre as operações de circulação de mercadorias, serviços de transporte interestadual e intermunicipal e serviços de comunicação, nos seguintes termos:

> Art. 155. Compete aos Estados e ao Distrito Federal instituir impostos sobre:
>
> II – operações relativas à circulação de mercadorias e sobre prestações de serviços de transporte interestadual e intermunicipal e de comunicação, ainda que as operações e as prestações se iniciem no exterior;

A operação de circulação de mercadorias que será tributada pelo ICMS se refere a uma transferência da propriedade de mercadoria em virtude do negócio jurídico, em razão disso que se torna indispensável a identificação de uma relação mercantil. Sobre o assunto, o Supremo Tribunal Federal já se manifestou no sentido de que o *"perfil constitucional do ICMS exige a ocorrência de operação de circulação de mercadorias (ou serviços) para que ocorra a incidência e, portanto, o tributo não pode ser cobrado sobre operações apenas porque elas têm por objeto 'bens', ou nas quais fique descaracterizada atividade mercantil-comercial"* (STF, **ADI 4565-MC**, Pleno, j. 7.4.2011).

Ao se analisar a importação de mercadoria, note-se que a redação original do art. 155, § 2º, IX, a Constituição previa a incidência do ICMS *"sobre a entrada de mercadoria importada do exterior, ainda quando se tratasse de bem destinado a consumo ou ativo fixo do estabelecimento, assim como sobre serviço prestado no exterior"*.

O problema gerado aos Estados é que a previsão constitucional apenas permitia a incidência do ICMS sobre a circulação de mercadorias destinadas a estabelecimentos comerciais, o que não alcançava as importações realizadas por pessoas físicas, sem habitualidade comercial.

Com a alteração do texto constitucional promovida pela EC n. 33/2001, a alínea 'a' do art. 155, § 2º, IX, passou a permitir a incidência do ICMS "sobre a entrada de bem ou mercadoria importados do exterior promovida tanto por pessoas jurídicas quanto por pessoas físicas, ainda que não contribuintes habituais do imposto, cabendo o tributo ao Estado onde estiver situado o domicílio ou o estabelecimento do destinatário da mercadoria ou bem" (STF, RE 299079).

Desta forma, com a edição da Súmula 661 pelo Supremo Tribunal Federal, foi ratificada a legitimidade da incidência do ICMS sobre a importação de bem[135].

### Sugestão de resposta

Quanto ao ICMS-Importação, o seu aspecto material consta na alínea 'a' do art. 155, § 2º, IX, incorporado ao texto constitucional pela EC n. 33/2001, o qual prevê a incidência do ICMS sobre a entrada de bem ou mercadoria importados do exterior promovida tanto por pessoas jurídicas quanto por pessoas físicas, ainda que não contribuintes habituais do imposto.

O contrato de leasing, também denominado de arrendamento mercantil, é utilizado para regular um negócio jurídico de locação onde é assegurado ao locatário o direito de *adquirir o bem alugado ao final da avença, pagando, nesse caso, uma diferença, chamada de valor residual. Isso significa que ao final do acordo, o locatário* poderá devolver o bem, adquirir-lhe a propriedade ou renovar o avençado.

*No campo do ICMS, tem gerado muita polêmica a questão do leasing internacional de bens, a fim de se analisar o enquadramento na incidência prevista no art. 155, § 2º, IX, "a", da Constituição de 1988.*

Com base nesta situação, os Estados começaram a defender que, nas importações de bens do exterior, bastaria a mera circulação física da mercadoria para caracterização do aspecto material do ICMS. Contudo, o Supremo Tribunal Federal (RE 461968) e o Superior Tribunal de Justiça, após certa polêmica, aderiram a tese da não incidência do ICMS sobre a operação de leasing internacional, exceto quando houver o efetivo exercício de compra do bem.

Em linhas gerais, a mera importação por meio do leasing não configura o aspecto material do ICMS, uma vez que não se visualiza a circulação jurídica do bem móvel. Esse entendimento vem reforçar a aplicação do art. 110 do Código Tributário Nacional, o qual veda que a lei tributária venha a alterar a definição

---

135. Súmula 661/STF. Na entrada de mercadoria importada do exterior, é legítima a cobrança do icms por ocasião do desembaraço aduaneiro.

o conteúdo e o alcance de institutos, conceitos e formas de direito privado, utilizados, expressa ou implicitamente, pela Constituição Federal, pelas Constituições dos Estados, ou pelas Leis Orgânicas do Distrito Federal ou dos Municípios, para definir ou limitar competências tributárias.

Desta forma, o entendimento adotado pelo Supremo Tribunal Federal é no sentido de que não haverá a incidência do ICMS-Importação sobre a operação de arrendamento mercantil sempre que a mercadoria seja passível de restituição ao proprietário e enquanto não efetivada a opção de compra.

No caso da importação do bem – através de leasing internacional – direcionado a finalidade de composição do ativo fixo, haverá a presunção constitucional de circulação jurídica do bem, o que segundo jurisprudência do STJ (EREsp 783814) irá legitimar a incidência do ICMS. Ademais, caso se constate que o bem, após importado, torne-se insuscetível de devolução, ainda que por decorrência de circunstâncias naturais ou físicas, haverá a incidência do ICMS-importação, pois estaria configurada a hipótese de circulação jurídica do bem móvel.

O art. 155, § 2º, IX, "a", da Constituição Federal, em conjunto com o art. 11, I da LC 87/96, também fixaram o aspecto pessoal, onde o sujeito ativo da cobrança será do Estado onde estiver situado o domicílio ou o estabelecimento do destinatário da mercadoria ou bem. Também existe a possibilidade de cobrança do ICMS no local em que foi realizada a licitação, no caso de arrematação de mercadoria ou bem importados do exterior e apreendidos ou abandonados, segundo previsão do art. 11, I, 'f' da LC 87/96.

Por outro lado, o sujeito passivo será o importador, que estará constando na Declaração de Importação, bem como o adquirente, caso a mercadoria apreendida ou abandonada tenha sido licitada, segundo previsão do art. 4º, Parágrafo Único, I e III da LC 87/96.

No que se refere ao aspecto quantitativo, a base de cálculo, segundo previsto no art. 155, § 2º, XII, "i", da CF e art. 13, V e VII, da LC 87/96, será o valor da mercadoria ou bem importado, constante na Declaração de Importação, acrescido do II, IPI, IOF, e quaisquer outros impostos, taxas, contribuições e despesas aduaneiras; ou valor da mercadoria ou do bem importado, constante na Declaração de Importação, acrescido do II, IPI, e todas as despesas cobradas e debitadas pelo adquirente, no caso de bem importado apreendido ou abandonado.

Segundo art. 1º da Resolução n. 13/2012 do Senado Federal, a alíquota do ICMS, nas operações interestaduais com bens e mercadorias importados do exterior, será de 4% (quatro por cento).

## DIREITO TRIBUTÁRIO

*(PGE/MS/Procurador/2015)* Levando em consideração o princípio da não-cumulatividade, fora dirigida à Procuradoria-Geral do Estado uma consulta por parte da Administração Pública com as seguintes indagações: a) Lei estadual pode estabelecer critérios não previstos na Constituição Federal para o aproveitamento de créditos? b) A Administração Fiscal, quando diante de uma operação de prestação de serviço de transporte com redução da base de cálculo, está devidamente amparada pela ordem normativa ao autuar a empresa que não procede a anulação proporcional do crédito do ICMS referente à aquisição de insumo? c) Viola o supracitado princípio a autuação fiscal que determina ao contribuinte o estorno de todos os créditos aproveitados na operação de circulação de mercadoria que realizou em virtude da declaração de inidoneidade da nota fiscal da operação anterior, cuja declaração, embora tenha se dado em data posterior à aquisição da mercadoria pelo contribuinte, tem efeito "ex tunc"? d) Quais as condições impostas pelo ordenamento jurídico para fins de validar os benefícios fiscais concedidos por um Estado-membro a determinada operação sujeita à incidência do ICMS? Achando-se diante de uma operação interestadual de circulação de mercadoria em que o Estado de origem outorga crédito presumido sem a observância dos preceitos legais, embora no documento fiscal venha destacado a alíquota interestadual, pode o Estado de destino vedar ao contribuinte, destinatário da mercadoria, o aproveitamento integral do ICMS destacado na referida nota?

**Autores:** Eduardo Moreira Lima Rodrigues de Castro e Helton Kramer Lustoza

### Direcionamento da resposta

A questão demanda conhecimentos profundos acerca das disposições constitucionais e legais do ICMS, além do entendimento dos Tribunais Superiores a respeito dos diversos temas abordados. Para obtenção de pontuação máxima, assim, precisaria o candidato exercer ao máximo seu poder de síntese.

No **item "a"**, o candidato, além discorrer brevemente sobre o **princípio da não-cumulatividade**, deveria observar que a Constituição Federal de 1988 elenca apenas 2 (duas) situações em que o referido princípio é excepcionado (**isenção e não incidência pura e simples** – art. 155, § 2º, II, "a" e "b"), e que a Lei Complementar n. 87/96, autorizada pelo art. 155, § 2º, XII, "c", da Constituição de 1988 para tanto, contempla mais uma situação de vedação ao creditamento de ICMS, qual seja, aquela discriminada no **art. 23**, que versa sobre a emissão de **nota fiscal inidônea**. Apenas na terceira situação, portanto, poderia a legislação estadual estabelecer critérios não previstos na Constituição Federal para o aproveitamento de créditos."

No **item "b"**, o concursando precisaria abordar o entendimento, consolidado no âmbito do Superior Tribunal de Justiça, segundo o qual **se aplica à redução da base de cálculo** – hipótese em que a relação jurídica tributária não se instaura em seus termos e efeitos originais, mas sim, com um resultado econômico-financeiro mitigado – **a mesma sistemática da regra de isenção**, contida no já mencionado art. 155, § 2º, II, "b", da CF/88, que determina a anulação do crédito relativo às operações anteriores.

A resposta do **item "c"**, por sua vez, deveria ser fornecida de maneira condicional, à luz do entendimento consolidado no **enunciado de súmula n. 509 do STJ136**. Como não se afirmava nada sobre a boa-fé do adquirente, tampouco sobre a veracidade da operação de compra e venda, **não há como afirmar se a autuação viola ou não o princípio da não cumulatividade**.

Os questionamentos constantes do **item "d"**, por sua vez, deveriam ser respondidos à luz das disposições do **art. 155, § 2º, XII, "g", da Constituição Federal de 1988**[137], da **Lei Complementar n. 24/75**, que trata dos requisitos para concessão de benefícios fiscais referente ao ICMS, e da jurisprudência do STJ aplicável à matéria. De acordo com o STJ (RMS 31714), caso determinado Estado conceda benefício unilateral relacionado ao ICMS, ou seja, sem prévia deliberação conjunta dos demais Estados e do Distrito Federal, não poderá o ente que se sentir prejudicado simplesmente desconsiderar a operação e autuar o sujeito passivo beneficiário, restando ao prejudicado a via da **Ação Direita de Inconstitucionalidade**.

A Banca Examinadora, no "espelho" de correção, admitiu como correta também a tese da validade da vedação do aproveitamento integral do crédito (e, consequentemente, da autuação), sob o fundamento de que tal conduta encontraria respaldo no **art. 8º, inciso I, da LC n. 24/75**[138]. Segundo a banca, a admissão dessa tese implicaria alteração da resposta ao item "a", incluindo-se, ali, mais uma situação infraconstitucional (por força de lei) de admissibilidade de vedação ao creditamento de ICMS, qual seja, a da "concessão de benefício fiscal de ICMS em desconformidade com a LC n. 24/75".

*Sugestão de resposta*

---

136. "É lícito ao comerciante de boa-fé aproveitar os créditos de ICMS decorrentes de nota fiscal posteriormente declarada inidônea, quando demonstrada a veracidade da compra e venda."

137. CF. Art. 155. (...) § 2º O imposto previsto no inciso II atenderá ao seguinte: (...) XII. Cabe à lei complementar: (...) g) regular a forma como, mediante deliberação dos Estados e do Distrito Federal, isenções, incentivos e benefícios fiscais serão concedidos e revogados.

138. LC 24/75. Art. 8º A inobservância dos dispositivos desta Lei acarretará, cumulativamente: I – a nulidade do ato e a ineficácia do crédito fiscal atribuído ao estabelecimento recebedor da mercadoria.

# DIREITO TRIBUTÁRIO

a) Nos termos do art. 155, § 2°, inciso I, da Constituição Federal de 1988 – CF/88, o ICMS *será não cumulativo, compensando-se o que for devido em cada operação relativa à circulação de mercadorias ou prestação de serviços com o montante cobrado nas anteriores pelo mesmo ou outro Estado ou pelo Distrito Federal* (CF/88, art. 155, § 2°, I). O **objetivo** maior da não cumulatividade é **neutralizar os efeitos das múltiplas incidências tributárias**, de forma que, ao final do ciclo econômico de determinada mercadoria – desde a produção, passando por industriais, atacadistas e varejistas, até o consumidor – o tributo cobrado seja sempre equivalente, independentemente do número de operações[139].

A **CF/88, no art. 155, § 2°, II, alíneas "a" e "b"**, elenca duas situações em que o creditamento do ICMS referente às operações anteriores é vedado. Referimo-nos aos casos de **isenção e não incidência**.

Demais disso, o Texto Supremo, em seu **art. 155, § 2°, XII, "c"**, dispõe caber à **lei complementar disciplinar o regime de compensação do imposto**.

Com base na autorização mencionada no parágrafo anterior, a Lei Complementar n. 87/96 (Lei Kandir do ICMS), em seu **art. 23,** *caput,* prescreveu que "O direito de crédito, para efeito de compensação com débito do imposto, reconhecido ao estabelecimento que tenha recebido as mercadorias ou para o qual tenham sido prestados os serviços, está condicionado à **idoneidade da documentação** e, se for o caso, à escrituração nos prazos e condições estabelecidos na legislação."

Dessa forma, **apenas no caso de inidoneidade da documentação** poderá a legislação estadual estabelecer critérios não previstos na Constituição Federal para o aproveitamento de créditos[140].

b) De acordo com entendimento consolidado no âmbito do **Superior Tribunal de Justiça (RMS 39554)**, a **redução da base de cálculo do ICMS** – hipótese em que a relação jurídica tributária não se instaura em seus termos e efeitos originais, mas sim, com um resultado econômico-financeiro mitigado – **equivale à isenção parcial**, sendo, portanto, devido o estorno proporcional do crédito de ICMS, nos termos do art. 155,

---

139. KALUME, Célio Lopes. ICMS Didático. Belo Horizonte, Del Rey, 2012. P. 20.
140. Como visto no direcionamento dado à resposta, o candidato que destacou o regramento constante no art. 8°, da LC n. 24/1975, na questão "d", para justificar a legitimidade da conduta do Estado, deveria apontar também a existência desse enunciado prescritivo como limitador ao direito de aproveitamento do crédito tributário. Assim, aquele que respondeu estar correta a autuação fiscal descrita na alínea "d" deveria destacar que a lei estadual somente poderá limitar o aproveitamento do crédito quando diante de (1) isenção, (2) não-incidência, (3) nota fiscal inidônea e (4) concessão de benefício fiscal em desconformidade com a LC n. 24/1975.

§ 2º, II, "b", da CF, não se havendo falar em ofensa ao princípio da não--cumulatividade. A autuação, assim, está em conformidade com a ordem jurídica.

c) Conforme exposto no item "a", a **LC n. 87/96 (art. 23)**, em atenção ao art. 155, § 2º, XII, "c", da CF, estabelece que "O direito de crédito, para efeito de compensação com débito do imposto, reconhecido ao estabelecimento que tenha recebido as mercadorias ou para o qual tenham sido prestados os serviços, está condicionado à idoneidade da documentação e, se for o caso, à escrituração nos prazos e condições estabelecidos na legislação."

Interpretando o dispositivo em comento, o STJ firmou o entendimento de que "É lícito ao comerciante de boa-fé aproveitar os créditos de ICMS decorrentes de nota fiscal posteriormente declarada inidônea, quando demonstrada a veracidade da compra e venda" (**Enunciado n. 509 da Súmula do STJ**).

Como o enunciado da questão nada afirma sobre a boa-fé do adquirente, tampouco sobre a veracidade da operação de compra e venda, não há como afirmar se a autuação viola ou não o princípio da não cumulatividade.

d) O **art. 155, § 2º, "g", da CF/88**, buscando preservar o pacto federativo e impedir a "guerra fiscal" entre os estados, dispõe caber à lei complementar regular a forma como, mediante deliberação dos Estados e do Distrito Federal, isenções, incentivos e benefícios fiscais serão concedidos e revogados.

Com esse desiderato, foi editada a **Lei Complementar n. 24/1975**, que, em seus **artigos 1º e 2º**, estabelece que a concessão de benefícios depende da **formalização de convênios, aprovados de maneira unânime** por todos os Estados e pelo Distrito Federal. Ainda nos termos da lei, o Poder Executivo de cada Unidade da Federação deve publicar **decreto ratificando o convênio** firmado, dentro do prazo de 15 (quinze) dias da publicação do Convênio no DOU (**art. 4º**, *caput*).

Para a concessão de benefício fiscal de ICMS, além da celebração de convênio, e de sua ratificação por Decreto, **deve ser publicada lei estadual específica, em obediência ao contido no art. 150, § 6º, da CF/88**[141], na redação dada pela EC n. 03/93.

---

141. CF. Art. 150. (...) § 6º Qualquer subsídio ou isenção, redução de base de cálculo, concessão de crédito presumido, anistia ou remissão, relativos a impostos, taxas ou contribuições, só poderá ser concedido mediante lei específica, federal, estadual ou municipal, que regule exclusivamente as matérias acima enumeradas ou o correspondente tributo ou contribuição, sem prejuízo do disposto no art. 155, § 2º, XII, g.

Concedido benefício fiscal consistente na outorga de crédito presumido sem a observância dos supracitados preceitos, segundo entendimento majoritário do Superior Tribunal de Justiça, não poderá o Estado de destino vedar ao contribuinte, destinatário da mercadoria, o aproveitamento integral do ICMS destacado na referida nota. **Para a referida Corte Superior, restará ao Ente prejudicado a via da Ação Direita de Inconstitucionalidade (RMS 31714)**[142].

*(UFG/ALE/GO/Procurador/2015) O exercício da competência tributária realiza-se com base em algumas rígidas balizas conhecidas como limitações constitucionais ao poder de tributar, entre as quais se destaca o princípio da legalidade tributária. A aplicação do princípio da legalidade ao Imposto de Circulação de Mercadorias e Serviços (ICMS) tem algumas particularidades constatáveis pelas próprias remissões constitucionais à Lei Complementar e aos Convênios. Fundamentado no caráter eminentemente nacional do ICMS, discorra a propósito da aplicação do princípio da legalidade tributária em matéria de concessão de incentivos e benefícios fiscais de ICMS.*

Autor: *Helton Kramer Lustoza*

### Direcionamento da resposta

Para responder a esta questão o candidato deverá mostrar conhecimento sobre a regulamentação da remissão tributária prevista no art. 150, § 6º da Constituição Federal e no art. 172 do Código Tributário Nacional. Deverá ter a noção de que qualquer benefício fiscal irá alterar o planejamento orçamentário, o que demonstra a necessidade de conhecer os requisitos previstos na Lei de Responsabilidade Fiscal (art. 14).

Tendo-se em conta que a questão versa sobre a remissão de ICMS, a Constituição Federal impõe requisitos específicos, o que significa que o candidato tem de abordar na sua resposta o art. 155, § 2º, XII, g, da Constituição Federal.

---

142. A Banca Examinadora, no "espelho" de correção, admitiu como correta também a tese da validade da vedação do aproveitamento integral do crédito (e, consequentemente, da autuação), sob o fundamento de que tal conduta encontraria respaldo no art. 8º, inciso I, da LC n. 24/75. Segundo a banca, a admissão dessa tese implicaria alteração da resposta ao item "a", incluindo-se, ali, mais uma situação infraconstitucional (por força de lei) de admissibilidade de vedação ao creditamento de ICMS (concessão de benefício fiscal de ICMS em desconformidade com a LC n. 24/75).

### Sugestão de resposta

A criação de qualquer benefício fiscal estará sujeita a pressupostos legais e constitucionais, a saber:

a) lei específica (art. 150, § 6º da CF/88);

b) obediência ao art. 14 da Lei de Responsabilidade Fiscal e,

c) avaliação de possíveis vedações constitucionais.

Portanto, ao projetar um texto legal e enviá-lo ao Poder Legislativo para aprovação, tendo por objetivo conceder benefícios ou incentivos fiscais, identifica-se uma renúncia tributária do ente público. E tal renúncia de receita deve seguir os requisitos estabelecidos no art. 14 da Lei de Responsabilidade Fiscal para não ser considerada ilegal[143].

Os requisitos se referem a necessidade de que a concessão ou ampliação de incentivo ou benefício de natureza tributária da qual decorra renúncia de receita deverá estar acompanhada de estimativa do impacto orçamentário-financeiro no exercício em que deva iniciar sua vigência e nos dois seguintes, atender ao disposto na lei de diretrizes orçamentárias e a pelo menos uma das seguintes condições: "I – demonstração pelo proponente de que a renúncia foi considerada na estimativa de receita da lei orçamentária e de que não afetará as metas de resultados fiscais previstas no anexo próprio da lei de diretrizes orçamentárias; II – estar acompanhada de medidas de compensação, no período mencionado no caput, por meio do aumento de receita, proveniente da elevação de alíquotas, ampliação da base de cálculo, majoração ou criação de tributo ou contribuição".

Em se tratando de ICMS, além da existência de uma lei regional criando o benefício fiscal do ICMS e do atendimento à Lei de Responsabilidade Fiscal, deve haver uma autorização do CONFAZ[144]. Trata-se de órgão constituído pelos

---

143. LRF. Art. 14. A concessão ou ampliação de incentivo ou benefício de natureza tributária da qual decorra renúncia de receita deverá estar acompanhada de estimativa do impacto orçamentário-financeiro no exercício em que deva iniciar sua vigência e nos dois seguintes, atender ao disposto na lei de diretrizes orçamentárias e a pelo menos uma das seguintes condições: I – demonstração pelo proponente de que a renúncia foi considerada na estimativa de receita da lei orçamentária, na forma do art. 12, e de que não afetará as metas de resultados fiscais previstas no anexo próprio da lei de diretrizes orçamentárias; II – estar acompanhada de medidas de compensação, no período mencionado no caput, por meio do aumento de receita, proveniente da elevação de alíquotas, ampliação da base de cálculo, majoração ou criação de tributo ou contribuição.

144. A concessão, mediante ato do poder público local, de isenções, incentivos e benefícios fiscais, em tema de ICMS, depende, para efeito de sua válida outorga, da prévia e necessária deliberação consensual adotada pelos Estados-membros e pelo Distrito Federal, observada, quanto

Secretários de Fazenda de cada Estado e Distrito Federal e pelo Ministro de Estado da Fazenda, possuindo a função deliberativa com a missão maior de promover o aperfeiçoamento do federalismo fiscal e a harmonização tributária entre os Estados da Federação.

Por isso, o Estado não é totalmente autônomo para conceder anistia ou remissão das multas sujeitas a sua competência, na medida em que estará sujeito a autorização do CONFAZ. Importante se faz esclarecer que, convênio não é lei e, nem o Confaz é órgão legislativo, uma vez que, não há a participação de representantes do Poder Legislativo nos assentos daquele órgão[145]. Após a celebração dos convênios, o Poder Executivo de cada unidade da Federação, atendendo o que dispõe a LC 24/1975, deve-se publicar decreto ratificando ou não, depois de sua publicação no Diário Oficial da União[146].

Para que tal benefício fiscal possa surtir efeitos é necessário atender ao art. Art. 155, § 2°, XII, g, da Constituição Federal, o qual atribui à Lei Complementar a competência para "*regular a forma como, mediante deliberação dos Estados e do Distrito Federal, isenções, incentivos e benefícios fiscais serão concedidos e revogados*".

Deste modo, observa-se que a concessão de referida remissão deve ser precedida de Convênio autorizativo firmado entre os Estados, em reunião do Conselho Nacional de Política Fazendária – CONFAZ. Após a autorização por meio de Convênio, a remissão poderá ser criada através de lei aprovada pela Assembleia Legislativa, em respeito ao princípio da legalidade, conforme determina o art. 150, § 6° da CF/88.

Por isso, é permitido que o Estado, com finalidade de estimular o pagamento do ICMS, institua isenções ou benefícios fiscais, desde que seja criado por lei estadual (CF/88, art. 150, § 6°), precedida de autorização por Convênio aprovado no CONFAZ (CF/88, art. 155, § 2°, XII, g) e com atendimento aos requisitos do art. 14 da LC 101/00.

---

à celebração desse convênio intergovernamental, a forma estipulada em lei complementar nacional editada com fundamento no art. 155, § 2°, XII, g, da Carta Política. Este preceito constitucional, que permite à União Federal fixar padrões normativos uniformes em tema de exoneração tributária pertinente ao ICMS, acha-se teleologicamente vinculado a um objetivo de nítido caráter político-jurídico: impedir a "guerra tributária" entre os Estados-membros e o Distrito Federal. Plausibilidade jurídica dessa tese sustentada pelo Procurador-Geral da República. (STF, ADI 930, voto do Min. Celso de Mello, j. 25.11.1993)

145. CARRAZZA, Roque Antonio. ob. cit. p. 559.
146. ALEXANDRINO, Marcelo; PAULO, Vicente. Direito Tributário na Constituição e no STF. 16 ed. São Paulo: Método, 2011. p. 290.

*(FCC/ALE/PB/Procurador/2013)* Comissão Especial para Assuntos Tributários instaurada na Assembleia Legislativa do Estado da Paraíba, visando atrair empresas para seus limites territoriais e com intuito de fortalecimento de sua economia, efetua consulta aos seus procuradores sobre a legalidade e a constitucionalidade das seguintes propostas emergenciais de modificação na legislação tributária paraibana. Como Procurador da Assembleia Legislativa do Estado da Paraíba analise as quatros propostas de projeto de lei elencadas a seguir, apontando, com base na Constituição Federal e na legislação infraconstitucional atinente às matérias abordadas, se as iniciativas legislativas apresentam fundamento constitucional e legal. Justifique seus motivos e destaque quais dispositivos normativos (artigos, incisos, alíneas) servem para fundamentar sua apreciação. (i) apresentar projeto de lei ordinária estadual prescrevendo redução de 90% da base de cálculo do ICMS nas operações interestaduais realizadas por empresas que vierem estabelecer no Estado da Paraíba a partir de 31 de dezembro de 2013. (ii) apresentar projeto de lei ordinária estadual reduzindo, a partir de 1º.1.2014, nas operações internas com produtos de informática, as alíquotas de ICMS para montante 50% inferior às aplicadas nas operações interestaduais com mercadorias de mesma natureza, desde que produzidas por empresas de informática que se instalarem no Estado da Paraíba a partir de 31.12.2013. (iii) apresentar projeto de lei ordinária estadual que prescreva a redução da base de cálculo do ICMS nas operações internas para que a carga tributária seja equivalente a 12% do valor da operação para novas empresas estabelecidas no Estado da Paraíba. (iv) apresentar projeto de lei ordinária estadual que altere o prazo de natureza decadencial nas solicitações de restituição de indébitos tributários ao Estado da Paraíba, para os tributos sujeitos ao lançamento por homologação pagos indevidamente a maior, a serem reclamados pelos contribuintes, aumentando para 10 anos o prazo para a interposição do respectivo pedido de repetição de indébito.

Autor: Helton Kramer Lustoza

### Direcionamento da resposta

Para responder a esta questão o candidato deverá mostrar conhecimento sobre a regulamentação da remissão tributária prevista no art. 150, § 6º da Constituição Federal e no art. 172 do Código Tributário Nacional. Deverá ter a noção de que qualquer benefício fiscal irá alterar o planejamento orçamentário, o que demonstra a necessidade de conhecer os requisitos previstos na Lei de Responsabilidade Fiscal (art. 14).

Além disso, o candidato deverá dominar os pressupostos de concessão de benefício no campo de ICMS descritos no art. art. 155, § 2º, XII, g, da Constituição Federal. Também deverá ficar atento a competência para legislar em matéria de normas gerais do direito tributário, previsto no art. 146 da Constituição Federal.

### Sugestão de resposta

Trata-se de procedimento encaminhado a esta procuradoria com pedido de manifestação quanto a legalidade e constitucionalidade de projetos de leis.

Analisados os termos da consulta, cabem as seguintes considerações, que se resumem em atividade intelectiva de interpretação, com base na consulta formulada, não vinculando a decisão administrativa a ser tomada pela autoridade competente.

Quanto às propostas i e iii, tem-se o seguinte teor, seguindo, posteriormente a análise jurídica, a qual foi realizada conjuntamente em razão da similitude da matéria e idêntico resultado.

**i) apresentar projeto de lei ordinária estadual prescrevendo redução de 90% da base de cálculo do ICMS nas operações interestaduais realizadas por empresas que vierem estabelecer no Estado da Paraíba a partir de 31 de dezembro de 2013.**

**iii) apresentar projeto de lei ordinária estadual que prescreva a redução da base de cálculo do ICMS nas operações internas para que a carga tributária seja equivalente a 12% do valor da operação para novas empresas estabelecidas no Estado da Paraíba.**

A criação de qualquer benefício fiscal estará sujeito a pressupostos legais e constitucionais, a saber:

a) lei específica (art. 150, § 6º da CF/88);

b) obediência ao art. 14 da Lei de Responsabilidade Fiscal e,

c) avaliação de possíveis vedações constitucionais.

Portanto, ao projetar um texto legal e enviá-lo ao Poder Legislativo para aprovação, tendo por objetivo conceder benefícios ou incentivos fiscais, identifica-se uma renúncia tributária do ente público. E tal renúncia de receita deve seguir os requisitos estabelecidos no art. 14 da Lei de Responsabilidade Fiscal para não ser considerada ilegal[147].

---

147. LRF. Art. 14. A concessão ou ampliação de incentivo ou benefício de natureza tributária da qual decorra renúncia de receita deverá estar acompanhada de estimativa do impacto orçamentário-financeiro no exercício em que deva iniciar sua vigência e nos dois seguintes, atender ao disposto na lei de diretrizes orçamentárias e a pelo menos uma das seguintes condições: I – demonstração pelo proponente de que a renúncia foi considerada na estimativa de receita da lei orçamentária, na forma do art. 12, e de que não afetará as metas de resultados fiscais previstas no anexo próprio da lei de diretrizes orçamentárias; II – estar acompanhada de medidas de compensação, no período mencionado no caput, por meio do aumento de receita,

Em se tratando de ICMS, além da existência de uma lei regional criando o benefício fiscal do ICMS e do atendimento à Lei de Responsabilidade Fiscal, por força do art. art. 155, § 2°, XII, g, da Constituição Federal, deve haver uma autorização do CONFAZ[148]. Trata-se de órgão constituído pelos Secretários de Fazenda de cada Estado e Distrito Federal e pelo Ministro de Estado da Fazenda, possuindo a função deliberativa com a missão maior de promover o aperfeiçoamento do federalismo fiscal e a harmonização tributária entre os Estados da Federação.

Cabe notar que o Supremo Tribunal Federal, ao apreciar o RE 174478, consolidou seu entendimento no sentido de **equipar** a redução da base de cálculo com a isenção parcial para os fins do art. 155, § 2°, II, b, da CF.

Por isso, é permitido que o Estado, com finalidade de estimular o pagamento do ICMS, institua a remissão parcial da multa moratória, desde que seja criado por lei estadual (CF/88, art. 150, § 6°), precedida de autorização por Convênio aprovado no Confaz (CF/88, art. 155, § 2°, XII, g) e com atendimento aos requisitos do art. 14 da LC 101/00.

**ii) apresentar projeto de lei ordinária estadual reduzindo, a partir de 1.1.2014, nas operações internas com produtos de informática, as alíquotas de ICMS para montante 50% inferior às aplicadas nas operações interestaduais com mercadorias de mesma natureza, desde que produzidas por empresas de informática que se instalarem no Estado da Paraíba a partir de 31.12.2013.**

Quanto aos pressupostos constitucionais para redução de alíquota, apoia-se nas razões acima expostas.

Também se pontua a inconstitucionalidade da pretensão da alíquota interna ser inferior da interestadual, uma vez que o art. 155, § 2° VI da CF, que assim estabelece: "salvo deliberação em contrário dos Estados e do Distrito Federal, nos termos do disposto no inciso XII, "g", as alíquotas internas, nas operações

---

proveniente da elevação de alíquotas, ampliação da base de cálculo, majoração ou criação de tributo ou contribuição.

148. A concessão, mediante ato do poder público local, de isenções, incentivos e benefícios fiscais, em tema de ICMS, depende, para efeito de sua válida outorga, da prévia e necessária deliberação consensual adotada pelos Estados-membros e pelo Distrito Federal, observada, quanto à celebração desse convênio intergovernamental, a forma estipulada em lei complementar nacional editada com fundamento no art. 155, § 2°, XII, g, da Carta Política. Este preceito constitucional, que permite à União Federal fixar padrões normativos uniformes em tema de exoneração tributária pertinente ao ICMS, acha-se teleologicamente vinculado a um objetivo de nítido caráter político-jurídico: impedir a "guerra tributária" entre os Estados-membros e o Distrito Federal. Plausibilidade jurídica dessa tese sustentada pelo Procurador-Geral da República. (STF, ADI 930, voto do Min. Celso de Mello, j. 25.11.1993).

relativas à circulação de mercadorias e nas prestações de serviços, não poderão ser inferiores às previstas para as operações interestaduais";

Portanto, tal pretensão legislativa não poderá prosperar por estar em flagrante confronto com a norma constitucional acima citada.

**iv) apresentar projeto de lei ordinária estadual que altere o prazo de natureza decadencial nas solicitações de restituição de indébitos tributários ao Estado da Paraíba, para os tributos sujeitos ao lançamento por homologação pagos indevidamente a maior, a serem reclamados pelos contribuintes, aumentando para 10 anos o prazo para a interposição do respectivo pedido de repetição de indébito.**

Note-se que o art. 146 da Constituição Federal exige a Lei Complementar para estabelecer normas gerais em matéria de legislação tributária, especialmente sobre: decadência tributária.

Ao tentar regulamentar os prazos prescricionais e decadenciais através de lei ordinária estadual, esta afrontando diretamente o art. 146 da Constituição Federal, uma vez que tais prazos já foram devidamente regulamentados pelo art. 168 do Código Tributário Nacional.

O Supremo Tribunal Federal definiu que o princípio federativo não pode se sobrepor ao princípio da segurança jurídica, sendo que este seria prejudicado caso permitisse que cada ente federativo pudesse criar prazos decadenciais diferenciados. Nesta situação, a Suprema Corte declarou a inconstitucionalidade dos artigos 45 e 46 da Lei n. 8.212/1991, por disporem sobre matéria reservada à lei complementar (RE 559943, repercussão geral). Posteriormente, este entendimento foi materializado na Súmula Vinculante n. 8, por meio da qual diz que as contribuições previdenciárias se sujeitam ao prazo decadencial de cinco anos, e que os artigos 45 e 46 da Lei 8112/91 são inconstitucionais, pois esta lei é ordinária, devendo os prazos decadenciais ser tratados por Lei Complementar.

Portanto, neste ponto a proposta legislativa mostra-se inconstitucional, uma vez que a Constituição da República de 1988 reserva à lei complementar nacional o estabelecimento de normas gerais em matéria de legislação tributária, especialmente sobre decadência, nos termos do art. 146, inciso III, alínea b da Constituição da República.

---

*(Cespe/PG/DF/Procurador/2013) Discorra sobre a tributação do ICMS nas operações de importação por pessoas físicas, ressaltando o posicionamento do Supremo Tribunal Federal a respeito da matéria, a ocorrência do fato gerador e a alíquota aplicável na hipótese de o desembaraço aduaneiro ocorrer em outro estado que não o do destinatário do bem.*

Autores: *Eduardo Moreira Lima Rodrigues de Castro e Helton Kramer Lustoza*

### Direcionamento da resposta

Aqui, o candidato deve obrigatoriamente fazer menção à norma constante do art. 155, § 2º, IX, da CFRB/88, que versa sobre o ICMS-Importação, destacando a possibilidade do importador pessoa física, ainda que não comerciante habitual, ser sujeito passivo da exação. Além disso, deve mencionar a posição do STF segundo a qual, nas hipóteses em que o desembaraço aduaneiro ocorrer em outro Estado que não o do destinatário do bem, aplica-se a alíquota do estado "destinatário jurídico" da operação.

### Sugestão de resposta

Dispõe a Constituição Federal de 1988, em seu art. 155, § 2º, IX, b, na redação dada pela Emenda Constitucional n. 33/01, que o Imposto sobre operações relativas à circulação de mercadorias e sobre prestações de serviços de transporte interestadual e intermunicipal e de comunicação – ICMS incidirá também sobre a entrada de bem ou mercadoria importados do exterior por pessoa física ou jurídica, ainda que não seja contribuinte habitual do imposto, qualquer que seja a sua finalidade, assim como sobre o serviço prestado no exterior, cabendo o imposto ao Estado onde estiver situado o domicílio ou o estabelecimento do destinatário da mercadoria, bem ou serviço.

O texto original (anterior à EC 33/01), por se referir apenas à circulação de mercadorias e à prestação de serviços destinados a estabelecimentos comerciais, permitia que operações de importação realizadas por pessoas físicas, independentemente do valor, fossem realizadas livres da incidência do ICMS. Isso, obviamente, dava ensejo a uma série de práticas abusivas e fraudulentas por parte de empresários de todo o país, que passaram a realizar operações comerciais envolvendo aquisição de bens de elevados valores sob as vestes de importação de mercadorias, por pessoa física, para uso próprio[149].

A partir da nova redação constitucional, a incidência do ICMS passou a se dar sobre a entrada, no território nacional, de bem, mercadoria ou serviço importados do exterior promovida tanto por pessoas jurídicas quanto por pessoas físicas, ainda que não contribuintes habituais do imposto.

O **fato gerador do imposto**, portanto, é a entrada de mercadoria ou bem importado do exterior, ou a prestação de serviço no exterior para tomador brasileiro (LC 87/96, art. 2º, § 1º, incisos I e II).

---

149. CASTRO, Eduardo Moreira Lima Rodrigues de; GOUVÊA, Marcus de Freitas; LUSTOZA, Helton Kramer. Tributos em Espécie. Salvador: JusPodivm, 2014, p. 562.

## DIREITO TRIBUTÁRIO

O **sujeito passivo**, por sua vez, é **qualquer importador**, seja ele pessoa física ou jurídica, ainda que não contribuinte habitual do imposto, nos termos do art. 4°, da Lei Complementar n. 87, de 13 de setembro de 1996 – LC 87/96.

Segundo a LC 87/96, considera-se ocorrido o fato gerador no **momento do desembaraço aduaneiro das mercadorias ou bens importados do exterior** (LC 87/96, art. 12, IX).

Por fim, tem entendido o Supremo Tribunal Federal – STF, de maneira pacífica, que, nas hipóteses em que o desembaraço aduaneiro ocorrer em outro estado que não o do destinatário do bem, o sujeito ativo da relação jurídico-tributária do ICMS é o Estado onde estiver situado o domicílio ou o estabelecimento do **destinatário jurídico** da mercadoria (alínea *a* do inciso IX do § 2º do art. 155 da Carta de Outubro); pouco importando se o desembaraço aduaneiro ocorreu por meio de ente federativo diverso[150].

O que o STF quer dizer é que, na importação, o ICMS deverá ser recolhido ao Estado em que sediado o importador, ou seja, o verdadeiro beneficiário da operação ou prestação. Referido importador, como visto, poderá ser tanto a pessoa física consumidora quanto a empresa revendedora do bem adquirido. A regra vale mesmo nas situações em que a mercadoria nem tenha passado pelo Estado do beneficiário no momento do desembaraço aduaneiro[151].

---

(PUC-PR/TJ/MS/Juiz/2012) *Os convênios do Conselho Nacional de Política Fazendária – Confaz –, regulamentam questões relevantes em matéria tributária estadual. Os convênios serão celebrados em reuniões nas quais estarão presentes representantes dos Estados da federação. A concessão de benefícios tributários, no âmbito do Confaz, e sua revogação, total ou parcial, dependerá da aprovação de quantos representantes de Estados?*
Autor: *Renato de Pretto*

---

150. Dentre outros, confira-se: "(...) O Supremo Tribunal Federal fixou jurisprudência no sentido de que o sujeito ativo da relação jurídico-tributária do ICMS é o Estado onde estiver situado o domicílio ou o estabelecimento do destinatário jurídico da mercadoria importada, pouco importando se o desembaraço aduaneiro ocorreu por meio de outro ente federativo." (STF, RE 598051-AgR, j.12.5.2009).

151. Recentemente, o Supremo Tribunal Federal reconheceu a repercussão geral da discussão sobre qual é o sujeito ativo constitucional do ICMS, incidente sobre operação de "importação de matéria-prima que será industrializada por estabelecimento localizado no Estado de Minas Gerais, mas que, porém, é desembaraçada por estabelecimento sediado no Estado de São Paulo", sendo este último (SP) o destinatário do produto acabado, para posterior comercialização. (STF, ARE 665134-RG, DJ 7.3.2012).

COLEÇÃO PREPARANDO PARA CONCURSOS

### Direcionamento da resposta

O candidato deveria fazer menção ao conteúdo do artigo 2º, § 2º, da Lei Complementar nº 24/75, a qual trata do assunto questionado – convênios do CONFAZ.

### Sugestão de resposta

A Constituição Federal, em seu artigo 155, § 2º, inciso XII, alínea "g", dispõe que cabe à lei complementar regular a forma como, mediante deliberação dos Estados e do Distrito Federal, isenções, incentivos e benefícios fiscais pertinentes ao ICMS serão concedidos e revogados.

Nessa esteira, os convênios do Conselho Nacional de Política Fazendária – Confaz regulam-se, ainda, pela Lei Complementar nº 24/75. Por meio dela, em particular de seu artigo 2º, § 2º, a concessão de benefícios dependerá sempre de decisão unânime dos Estados representados, enquanto que a sua revogação total ou parcial dependerá de aprovação de quatro quintos, pelo menos, dos representantes presentes. Portanto, à concessão de benefícios tributários, a aprovação pressupõe unanimidade; à revogação total ou parcial do benefício, do quórum de 4/5.

---

**(TJ/RJ/Juiz/2012)** *Recentemente o STF proclamou a inconstitucionalidade de inúmeros benefícios fiscais instituídos sem respaldo do Confaz. Na sua opinião, quais os efeitos concretos destas decisões para os contribuintes que, individualmente, se valeram das normas estaduais, então constitucionais, para estruturar seus negócios? Responda fundamentadamente, não deixando de abordar a questão do eventual cabimento de sanções.*

Autor: *Renato de Pretto*

### Direcionamento da resposta

A questão deveria ser trabalhada pelo candidato à luz do disposto no artigo 155, § 2º, XII, "g", da Constituição Federal em cotejo com a norma inscrita no artigo 100, parágrafo único, do Código Tributário Nacional.

### Sugestão de resposta

A Constituição Federal, em seu artigo 155, § 2º, inciso XII, alínea "g", dispõe que cabe à lei complementar regular a forma como, mediante deliberação dos Estados e do Distrito Federal, isenções, incentivos e benefícios fiscais pertinentes ao ICMS serão concedidos e revogados.

Nessa esteira, os convênios do Conselho Nacional de Política Fazendária – Confaz regulam-se, ainda, pela Lei Complementar nº 24/75. Por meio dela, em particular de seu artigo 2º, § 2º, a concessão de benefícios dependerá sempre de decisão unânime dos Estados representados, enquanto que a sua revogação total ou parcial dependerá de aprovação de quatro quintos, pelo menos, dos representantes presentes.

Pois bem. Se o benefício fiscal concedido não se submeter à regulamentação constitucional supramencionada, ele será inconstitucional. Nada obstante, sob um primeiro plano, os contribuintes que, individualmente, se valeram das normas estaduais, então vigentes, para estruturar seus negócios não poderão sofrer penalidades pela inconstitucionalidade proclamada, a teor do parágrafo único do artigo 100 do Código Tributário Nacional. Assim, a observância da norma válida até então excluiria, a seguir, a imposição de penalidades, a cobrança de juros de mora e a atualização do valor monetário da base de cálculo do tributo que se tornou posteriormente devido. O contribuinte, portanto, não poderia ser penalizado por ter seguido norma complementar inconstitucional, sob pena de mácula ao princípio da segurança jurídica.

De outro lado, todavia, posição que pensamos ser a mais adequada, há quem sustente que o princípio da segurança jurídica não pode tutelar a simulação perpetrada entre contribuinte e ente federado que têm insofismável conhecimento da irregularidade cometida pela concessão do benefício fiscal de maneira unilateral, ou seja, sem o convênio exigido por intermédio do Confaz, concretizando a denominada "guerra fiscal" tão combatida pela Constituição Federal à manutenção da autonomia dos entes políticos que a compõem.

Por conseguinte, os atos derivados desse procedimento ilegal não geraria qualquer direito subjetivo, tal como se infere do conteúdo do artigo 8º da Lei Complementar nº 24/75, "in verbis": "Art. 8º A inobservância dos dispositivos desta Lei acarretará, cumulativamente: I – a nulidade do ato e a ineficácia do crédito fiscal atribuído ao estabelecimento recebedor da mercadoria; II – a exigibilidade do imposto não pago ou devolvido e a ineficácia da lei ou ato que conceda remissão do débito correspondente. Parágrafo único. As sanções previstas neste artigo poder-se-ão acrescer à presunção de irregularidade das contas correspondentes ao exercício, a juízo do Tribunal de Contas da União e à suspensão do pagamento das quotas referentes ao Fundo de Participação, ao Fundo Especial e aos impostos referidos nos itens 8 e 9 do art. 21 da Constituição Federal".

*(PGE/RJ/Procurador/2012)* Discorra sobre o ICMS na importação.

Autores: **Eduardo Moreira Lima Rodrigues de Castro e Helton Kramer Lustoza**

### Direcionamento da resposta

Aqui, o candidato deve obrigatoriamente fazer menção à norma constante do art. 155, § 2º, IX, da CFRB/88, que versa sobre o ICMS-Importação, destacando a possibilidade do importador pessoa física, ainda que não comerciante habitual, ser sujeito passivo da exação. Além disso, deve mencionar a posição do STF segundo a qual, nas hipóteses em que o desembaraço aduaneiro ocorrer em outro estado que não o do destinatário do bem, aplica-se a alíquota do estado "destinatário jurídico" da operação.

### Sugestão de resposta

O Imposto sobre operações relativas à circulação de mercadorias e sobre prestações de serviços de transporte interestadual e intermunicipal e de comunicação – ICMS, nos termos do art. 155, § 2, IX, b, da Constituição Federal de 1988, na redação dada pela Emenda Constitucional n. 33/01, **incidirá também sobre a entrada de bem ou mercadoria importados do exterior** por pessoa física ou jurídica, ainda que não seja contribuinte habitual do imposto, qualquer que seja a sua finalidade, assim como sobre o serviço prestado no exterior.

A redação original da Constituição não especificava a incidência do tributo nas operações e prestações realizadas por pessoas físicas, o que dava ensejo a numerosas controvérsias jurisprudenciais, problema solucionado com o advento da supracitada Emenda Constitucional.

Ainda sobre a sujeição passiva no ICMS Importação, em complemento ao disposto na Constituição, a Lei Complementar n. 87/96 – Lei Kandir do ICMS estabelece que **é também contribuinte** a pessoa física ou jurídica que, mesmo **sem habitualidade ou intuito comercial**: I – importe mercadorias ou bens do exterior, qualquer que seja a sua finalidade; II – **seja destinatária** de serviço prestado no exterior ou cuja prestação se tenha iniciado no exterior (art. 4º, parágrafo único, I e II).

Tem entendido o Supremo Tribunal Federal – STF, de maneira pacífica, que, nas hipóteses em que o desembaraço aduaneiro ocorrer em outro estado que o não o do destinatário do bem, o sujeito ativo da relação jurídico-tributária do ICMS é o Estado onde estiver situado o domicílio ou o estabelecimento do destinatário jurídico da mercadoria (alínea *a* do inciso IX do § 2º do art. 155 da Carta de Outubro); pouco importando se o desembaraço aduaneiro ocorreu por meio de ente federativo diverso[152]. Quer, com isso, o STF, que o tributo seja arrecadado ao Estado em que sediado o verdadeiro beneficiário da mercadoria.

Nos termos da LC 87/96 (art. 12, IX), bem como da jurisprudência pacífica do Supremo Tribunal Federal, considera-se devido o tributo no **momento do desembaraço aduaneiro da mercadoria importada do exterior**.

Por fim, **para que haja incidência tributária**, importante salientar, é indispensável a **circulação jurídica da mercadoria**, ou seja, a transferência da titularidade do bem, razão pela qual o STF vem julgando no sentido pela não incidência do ICMS nas **operações internacionais de *leasing***, salvo efetivo exercício de opção de compra[153].

*(PGE/RJ/Procurador/2012) É válida Resolução do Senado Federal que estabeleça alíquota interestadual diferenciada para produtos importados com a finalidade de coibir a guerra fiscal?*

Autores: Eduardo Moreira Lima Rodrigues de Castro e Helton Kramer Lustoza

### Direcionamento da resposta

A resposta envolve o conhecimento da polêmica relacionada à Resolução n. 13/2012 do Senado Federal, que estabelece alíquota única de ICMS de 4% para operações interestaduais com bens e mercadorias importados do exterior, obedecidas determinadas condições, com o objetivo de combater a chamada "guerra dos portos".

O candidato deve fazer menção ao art. 155, § 2, IV, da Constituição Federal de 1988, que dispõe sobre a competência do Senado Federal para fixar alíquotas nas operações interestaduais, bem como aos benefícios fiscais inconstitucionais concedidos por determinados entes com o objetivo de incentivar a entrada de mercadorias estrangeiras por meio de seus portos.

---

152. Dentre outros, confira-se: STF, RE 598051-AgR, j. 12.5.2009: "(...) O Supremo Tribunal Federal fixou jurisprudência no sentido de que o sujeito ativo da relação jurídico-tributária do ICMS é o Estado onde estiver situado o domicílio ou o estabelecimento do destinatário jurídico da mercadoria importada, pouco importando se o desembaraço aduaneiro ocorreu por meio de outro ente federativo".

153. "Não há operação relativa à circulação de mercadoria sujeita à incidência do ICMS em operação de arrendamento mercantil contratado pela indústria aeronáutica de grande porte para viabilizar o uso, pelas companhias de navegação aérea, de aeronaves por ela construídas." (STF, RE 461968, DJ 24.8.2007).

### Sugestão de resposta

Nos termos da Constituição Federal de 1988, cabe à lei complementar regular a forma como, mediante deliberação dos Estados e do Distrito Federal, isenções, incentivos e benefícios fiscais serão concedidos e revogados (CF/88, art. 155, § 2º, XII, g).

A Lei Complementar n. 24, de 7 de janeiro de 1975 – LC 24/75, ao dispor sobre os convênios para a concessão de isenções do ICMS, concretiza o mandamento constitucional supracitado.

Segundo o art. 2º do diploma legal em comento, "os convênios a que alude o art. 1º, serão celebrados em reuniões para as quais tenham sido convocados representantes de todos os Estados e do Distrito Federal, sob a presidência de representantes do Governo federal" (LC 24/75, art. 2º). Ademais disso, "**a concessão de benefícios dependerá sempre de decisão unânime dos Estados** representados; a sua revogação total ou parcial dependerá de aprovação de quatro quintos, pelo menos, dos representantes presentes" (LC 24/75, art. 2º, § 2º).

A exigência de participação conjunta dos Estados no momento da concessão de isenções e benefícios de natureza fiscal tem por objetivo principal **mitigar os efeitos da guerra fiscal** entre os diversos entes da Federação. Por ser o ICMS um tributo que, embora estadual, possui características marcadamente nacionais, a admissão de concessão unilateral de benefícios por determinado Estado seria extremamente lesiva aos interesses de todos os demais.

Assim mesmo, durante algum tempo, alguns Estados da Federação, com o objetivo de atrair novas atividades econômicas para seus territórios, começaram a reduzir, sem autorização do CONFAZ, para 4% a alíquota do ICMS sobre os produtos importados por empresas sediadas nos seus territórios. A legislação dos referidos entes admitia ainda que, no momento do envio das mercadorias a outras entidades da Federação, o contribuinte se creditasse pela alíquota cheia do imposto; prática conhecida pela alcunha de "**guerra dos portos**".

As empresas beneficiadas, assim, ao pagar menos tributos, obtinham vantagens competitivas em relação àquelas localizadas nos Estados de destino.

Como o procedimento para impugnação de benefícios fiscais concedidos por outros Estados em violação ao disposto no art. 155, § 2º, XII, da CF/88 é extremamente moroso e, nos moldes da jurisprudência pacífica do Superior Tribunal de Justiça, demanda o ajuizamento de Ação Direita de Inconstitucionalidade, várias empresas começaram a migrar para os locais em que as alíquotas reduzidas eram concedidas.

Visando a acabar com a mencionada "guerra dos portos", o Senado Federal, no uso da atribuição que lhe confere o art. 155, § 2º, IV, da CF/88 – segundo o qual "resolução do Senado Federal, de iniciativa do Presidente da República ou de um terço dos Senadores, aprovada pela maioria absoluta de seus membros, estabelecerá as alíquotas aplicáveis às operações e prestações, interestaduais e de exportação" – aprovou a Resolução n. 13/2012, por meio da qual ficou estabelecida a **alíquota única de ICMS de 4% nas operações interestaduais com bens e mercadorias importados do exterior**, obedecidas determinadas condições.

A partir da promulgação da mencionada resolução, todos os Estados puderam voltar a competir em igualdade de condições para atrair empresas.

É válida, portanto, a Resolução do Senado Federal que estabeleça alíquota interestadual diferenciada para produtos importados com a finalidade de coibir a guerra fiscal.

*(UEPA/PGE/PA/Procurador/2012) Ao organizar suas contas, Marco Antonio, comerciante estabelecido em Belém, resolveu calcular quanto pagou de ICMS em um conjunto de faturas que recebeu relativas ao seu empreendimento comercial. Inicialmente, verificou que o ICMS incidente sobre a energia elétrica foi calculado em cima do valor contratado como demanda de potência, mesmo nos meses em que seu consumo foi inferior ou superior ao valor contratado. Em seguida, analisando as contas de água, notou que o ICMS havia incidido sobre o fornecimento de água encanada, medido a partir da quantidade efetivamente consumida. Comparou, então, a alíquota aplicada sobre o fornecimento de água encanada àquela incidente sobre as garrafas de água que adquiriu para revender e notou que havia uma grande diferença nas alíquotas, o que lhe gerou uma dúvida quanto a estar correto esse tratamento diferenciado. Confuso, Marco Antonio, seu amigo, procurou-o para saber se as três situações estão corretas. Analise o tratamento diferenciado dado às três situações concretas e identifique se a tributação se deu corretamente e justifique, abordando os temas pertinentes.*

Autores: Eduardo Moreira Lima Rodrigues de Castro e Helton Kramer Lustoza

### Direcionamento da resposta

Para a elaboração da resposta, o estudante deve demonstrar conhecimento das disposições legais e jurisprudenciais relativas aos critérios material da regra matriz de incidência do ICMS, especificamente no que diz respeito aos temas abordados. Deve expor, de maneira clara, por qual razão a incidência tributária só será válida no caso das garrafas de água adquiridas para revenda.

### Sugestão de resposta

Nos termos do art. 155, II, da Constituição Federal de 1988, compete aos Estados e ao Distrito Federal instituir Imposto sobre operações relativas à circulação de mercadorias e sobre prestações de serviços de transporte interestadual e intermunicipal e de comunicação, ainda que as operações e as prestações se iniciem no exterior.

Tem-se, como visto, em um só dispositivo, **3 diferentes materialidades**, quais sejam: a) realizar operações onerosas relativas a circulação de mercadorias, ainda que iniciadas no exterior; b) prestação onerosa de serviços de transporte interestadual e intermunicipal e; c) prestação onerosa de serviços de comunicação. As diferentes materialidades do ICMS podem ser encontradas também nos artigos 1º e 2º da Lei Complementar n. 87/96 – Lei Kandir do ICMS.

Pois bem. Nas situações concretas apresentadas, conforme jurisprudência pacífica do Superior Tribunal de Justiça – STJ e do Supremo Tribunal Federal – STF, **a incidência tributária só será válida no caso das garrafas de água adquiridas para revenda**.

Em primeiro lugar, muito embora se admita a tributação da energia elétrica – bem móvel para fins tributários –, **não se permite a tributação da demanda de potência contratada**, mas não utilizada (Súmula 391/STJ). Nos termos da jurisprudência da Corte Maior da legislação federal pátria, o fato gerador do ICMS ocorre apenas no momento em que a energia elétrica sai do estabelecimento do fornecedor, sendo efetivamente consumida. Não se cogita acerca de tributação das operações anteriores, quais sejam, as de produção e distribuição da energia, porquanto estas representam meios necessários à prestação desse serviço público[154].

Em segundo lugar, de acordo com entendimento pacificado do STF, é ilegítima também a cobrança de ICMS sobre **água encanada**, *uma vez que se trata de serviço público essencial e não mercadoria*[155], e a Constituição só admite a cobrança do ICMS sobre a prestação de dois outros serviços: transporte e comunicação.

---

154. Dentre outros, confira-se: "(...)Embora equiparadas às operações mercantis, as operações de consumo de energia elétrica têm suas peculiaridades, razão pela qual o fato gerador do ICMS ocorre apenas no momento em que a energia elétrica sai do estabelecimento do fornecedor, sendo efetivamente consumida. Não se cogita acerca de tributação das operações anteriores, quais sejam, as de produção e distribuição da energia, porquanto estas representam meios necessários à prestação desse serviço público." (STJ, AgRg no Ag 933678, DJ 29.11.2007)

155. "(...) O Supremo Tribunal Federal fixou entendimento no sentido da ilegitimidade da cobrança de ICMS sobre água encanada, uma vez que se trata de serviço público essencial e não mercadoria." (STF, AI 682565-AgR, j. 23.6.2009)

# DIREITO TRIBUTÁRIO

Diferente é o caso das **operações de compra, para revenda, de garrafas de água mineral**, único em que efetivamente presente atividade tipicamente mercantil. Aqui, não se tem tido dificuldade para julgar válida a exação.

---

**(COPS-UEL/PGE/PR/Procurador/2011)** *Discorra, de modo explicativo e fundamentado, a respeito dos elementos ou aspectos que integram a regra-matriz de incidência do ICMS, mencionando os princípios constitucionais que lhe são específicos.*

**Autores:** *Eduardo Moreira Lima Rodrigues de Castro e Helton Kramer Lustoza*

### Direcionamento da resposta

Aqui, o estudante deve exercer ao máximo seu poder de síntese, haja vista que o ICMS possui 3 (três) diferentes materialidades. Além de falar dos princípios constitucionais aplicáveis, deve explicar no que consiste cada um dos elementos (material, temporal, espacial, subjetivo e quantitativo) da regra matriz de incidência e especificar cada um dos elementos da regra base do ICMS.

### Sugestão de resposta

A **regra matriz de incidência do tributo**, também chamada por Paulo de Barros Carvalho de norma tributária em sentido estrito, **é aquela que define a incidência fiscal**[156]. Referida regra matriz de incidência é composta por um antecedente normativo, integrado pelos **aspectos material, temporal e espacial**, e um consequente normativo, integrado pelos **aspectos subjetivo e quantitativo**.

No caso do Imposto sobre operações relativas à circulação de mercadorias e sobre prestações de serviços de transporte interestadual e intermunicipal e de comunicação – ICMS, as diretrizes gerais para a incidência constam do art. 155 – e parágrafos – da Constituição Federal de 1988 – CF/88, muito embora a legislação infraconstitucional, sobretudo a Lei Complementar n. 87, de 13 de setembro de 1996 – LC 87/96, também contenha importantes disposições sobre os diversos elementos da norma tributária em sentido estrito.

O ICMS apresenta 3 (três) diferentes materialidades **(aspecto material)**, quais sejam, a realização de operações relativas à circulação de mercadorias (CF/88, art. 155, *caput*), a prestação de serviço oneroso de comunicação (CF/88,

---

156. CARVALHO, Paulo de Barros. Curso de direito tributário. 14. ed. São Paulo: Saraiva, 2002, p. 235.

art. 155, *caput*) e a prestação de serviço de transporte interestadual e intermunicipal (CF/88, art. 155, *caput*). Incidirá o ICMS, importante salientar, ainda que as operações e prestações se iniciem no exterior (CF/88, art. 155, *caput*).

O **aspecto temporal** do imposto está relacionado ao momento em que se considera ocorrido o fato tributário e, portanto, surgida a obrigação tributária. No ICMS sobre operações relativas à circulação de mercadoria, tem-se como aspecto temporal, em regra, o momento da saída da mercadoria do estabelecimento vendedor, embora a legislação infraconstitucional possa estabelecer, como de fato o faz, o surgimento da obrigação tributária também no momento da entrada da mercadoria no estabelecimento adquirente, e no momento do desembaraço aduaneiro. No ICMS sobre prestações de serviços de transporte e comunicação, o elemento temporal é o momento da prestação do serviço.

O **aspecto espacial** diz respeito ao local em que o fato deve ocorrer, a fim de que produza os efeitos que lhe são próprios. No caso do ICMS, por se tratar de tributo estadual com características de tributo nacional, tem-se a incidência tributária independentemente do local do território nacional em que ocorrerem as operações e prestações, muito embora o Estado só posso tributar aquelas ocorridas dentro dos seus limites territoriais. A Constituição e a lei preveem ainda regras específicas para a incidência nos casos de operações interestaduais.

O **aspecto subjetivo** ou pessoal da regra matriz de incidência do ICMS é formado pelos sujeito ativo, qual seja, o Ente competente para instituição do tributo, e o sujeito passivo, qual seja, qualquer pessoa, física ou jurídica, que realize, com habitualidade ou em volume que caracterize intuito comercial, operações de circulação de mercadoria ou prestações de serviços de transporte interestadual e intermunicipal e de comunicação, ainda que as operações e as prestações se iniciem no exterior (LC 87/96, art. 4, *caput*). No caso do ICMS importação, é irrelevante, para fins de incidência, o fato de o importador ser contribuinte habitual do imposto ou não.

Por fim, o **aspecto quantitativo** do tributo é composto pelos elementos base de cálculo e alíquota e, como o próprio nome já diz, ajuda estabelecer o montante devido. A base de cálculo do ICMS, em regra, é o valor da operação ou o preço do serviço (LC 87/96, art. 13), enquanto a alíquota, fixada pela lei do ente competente para instituição do tributo, é um percentual incidente sobre referida base de cálculo. Nos termos da Constituição Federal de 1988, resolução do Senado Federal, de iniciativa do Presidente da República ou de um terço dos Senadores, aprovada pela maioria absoluta de seus membros, estabelecerá as alíquotas aplicáveis às operações e prestações, interestaduais e de exportação (CF/88, art. 155, § 2º, IV). Além disso, é facultado ao Senado Federal: a) estabelecer alíquotas mínimas nas operações internas e; b) fixar alíquotas máximas nas mesmas operações para resolver conflito específico que envolva interesse de Estados (CF/88, art. 155, § 2º, V).

Atrelado ao aspecto quantitativo da regra matriz de incidência do ICMS, encontramos dois princípios constitucionais específicos: a) o **princípio da não cumulatividade** e; b) o **princípio da seletividade em função da essencialidade**.

Pelo **princípio da não cumulatividade**, o ICMS será não-cumulativo, compensando-se o que for devido em cada operação relativa à circulação de mercadorias ou prestação de serviços com o montante cobrado nas anteriores pelo mesmo ou outro Estado ou pelo Distrito Federal (CF/88, art. 155, § 2º, I). O objetivo maior da não cumulatividade é neutralizar os efeitos das múltiplas incidências tributárias, de forma que, ao final do ciclo econômico de determinada mercadoria – desde a produção, passando por industriais, atacadistas e varejistas, até o consumidor – o tributo cobrado seja sempre equivalente, independentemente do número de operações.

Pelo **princípio da seletividade**, por sua vez, admite-se que as alíquotas sejam fixadas em função da essencialidade das mercadorias e dos serviços (CF/88, art. 155, § 2º, III). Ao contrário do que ocorre no IPI, no ICMS, a seletividade não é obrigatória aos Entes, mas apenas facultativa, por força do que diz a Constituição.

---

*(TJ/RJ/Juiz/2011)* O Estado do Rio de Janeiro editou lei instituindo ICMS incidente sobre as vendas de mercadorias advindas de outros estados, feitas pela internet. Qual a sua avaliação acerca da constitucionalidade da norma?

Autor: *Renato de Pretto*

### Direcionamento da resposta

A questão deve levar em conta a posição firmada pelo STF de que é inconstitucional a cobrança de ICMS pelo Estado de destino, com fundamento no Protocolo ICMS 21/2011 do Conselho Nacional de Política Fazendária – Confaz, nas operações interestaduais de venda de mercadoria a consumidor final realizadas de forma não presencial.

### Sugestão de resposta

Na esteira de precedentes do Supremo Tribunal Federal, a lei do Estado do Rio de Janeiro hostilizada é inconstitucional. Com efeito, ofende a Constituição Federal norma que dispõe sobre a exigência de parcela do ICMS pelo estado- -membro destinatário da mercadoria ou bem devida na operação interestadual em que o consumidor final adquire mercadoria ou bem de forma não presencial por meio de internet, telemarketing ou showroom, tal como fez o Protocolo Confaz nº 21/2011 (cobrança de ICMS pelo Estado de destino nas operações interestaduais de venda de mercadoria a consumidor final realizadas de forma não presencial). Desse modo, nas operações interestaduais em que a mercadoria é destinada a consumidor final não contribuinte, somente o estado-membro de origem cobra o tributo, com a aplicação da alíquota interna, nos termos do artigo 155, § 2º, inciso VII, alínea "b", de nossa Lei Maior.

Outrossim, a adoção de regime tributário diferente configuraria bitributação, pois o consumidor do Estado de destino que adquirisse produtos em unidades da Federação não signatárias do Protocolo ICMS nº 21 teria sua operação tributada tanto pelo Estado remetente quando pelo destinatário, o qual não se abdicaria da competência tributária que lhe foi conferida pela Constituição Federal.

*(PGM/Rio_de_Janeiro/Procurador/2011)* *A fabricante de cervejas, Indústria de Bebidas Chopin Ltda., que goza de excelente conceito no mercado de bebidas alcoólicas, encomenda à multinacional instalada no Estado do Rio de Janeiro, Adesivos Universal S. A., a confecção de 2 milhões de rótulos, indicativos das características da bebida que produz, destinados à colocação nas garrafas da bebida vendida a seus consumidores. Em ato de fiscalização, a autoridade estadual, entendendo tratar-se de venda de mercadoria, visto que, flagrantemente, a Adesivos Universal entrega à indústria de bebidas os rótulos encomendados, autua a fornecedora por falta de recolhimento do ICMS devido. Segundo o auditor fiscal, está perfeitamente configurada a ocorrência do fato gerador do imposto estadual. O contribuinte, não se conformando, impugna a exigência, alegando não se verificar, no caso específico, uma venda, em sentido próprio, mas, sim, a prestação de serviços, ainda que, para realização do negócio, a multinacional faça entrega, ao encomendante, do material impresso. Pede-se a emissão de parecer sobre a exigência feita pelo Estado, considerando a jurisprudência do Supremo Tribunal Federal, já assentada, sobre o assunto.*

Autores: **Helton Kramer Lustoza e Leonardo Zehuri Tovar**

### Direcionamento da resposta

Neste caso, o candidato teria que elaborar um parecer, atendendo aos requisitos formais e materiais da proposta da banca[157]. Deveria abordar e diferenciar a hipótese de incidência do ICMS e do ISSQN, trazendo os principais ele-

---

157. Sugestão de leitura que esclarece quanto ao aspecto formal do parecer: LUSTOZA, Helton Kramer Lustoza. Advocacia Pública em Ação. 2. ed. Salvador: JusPodivm, 2014.

# DIREITO TRIBUTÁRIO

mentos que compõe a incidência tributária dos dois impostos, em especial a famosa distinção entre a obrigação de "dar" e a de "fazer". Enquanto o aspecto material do ICMS é a realização de uma operação relativa à circulação de mercadorias, no ISSQN haverá tão somente uma prestação de serviço prevista expressamente na lista anexa à LC 116/03.

E por fim, o candidato deveria ter o conhecimento sobre o posicionamento do Supremo Tribunal Federal e do Superior Tribunal de Justiça acerca dos critérios aplicados ao tema.

### Sugestão de resposta

Parecer n.: (___).

Processo n.: (___).

Solicitante: (___).

Direito Tributário. ICMS. ISSQN. Prestação Serviço. Confecção rótulo de cerveja sob encomenda. Insumo para industrialização.

I – Relatório.

Trata-se de procedimento encaminhado a esta procuradoria com pedido de manifestação quanto a juridicidade da conduta do Auditor-Fiscal do Estado do Rio de Janeiro que, em ato de fiscalização, considerou como fato gerador do ICMS a confecção de 2 milhões de rótulos pela empresa Adesivos Universal S.A., indicativos das características da cerveja produzida pela Industria de Bebidas Chopin Ltda.

O contribuinte, inconformado, impugnou a exigência, alegando não se verificar, no caso específico, uma venda, em sentido próprio, mas, sim, a prestação de serviços, ainda que, para realização do negócio, a empresa Adesivos Universal S.A. faça entrega, ao encomendante, do material impresso.

Analisados os termos da consulta, cabem as seguintes considerações, que se resumem em atividade intelectiva de interpretação, com base na consulta formulada, não vinculando a decisão administrativa a ser tomada pela autoridade competente.

II – Fundamentação.

Enquanto o aspecto material do ICMS é a realização de uma operação relativa à circulação de mercadorias, no ISSQN haverá tão somente uma prestação de serviço prevista expressamente na lista anexa à LC 116/03.

No caso em tela, uma fabricante de cervejas, Indústria de Bebidas Chopin Ltda., encomendou à multinacional Adesivos Universal S. A., a confecção de 2 milhões de rótulos, indicativos das características da bebida que produz, destinados à colocação nas garrafas da bebida vendida a seus consumidores.

A Lei Complementar n. 116/03 define como hipótese de incidência deste tributo "*a prestação de serviços constantes da lista anexa*", ou seja, esta Lei Complementar traz um rol dos serviços sobre os quais incide ISSQN, excluindo os serviços de competência dos Estados como transporte interestadual, intermunicipal e serviços de comunicação.

Nesse sentido, cabe ao Município arrecadar o imposto sobre serviços não compreendidos na competência da União e dos Estados, desde que estes estejam expressamente previstos na lista de serviços anexa à Lei Complementar 116/03.

Esta situação diferencia da hipótese de incidência do ICMS, sendo que o critério utilizado neste caso foi a diferenciação da obrigação de "fazer" e de "dar", sendo que, enquanto "*a prestação, na obrigação de dar, consiste na entrega de um objeto, sem que se tenha de fazê-lo previamente, na de fazer, consiste na realização de um ato ou confecção de uma coisa, para depois entregá-la ao credor*"[158].

Alguns casos, a prestação do serviço pode gerar um aparente conflito entre o ISSQN e o ICMS. Enquanto o aspecto material do ICMS ora em estudo é a realização de uma operação relativa à circulação de mercadorias, no ISSQN haverá tão somente uma prestação de serviço prevista expressamente na lista anexa à LC 116/03.

No caso de uma empresa atuar mediante uma prévia contratação para produzir algo a partir de características impostas pelo autor da encomenda será uma prestação de serviço e não circulação de mercadoria. Esse critério foi utilizado pelo Superior Tribunal de Justiça para definição do teor da Súmula n. 156: "*A prestação de serviço de composição gráfica, personalizada e sob encomenda, ainda que envolva fornecimento de mercadorias, está sujeita, apenas, ao ISS*". Neste caso, para haver a incidência de ISSQN é preciso que o serviço personalizado seja preponderante na operação de industrialização (STJ, REsp 725246).

Nesta linha de raciocínio bastava identificar a operação de "*serviço sob encomenda*" na lista de serviços da Lei Complementar 116/03 para atestar a incidência de ISSQN[159].

---

158. DINIZ, Maria Helena. Curso de direito civil brasileiro. Vol. 2. São Paulo: Saraiva, 2002, p. 100.
159. Cf. GOUVEA, Marcus de Freitas; LUSTOZA, Helton Kramer; CASTRO, Eduardo de. Tributos em Espécie. Salvador: JusPodivm, 2014, p. 655.

## DIREITO TRIBUTÁRIO

O posicionamento do Supremo Tribunal Federal (AI 803296 AgR) é de que somente haverá a incidência do ICMS no caso da obrigação de dar ser manifestamente preponderante sobre a obrigação de fazer. Em precedentes desta Corte, há indicação da necessidade da verificação dos seguintes elementos para identificar a incidência nas hipóteses de industrialização por encomenda: (i) verificar se a venda irá se operar a quem irá promover nova circulação deste bem recém industrializado e (ii) caso o adquirente seja consumidor final, avaliar a preponderância entre o dar e o fazer mediante a averiguação de elementos de industrialização. Haverá somente a incidência do ISS nas situações em que a resposta ao primeiro item for negativa e se no segundo item o fazer preponderar sobre o dar.

Assim, o Supremo Tribunal Federal, no julgamento da Medida Cautelar na Ação Direta de Inconstitucionalidade n. 4389 (mérito pendente de apreciação), reafirmou o entendimento que a fabricação de rótulos e embalagens não está sujeita ao ISS, mas sim ao ICMS, quando destinadas à integração ou utilização direta em processo subsequente de industrialização ou de circulação de mercadoria. O critério utilizado pela Suprema Corte brasileira é a respeito da destinação da operação encomendada, sendo que no caso do produto ser utilizado como insumo ou comercializado, haverá incidência do ICMS e do IPI e não do ISSQN.

Este entendimento também é seguido pelo Superior Tribunal de Justiça na medida em que definiu que incidirá ISSQN sobre a industrialização sob encomenda de cartões magnéticos para uso próprio da empresa, pois ficou demonstrado que o produto não seria utilizado como insumo ou mercadoria (AREsp 103409).

III – Considerações Finais.

Neste caso, o Auditor-Fiscal estadual está correto ao interpretar que esta situação está sujeita à hipótese de incidência do ICMS, uma vez que existe circulação de mercadorias. Na presente situação a prestação de serviços está inserida em processo industrial cujo produto resultante se destina a posterior etapa de produção.

É o parecer, ora submetido à douta apreciação superior.

Local, data, nome do procurador, inscrição na OAB e menção ao cargo.

---

*(Cespe/PGM/Boa_Vista/Procurador/2010) Em virtude da necessidade de aumentar a arrecadação, um estado da federação resolveu conceder benefício fiscal aos contribuintes que efetuassem o pagamento de seus débitos tributários, referentes ao ICMS, por meio de um programa que diminuía a cobrança da multa moratória em 50% do seu valor, diminuindo, por consequência, o valor do*

*crédito tributário a receber. Considerando o tratamento constitucional da concessão de benefício fiscal por um estado em relação ao tributo de ICMS, redija um texto dissertativo que responda aos questionamentos seguintes, relativos à situação hipotética acima apresentada. (i) É possível a concessão do benefício proposto? Que benefício seria esse e qual a sua natureza jurídica? (ii) Se possível a concessão, que requisitos constitucionais devem ser observados?*

**Autores: Helton Kramer Lustoza e Leonardo Zehuri Tovar**

### Direcionamento da resposta

Para responder a esta questão o candidato deverá mostrar conhecimento sobre a regulamentação da remissão tributária prevista no art. 150, § 6º da Constituição Federal e no art. 172 do Código Tributário Nacional. Deverá ter a noção de que qualquer benefício fiscal irá alterar o planejamento orçamentário, o que demonstra a necessidade de conhecer os requisitos previstos na Lei de Responsabilidade Fiscal (art. 14).

Tendo-se em conta que a questão versa sobre a remissão de ICMS, a Constituição Federal impõe requisitos específicos, o que significa que o candidato tem de abordar na sua resposta o art. 155, § 2º, XII, g, da Constituição Federal.

Convém salientar que o tema é recorrente em certames, sendo que a banca FCC, no concurso para Procurador de Teresina (2010), considerou como CORRETA a seguinte assertiva: *"a isenção é renúncia de receita e, como tal, além dos requisitos para sua concessão, previstos no Código Tributário Nacional, deve também prever as exigências previstas na Lei de Responsabilidade Fiscal quando for em caráter não geral".*

### Sugestão de resposta

A criação de qualquer benefício fiscal estará sujeito a pressupostos legais e constitucionais, a saber:

a) lei específica (art. 150, § 6º da CF);

b) obediência ao art. 14 da Lei de Responsabilidade Fiscal e,

c) avaliação de possíveis vedações constitucionais.

Portanto, ao projetar um texto legal e enviá-lo ao Poder Legislativo para aprovação, tendo por objetivo conceder benefícios ou incentivos fiscais, identifica-se uma renúncia tributária do ente público. E tal renúncia de receita deve seguir os requisitos estabelecidos no art. 14 da Lei de Responsabilidade Fiscal para não ser considerada ilegal.

Os requisitos se referem a necessidade de que a concessão ou ampliação de incentivo ou benefício de natureza tributária da qual decorra renúncia de receita deverá estar acompanhada de estimativa do impacto orçamentário-financeiro no exercício em que deva iniciar sua vigência e nos dois seguintes, atender ao disposto na lei de diretrizes orçamentárias e a pelo menos uma das seguintes condições: I – demonstração pelo proponente de que a renúncia foi considerada na estimativa de receita da lei orçamentária e de que não afetará as metas de resultados fiscais previstas no anexo próprio da lei de diretrizes orçamentárias; II – estar acompanhada de medidas de compensação, no período mencionado no caput, por meio do aumento de receita, proveniente da elevação de alíquotas, ampliação da base de cálculo, majoração ou criação de tributo ou contribuição.

Em se tratando de ICMS, além da existência de uma lei regional criando o benefício fiscal do ICMS e do atendimento à Lei de Responsabilidade Fiscal, deve haver uma autorização do CONFAZ[160]. Trata-se de órgão constituído pelos Secretários de Fazenda de cada Estado e Distrito Federal e pelo Ministro de Estado da Fazenda, possuindo a função deliberativa com a missão maior de promover o aperfeiçoamento do federalismo fiscal e a harmonização tributária entre os Estados da Federação.

Por isso, o Estado não é totalmente autônomo para conceder anistia ou remissão das multas sujeitas a sua competência, na medida em que estará sujeito a autorização do CONFAZ. Importante se faz esclarecer que, convênio não é lei e, nem o Confaz é órgão legislativo, uma vez que, não há a participação de representantes do Poder Legislativo nos assentos daquele órgão. Após a celebração dos convênios, o Poder Executivo de cada unidade da Federação, atendendo o que dispõe a LC 24/75, deve publicar decreto ratificando ou não[161].

O caso concreto relata que um Estado da federação resolveu conceder benefício fiscal aos contribuintes que efetuassem o pagamento de seus débitos tributários, referentes ao ICMS, por meio de um programa que diminuía a

---

160. "A concessão, mediante ato do poder público local, de isenções, incentivos e benefícios fiscais, em tema de ICMS, depende, para efeito de sua válida outorga, da prévia e necessária deliberação consensual adotada pelos Estados-membros e pelo Distrito Federal, observada, quanto à celebração desse convênio intergovernamental, a forma estipulada em lei complementar nacional editada com fundamento no art. 155, § 2º, XII, g, da Carta Política. Este preceito constitucional, que permite à União Federal fixar padrões normativos uniformes em tema de exoneração tributária pertinente ao ICMS, acha-se teleologicamente vinculado a um objetivo de nítido caráter político-jurídico: impedir a 'guerra tributária' entre os Estados-membros e o Distrito Federal. Plausibilidade jurídica dessa tese sustentada pelo Procurador-Geral da República." (STF, ADI 930, Celso de Mello, voto, j. 25.11.1993).
161. ALEXANDRINO, Marcelo; PAULO, Vicente. Direito Tributário na Constituição e no STF. 16. ed. Método, 2011. p. 290.

cobrança da multa moratória em 50% do seu valor, diminuindo, por consequência, o valor do crédito tributário a receber.

A remissão, prevista no art. 172 do Código Tributário Nacional, é uma hipótese de extinção do crédito tributário, a qual ocorre após o nascimento deste. Em outras palavras, a remissão surtirá efeitos sobre o crédito tributário constituído, podendo englobar tributo, juros e multa. Por outro lado, a anistia, prevista no art. 180 do CTN, exclui a exigibilidade do crédito tributário correspondente à penalidade aplicada por infrações. Esta, por sua vez, se refere ao perdão que o Estado concede a uma infração cometida pelo contribuinte, deixando de aplicar a penalidade.

A doutrina majoritária defende que a remissão pode ser parcial, englobando apenas parte do crédito que se extingue. Já em relação a anistia, somente poderá ser concedida integralmente, pois não se pode anistiar um "pedaço" de uma infração[162].

O caso em tela enuncia a possibilidade de haver a remissão parcial pelo Estado, a fim de fomentar a arrecadação de ICMS, mediante o incentivo dos contribuintes. Por estas razões, entende-se que, no caso em pauta, o Estado pretende conceder uma remissão de 50% das multas moratórias do crédito tributário constituído. Assim, deve-se admitir a redução da multa, isto é, do crédito correspondente, sem que haja o perdão da infração.

Para que tal benefício fiscal possa surtir efeitos é necessário atender ao art. 155, § 2º, XII, g, da Constituição Federal, que atribui à Lei Complementar a competência para "regular a forma como, mediante deliberação dos Estados e do Distrito Federal, isenções, incentivos e benefícios fiscais serão concedidos e revogados".

Deste modo, observa-se que a concessão de referida remissão deve ser precedida de Convênio autorizativo firmado entre os Estados, em reunião do Conselho Nacional de Política Fazendária – Confaz. Após a autorização por meio de Convênio, a remissão poderá ser criada através de lei aprovada pela Assembléia Legislativa, em respeito ao princípio da legalidade, conforme determina o art. 150, § 6º da CF.

Dispõe, ainda, o art. 172 do Código Tributário Nacional, que a remissão, quando não concedida em caráter geral, é efetivada, em cada caso, por despacho da autoridade administrativa, em requerimento com a qual o interessado faça prova do preenchimento das condições e do cumprimento dos requisitos previstos em lei para sua concessão.

---

162. SILVEIRA, Alexandre Coutinho da; SCAFF, Fernando Facury. Prefeituras podem exigir ressarcimento no FPM. Site Conjur. 2.10.2009.

DIREITO TRIBUTÁRIO

Por isso, é permitido que o Estado, com finalidade de estimular o pagamento do ICMS, institua a remissão parcial da multa moratória, desde que seja criado por lei estadual (CF, art. 150, § 6°), precedida de autorização por Convênio aprovado no Confaz (CF, art. 155, § 2°, XII, g) e com atendimento aos requisitos do art. 14 da LC 101/00.

---

*(Fepese/PGE/SC/Procurador/2010)* João da Silva é produtor rural de arroz, acabou de fechar um negócio com o atacadista X, estabelecido em Santa Catarina, vendeu 300 sacas de arroz por R$100.000 (cem mil reais), expediu nota de produtor rural, operação abrangida pelo diferimento. O atacadista X vendeu o arroz adquirido de João da Silva para o Supermercado Y por R$200.000 (duzentos mil reais) que, por sua vez, vendeu o arroz ao consumidor final por R$300.000 (trezentos mil reais). Considerando que a mercadoria em questão é tributada em todas as operações com a alíquota do ICMS de 10% (dez por cento). Pergunta-se: quanto cada um dos responsáveis recolheu aos cofres públicos de ICMS. Explique e fundamente sua resposta com os dispositivos legais aplicáveis à espécie.

Autores: Eduardo Moreira Lima Rodrigues de Castro e Helton Kramer Lustoza

### Direcionamento da resposta

É fundamental para a resposta a abordagem dos seguintes temas, relacionados ao ICMS: a) diferimento e; b) não-cumulatividade. O candidato deve também fazer menção aos dispositivos constitucionais (CF/88, art. 155, § 2°, I) e legais aplicáveis à espécie (LC 87/96, art. 6°, §§ 1° e 2°).

### Sugestão de resposta

Estabelece a Constituição Federal de 1988 – CF/88 que o Imposto sobre operações relativas à circulação de mercadorias e sobre prestações de serviços de transporte interestadual e intermunicipal e de comunicação – ICMS será **não cumulativo**, compensando-se o que for devido em cada operação relativa à circulação de mercadorias ou prestação de serviços com o montante cobrado nas anteriores pelo mesmo ou outro Estado ou pelo Distrito Federal (CF/88, art. 155, § 2°, I).

O **objetivo** maior da não cumulatividade é **neutralizar os efeitos das múltiplas incidências tributárias**, de forma que, ao final do ciclo econômico de determinada mercadoria – desde a produção, passando por industriais, atacadistas e varejistas, até o consumidor – o tributo cobrado seja sempre equivalente, independentemente do número de operações[163].

Assim, numa cadeia econômica de circulação de mercadoria, a empresa poderá se creditar do ICMS no momento da compra do bem e, em seguida, após seu beneficiamento, deverá anotar na sua conta de débitos o montante do ICMS referente às vendas. Ao final do mês, deverá pagar, por meio da Guia de Informação e Apuração do ICMS – GIA/CMS o valor correspondente à diferença entre débitos e créditos.

Na situação concreta apresentada, João da Silva, apesar de ter vendido 300 (trezentas) sacas de arroz pelo valor de R$ 100.000,00 (cem mil reais) ao atacadista X, não recolherá qualquer valor a título de ICMS aos cofres públicos, graças ao fato de ser beneficiário do diferimento.

O **diferimento** nada mais é do que a **postergação do pagamento** do tributo incidente sobre determinada operação para momento posterior da cadeia econômica de circulação. O instituto encontra respaldo legal no art. 6º, § 1º, da Lei Complementar n. 87/96 – Lei Kandir do ICMS, segundo o qual a responsabilidade pelo pagamento do ICMS "poderá ser atribuída em relação ao imposto incidente sobre uma ou mais operações ou prestações, sejam antecedentes, concomitantes ou subsequentes, inclusive ao valor decorrente da diferença entre alíquotas interna e interestadual nas operações e prestações que destinem bens e serviços a consumidor final localizado em outro Estado, que seja contribuinte do imposto."

Graças ao diferimento, o ICMS incidente sobre a venda realizada por João da Silva ao atacadista X, no importe de R$ 10.000,00 (dez mil reais), será pago por este último.

Além disso, o atacadista X deverá recolher mais R$ 10.000,00 (dez mil reais) referentes à diferença entre os R$ 20.000,00 (vinte mil reais) devidos pela venda do arroz ao supermercado y (10% x 200.000,00) e os R$ 10.000 (dez mil reais) referentes à primeira operação.

Por fim, o supermercado Y deverá recolher aos cofres públicos o importe de R$ 10.000,00 (dez mil reais) correspondentes à diferença entre os R$ 30.000,00 (trinta mil reais) devidos pela venda do arroz aos consumidores (10% x R$ 300.000,00) e os R$ 20.000,00 (vinte mil reais) já recolhidos nas operações anteriores.

Esclareça-se, por fim, que, para apuração dos valores acima, não incluímos o montante do imposto em sua base de cálculo, técnica conhecida como "ICMS por dentro" (CF/88, art. 155, § 2º, inciso XII, alínea "i" c/c LC 87/96, art. 13, § 1º, inciso I), o que dificultaria sobremaneira as operações aritméticas.

---

163. KALUME, Célio Lopes. ICMS Didático. Belo Horizonte, Del Rey, 2012. p. 20.

## DIREITO TRIBUTÁRIO

*(TJ/DFT/Juiz/2010) Fique Bom Serviços Hospitalares Ltda., pessoa jurídica de direito privado, importou da Inglaterra um Tomógrafo, aparelho empregado na realização de exames de tomografia computadorizada, para uso exclusivo em seu estabelecimento. Tomando conhecimento da referida aquisição, a Fazenda Pública do Distrito Federal notificou a mencionada pessoa jurídica para que, no prazo ali marcado, fosse feito o recolhimento do ICMS devido. Diante da inércia da contribuinte, foi efetivado o lançamento e, após, sua inscrição em dívida ativa. Iniciada a execução e citada a devedora, esta, depois de garantir o Juízo da execução por meio de penhora válida, apresentou embargos, onde alegou que, por se tratar de bem destinado ao seu uso próprio, adquirido no exterior por não haver similar no mercado interno, não haveria incidência de imposto. Entretanto, trouxe aos autos precatório emitido contra o DF, em que se observa crédito de natureza alimentar, requerendo que, em caso de rejeição dos embargos, fosse a dívida tributária compensada com aquele crédito pendente de pagamento já por mais de dez anos, demonstrando, na oportunidade, através de cálculos próprios, que o valor do precatório excedia o da dívida objeto da execução fiscal. Resolva a questão proposta, fazendo-o de maneira fundamenta na legislação vigente e na jurisprudência predominante.*

Autor: **Marcio Del Fiore**

### Direcionamento da resposta

A questão envolve a incidência do ICMS na importação de bem para uso próprio por pessoa jurídica, bem como a possibilidade de eventual compensação de precatório de natureza alimentar com a dívida oriunda do ICMS.

Com relação à importação de bem para uso próprio por pessoa jurídica e a incidência do ICMS, o candidato deve demonstrar o conhecimento existente entre a redação original do art. 155, IX, "a", da CF/88 e a redação conferida pela Emenda Constitucional n. 33/2001. Mencionar também os sucessivos entendimentos do Supremo Tribunal Federal acerca do tema, especialmente as Súmulas n. 660 e n. 661.

Quanto ao pedido de compensação, o candidato deve mencionar os requisitos descritos nos artigos 170 e 170-A do Código Tributário Nacional e, no âmbito distrital, da Lei Complementar n. 52/1997 e fundamentar o não cabimento da compensação com os entendimentos do Tribunal de Justiça do Distrito Federal e Territórios e, especialmente, do Supremo Tribunal Federal nas ADI`s n. 2356 e n. 2362.

### Sugestão de resposta

Não merece prosperar os pedidos aduzidos pela pessoa jurídica Fique Bom Serviços Hospitalares Ltda., pois incide ICMS sobre a importação de bem para uso próprio, bem como não tem cabimento a compensação de precatórios de natureza alimentar com a dívida oriunda do ICMS, em razão dos seguintes fundamentos.

A redação original do art. 155, IX, "a", da CF/88 estabelecia: "ART. 155. (...). IX – incidirá também: a) sobre a entrada de mercadoria importada do exterior, ainda quando se tratar de bem destinado a consumo ou ativo fixo do estabelecimento, assim como sobre serviço prestado no exterior, cabendo o imposto ao Estado onde estiver situado o estabelecimento destinatário da mercadoria ou do serviço".

A referida redação deu ensejo a inúmeras discussões acerca da incidência ou não do ICMS na importação de bens por pessoa jurídica ou física para uso próprio.

Em 2001, o legislador constituinte derivado promulgou a Emenda Constitucional n. 33 e o art. 155, IX, "a", da CF/88 passou a ter a seguinte redação: "Art. 155. IX – incidirá também: a) sobre a entrada de bem ou mercadoria importados do exterior por pessoa física ou jurídica, ainda que não seja contribuinte habitual do imposto, qualquer que seja a sua finalidade, assim como sobre o serviço prestado no exterior, cabendo o imposto ao Estado onde estiver situado o domicílio ou o estabelecimento do destinatário da mercadoria, bem ou serviço;

Com a mencionada alteração praticamente cessou qualquer discussão acerca de uma interpretação que pudesse permitir uma importação bem sem a incidência do ICMS.

Entretanto, mesmo após a vigência da EC n. 33/2001, o Supremo Tribunal Federal editou a Súmula 660 que assim dispõe: "Não incide ICMS na importação de bens por pessoa física ou jurídica que não seja contribuinte do imposto".

Em razão dessa divergência, o Supremo Tribunal Federal no seu Informativo 331 resolver corrigir a Súmula 660, nos seguintes termos: "Até a vigência da EC 33/2001, não incide ICMS na importação de bens por pessoa física ou jurídica que não seja contribuinte do imposto". Tudo parecia corrigido quando então, o Supremo Tribunal Federal inovou e republicou a Súmula 660 com a sua redação original, ou seja, sem a ressalva da EC 33/2001.

Como bem observado por Ricardo Alexandre a confusão foi tão grande que o próprio Tribunal não cita mais a Súmula 660 no seu sítio e passou a entender pela constitucionalidade da incidência do ICMS sobre a importação de bens, sendo irrelevante a classificação jurídica do ramo de atividade da empresa importadora (nesse sentido: STF, Plenário, RE 439796, 474267, repercussão geral).

Ultrapassada essa questão, conclui-se que, nos termos do art. 155, IX, "a", da CF, após a EC n. 33/2001 é constitucional a incidência do ICMS sobre a importação de bens por pessoa jurídica ainda que para uso próprio, restando superada a Súmula 660 do STF. Vale, ainda, mencionar que a Súmula Vinculante n. 48/STF dispõe: "Na entrada de mercadoria importada do exterior, é legítima a cobrança do ICMS por ocasião do desembaraço aduaneiro".

Quanto ao pedido de compensação dos precatórios de natureza alimentar com a dívida oriunda do ICMS, esse também não deve prosperar. Os requisitos para a compensação tributária estão descritos nos artigos 170 e 170-A do Código Tributário Nacional.

No âmbito do Distrito Federal, a Lei Complementar Distrital 52/97 autorizou e regulou a compensação tributária, estabelecendo os créditos passíveis de serem compensados e as providências a serem tomadas pelo contribuinte. Dispõe o art. 1º da LC Distrital 52/97:

> "Art. 1º Os titulares originais ou cessionários de créditos líquidos e certos, de qualquer natureza, decorrentes de ações judiciais contra a Fazenda Pública do Distrito Federal, suas autarquias e fundações, poderão utilizá-los na compensação de débitos de natureza tributária de competência do Distrito Federal, desde que: (...) II – originados de ação fiscal relativa a fatos geradores ocorridos até o dia 31 de dezembro de 2003; III – objeto de litígio administrativo ou judicial iniciado até o dia 31 de dezembro de 2003; IV – relativos a fatos geradores ocorridos até o dia 31 de dezembro de 2003, desde que declarados espontaneamente pelo contribuinte até o dia 31 de dezembro de 2004; V – lançados de ofício até o dia 31 de dezembro de 2003. (...) § 4º A compensação de que trata esta Lei Complementar não alcança os débitos tributários referentes a tributo retido e não recolhidos pelo contribuinte na qualidade de substituto ou responsável legal. (...)"

Observa-se que o crédito de natureza alimentar alegado pela Fique Bom é oriundo de um precatório de natureza alimentar emitido contra o Distrito Federal e não pago há mais de 10 anos. Todavia, não há nenhuma outra informação a infirmar a origem e o objeto do precatório a fim se subsumir aos requisitos descritos na LC n. 52/1997. A empresa requer a compensação com base no art. 78, §2º, do ADCT.

Não bastasse esse fundamento, cabe acrescentar que há outro óbice para a pretensão da empresa, qual seja, o Supremo Tribunal Federal concedeu medida cautelar em ação direta de inconstitucionalidade para suspender a eficácia do art. 78 do ADCT (Nesse sentido: ADI 2356 MC, ADI 2362).

COLEÇÃO PREPARANDO PARA CONCURSOS

Corroborando o entendimento adotado, colaciono jurisprudência Tribunal de Justiça do Distrito Federal e Territórios. Confira:

> "Ação declaratória. Crédito tributário. Compensação. Precatório alimentar. Art. 78 do ADCT. Art. 170 do CTN. Requisitos legais. LC distrital 52/97. I. Os créditos de natureza alimentar não são passíveis de compensação fundada no art. 78, §2°, do ADCT, porque não estão sujeitos ao parcelamento compulsório previsto no caput do artigo. O efeito liberatório previsto no §2° pressupõe atraso na liquidação da parcela. Ademais, o e. STF concedeu medida cautelar em ação direta de inconstitucionalidade para suspender a eficácia do art. 78 do ADCT. II. A compensação tributária depende de autorização legal e de regulamentação, art. 170 do CTN. III. Na ação declaratória, improcede o pedido de compensação tributária, porque não provada a existência dos requisitos previstos na LC Distrital 52/97. (...).". (TJDFT, APC 20100111638198, Rel. Vera Andrighi, j. 17.9.2014).

*(Cespe/AGU/Procurador/2007)* Visando renovar sua frota, determinada empresa de locação de automóveis firmou contratos de arrendamento mercantil com duas empresas arrendadoras distintas. O primeiro contrato teve por objeto automóveis de fabricação nacional, e o segundo ensejou a importação de outros veículos. Nesse caso hipotético, à luz da lei e da atual jurisprudência do Supremo Tribunal Federal, esclareça, de maneira fundamentada, se há a incidência do imposto sobre operações relativas à circulação de mercadorias e sobre prestações de serviços de transporte interestadual e intermunicipal e de comunicação (ICMS), ainda que as operações e as prestações se iniciem no exterior em razão dos referidos contratos. Discorra, ainda, sobre os princípios da não-cumulatividade e da seletividade quanto ao mencionado imposto, estabelecendo as diferenças de aplicabilidade dos mencionados princípios em relação ao imposto sobre produtos industrializados (IPI).

Autor: *Renato Cesar Guedes Grilo*

### Direcionamento da resposta

O cerne da questão trazida a lume é a polêmica envolvendo a incidência do ICMS sobre o arrendamento mercantil. Apesar de posições divergentes, como se depreenda da leitura do RE 461968, prevalece, atualmente, a tese no STF de que não incide ICMS sobre arrendamento mercantil internacional, salvo na hipótese de antecipação da opção de compra quando configurada a transferência da titularidade do bem.

Outro fato cobrado na questão é a respeito das diferenças e semelhanças entre IPI e ICMS. Neste quesito, o domínio da doutrina e do conteúdo da Carta Magna são fundamentais à elaboração de resposta.

### Sugestão de resposta

Conforme é cediço, o ICMS tem fundamento no artigo 155, II, da CF/88, e incide sobre operações relativas à circulação de mercadorias e sobre prestações de serviços de transporte interestadual e intermunicipal e de comunicação, ainda que as operações e as prestações se iniciem no exterior. A alínea "a" do inciso IX do § 2º do art. 155 da Constituição Federal, na redação da EC 33/2001, faz incidir o ICMS na entrada de bem ou mercadoria importados do exterior, somente se de fato houver circulação de mercadoria, caracterizada pela transferência do domínio (compra e venda).

Segundo a jurisprudência do Supremo Tribunal Federal (RE 461968), a incidência do tributo em voga não é sobre a entrada de bem ou mercadoria importada, senão sobre essas entradas desde que elas sejam atinentes a operações relativas à circulação desses mesmos bens ou mercadorias. Ou seja, a Constituição Federal não prevê um tributo sobre a entrada de um bem ou mercadoria importada do exterior por pessoa física ou jurídica, mas apenas estabelece que, desde que atinente à operação relativa a sua circulação, a entrada de bem ou mercadoria importada do exterior por pessoa física ou jurídica sofrerá a incidência do ICMS.

Dessa forma, não incide o ICMS na operação de arrendamento mercantil internacional[164], como na questão, salvo na hipótese de antecipação da opção de compra, quando configurada a transferência da titularidade do bem. Consectariamente, se não houver aquisição de mercadoria, mas mera posse decorrente do arrendamento, não se pode cogitar de circulação econômica, não se configurando, portanto, o fato gerador do ICMS.

O ICMS possui também aspectos que o distingue dos demais impostos, mas o aproxima do Imposto sobre Produtos Industrializados (IPI), quais sejam: a seletividade e a não cumulatividade.

Com efeito, a seletividade do ICMS, prevista no art. 155, § 2º, III, da CF permitiu que o legislador estadual opte por adotar alíquotas variáveis em razão da essencialidade do produto, sendo menores para os gêneros essenciais e, por outro lado, maiores para os supérfluos. A grande diferença entre a seletividade do ICMS e a do IPI, prevista no art. 153, § 3º, I da CF, é o fato de que o caráter seletivo no ICMS é facultativo, enquanto no IPI é obrigatório.

---

164. Destaque-se que os conceitos de direito privado não podem ser desnaturados pelo direito tributário, na forma do art. 110 do CTN, à luz da interpretação conjunta do art. 146, III, combinado com o art. 155, inciso II e § 2º, IX, "a", da CF/88.

Por outra via, a não cumulatividade, com previsão no art. 155, § 2º, I, da CF, consiste em compensar o que for devido em cada operação relativa à circulação de mercadorias ou prestação de serviço com o montante cobrado nas anteriores pelo mesmo ou outro Estado ou pelo Distrito Federal. A sistemática é basicamente a mesma utilizada no IPI, com a diferença de que no caso do ICMS a não-cumulatividade tem estatura exclusivamente constitucional.

*(TJ/SP/Juiz/2006)* ICMS, de competência estadual. Análise da natureza mercantil do imposto, em função da incidência "sobre a entrada de bem ou mercadoria importados do exterior por pessoa física ou jurídica, ainda que não seja contribuinte habitual do imposto, qualquer que seja a sua finalidade"(art. 155, § 2º, IX, "a", da Constituição Federal, na redação da Emenda Constitucional n. 33, de 11 de dezembro de 2001).

Autor: **Renato de Pretto**

### Direcionamento da resposta

O(a) examinando(a) deveria abordar, em especial, as alterações material e subjetiva produzidas pela Emenda Constitucional nº 33/01, ou seja, as ampliações da base econômica e do sujeito passivo do ICMS-Importação, acarretando verdadeira reação legislativa à jurisprudência até então firmada pelo Supremo Tribunal Federal.

### Sugestão de resposta

A hipótese prevista no artigo 155, § 2º, inciso IX, alínea "a", da Constituição Federal contempla o chamado ICMS-Importação. Houve um aumento da base econômica no caso, por intermédio do Poder Constituinte Derivado Reformador (Emenda Constitucional nº 33/01), abrangendo não mais apenas mercadoria, mas "bem ou mercadoria", é dizer, qualquer produto importado do exterior. Ampliou, ainda, citada Emenda Constitucional o aspecto subjetivo do ICMS-Importação, compreendendo agora qualquer pessoa, física ou jurídica, mesmo que não contribuinte habitual do imposto. Existiu, sob esse último aspecto, uma superação legislativa da jurisprudência até então consolidada em nossa Suprema Corte e visualizada em sua Súmula nº 660 ("Não incide ICMS na importação de bens por pessoa física ou jurídica que não seja contribuinte do imposto").

Veja-se, destarte, que o fato gerador do ICMS-Importação é a entrada de bem ou mercadoria importada do exterior no território aduaneiro brasileiro, desde que exista efetivamente a circulação de mercadoria, caracterizada pela transferência do domínio (compra e venda). Tanto é que, se não houver aquisição de mercadoria, mas mera posse decorrente do arrendamento, não se pode cogitar de circulação econômica (cf. STF, RE 540829, repercussão geral).

Ademais, nossa Suprema Corte (RE 474267 e RE 439796) considerou como constitucional a tributação das operações de circulação jurídica de bens amparadas pela importação, porquanto a operação de importação não descaracteriza, tão somente por si, a classificação do bem importado como mercadoria. Em sentido semelhante, a circunstância de o destinatário do bem não ser contribuinte habitual do tributo também não afeta a caracterização da operação de circulação de mercadoria. Outrossim, a exoneração das operações de importação poderia desequilibrar as relações pertinentes às operações internas com o mesmo tipo de bem, de modo a afetar os princípios da isonomia e da livre concorrência.

Por derradeiro, o momento do fato gerador do ICMS-Importação, a teor da Súmula nº 661 do Supremo Tribunal Federal, atualmente convertida na Súmula Vinculante nº 48 ("na entrada de mercadoria importada do exterior, é legítima a cobrança do ICMS por ocasião do desembaraço aduaneiro"), configura-se com o desembaraço aduaneiro.

*(TJ/SP/Juiz/2005)* Em que consiste o princípio constitucional da "não cumulatividade" do ICMS ?

Autor: **Renato de Pretto**

### Direcionamento da resposta

A abordagem, na hipótese, da resposta deveria se referir, especialmente, ao teor do inciso I do § 2º do artigo 155 da Constituição Federal e sua inteligência doutrinária e jurisprudencial. Relevante, outrossim, mais uma vez ao destaque no certame do(a) candidato(a), a diferenciação do princípio telado em relação ao IPI.

### Sugestão de resposta

O princípio constitucional da "não cumulatividade" do ICMS, instituído no inciso I do § 2º do artigo 155 da Constituição da República, estabelece que citado imposto estadual/distrital será não cumulativo, compensando-se o que for devido em cada operação relativa à circulação de mercadorias ou prestação de serviços com o montante cobrado nas anteriores pelo mesmo ou outro Estado ou pelo Distrito Federal.

Por meio do referido princípio evita-se o "efeito cascata", ou seja, a incidência do imposto sobre imposto, concretizando, dessa forma, o princípio da capacidade contributiva (art. 145, § 1º, da Constituição Federal). Aliás, o princípio da não cumulatividade engloba inclusive o contribuinte de fato, obstando que os preços ao consumidor final atinjam valores excessivos.

Com efeito, como exortou o Supremo Tribunal Federal (RE 212209), o ICMS é imposto calculado "por dentro", vale dizer, o valor do imposto está incluído no preço do produto, ensejando a inclusão do valor do próprio imposto em sua base de cálculo; o IPI, imposto federal ao qual também se aplica o princípio da não cumulatividade (art. 153, § 3º, inciso II, da Constituição da República), diversamente, é calculado "por fora", ou seja, o montante do IPI não integra o preço do produto, não compreendendo, portanto, sua própria base de cálculo.

Nossa Suprema Corte, igualmente, declarou legítima essa sistemática de cálculo do ICMS, asseverando que o fato de norma legal estabelecer que integra a base de cálculo do ICMS o montante do próprio imposto, isto é, a base de cálculo do ICMS corresponde ao valor da operação ou prestação somado ao próprio tributo, não ofende o princípio constitucional da não cumulatividade. Enfim, o Supremo também decidiu que o princípio da não cumulatividade não se configura como cláusula pétrea (ADI 939).

### 9.2.2. ITCMD

(Vunesp/TJ/RJ/Juiz/2016) *Após superar o trauma decorrente da morte de seu pai, João decide todas as celeumas relativas ao recebimento da herança, ficando pendente apenas o pagamento do Imposto sobre Transmissão Causa Mortis e Doação – ITCMD. O bem a ser transmitido, um apartamento na Avenida Delfim Moreira, foi objeto de avaliação administrativa que apontou o valor de mercado no montante de R$ 10.000.000,00 (dez milhões de reais). Além disso, seu pai possuía uma dívida no montante de R$ 1.000.000,00 (um milhão de reais) e João gastou R$ 200.000,00 (duzentos mil reais) com as despesas do funeral. Ao elaborar a guia para pagamento do referido imposto após declaração do contribuinte, o Fiscal excluiu da base de cálculo as dívidas do falecido, mas deixou de excluir as despesas do funeral, perfazendo a base tributável no caso concreto o valor de R$ 9.000.000,00 (nove milhões de reais). João, inconformado, alega que as despesas com o funeral também não devem ser incluídas na base de cálculo do tributo, mas o Fiscal não acolhe o respectivo pedido. Analise a legalidade/constitucionalidade do posicionamento adotado pelo Fiscal de Rendas*

Autor: Renato de Pretto

## DIREITO TRIBUTÁRIO

### Direcionamento da resposta

O(a) candidato(a) deveria sustentar a ilicitude da conduta do Fiscal de Rendas, uma vez que as despesas de funeral, nos moldes dos arts. 1.847 e 1.998 do Código Civil, sem prejuízo do disposto no art. 14, § 2º, inciso II, da Lei do Estado do Rio de Janeiro de ITCMD nº 7.174, de 28 de dezembro de 2015, configuram-se como dívida do falecido, impondo-se seu decote do monte partilhável.

### Sugestão de resposta

O ITCMD é um imposto estadual, também de competência do Distrito Federal, instituído no art. 155, inciso I e § 1º, da Constituição Federal e regulado, de forma geral, entre os arts. 35 a 42 do Código Tributário Nacional.

A base de cálculo do ITCMD, em conformidade com o art. 38 do Código Tributário Nacional, é o valor venal dos bens ou direitos transmitidos.

As despesas de funeral, por constituírem dívida do falecido e que se descontam do monte partilhável, deveriam ter sido consideradas pelo Fiscal de Rendas, uma vez que são aptas à redução dos bens ou direitos transmitidos. Tanto é que, mutatis mutandis, o ITCMD não incide sobre a integralidade de créditos contratuais parcialmente quitados, mas somente sobre o saldo credor da promessa de compra e venda de imóvel, no momento da abertura da sucessão do promitente-vendedor (Súmula nº 590 do STF) e não incide sobre os honorários advocatícios contratados pelo inventariante (Súmula nº 115 do STF).

Ressalte-se que as despesas de funeral são dívidas do falecido, devendo sair do monte da herança, consoante preconiza o art. 1.998 do Código Civil ("As despesas funerárias, haja ou não herdeiros legítimos, sairão do monte da herança; mas as de sufrágios por alma do falecido só obrigarão a herança quando ordenadas em testamento ou codicilo"). Igualmente, confirmando a imperiosidade de exclusão das despesas de funeral à aferição da legítima, o teor do art. 1.847 do Código Civil: "Calcula-se a legítima sobre o valor dos bens existentes na abertura da sucessão, abatidas as dívidas e as despesas do funeral, adicionando-se, em seguida, o valor dos bens sujeitos a colação".

Outrossim, não pode a norma tributária estadual, que teria servido como base à conduta do Fiscal de Rendas, contrariar texto de lei federal pertinente às dívidas da herança. No ponto, aplicável, do mesmo modo, o comando do art. 110 do Código Tributário Nacional, o qual estabelece que "a lei tributária não pode alterar a definição, o conteúdo e o alcance de institutos, conceitos e formas de direito privado, utilizados, expressa ou implicitamente, pela Constituição Federal, pelas Constituições dos Estados, ou pelas Leis Orgânicas do Distrito Federal ou dos Municípios, para definir ou limitar competências tributárias".

Nesse exato sentido pauta-se a Lei do Estado do Rio de Janeiro n° 7.174, de 28 de dezembro de 2015, que trata do ITCMD, ao estipular em seu art. 14, § 2°, inciso II, que: "Excluem-se da base de cálculo do imposto: (...) II – as despesas de funeral".

*(Vunesp/TJ/RJ/Juiz/2016) Jorge, sempre preocupado com a sua família, possuía planos de previdência complementar com cobertura por sobrevivência, estruturados sob o regime financeiro de capitalização, tais como Plano Gerador de Benefício Livre – PGBL e Vida Gerador de Benefício Livre – VGBL, tendo indicado seus filhos Pedro e Gabriel como beneficiários. Por conta de um acidente, Jorge vem a falecer e os seus herdeiros recebem os benefícios contratados nos referidos planos. Analise se, nesse caso, ocorre o fato gerador do Imposto sobre Transmissão Causa Mortis e Doação – ITCMD, considerando a natureza jurídica dos planos de previdência e a hipótese de incidência do tributo.*

Autor: **Renato de Pretto**

### Direcionamento da resposta

O(a) candidato(a) deveria expor o problema relativo ao questionamento realizado sob dois prismas: (i) regularidade da exação tributária, uma vez que os investimentos em comento se enquadrariam no critério material estatuído no inciso I do art. 155 da CF – "transmissão causa mortis de quaisquer bens ou direitos", contando com previsão inclusive na Lei Estadual do Rio de Janeiro sobre ITCMD – art. 23 da Lei n° 7.174/2015; (ii) irregularidade da exigência tributária sobre os investimentos PGBL e VGBL, pois, na hipótese, possuiriam natureza assecuratória, similar à do seguro de vida ou de acidentes pessoais, não sendo considerados como herança nos termos do art. 794 do Código Civil.

### Sugestão de resposta

O ITCMD é um imposto estadual, também de competência do Distrito Federal, instituído no art. 155, inciso I e § 1°, da Constituição Federal e regulado, de forma geral, entre os arts. 35 a 42 do Código Tributário Nacional.

A hipótese de incidência do ITCMD ou ITCD é a transmissão causa mortis e doação, de quaisquer bens ou direitos.

A questão central a ser enfrentada, na espécie, reside no conteúdo da expressão "transmissão causa mortis de quaisquer bens ou direitos", prevista no inciso I do art. 155 da Constituição Federal como base econômica ao tributo telado.

Pois bem. Do ponto de vista legal, o Estado do Rio de Janeiro, por meio do art. 23 da Lei nº 7.174, de 28 de dezembro de 2015, estipula também como hipótese de incidência do ITCMD a transmissão causa mortis derivada de investimento realizado na modalidade PGBL e VGBL:

> Art. 23. Na transmissão causa mortis de valores e direitos relativos a planos de previdência complementar com cobertura por sobrevivência, estruturados sob o regime financeiro de capitalização, tais como Plano Gerador de Benefício Livre (PGBL) ou Vida Gerador de Benefício Livre (VGBL), para os beneficiários indicados pelo falecido ou pela legislação, a base de cálculo é:
>
> I – o valor total das quotas dos fundos de investimento, vinculados ao plano de que o falecido era titular na data do fato gerador, se o óbito ocorrer antes do recebimento do benefício; ou
>
> II – o valor total do saldo da provisão matemática de benefícios concedidos, na data do fato gerador, se o óbito ocorrer durante a fase de recebimento da renda.

Alguns outros Estados, da mesma forma, consideram citados investimentos – PGBL e VGBL – como componentes do monte partilhável/herança, porque enquadrados estariam na expressão constitucional "transmissão causa mortis de quaisquer bens ou direitos" e, por consequência, gerariam a incidência do ITCMD.

De outro lado, há críticas acerca de mencionada abrangência pelo ITCMD.

Com efeito, "no seguro de vida ou de acidentes pessoais para o caso de morte, o capital estipulado não está sujeito às dívidas do segurado, nem se considera herança para todos os efeitos de direito", ex vi do art. 794 do Código Civil. Logo, na hipótese, como os investimentos questionados ostentariam natureza asseguratória aos beneficiários (filhos do contratante), sob esse prisma, seria incabível a incidência do tributo – ITCMD, pois os investimentos em apreço teriam natureza similar à do seguro de vida ou de acidentes pessoais, não compondo, repita-se, a herança. A respeito dessa segunda posição, de não incidência do ITCMD sobre os montantes originados de planos de previdência privada, há inclusive precedentes do Tribunal de Justiça do Rio de Janeiro, justamente por assumirem natureza securitária[165].

---

165. "Inventário. Possibilidade de isenção do ITD. Plano VGBL. Natureza do benefício. Inteligência do art. 794, do Código Civil. Considerando a natureza securitária do referido plano, deverá ser aplicada a regra prevista no art. 794 do C. Civil. O Juízo singular deu correta solução a controvérsia, uma vez que não sendo a verba em comento considerada herança, deve ser afastada a incidência do imposto de transmissão causa mortis. Isenção que pode ser declara pelo Juízo

Enfim, a lei estadual não poderia modificar o conteúdo do instituto do seguro, a teor do art. 110 do Código Tributário Nacional, o qual estabelece que "a lei tributária não pode alterar a definição, o conteúdo e o alcance de institutos, conceitos e formas de direito privado, utilizados, expressa ou implicitamente, pela Constituição Federal, pelas Constituições dos Estados, ou pelas Leis Orgânicas do Distrito Federal ou dos Municípios, para definir ou limitar competências tributárias".

**(Vunesp/TJ/MS/Juiz/2015)** *De acordo com o que estabelece o Código Civil, os herdeiros podem renunciar ao seu quinhão hereditário, sendo tal ato, irrevogável, segundo referido diploma legal. Nesses termos, considere a seguinte situação hipotética: Antônio, viúvo, vem a falecer deixando como herdeiros seus três únicos filhos, João, José e Maria, todos maiores e capazes. O espólio de Antônio compõe-se de três imóveis de idêntico valor, todos localizados em determinado Estado da Federação. Sendo devedor de José, por dívida contraída no passado, cujo valor atualizado corresponde ao valor do imóvel a que teria direito, João renuncia ao seu quinhão hereditário em favor de José que, por seu turno, expressamente, aceita. Diante da situação exposta, explique e justifique as consequências tributárias advindas da renúncia exercida por João em favor de José e da aceitação por parte de José.*

**Autor: Renato de Pretto**

### Direcionamento da resposta

O(a) candidato(a) deveria explorar as consequências tributárias da **renúncia translativa ou *in favorem*** e da **renúncia não translativa ou abdicativa** no caso da sucessão *causa mortis*, pois, na primeira hipótese, tratada pela pergunta, incidem o imposto *causa mortis* e também o imposto sobre a doação, não havendo de se falar em *bis in idem*.

### Sugestão de resposta

Na hipótese explicitada na questão, sobre a renúncia exercida por João em favor de José, num primeiro momento, haverá sobre a aceitação (ainda que

---

do inventário. Recurso desprovido" (Ag 0062338-20.2014.8.19.0000, Des. Edson Vasconcelos, j. 11.2.2015, 17ª Câm. Civ.). E ainda: "(...) Pretensão do estado de fazer incidir imposto de transmissão causa mortis sobre os valores mantidos em VGBL (vida gerador de benefícios livres). Decisão agravada que indeferiu o pedido de recolhimento de ITCMD sobre os valores mantidos pelo falecido em VGBL. (...)." (TJRJ, Ag 0035723-56.2015.8.19.0000, j. 27.1.2016).

não explícita) da herança por João em favor de José a incidência do imposto *causa mortis*; na sequência, com a aceitação da doação por José, incidirá o imposto sobre doação, não havendo de se falar em indevido *bis in idem*.

Com efeito, o caso relatado retrata a chamada renúncia translativa ou condicionada, consistente na renúncia dos bens deixados pelo *de cujus* em favor de herdeiro determinado, equivalendo à verdadeira aceitação da herança, sendo tributada também a tal título, não se confundido, portanto, com o fato gerador da sucessão hereditária. Assim, primeiro há a aceitação da herança (João implicitamente a aceitou ao renunciar "em favor de" José), dando azo ao fato gerador do imposto *causa mortis*; a seguir, configurou-se a doação, acarretando, como visto, o imposto sobre doações.

Ao revés, na renúncia não translativa, abdicativa ou incondicionada, existe a renúncia pura e simples à herança sem indicação de beneficiário, vale dizer, a renúncia favorece o próprio monte-mor ou, como dispõe o art. 1.810 do Código Civil, a parte do renunciante acresce à dos outros herdeiros da mesma classe e, sendo ele o único desta, devolve-se aos da subsequente.

Pelo exposto, à luz do problema fático trazido, incidirá o imposto sobre a transmissão *causa mortis* diante da aceitação da herança por João (renúncia translativa) e, após, o imposto sobre a doação derivada da segunda transmissão (de João para José).

---

**(PGE/PR/Procurador/2015)** *João da Silva, casado sob o regime de comunhão parcial com Maria de Fátima, pai de 2 (dois) filhos, Antônio e Francisco, faleceu em janeiro de 2008, deixando bens adquiridos na constância do casamento, localizados no Estado de seu domicílio e avaliados em R$ 600.000,00 (seiscentos mil reais). Durante o inventário judicial, ajuizado em janeiro de 2010, Maria de Fátima renunciou à sua parte da herança em benefício de Francisco. Os dois filhos, por sua vez, aceitaram suas respectivas quotas-partes. À época do falecimento de João da Silva, a alíquota de ITCMD era de 4%, inferior, portanto, à alíquota vigente desde janeiro de 2009, que é de 5%. A homologação da partilha, nos termos discriminados acima, deu-se apenas em janeiro de 2014. Diante da situação hipotética apresentada, e levando-se em consideração o fato de (i) os bens não terem sofrido qualquer perda de valor, bem como (ii) o pagamento do ITCMD não ter sido realizado até janeiro de 2015, responda, de maneira fundamentada, às seguintes indagações: (a) É possível se falar em decadência do direito da Fazenda Pública Estadual constituir o crédito tributário? (b) Quais os fatos jurídicos que dão ensejo à cobrança do ITCMD, bem como respectivas alíquotas e base de cálculo?*

*Autores: Eduardo Moreira Lima Rodrigues de Castro e Helton Kramer Lustoza*

### Direcionamento da resposta

O Imposto sobre Transmissão Causa Mortis e Doação de quaisquer Bens ou Direitos – ITCMD possui sua regra matriz de incidência descrita no art. 155, I da Constituição Federal. Além da leitura das disposições constitucionais, é aconselhável o candidato estudar o regramento do tributo no Código Tributário Nacional e legislação ordinária estadual.

O ITCMD é um tributo com natureza eminentemente fiscal, haja vista que instituído com a função de arrecadar recursos para o erário público, o que não impede de identificar sua natureza extrafiscal quando diante da existência de alíquotas progressivas em alguns Estados.

Note-se que o aspecto material do ITCMD abrange *a transmissão de bens moveis ou imóveis por herança ou doação*. Assim, a tradicional "transmissão *causa mortis*" se refere ao instituto da sucessão do Código Civil, o qual em seu art. 1.784 dispõe que *"aberta a sucessão, a herança transmite-se, desde logo, aos herdeiros legítimos e testamentários"*. Em linhas gerais, com a morte de determinada pessoa, seus bens serão transferidos automaticamente para todos os seus herdeiros e legatários.

Disciplina a legislação que nas transmissões causa mortis, o recolhimento do tributo ocorrerá no curso de processo judicial (inventário ou arrolamento sumário) ou extrajudicial. No âmbito judicial, no trâmite do processo de inventário, a Fazenda Pública Estadual se manifestará em dois momentos distintos: acerca dos valores dos bens inventariados e sobre o pagamento do tributo[166].

É necessário salientar a previsão do art. 192 do Código Tributário Nacional que dispõe que *"nenhuma sentença de julgamento de partilha ou adjudicação será proferida sem prova da quitação de todos os tributos relativos aos bens do espólio, ou às suas rendas"*.

### Sugestão de resposta

a) Um dos temas mais polêmicos envolvendo a tributação estadual é acerca do momento da constituição do crédito tributário do ITCMD nas transmissões *causa mortis*. Neste caso, prevalece o entendimento de que a obrigação tributária surge quando da abertura da sucessão, o que segundo a legislação civil, adotando o princípio *saisine*, ocorre no momento do óbito (art. 1.784 CC).

---

166. Cf. CASTRO, Eduardo; GOUVEA, Marcus de Freitas; LUSTOZA, Helton Kramer. Tributos em espécie. Salvador: JusPodivm. 2014, p. 524.

É neste específico momento em que todos os bens do *de cujus* passam para seus herdeiros. Nesta situação, o lançamento do ITCMD nos processos de inventário dependerá das informações que serão prestadas nos autos, sendo que em momento anterior à fase de homologação da partilha seria difícil identificar com exatidão a base de cálculo do tributo. Por isso, o entendimento da jurisprudência dominante do Superior Tribunal de Justiça (AgRg no REsp 1274227) é de que apesar da herança ser transmitida desde logo, com a abertura da sucessão, a exigibilidade do imposto fica na dependência da identificação da transferência do patrimônio aos herdeiros. Este entendimento partiu da interpretação do parágrafo único do art. 35 do Código Tributário Nacional que dispõe: "nas transmissões causa mortis, ocorrem tantos fatos geradores distintos quantos sejam os herdeiros ou legatários".

Com isso, somente através da homologação da partilha é que será possível identificar os aspectos material, pessoal e quantitativo do ITCMD, a fim de promover o lançamento tributário. Considerando esta situação, o prazo decadencial de 5 anos, previsto no art. 173, I, do CTN, terá início apenas no "*primeiro dia do exercício seguinte àquele em que o lançamento poderia ter sido efetuado*", ou seja, o *termo a quo* é primeiro dia do exercício subseqüente ao da homologação da partilha.

Portanto, com base no entendimento da jurisprudência dominante do Superior Tribunal de Justiça, enquanto não homologado o cálculo e identificado os contribuintes do inventário, não há como efetuar a constituição definitiva do tributo enquanto incertos os valores inventariados. Somente iniciará o prazo decadencial para lançamento do ITCMD *causa mortis* no trâmite de inventário no primeiro dia do exercício financeiro seguinte ao da homologação da partilha judicial (ocorrida em janeiro de 2014).

b)[167] Primeiramente, quanto a base de cálculo do ITCMD, segundo disposição do art. 38 do Código Tributário Nacional, será o valor venal dos bens ou direitos transmitidos ou doados, os quais serão avaliados pela Fazenda Pública Estadual. Em complemento, dispõe o art. 1.847 do Código Civil que a legítima será calculada sobre o valor dos bens existentes na abertura da sucessão, abatidas as dívidas e as despesas do funeral, adicionando-se, em seguida, o valor dos bens sujeitos a colação.

Contudo, no caso concreto há uma peculiaridade em que se denomina de "renúncia translativa da herança", onde um dos herdeiros renuncia ao seu direito à herança em benefício de outro herdeiro. Nestes casos prevalece o entendimento da dupla incidência de ITCMD: sobre a transmissão *causa mortis* e sobre a doação.

---

167. A banca do concurso também considerou como correta a seguinte resposta: "Também serão consideradas corretas as respostas que mencionarem eventual nulidade da transmissão de bens, por herança, à esposa, desde que fundamentadas nos dispositivos do Código Civil (esposa não é herdeira)".

Observe-se que o Parágrafo Único do art. 1.804 do Código Civil garante o direito do herdeiro não aceitar a herança. A renúncia pura e simples – denominada de renúncia abdicativa – não vem acompanhada de nenhuma ressalva ou condicionante, e seu feito será de acrescer à dos outros herdeiros da mesma classe e, sendo ele o único desta, devolve-se aos da subseqüente (art. 1.810, CC).

Contudo, no caso em tela ocorreu a "renúncia translativa", na medida em que Maria de Fátima renunciou à sua parte da herança em benefício de Francisco, seu filho. Sobre esta doação haverá também a incidência do ITCMD, conforme entendimento do Supremo Tribunal Federal, materializado na súmula 116: "Em desquite ou inventário, é legítima a cobrança do chamado imposto de reposição, quando houver desigualdade nos valores partilhados".

Por isso, descontando a meação, haverá a incidência do ITCMD *causa mortis* sobre a metade do valor dos bens deixados por João da Silva, ou seja, sobre a transmissão operada em decorrência da sucessão. E a segunda incidência do tributo – ITCMD doação – incidirá sobre apenas sobre a quota-parte de Maria de Fátima, por ter renunciado em favor de seu filho Francisco.

Situação peculiar ocorre na apuração do ITCMD *causa mortis* durante o trâmite do processo de inventário também quanto à aplicação da alíquota. Apesar de todos os bens do *de cujus* passarem para seus herdeiros no momento do óbito (abertura da sucessão), cabe notar que a exigibilidade ficará na dependência da identificação da transferência do patrimônio para os herdeiros. No entanto, aplicar-se-á a alíquota vigente ao tempo da morte, conforme entendimento materializado na Súmula 112 do Supremo Tribunal Federal que tem o seguinte teor: "*O imposto de transmissão 'causa mortis' é devido pela alíquota vigente ao tempo da abertura da sucessão*". Tendo em vista que no caso em tela, o óbito ocorreu em janeiro de 2008, deverá ser aplicada a alíquota de 4%.

E quanto ao ITCMD doação, que ocorreu no momento que este negócio jurídico se operou, terá como alíquota aplicável de 5%, vigente ao tempo da doação, quando configurado o aspecto temporal do tributo.

## 9.3. Dos Impostos dos Municípios

### 9.3.1. IPTU

(**TJ/RJ/Juiz/2012**) *José da Silva é proprietário de um imóvel residencial na Zona Sul do Rio de Janeiro. Em sua configuração original, dito imóvel era de dois pavimentos, sendo certo que José sempre quitou o IPTU devido, lançado anualmente pela Prefeitura do Rio de Janeiro, rigorosamente em dia. Em 2008, desejando ampliar a área útil do imóvel, José construiu um 3º andar. A construção foi precedida do regular pedido de licença de obras na prefeitura, das devidas*

# DIREITO TRIBUTÁRIO

*comunicações à Secretaria de Urbanismo e demais providências administrativas necessárias a cientificar a administração pública municipal acerca do aumento da área útil. Em 2011, novamente desejando ampliar a área útil do imóvel, José construiu um 4º andar. Desta vez, no entanto, não deu entrada no pedido de licença de obras, tampouco fez qualquer comunicação aos órgãos municipais competentes. Em 2012, José recebeu lançamentos complementares do IPTU de 2008 e 2011, referentes respectivamente, às áreas dos 3º e 4º pavimentos. Na sua opinião, procede a revisão do lançamento? Responda fundamentadamente.*

**Autor: Renato de Pretto**

### Direcionamento da resposta

O candidato deveria abordar a questão pertinente à possibilidade de revisão do lançamento, conforme previsão do artigo 145, inciso III, do CTN, bem como a viabilidade, na espécie, do lançamento de ofício complementar executado pela administração tributária, nos moldes do artigo 149 do CTN.

### Sugestão de resposta

A revisão do lançamento executada pela Fazenda Pública Municipal, no caso, procede.

Com efeito, na dicção do artigo 145, inciso III, do Código Tributário Nacional, o lançamento regularmente notificado ao sujeito passivo pode ser alterado em virtude de iniciativa de ofício da autoridade administrativa, nos casos previstos no artigo 149.

Logo, na espécie, admissível se mostra a revisão do lançamento do IPTU derivada de erro de fato – cadastramento de imóvel, mormente pela literalidade do comando inscrito no artigo 149, inciso VIII, do CTN, o qual estabelece que o lançamento é efetuado e revisto de ofício pela autoridade administrativa quando deva ser apreciado fato não conhecido ou não provado por ocasião do lançamento anterior. Destarte, "in casu", o lançamento de ofício sujeita-se à revisão para se adequar a fato não conhecido ou não provado no momento do lançamento anterior, qual seja, a nova edificação realizada por José da Silva em seu imóvel, pois a área cadastral da coisa, por ocasião do primeiro lançamento, era inferior à sua área real.

---

**(MPE/RJ/Promotor/2012)** *Contribuinte foi autuado por pagar a menor o IPTU supostamente devido e não obtém êxito na esfera administrativa. O valor de IPTU a menor exigido a título de principal é de R$ 20.000,00 (vinte mil reais) e a multa aplicada, sob o argumento de reiteração do recolhimento a menor, foi imputada no valor de R$ 40.000,00 (quarenta mil reais). a) Ajuizada a* *execução fiscal, quais são os instrumentos jurídicos cabíveis paradefesa do contribuinte? b) Disserte sobre os argumentos jurídicos a serem utilizados na defesa dessecontribuinte em sede judicial.*

**Autora: Ludimila Rodrigues**

### Sugestão de resposta

a) Inicialmente, consigne-se que o Imposto sobre a propriedade predial e territorial urbana, previsto no art. 156, I, da Constituição da República Federativa do Brasil de 1988, possui característica predominantemente fiscal, tratando-se de uma importante fonte de arrecadação municipal. No entanto, por expressa previsão no texto da Carta Magna, pode ser utilizado com finalidade extrafiscal, conforme prevê o art. 182, § 4°, II, CR/88. Na forma do que prevê o art. 32, do Código Tributário Nacional, o IPTU tem como fato gerador a propriedade, o domínio útil ou a posse de bem imóvel por natureza ou por acessão física, localizado na zona urbana do Município.

A base de cálculo do IPTU, conforme estabelece o art. 33, do CTN, é o valor venal do imóvel, no qual não se considera o valor dos bens móveis mantidos, em caráter permanente ou temporário, no imóvel. Observe-se, por relevante, que as alterações da base de cálculo do IPTU não se sujeitam ao princípio da anterioridade nonagesimal, por força do que prevê o art. 150, § 1°, parte final, da CR/88. O Contribuinte desse imposto é o proprietário do imóvel, o titular do domínio útil ou o possuidor a qualquer título, na forma do art. 34, do CTN.

Quanto à forma de constituição do crédito tributário, trata-se de imposto sujeito a lançamento de ofício, uma vez que a autoridade administrativa constitui o crédito tributário relativo ao IPTU utilizando-se das informações que constam do seu banco de dados relativas à propriedade de imóveis na área urbana do Município.

Uma vez ajuizada execução fiscal em face do contribuinte, caberá o oferecimento de Embargos à Execução, no prazo de 30 (trinta) dias, na forma do que prevê o art. 16, § 1°, da lei n° 6.830/80 c/c art. 38, do mesmo diploma legal. Conforme leciona Fredie Didier Jr., "os embargos servem para impugnar o título executivo, a dívida exequenda ou o procedimento executivo. O embargante pode discutir a validade do título, a inexistência da dívida ou um defeito do procedimento executivo, por exemplo."

A teor do que estabelece o art. 16, § 1°, da lei n° 6.830/80, não são admissíveis os embargos do executado antes de estar garantida a execução. No prazo dos embargos, o executado poderá alegar toda matéria útil à defesa, requerendo a produção das provas que entender cabíveis, conforme art. 16, § 2°, da lei n° 6.830.

Um outro instrumento jurídico cabível em defesa do contribuinte em questão é a exceção de pré-executividade ou, como preferem alguns, objeção de pré-executividade. Trata-se de mecanismo que possibilita ao executado a provocação o Judiciário com relação a matérias que impedem o regular prosseguimento da execução fiscal, sem a necessidade de garantir o juízo, o que representa, portanto, uma vantagem em relação aos embargos à execução. Nos termos do que prevê a súmula nº 393, do Egrégio Superior Tribunal de Justiça, a exceção de pré-executividade será admissível nas execuções fiscais relativamente às matérias que possam ser conhecidas de ofício e não demandem dilação probatória.

Em se tratando de discussões envolvendo a incidência de multa moratória, uma primeira linha de entendimento é no sentido de que tal matéria demanda dilação probatória, razão pela qual não seria cabível a exceção de pré-executividade. No entanto, há posicionamento jurisprudencial e doutrinário admitindo o instrumento jurídico da exceção de pré-executividade aos casos em questão. Essa segunda linha de entendimento leva considera a desnecessidade de dilação probatória para se aferir se a multa imposta ao contribuinte é ou não proporcional, notadamente após o RE 582461, julgado sob o ângulo da repercussão geral em 18.5.2011.

b) O art. 150, da Constituição da República Federativa do Brasil prevê limitações expressas ao poder de tributar, elencando verdadeiras garantias asseguradas aos contribuintes. Conforme entendimento doutrinário e jurisprudencial, trata-se de verdadeira cláusula pétrea à luz do que prevê o art. 60, § 4º, IV, da CR/88. Dentre essas garantias, encontra-se o princípio da vedação ao confisco, conforme art. 150, IV, da CR.

O princípio da vedação ao confisco também pode ser denominado como princípio da razoabilidade ou proporcionalidade da carga tributária. Nesse sentido, a ideiaé a de que o poder de tributar seja utilizado de forma razoável, moderada e sem dificultar o exercício de atividades lícitas por parte do contribuinte e o suprimento de suas necessidades básicas.

A grande questão apontada pela doutrina gira em torno da indeterminação do conceito de confisco, o que faz com que fique a cargo do Poder Judiciário o reconhecimento da existência de efeito confiscatório na tributação.

A propósito do tema, vale consignar que, na ADI 551, foi declarada a inconstitucionalidade dos §§ 2º e 3º do art. 57 do Ato das Disposições Constitucionais Transitórias da Constituição do Estado do Rio de Janeiro que previam a possibilidade de a multa consequente do não recolhimento de impostos ou taxas estaduais serem superiores a duas vezes o seu valor e, nos casos de sonegação de impostos ou taxas, não poderiam ser inferiores a cinco vezes o seu valor.

Disso se extrai que o princípio do não confisco deve ser aplicado não apenas aos tributos, mas também às multas tributárias.

O posicionamento do Supremo Tribunal Federal é no sentido de que a aplicação da multa moratória tem o efeito de sancionar o contribuinte que não cumpre suas obrigações tributárias, prestigiando a conduta daqueles que pagam em dia os tributos aos cofres públicos. Desse modo, para que a multa moratória cumpra seu propósito de desencorajar a elisão fiscal, não poderá ser pífia e, por outro lado, não poderá ter um importe que lhe confira característica confiscatória, o que inviabilizaria, inclusive, o recolhimento de futuros tributos.

No mesmo sentido foi o entendimento tomado no RE 833106-AgR, no qual deu-se provimento ao recurso para assentar a inconstitucionalidade da cobrança de multa tributária em percentual superior a 100% do tributo devido.

Logo, no caso concreto em questão, uma vez que o tributo totaliza o valor de R$ 20.000,00 e a multa foi cobrada no patamar de R$ 40.000,00, tem-se que a multa totaliza o percentual de 200% (duzentos por cento) do valor do tributo, estando em desarmonia com a atual jurisprudência do Supremo no sentido da invalidade da imposição de multa que ultrapasse o valor do próprio tributo, em respeito aos princípios da vedação à utilização do tributo e da multa com efeito de confisco, razoabilidade e proporcionalidade.

## Comentários

1) A respeito do que se entende por área urbana do Município, importante trazer à colação o disposto no art. 32, § 1º, do CTN, in verbis:

> "Art. 32. O imposto, de competência dos Municípios, sobre a propriedade predial e territorial urbana tem como fato gerador a propriedade, o domínio útil ou a posse de bem imóvel por natureza ou por acessão física, como definido na lei civil, localizado na zona urbana do Município.
>
> § 1º Para os efeitos deste imposto, entende-se como zona urbana a definida em lei municipal; observado o requisito mínimo da existência de melhoramentos indicados em pelo menos 2 (dois) dos incisos seguintes, construídos ou mantidos pelo Poder Público:
>
> I – meio-fio ou calçamento, com canalização de águas pluviais;
>
> II – abastecimento de água;
>
> III – sistema de esgotos sanitários;
>
> IV – rede de iluminação pública, com ou sem posteamento para distribuição domiciliar;

DIREITO TRIBUTÁRIO

V – escola primária ou posto de saúde a uma distância máxima de 3 (três) quilômetros do imóvel considerado."

2) Ainda sobre o conceito dos Embargos à Execução, vale trazer a lição de Humberto Theodoro Júnior, no seguinte sentido: "são os embargos a via para opor-se à execução forçada. Configuram eles incidentes em que o devedor, ou terceiro, procura defender-se dos efeitos da execução, não só visando evitar a deformação dos atos executivos e o descumprimento de regras processuais, como também resguardar direitos materiais supervenientes ou contrários ao título executivo, capazes de neutralizá-lo ou de reduzir-lhe a eficácia, como pagamento, novação, compensação, remissão ausência de responsabilidade patrimonial etc." (Curso de Direito Processual Civil. 34. ed., vol. III. Rio de Janeiro: Forense, 2005, p. 267)

3) Súmula 393, do STJ: "A exceção de pré-executividade é admissível na execução fiscal relativamente às matérias conhecíveis de ofício que não demandem dilação probatória".

4) Entendendo pelo não cabimento da exceção de pré-executividade para a discussão de casos tais como o da presente questão, confira-se:

> "(...). Multa confiscatória. Redução. Dilação probatória. Objeção. Impossibilidade. 1. A via da exceção de pré-executividade é cabível para arguição de matérias de ordem pública, devidamente instruídas com a prova da alegação. 2. O excesso de onerosidade da multa aplicada trata-se de caso que demanda incursão probatória, pelo que resta indevido o manejo da exceção de pré-executividade, sendo questão a ser debatida na via própria, nos termos do art. 16 da Lei n° 6.830/80. 3. Agravo desprovido. (TRF 5, AG 14236220134050000, j. 16.5.2013, Terceira Turma).

*(Vunesp/PGM/Ribeirão_Preto/Procurador/2007)* Explique se a Constituição Federal permite ao Município exigir o IPTU de forma progressiva, considerando o texto constitucional desde a sua promulgação até hoje.

Autores: Helton Kramer Lustoza e Leonardo Zehuri Tovar

**Direcionamento da resposta**

Nessa questão o candidato deverá discorrer que antes da vigência da Emenda Constitucional n. 29/00 era possível implementar alíquotas progressivas de IPTU somente para atender o art. 182, § 4° da Constituição Federal, ou seja, para buscar ao atendimento à função social da propriedade urbana. Contudo, após a vigência da referida Emenda Constitucional, que alterou o parágrafo 1° do art. 156 da Constituição Federal, passou a existir a autorização constitucional para o estabelecimento de alíquotas progressivas para o cumprimento de funções extrafiscais, levando em conta o **valor, localização e uso do imóvel**, além da estimulo ao cumprimento da função social da propriedade. Deverá, abordar, ainda, que o STF declarou constitucional a progressividade trazida pela EC 29/00, ao emanar a Súmula 668 do STF.

### Sugestão de resposta

Segundo o art. 33 do Código Tributário Nacional a base de cálculo do IPTU é o valor venal do imóvel. A determinação da base de cálculo deverá ocorrer por critérios técnicos prescritos em lei municipal, levando-se em consideração o terreno acrescido de suas edificações, excluindo os bens móveis mantidos no imóvel (inclusive móveis por acessão intelectual). Diante da impossibilidade de haver uma avaliação individual de cada imóvel urbano é comum os Municípios estabelecerem critérios genéricos para apuração do valor venal. Por isso que, na maioria das situações, o valor venal dos imóveis é definido na Planta Genérica de Valores, a qual determina o preço do metro quadrado por região[168].

No caso do IPTU não existe limitação de alíquotas (máximas ou mínimas) na Constituição Federal, como ocorre com o ISSQN e ITCMD. Assim, o Município terá liberdade de estabelecer as alíquotas com o fim de estimular o desenvolvimento urbano, conforme diretrizes do Plano Diretor. Isso demonstra uma importância significativa do Plano Diretor, de maneira que ele "*deve buscar a asseguração do equilíbrio na concentração de atividades e a facilitação da ocupação, do uso do solo e de seu fracionamento de modo ordenado*"[169].

Antes da vigência da Emenda Constitucional n. 29/00 era possível implementar alíquotas progressivas de IPTU somente para atender ao art. 182, parágrafo 4º da Constituição Federal, ou seja, para buscar ao atendimento à função social da propriedade urbana. Prevalecia o entendimento de que, à exceção do art. 182, parágrafo 4º da Constituição Federal, não poderia haver a progressividade do IPTU, pois sendo este imposto de natureza real, não há permissivo constitucional para levar em consideração a capacidade econômica do contribuinte.

Após a vigência da referida Emenda Constitucional, que alterou o parágrafo 1º do art. 156 da Constituição Federal, também será possível haver a aplicação de alíquotas progressivas em razão do valor do imóvel e alíquotas diferentes de acordo com a localização e o uso do imóvel.

---

168. Cf. GOUVEA, Marcus de Freitas; LUSTOZA, Helton Kramer; CASTRO, Eduardo de. Tributos em Espécie. Salvador: JusPodivm, 2014, p. 683.

169. BARRETO, Aires F. Curso de Direito Tributário Municipal. São Paulo: Saraiva, 2009, p. 275.

A partir deste momento passou a existir a autorização constitucional para o estabelecimento de alíquotas progressivas para o cumprimento de funções extrafiscais, levando em conta o valor, localização e uso do imóvel, além do estimulo ao cumprimento da função social da propriedade. Esta situação encontra guarida no art. 145, § 1º da Constituição Federal, o qual exige que os impostos, na medida do possível, devem respeitar a capacidade contributiva do contribuinte.

O entendimento do Supremo Tribunal Federal está materializado na Súmula 668, que possui a seguinte redação: *"É inconstitucional a lei municipal que tenha estabelecido, antes da Emenda Constitucional 29/00, alíquotas progressivas para o IPTU, salvo se destinada a assegurar o cumprimento da função social da propriedade urbana".*

De uma forma crítica, pode-se salientar que o princípio da capacidade contributiva, previsto no art. 145, § 1º, da Constituição Federal, disciplina que legislador ordinário dê preferência a tributação por meio de impostos pessoais, pois estes realizam melhor a justiça na tributação. A aplicação da progressividade das alíquotas do IPTU com base no valor venal do imóvel reafirma o princípio da capacidade contributiva, uma vez que se presume que proprietários de imóveis de maior valor têm mais capacidade contributiva que os demais.

| Dispositivo | Forma | Finalidade |
|---|---|---|
| **Antes da Emenda Constitucional 29/00** | | |
| Art. 182, § 4º, II | É facultado ao Poder Público municipal, mediante lei específica para área incluída no plano diretor, exigir, nos termos da lei federal, do proprietário do solo urbano não edificado, subutilizado ou não utilizado, que promova seu adequado aproveitamento, sob pena, sucessivamente, de (...) imposto sobre a propriedade predial e territorial urbana progressivo no tempo. | Extrafiscal |
| **Depois da Emenda Constitucional 29/00** | | |
| Art. 156, § 1º, I | Ser progressivo em razão do **valor** do imóvel. | Fiscal |
| Art. 156, § 1º, II | Ter alíquotas diferentes de acordo com a **localização** e o **uso** do imóvel. | Extrafiscal/Fiscal |
| Art. 182, § 4º, II | (Inalterado) | Extrafiscal |

**(FJG/PGM/Nova_Iguaçu/Procurador/2005)** *A União é proprietária de um bem imóvel desocupado localizado no Município de Nova Iguaçu. Por não pretender nele desenvolver qualquer atividade específica, a União celebra concessão de direito real de uso remunerada com um particular, que explora economicamente o bem. Pergunta-se se neste caso: (i) O Município pode cobrar IPTU da União? (ii) O Município pode cobrar IPTU do particular? (iii) Se o contrato fosse de concessão de uso haveria alguma diferença?*

**Autores: Helton Kramer Lustoza e Leonardo Zehuri Tovar**

### Direcionamento da resposta

Nessa questão o candidato deverá discorrer sobre a imunidade tributária recíproca, explicando os efeitos deste instituto constitucional quando da aplicação sobre a relação jurídica de direito obrigacional ou de direito real entre um particular e a União Federal. Para isso, o candidato deverá conhecer o posicionamento dos Tribunais Superiores, em especial do Superior Tribunal de justiça sobre o assunto.

### Sugestão de resposta

A regra matriz de incidência do imposto sobre propriedade predial e territorial urbana – IPTU está delimitada pelo art. 156, I da Constituição Federal, o qual estabelece a competência dos Municípios para instituir impostos sobre a propriedade predial e territorial urbana.

A partir destes direitos que se poderá identificar o exercício de propriedade sobre determinado imóvel, de forma que somente haverá a transferência do imóvel com a sua transcrição no registro de imóveis, conforme prescreve o art. 1.245 do Código Civil. Pode-se dizer, portanto, que a terminologia propriedade, descrito no inciso I do art. 156 da Constituição Federal, deve ser interpretada de forma a englobar o domínio útil e a posse com *animus* definitivo[170].

O sujeito passivo do IPTU está definido no art. 34 do Código Tributário Nacional, o qual possibilita que seja eleito como contribuinte do IPTU, o proprietário do imóvel, o titular do seu domínio útil ou o seu possuidor a qualquer título. Frisa-se que, apesar do art. 34 do Código Tributário Nacional incluir o possuidor a qualquer título entre os contribuintes do IPTU, não é qualquer posse que autoriza a exigência do imposto: apenas aquela com *animus domini*.

---

[170]. A jurisprudência é pacífica no sentido de que somente a posse com "animus domini" é apta a gerar a exação predial urbana, o que não ocorre com o condomínio, in casu, que apenas possui a qualidade de administrador de bens de terceiros. (v.g. STJ, REsp 1327539, DJ 20.8.2012).

DIREITO TRIBUTÁRIO

Nestes termos, "*a posse deflui do conceito de possuidor, como sendo todo aquele que tem de fato o exercício, pleno ou não, de algum dos poderes inerentes à propriedade*".[171]

Nesta linha de raciocínio, considerou-se inexigível o IPTU sobre a posse decorrente de contrato de concessão de uso, uma vez que se trata de negócio jurídico bilateral de natureza pessoal. Definiu a jurisprudência que a posse exercida pelo cessionário, no contrato de concessão de uso, não exterioriza propriedade, nem permite considerar o cessionário como possuidor (STJ, AgRg no REsp 1337903). Por isso, é inexigível o IPTU da cessionária de imóvel pertencente à União, quando a posse for decorrente de relação pessoal (sem *animus domini*).

Por outro lado, no caso de **concessão de direito real de uso de bem imóvel federal**, o concessionário será o contribuinte do IPTU, não se aplicando a imunidade tributária recíproca, conforme entendimento do Superior Tribunal de Justiça (AgRg no REsp 1121332).

Portanto, no caso de existência de concessão de direito real de uso de bem público federal, o Município poderá cobrar IPTU do concessionário da União, eis que não prevalece a imunidade recíproca, prevista no art. 150, VI, a, da CF. Contudo, se o contrato o contrato fosse somente de concessão de uso, não haveria cobrança do IPTU, nem da União (imunidade) nem do particular (ausência de posse *animus domini*).

### 9.3.2. ISSQN

**(Faurgs/TJ/RS/Cartórios/2016)** *O oficial de registro público, titular de ofício do registro civil das pessoas naturais de determinada comarca do Estado do Rio Grande do Sul, foi autuado pela fiscalização do município em face do inadimplemento do imposto sobre a prestação de serviços de qualquer natureza (ISS) dos últimos dois anos relativo à sua atividade. Diante desse contexto, responda as questões abaixo, justificando-as e indicando os dispositivos pertinentes constantes na ordem jurídica. a) O imposto é ou não é devido? b) Trata-se de um caso de imunidade?*

**Autora: Letícia Franco Maculan Assumpção**

**Direcionamento da resposta**

Nesta questão o candidato deverá esclarecer:

---

171. PAULSEN, Leandro; MELO, José Eduardo Soares de. Impostos: federais, estaduais e municipais. Porto Alegre: Livraria do Advogado, 2011, p. 285.

a) que é devido o ISSQn pelo titular dos serviços notariais e de registro, tendo em vista a decisão do STF na ADI 3089, que declarou a constitucionalidade da Lei Complementar nº 116/2003, desde que haja lei municipal específica que tenha criado o referido imposto, não bastando a previsão na Lei Complementar;

b) que não é caso de imunidade, posto que o titular dos serviços notariais e de registro não se confunde com o Estado, não havendo ofensa ao art. 150, VI, alínea "a" e §§ 2º e 3º da Constituição Federal;

c) que a imunidade recíproca é uma garantia ou prerrogativa imediata de entidades políticas federativas, não se aplicando a particulares que prestem serviços públicos por meio de delegação em caráter privado;

d) que existe capacidade contributiva do referido titular de serviços notariais e de registro.

### Sugestão de resposta

Para afirmar se oficial de registro público, titular de ofício do registro civil das pessoas naturais de determinada comarca do Estado do Rio Grande do Sul, tem ou não a obrigação de pagar o ISSQn, é preciso verificar se há lei municipal prevendo a incidência do ISSQn sobre os serviços notariais e de registro no Município para onde o referido titular recebeu a delegação.[172] Isso porque a competência para instituir o referido imposto é do Município[173], apesar de já ter havido a declaração de constitucionalidade pelo Supremo Tribunal Federal – STF, no julgamento da ADI 3089[174], da lista anexa à Lei Complementar nº

---

172. Para aprofundamento sobre a questão, sugere-se a leitura do artigo: O ISSQN e os serviços notariais e de registro: de acordo com o novo CPC e a jurisprudência atual, de autoria de Letícia Franco Maculan Assumpção. Disponível na internet.

173. Nos termos do art. 156, inciso III, da Constituição da República de 1988 – CR/88, "Compete aos Municípios instituir impostos sobre serviços de qualquer natureza, não compreendidos no art. 155, II, definidos em lei complementar".

174. "(...). Ação direta de inconstitucionalidade. Constitucional. Tributário. Itens 21 e 21.1. Da lista anexa à Lei Complementar 116/2003. Incidência do imposto sobre serviços de qualquer natureza – ISSQN sobre serviços de registros públicos, cartorários e notariais. Constitucionalidade. Ação Direta de Inconstitucionalidade ajuizada contra os itens 21 e 21.1 da Lista Anexa à Lei Complementar 116/2003, que permitem a tributação dos serviços de registros públicos, cartorários e notariais pelo Imposto sobre Serviços de Qualquer Natureza – ISSQN. Alegada violação dos arts. 145, II, 156, III, e 236, caput, da Constituição, porquanto a matriz constitucional do Imposto sobre Serviços de Qualquer Natureza permitiria a incidência do tributo tão-somente sobre a prestação de serviços de índole privada. Ademais, a tributação da prestação dos serviços notariais também ofenderia o art. 150, VI, e §§ 2º e 3º da Constituição, na medida em que tais serviços públicos são imunes à tributação recíproca pelos entes federados. As pessoas que exercem atividade notarial não são imunes à tributação, porquanto a circunstância de

DIREITO TRIBUTÁRIO

116/2003, no que tange à previsão de ser fato gerador do ISSQN a prestação de: "Serviços de registros públicos, cartorários e notariais".

Ao oficial de registro público não se aplica a imunidade, posto que o titular dos serviços notariais e de registro não se confunde com o Estado, não havendo ofensa ao art. 150, VI, alínea "a" e §§ 2º e 3º da Constituição Federal. A imunidade recíproca é uma garantia ou prerrogativa de entidades políticas federativas, não se aplicando a particulares que prestem serviços públicos por meio de delegação em caráter privado e que prestem serviços mediante remunerado pelo usuário dos serviços, possuindo, pois, capacidade contributiva.

*(FGV/PGM/Niterói/Procurador/2015) ABC Construtora Ltda., proprietária de terras em Camboinhas, oferece à venda unidades autônomas de imóveis que pretende construir em terreno do qual é proprietária naquela localidade. Após negociar preço e prazo para entrega, José da Silva, interessado na aquisição de uma das unidades, assina contrato de compra e venda com o construtor/incorporador, com vistas à realização e conclusão do negócio. Ao tomar conhecimento do contrato de compra e venda celebrado, a Secretaria de Fazenda do Município expede intimação à construtora para o fim de exigir o Imposto sobre Serviços de Qualquer Natureza (ISS), alegando previsão em lei segundo a qual incide o imposto municipal sobre a execução, por administração, empreitada ou subempreitada de obras de construção civil. Inconformado, ABC Construtora Ltda. impetra Mandado de Segurança com o intuito de afastar a cobrança do imposto que entende indevido na hipótese presente. Opine a respeito da exigência do fisco municipal e da pretensão da ABC Construtora Ltda.*

**Autores:** *Helton Kramer Lustoza e Leonardo Zehuri Tovar*

### Direcionamento da resposta

Para responder esta questão, o candidato deve apresentar que a competência – e consequentemente o aspecto material – dos Municípios em relação ao ISSQN, está definida pela norma constitucional. A regulamentação a nível nacional é feita pela Lei Complementar n. 116/2003, a qual revogou parcialmente

---

desenvolverem os respectivos serviços com intuito lucrativo invoca a exceção prevista no art. 150, § 3º da Constituição. O recebimento de remuneração pela prestação dos serviços confirma, ainda, capacidade contributiva. A imunidade recíproca é uma garantia ou prerrogativa imediata de entidades políticas federativas, e não de particulares que executem, com inequívoco intuito lucrativo, serviços públicos mediante concessão ou delegação, devidamente remunerados. Não há diferenciação que justifique a tributação dos serviços públicos concedidos e a não-tributação das atividades delegadas. (...)". (STF, ADI 3089).

o Decreto-Lei n. 406/68. Posteriormente, promover a distinção entre a atividade de incorporação e a atividade de construção.

Por fim, apresentar o entendimento do Superior Tribunal de Justiça sobre a incidência do ISSQN na incorporação direta.

### Sugestão de resposta

A regra matriz de incidência do imposto sobre serviços de qualquer natureza – ISSQN está inserta no art. 156, III da Constituição Federal, o qual delimita a competência municipal na seara da prestação de serviços. A Lei Complementar n. 116/2003 define como hipótese de incidência deste tributo *"a prestação de serviços constantes da lista anexa",* ou seja, esta Lei Complementar traz um rol dos serviços sobre os quais incide ISSQN, excluindo os serviços de competência dos Estados como transporte interestadual, intermunicipal e serviços de comunicação.

A prestação de serviços de qualquer natureza, para fins de incidência de ISSQN, deve estar compreendida no fato de se desenvolver um esforço a fim de cumprir uma obrigação de fazer.

No caso em tela, a ABC Construtora Ltda., proprietária de terras em Camboinhas, oferece à venda unidades autônomas de imóveis que pretende construir em terreno do qual é proprietária naquela localidade.

A respeito da atividade de construção civil, prevista na lista de serviços, é necessário diferenciar os elementos incorporação e construção[175]:

> A atividade de construção está presente no negócio jurídico da incorporação, mas incorporação e construção não se confundem, nem são noções equivalentes. A atividade da construção só integrará o conceito de incorporação se estiver articulada com a alienação de frações ideais de terreno e acessões que a elas haverão de se vincular; mas, independente disso, a atividade de incorporação pode, alternativamente, ser representada somente pela alienação de frações ideais, objetivando sua vinculação a futuras unidades imobiliárias. Obviamente, a incorporação compreende a construção, mas não é necessário que a atividade da construção seja exercida pelo próprio incorporador, pois esse pode atribuir a outrem a construção.

Nos termos do art. art. 48 da Lei 4.591/64, a incorporação poderá ocorrer através das seguintes formas: a) por empreitada (art. 55 – Lei 4.591/64); b) por administração (art. 58 – Lei 4.591/64); ou c) diretamente, por contratação direta entre os adquirentes e o construtor (art. 41 – Lei 4.591/64).

---
175. CHALHUB, Melhim Namen. Da Incorporação Imobiliária. 2. ed. Rio de Janeiro: Renovar, 2005, p. 11.

## DIREITO TRIBUTÁRIO

O caso concreto configura a última hipótese – típica de incorporação direta – onde o incorporador realiza a obra em seu próprio terreno, por sua conta e risco, vendendo as unidades autônomas ao final da obra.

Neste caso, não há a configuração do fato gerador do ISSQN, uma vez que inexiste uma prestação de serviço para terceiro, sendo que a construção é realizada no próprio imóvel da ABC Construtora Ltda., revertida em benefício do próprio prestador.

Ao passo em que a ABC Construtora Ltda. assume o risco da construção, obrigando-se a entregá-la pronta e averbada no Registro de Imóveis, prevalece a "obrigação de dar" neste negócio jurídico. Estas razões embasam o entendimento do Superior Tribunal de Justiça em definir que não haverá incidência do ISSQN sobre a incorporação direta.

O entendimento do Superior Tribunal de Justiça de ser inexigível o ISSQN sobre a incorporação direta é de que: "não cabe a incidência de ISSQN na incorporação direta, já que o alvo desse imposto é atividade humana prestada em favor de terceiros como fim ou objeto; tributa-se o serviço-fim, nunca o serviço-meio, realizado para alcançar determinada finalidade. As etapas intermediárias são realizadas em benefício do próprio prestador, para que atinja o objetivo final, não podendo, assim, ser tidas como fatos geradores da exação" (AgRg no REsp 1356977, DJe 25.3.2013).

Portanto e, em reforço, considerando-se que na incorporação direta, o incorporador constrói em terreno próprio, por sua conta e risco, realizando a venda das unidades autônomas por "preço global", compreensivo da cota de terreno e construção, ele assume o risco da construção, obrigando-se a entregá-la pronta e averbada no Registro de Imóveis. Considerando-se também que nesta modalidade de incorporação o adquirente tem em vista a aquisição da propriedade de unidade imobiliária, devidamente individualizada, e, para isso, paga o preço acordado em parcelas. E considerando, até que sua finalidade é a venda de unidades imobiliárias futuras, concluídas, conforme previamente acertado no contrato de promessa de compra e venda, a construção é simples meio para atingir-se o objetivo final da incorporação direta; o incorporador não presta serviço de "construção civil" ao adquirente, mas para si próprio.

Desse modo, orienta-se a Secretaria de Finanças deste Município que no caso de incorporação direta não é legitima a incidência do ISSQN.

### Sugestão de resposta

a prestação de serviços de qualquer natureza, para fins de incidência de ISSQN, deve estar compreendida no fato de se desenvolver um esforço a fim de cumprir uma obrigação de fazer.

A regra matriz de incidência do imposto sobre serviços de qualquer natureza – ISSQN está delimitada pelo art. 156, III da Constituição Federal, o qual delimita a competência municipal na seara da prestação de serviços. A Lei Complementar n. 116/2003 define como hipótese de incidência deste tributo "a prestação de serviços constantes da lista anexa", ou seja, esta Lei Complementar traz um rol dos serviços sobre os quais incide ISSQN, excluindo os serviços de competência dos Estados como transporte interestadual, intermunicipal e serviços de comunicação.

No caso em tela, a ABC Construtora Ltda., proprietária de terras em Camboinhas, oferece à venda unidades autônomas de imóveis que pretende construir em terreno do qual é proprietária naquela localidade.

Nos termos do art. art. 48 da Lei 4.591/64, a incorporação poderá ocorrer através das seguintes formas: a) por empreitada (art. 55, Lei 4.591/64); b) por administração (art. 58, Lei 4.591/64); ou c) diretamente, por contratação direta entre os adquirentes e o construtor (art. 41, Lei 4.591/64).

O caso concreto configura a última hipótese – típica de incorporação direta – onde o incorporador realiza a obra em seu próprio terreno, por sua conta e risco, vendendo as unidades autônomas ao final da obra.

Neste caso, não há a configuração do fato gerador do ISSQN, uma vez que inexiste uma prestação de serviço para terceiro, sendo que a construção é realizada no próprio imóvel da ABC Construtora Ltda, revertida em benefício do próprio prestador.

Ao passo em que a ABC Construtora Ltda. assume o risco da construção, obrigando-se a entregá-la pronta e averbada no Registro de Imóveis, prevalece a "obrigação de dar" neste negócio jurídico. Estas razões embasam o entendimento do Superior Tribunal de Justiça em definir que não haverá incidência do ISSQN sobre a incorporação direta.

Desse modo, orienta-se a Secretaria de Finanças deste Município que no caso de incorporação direta não é legítima a incidência do ISSQN.

*(Cespe/TJ/RR/Cartórios/Ingresso/2013) Determinado tabelião, proprietário de um imóvel residencial que aluga a pessoa física e de um imóvel comercial alugado a pessoa jurídica, reside em imóvel alugado, pelo qual paga, mensalmente, valor que corresponde exatamente à soma dos valores que recebe de aluguel dos dois imóveis de sua propriedade. Com base na situação hipotética acima apresentada e no disposto no Código Tributário Nacional, na Lei Complementar n. 116/2003, bem como no entendimento jurisprudencial dos*

# DIREITO TRIBUTÁRIO

*tribunais superiores, responda, de forma justificada, aos seguintes questionamentos: (i) qual é a base de cálculo do imposto sobre serviços de qualquer natureza (ISS) a ser pago pelo tabelião pelos serviços que realiza no exercício de sua função? (ii) o tabelião deve pagar ISS relativo aos aluguéis que recebe? (iii) incide imposto de renda sobre as receitas de aluguel que o tabelião aufere?*

**Autora: Letícia Franco Maculan Assumpção**

### Direcionamento da resposta

O candidato deverá esclarecer (i) qual é a base de cálculo do imposto sobre serviços de qualquer natureza (ISS) a ser pago pelo tabelião pelos serviços que realiza no exercício de sua função, que é o preço do serviço; (ii) que não cabe ISS sobre aluguéis, tendo em vista a Lei Complementar nº 116/2003 e também a jurisprudência do Supremo Tribunal Federal; e (iii) que incide imposto de renda sobre as receitas de aluguel que o tabelião aufere, tendo em vista a definição legal de "renda".

### Sugestão de resposta

A base de cálculo do ISS a ser pago pelo tabelião sobre serviços que realiza no exercício de sua função é o preço do serviço.[176; 177]

O tabelião não paga ISS relativamente aos aluguéis que recebe, pois a locação de bens imóveis ou móveis não constitui uma prestação de serviços, mas disponibilização de um bem, seja ele imóvel ou móvel para utilização pelo

---

176. Base de cálculo definida nos termos da Lei Complementar nº 116/2003, art. 7º.
177. Apesar de não ser o foco da questão, é importante destacar que valores recebidos e repassados pelos Notários e Registradores, como o valor destinado ao Fundo de Ressarcimento de Atos Gratuitos ou à Taxa de Fiscalização Judiciária, não podem ser considerados PREÇO DO SERVIÇO. Nesse sentido, José Eduardo Soares de Mello[7] ensina que: "(...) embora a expressão preço – significando a remuneração pela prestação de serviços – não ofereça nenhuma dificuldade para ser apurada (previsão contratual e indicação em nota fiscal), o fato é que nem todos os valores auferidos pelo prestador de serviço devem ser considerados para quantificação do tributo. Diversos valores não mantém conexão com a quantia acordada como forma de remuneração de serviços, podendo tratar-se de simples recebimentos temporários, ou ingresso de distinta natureza, uma vez que só pode ser considerada como receita aquele valor que integra o patrimônio do prestador". O mesmo autor ressalta ainda que: "(...) os contribuintes dos tributos citados (dentre eles o ISS) têm o direito de não considerar, como receitas próprias, valores que apenas transitam por seus livros fiscais, sem representar, entretanto, acréscimo patrimonial. Tal é o caso dos montantes a ele repassados para satisfação de despesas incorridas por conta e ordem de terceiros, ou para pagamento, aos efetivos prestadores, por serviços por eles apenas intermediados."

locatário. Os aluguéis não estão na lista anexa à Lei Complementar nº 116/2003, que contém os fato geradores do ISS[178].

Sim, o conceito de renda, previsto no Código Tributário Nacional e nas leis que regem o imposto de renda, abrange as receitas auferidas com aluguel[179].

---

**(MPF/Procurador_da_República/2011)** *Locação de serviços e locação de bens móveis. Conceituar. À vista desses conceitos, indique a respectiva hipótese de incidência tributária ou a sua inexistência, nos fatos seguintes: (a) técnico efetua um programa para computadores sob encomenda de terceiro. Na hipótese, esse fato está sujeito a que imposto? (b) se o programa para computadores é colocado à venda, exposto como mercadoria, sobre esse futuro negócio jurídico, se realizado, haverá imposição tributária? Se afirmativo, qual? (c) se esse mesmo programa para computadores não é entregue para atender à encomenda e nem é vendido, mas alugado. Indaga-se: incide ou não tributação? Se positiva a resposta, qual o tributo devido?*

Autores: *Paulo Roberto Sampaio Santiago e Ricardo Melo Jr.*

### Direcionamento da resposta

O candidato precisa de conhecimento acerca da matéria tributária, tanto no Texto Constitucional quanto no próprio Código Tributário, bem como atualização jurisprudencial sobre os assuntos envolvidos.

---

178. Súmula 31/STF, sobre a inconstitucionalidade da incidência do ISS sobre operações de locação de bens móveis: "É inconstitucional a incidência do Imposto sobre Serviços de Qualquer Natureza (ISS) sobre operações de locação de bens móveis". Porém, se a empresa locar máquinas com operador, carros com motorista, etc. haverá a incidência do ISS, pois há a prestação do serviço. A base de cálculo do ISS, neste caso, será o valor do serviço prestado (art. 7º da Lei Complementar nº 116/2003).

179. Vide Lei nº 7.713/88: "Art. 1º Os rendimentos e ganhos de capital percebidos a partir de 1º de janeiro de 1989, por pessoas físicas residentes ou domiciliados no Brasil, serão tributados pelo imposto de renda na forma da legislação vigente, com as modificações introduzidas por esta Lei. (...). Art. 3º O imposto incidirá sobre o rendimento bruto, sem qualquer dedução, ressalvado o disposto nos arts. 9º a 14 desta Lei. § 1º Constituem rendimento bruto todo o produto do capital, do trabalho ou da combinação de ambos, os alimentos e pensões percebidos em dinheiro, e ainda os proventos de qualquer natureza, assim também entendidos os acréscimos patrimoniais não correspondentes aos rendimentos declarados. § 2º Integrará o rendimento bruto, como ganho de capital, o resultado da soma dos ganhos auferidos no mês, decorrentes de alienação de bens ou direitos de qualquer natureza, considerando-se como ganho a diferença positiva entre o valor de transmissão do bem ou direito e o respectivo custo de aquisição corrigido monetariamente, observado o disposto nos arts. 15 a 22 desta Lei. (...).

DIREITO TRIBUTÁRIO

### Sugestão de resposta

Conceitos: Na locação de coisas, uma das partes se obriga a ceder à outra o uso e gozo de coisa não fungível, mediante retribuição; já a locação de serviços envolve a prestação de um esforço humano mediante remuneração (STJ REsp 920172). O STF distingue (AI 681869) de forma clara a locação de bens (obrigação de dar) da prestação de serviços (obrigação de fazer), ressaltando a aplicabilidade da Súmula Vinculante 31 à primeira e não à segunda. Desse modo, considerando-se o teor do art. 110 do CTN, a legislação tributária não pode alterar o alcance dos conceitos de Direito privado, revelando-se inconstitucional a cobrança de ISS sobre a locação de bens móveis.

a) A hipótese é de incidência tributária do Imposto Sobre Serviços de Qualquer Natureza (ISSQN) (municipal), uma vez que há prestação de serviço individualizada ao cliente, estando a atividade expressamente prevista na lista anexa da LC n. 116/2003 (atividade de programação).

b) Diferentemente do caso anterior, esse programa é comercializado como produto (prateleira) e sua transferência ao cliente configura circulação de mercadoria, incidindo o Imposto sobre a Circulação de Mercadorias e Serviços (ICMS) (estadual), segundo jurisprudência do STF e STJ.

c) No caso de locação (licenciamento ou cessão de direito de uso de programas de computação), também há incidência do ISSQN, tendo em vista previsão na lista anexa da LC n. 116/2003. A esse respeito, o STJ fixou entendimento (EDcl no AgRg no AREsp 32547) de que a ausência de incidência tributária na locação de bens (Súmula Vinculante nº 31 do STF) não exclui a tributação nos casos de licenciamento ou cessão de uso de programas de computador, que configuram prestação de serviço.

**(Funcab/PGM/Colatina/Procurador/2011)** *O Município XYZ, ciente do vertiginoso crescimento do mercado de locação de veículos, insiste na pretensão de se recolher o tributo ISS sobre tal atividade. Para tanto, a Procuradoria Municipal de XYZ interpôs recurso extraordinário contra acórdão do Tribunal de Justiça Estadual que considerou descabida a cobrança do tributo ISS sobre a locação de veículos automotores. Disserte, objetivamente, a respeito do tema, analisando a posição do Município face ao ordenamento jurídico pátrio vigente.*

Autores: Helton Kramer Lustoza e Leonardo Zehuri Tovar

### Direcionamento da resposta

Nesta questão[180], o candidato deve demonstrar seu conhecimento sobre o teor da Súmula Vinculante n. 31, bem como sobre a natureza jurídica da locação de bem móveis, segundo interpretação do Supremo Tribunal Federal.

Este é um tema, que após a publicação da Súmula Vinculante n. 31 incidiu demasiadamente em concursos públicos, sendo que a banca Cespe, em 2012, na prova de Juiz de Alagoas, considerou como incorreta, a seguinte assertiva: "*Ocorrendo contrato de locação de bens móveis, é possível a instituição de ISS, uma vez que a locação de bens móveis equipara-se à locação de serviços, dada a aplicação extensiva atribuída aos contratos pelo Código Civil brasileiro*".

### Sugestão de resposta

A prestação de serviços de qualquer natureza, para fins de incidência de ISSQN, deve estar compreendida no fato de se desenvolver um esforço a fim de cumprir uma obrigação de fazer, sendo importante para a análise da incidência tributária a sua prestação e não o resultado (produto)[181].

O critério utilizado neste caso foi a diferenciação da obrigação de "fazer" e de "dar", sendo que, enquanto "a prestação, na obrigação de dar, consiste na entrega de um objeto, sem que se tenha de fazê-lo previamente, a de fazer consiste na realização de um ato ou confecção de uma coisa, para depois entregá--la ao credor"[182]. Dentro desta lógica, o Supremo Tribunal Federal, em análise sobre a atividade de locação de bens móveis, definiu que se tratava de uma obrigação de dar, afastando a incidência de ISSQN. Este entendimento está sedimentado na Súmula Vinculante n. 31, onde ficou caracterizado ser "inconstitucional a incidência do imposto sobre serviços de qualquer natureza – ISS sobre operações de locação de bens móveis".

Segundo entendimento do Supremo Tribunal Federal a locação de bens móveis define-se por uma obrigação de dar, consistindo na entrega de um objeto, sem que se tenha de fazê-lo previamente, afastando a incidência de ISSQN.

Portanto, o argumento do Município é equivocado, na medida em que o atual posicionamento do Supremo Tribunal Federal segue no sentido da inconstitucionalidade da incidência de ISSQN sobre locação de bens móveis.

---

180. Questão discursiva semelhante já havia sido exigida no concurso para a Procuradoria do Município de Nova Iguaçu: "(FJG/PGM/Nova_Iguaçu/Procurador/2005) Comente sobre a possibilidade de incidência do ISS sobre a atividade de locação de bens móveis antes e depois da LC 116/03?".
181. BARRETO, Aires F. Curso de Direito Tributário Municipal. São Paulo: Saraiva, 2009, p. 322.
182. DINIZ, Maria Helena. Curso de direito civil brasileiro. 2 vol. São Paulo: Saraiva, 2002, p. 100.

DIREITO TRIBUTÁRIO

Entretanto, deve-se chamar a atenção para o fato de que a incidência do ISSQN está restrita a prestação de serviço que possua autonomia em relação a outras etapas da atividade, por isso não se permite a tributação da chamada "atividade-meio". É o que ocorre, por exemplo, com a venda de ar condicionado, cuja comercialização da mercadoria inclui, muitas vezes, a sua instalação (atividade meio). Quando a prestação de serviço for apenas parte integrante (acessória) da relação jurídica de venda, será ela considerada como atividade-meio, o que consequentemente afastará a incidência do tributo municipal[183].

*(PGM/Rio_de_Janeiro/Procurador/2011)* A sociedade XPTO Ltda., estabelecida no Município do Rio de Janeiro, recolheu a este o ISS no período de 1º de janeiro de 2004 a 31 de dezembro de 2010, por força de serviços prestados a fundo de investimento sediado no exterior. Os serviços prestados abrangeram fundamentalmente a análise mercadológica de determinado seguimento industrial do país, para fins de tomada de decisão de investimento, ou não, pelo fundo tomador dos serviços. Os pagamentos se deram em conta bancária mantida no exterior pela empresa prestadora. A empresa ajuíza em 30 de junho de 2011 uma ação de repetição do indébito em face do Município, alegando tratar-se de exportação de serviços, hipótese de não incidência prevista em lei e na Constituição Federal. Por se tratar de tributo lançado por homologação, é pleiteada a devolução integral dos valores recolhidos, corrigidos monetariamente e acrescidos dos juros de mora desde os recolhimentos tidos por indevidos. Sumarize em itens os argumentos de defesa do Município, fundamentando.

**Autores:** Helton Kramer Lustoza e Leonardo Zehuri Tovar

### Direcionamento da resposta

Para responder a esta questão o candidato deverá mostrar conhecimento sobre a previsão do Parágrafo Único do art. 2º da Lei Complementar 116/03, o qual dispensou de pagamento a chamada exportação de serviço. Deverá ter a noção de que tal benefício se trata de isenção e não imunidade tributária, devendo ser analisada à vista do entendimento atual do Superior Tribunal de Justiça.

A questão também testou o conhecimento do candidato quanto a regulamentação da repetição de indébito tributária, mais especificamente sobre prescrição tributária (art. 168 CTN) e atualização dos valores (art. 167 CTN).

---

183. Cf. GOUVEA, Marcus de Freitas; LUSTOZA, Helton Kramer; CASTRO, Eduardo de. Tributos em Espécie. Salvador: JusPodivm, 2014, p. 643.

As provas em geral exigem que o candidato tenha o conhecimento de que a Constituição Federal possibilitou que a legislação complementar estabelecesse isenção para a exportação de serviços, o que ocorreu quando da previsão do art. 2º da Lei Complementar n. 116/03. Deve-se ressaltar que grande parte dos questionamentos das bancas de concursos diz respeito ao veículo legislativo que possa prever a dispensa de pagamento da exportação de serviços. A Banca Fundep, por exemplo, no concurso de Procurador Municipal, em 2008, considerou como correta, a seguinte assertiva: "*A Constituição da República estabelece como regra que a isenção será sempre autonômica. Porém, sendo o caso de exportação de serviços, há autorização da isenção heterônoma*".

### Sugestão de resposta

O caso em tela relata que uma empresa ajuizou ação de Repetição de Indébito em 30 de junho de 2011 em face de pagamentos de ISSQN realizados no período de 1º de janeiro de 2004 a 31 de dezembro de 2010. O fundamento do contribuinte é de que efetuou pagamentos indevidos em relação a serviços prestados a fundo de investimento sediado no exterior. Os serviços prestados abrangeram fundamentalmente a análise mercadológica de determinado seguimento industrial do país, para fins de tomada de decisão de investimento, ou não, pelo fundo tomador dos serviços.

Primeiramente, identifica-se as prejudiciais de mérito, as quais deverão ser inseridas antes do mérito na peça contestatória[184].

Prejudicial 1 – O Código Tributário Nacional traz uma regra especial para a restituição de tributos chamados de indiretos, a exemplo do ICMS, IPI e ISSQN, nos quais é possível haver a transferência do custo tributário dos contribuintes de direito para os contribuintes de fato. Seria a situação em que aquelas pessoas eleitas pela lei para realizar o pagamento do tributo (contribuinte de direto) repassam o ônus tributário para o tomador do serviço (contribuinte de fato), que é efetivamente quem irá suportar o pagamento do tributo. Apesar das divergências doutrinárias, a repercussão econômica é levada em conta pela legislação tributária, de forma que o art. 166 do Código Tributário Nacional determina que neste caso, somente haverá a restituição a quem comprovar houver suportado o ônus financeiro do tributo[185].

---

[184]. Sugestão de leitura que esclarece quanto ao aspecto formal da peça judicial: LUSTOZA, Helton Kramer Lustoza. Advocacia Pública em Ação. 2. ed. Salvador: JusPodivm, 2014.

[185]. Súmula 546/STF: Cabe a restituição do tributo pago indevidamente, quando reconhecido por decisão, que o contribuinte "de jure" não recuperou do contribuinte "de facto" o "quantum" respectivo.

Diante da ausência desta comprovação, o contribuinte não terá direito a restituição de ISSQN por pagamento indevido, conforme dispõe o art. 166 do CTN.

Prejudicial 2 – Com base no princípio da eventualidade, outra prejudicial de mérito se refere a prescrição dos valores pagos em momento anterior aos 5 anos que antecedem a 30 de junho de 2011 (ajuizamento da ação). Segundo o art. 168 do Código Tributário Nacional, o direito de pleitear a restituição extingue-se com o decurso do prazo de cinco anos, contados da extinção do crédito tributário.

O período anterior a 30 de junho de 2006 foi alcançado pelo prazo prescricional, nos termos do art. 168 do CTN.

Mérito 1 – Quanto ao mérito, o serviço desenvolvido pelo contribuinte pode ser enquadrado no item 17.01 da lista anexa à Lei Complementar 116/03: "*17.01 – Assessoria ou consultoria de qualquer natureza, não contida em outros itens desta lista; análise, exame, pesquisa, coleta, compilação e fornecimento de dados e informações de qualquer natureza, inclusive cadastro e similares*".

A Constituição Federal possibilitou que a legislação complementar estabelecesse isenção para a exportação de serviços. Esta previsão está no art. 2º da Lei Complementar n. 116/03, possuindo no seu parágrafo único a ressalva de que não está sujeito a isenção os serviços desenvolvidos no Brasil, cujo resultado aqui se verifique, ainda que o pagamento seja feito por residente no exterior.

Isto significa que não incidirá o ISSQN sobre serviços exportados, desde que aqui no país não se verifique quaisquer resultados. Em análise deste pressuposto, o Superior Tribunal de Justiça decidiu que o trabalho desenvolvido não irá configurar exportação de serviço quando a prestação de serviço é efetivada no Brasil, independente do pagamento ser feito por estrangeiro[186].

Entende-se "resultado" equivalente a "efeito". Para caracterizar a exportação deve haver efetiva destinação do serviço ao exterior, isto é, imprescindível que o efeito do serviço executado seja produzido no exterior. Desta forma, somente configurará a exportação de serviço quando o serviço é totalmente concluído fora do país e que não gere efeitos em território nacional.

No caso em tela, se trata de serviços de análise mercadológica de determinado seguimento do país, o que significa que a prestação-fim (resultado) não ocorre integralmente fora dos limites do território nacional, sendo que a incidência do imposto municipal alcançou esta situação.

---

186. "Na acepção semântica, 'resultado' é consequência, efeito, seguimento. Assim, para que haja efetiva exportação do serviço desenvolvido no Brasil, ele não poderá aqui ter consequências ou produzir efeitos. A contrário senso, os efeitos decorrentes dos serviços exportados devem-se produzir em qualquer outro País. É necessário, pois, ter-se em mente que os verdadeiros resultados do serviço prestado, os objetivos da contratação e da prestação. O trabalho desenvolvido pela recorrente não configura exportação de serviço, pois o objetivo da contratação, o resultado, que é o efetivo conserto do equipamento, é totalmente concluído no nosso território." (STJ, REsp 831124, j. 12.12.2006)

Desta forma, a isenção prevista na Lei Complementar n. 116/03 não irá beneficiar o contribuinte, na medida em que o resultado da prestação de serviços operou seus efeitos em mercado nacional.

Mérito 2 – Com base no princípio da eventualidade, caso haja condenação desta municipalidade, o que não se espera, alega-se que a forma de cálculo dos juros requeridos pelo contribuinte está equivocada. Sempre que se constatar um pagamento indevido, dispõe o art. 167 do Código Tributário Nacional que a restituição total ou parcial do tributo dá lugar à restituição, na mesma proporção, dos juros de mora e das penalidades pecuniárias.

E a contagem dos juros tem início com o trânsito em julgado da decisão definitiva que a determina, conforme preconizado na Súmula 188 do STJ: "*Os juros moratórios, na repetição do indébito tributário, são devidos a partir do trânsito em julgado da sentença*".

---

**(Cesgranrio/Petrobras/Advogado/2010)** *Considerando a atual jurisprudência dos Tribunais Superiores e as peculiaridades dos contratos de afretamento a casco nu, por tempo e por viagem, esclareça, fundamentadamente, se é legal a cobrança de ISS em contratos de afretamento de embarcações.*

Autor: *Márcio Ladeira Ávila*

### Direcionamento da resposta

O candidato deve ter em mente o fato gerador do ISS consubstanciado na prestação de serviços. Por outro lado, deve ter ciência da natureza jurídica do contrato de afretamento (contrato complexo) e de suas modalidades (art. 2º da Lei do Transporte Aquaviário – Lei n. 9.432/97). O tema já foi enfrentado tanto pela jurisprudência do STJ quanto do STF.

### Sugestão de resposta

Existem três modalidades de afretamento de embarcação, nos termos da Lei de Transporte Aquaviário (art. 2º e incisos da Lei n. 9.432/97): afretamento a casco nu, por tempo e por viagem. O afretamento por tempo é o contrato em virtude do qual o afretador recebe a embarcação armada e tripulada, ou parte dela, para operá-la por tempo determinado. O afretamento por viagem é o contrato em virtude do qual o fretador se obriga a colocar o todo ou parte de uma embarcação, com tripulação, à disposição do afretador para efetuar transporte em uma ou mais viagens. Por fim, o afretamento a casco nu é o contrato em virtude do qual o afretador tem a posse, o uso e o controle da embarcação, por tempo determinado, incluindo o direito de designar o comandante e a tripulação.

É importante destacar que o Pleno do STF possui importante precedente no sentido de ser inconstitucional a incidência do ISS sobre a locação de bens móveis (RE 116.121), sendo que a Súmula Vinculante 31 é do mesmo teor.

A doutrina e a jurisprudência (STJ e STF) entendem que os contratos de afretamento por tempo e por viagem são complexos. De acordo com o entendimento do STJ, há um misto de locação de bem móvel e de prestação de serviço. Além da locação da embarcação, com a transferência do bem, há a prestação de uma diversidade de serviços, dentre os quais se inclui a cessão de mão-de-obra, de modo que os mencionados contratos não podem ser desmembrados para efeitos fiscais e não são passíveis de tributação pelo ISS porquanto a específica atividade de afretamento não consta da lista anexa à Lei Complementar n. 116/03.

Quanto ao contrato de afretamento a casco nu, o fretador tem apenas a obrigação de entregar a embarcação para o afretador, não estando essa armada ou tripulada (mera obrigação de dar). Por essa razão, o STJ entende que no contrato em comento há mera locação da embarcação sem prestação de serviço, o que não constitui fato gerador do ISS.

Entendemos que a posição do STJ de equiparar o afretamento a casco nu à locação não é a melhor técnica, porque a locação é um contrato tipificado, assim como o afretamento também o é. Bastaria o STJ dizer, portanto, que o afretamento a casco nu se restringe a uma obrigação de dar, razão pela qual é incompatível com a incidência do ISS.

Ainda que se entendesse que o contrato de afretamento é um serviço, fato é que a mencionada atividade não se encontra prevista na lista anexa à Lei Complementar n. 116/03. Portanto, não incide ISS sobre quaisquer das modalidades de afretamento.

### 9.3.3. ITBI

*(Ieses/TJ/PB/Cartórios/2014)* Dentre os impostos de competência dos Municípios, destaca-se o previsto no artigo 156, inciso II da Constituição Federal ("transmissão 'inter vivos', a qualquer título, por ato oneroso, de bens imóveis, por natureza ou acessão física, e de direitos reais sobre imóveis, exceto os de garantia, bem como cessão de direitos a sua aquisição"). Este imposto possui seu contorno delineado nos artigos 35 e seguintes do Código Tributário Nacional. Pergunta-se, portanto, em relação à base de cálculo deste tributo: (i) Em havendo arrematação

*de bem imóvel, a base de cálculo do ITBI será: (i.1) O valor alcançado pelo bem na arrematação? (i.2) O valor da avaliação judicial? ou (i.3) O valor venal de venda no mercado? Justifique plenamente. (ii) Pode Provimento da eg. Corregedoria Geral de Justiça determinar que a autoridade cartorária exija a complementação do ITBI quando o valor do imóvel declarado no contrato apresentar-se superior ao valor de mercado? Justifique plenamente.*

**Autora: Keziah Alessandra Vianna Silva Pinto**

### Direcionamento da resposta

Deverá o candidato apresentar de forma objetiva o aspecto material da hipótese de incidência do ITBI e o aspecto quantitativo, especialmente a base de cálculo, conforme art. 38, do CTN. Deverá ainda esclarecer que a base de cálculo dos impostos discriminados na CF/88 vem definida em lei complementar, conforme art. 146, inciso III, "a", da CF. A lei complementar é o CTN, que foi recepcionado materialmente como lei complementar. Como o art. 38 do CTN define que a base de cálculo será o valor venal dos bens ou direitos transmitidos, compete ao Município, através de lei municipal, definir a base de cálculo no caso de arrematação, não sendo possível apontar dentre as possibilidades sugeridas.

Deverá ainda o candidato responder que a competência para fixar a base de cálculo é do Município ou Distrito Federal, bem assim que é no lançamento que se apura o valor do tributo devido (art. 142, CTN), razão pela qual não pode órgão do Poder Judiciário, como Corregedoria-Geral de Justiça, nos termos do art. 150, I, da CF e art. 97, inciso IV, do CTN determinar base de cálculo diferente daquela fixada por lei. Deve o registrador ou tabelião fiscalizar se o recolhimento se deu de acordo com a legislação municipal vigente e exigir complementação se a lei municipal definir que a base de cálculo será o maior valor, quer seja o preço ou o valor de mercado.

Segundo jurisprudência do STJ[187], como a arrematação corresponde à aquisição do bem vendido judicialmente, é de se considerar como valor venal do imóvel aquele atingido em hasta pública. Este, portanto, é o que deve servir de

---

187. "(...). ITBI. Arrematação judicial. Base de cálculo. Valor da arrematação e não o venal. (...). 1. A arrematação representa a aquisição do bem alienado judicialmente, considerando-se como base de cálculo do ITBI aquele alcançado na hasta pública. (...). Tendo em vista que a arrematação corresponde à aquisição do bem vendido judicialmente, é de se considerar como valor venal do imóvel aquele atingido em hasta pública. Este, portanto, é o que deve servir de base de cálculo do ITBI. (...)". (REsp 1188655, DJe 8.6.2010). "(...). Imposto de transmissão inter vivos. Base de cálculo. Valor venal do bem. Valor da avaliação judicial. Valor da arrematação. (...) Tendo em vista que a arrematação corresponde à aquisição do bem vendido judicialmente, é de se considerar como valor venal do imóvel aquele atingido em hasta pública. Este, portanto, é o que deve servir de base de cálculo do ITBI. (...). (REsp 863893, DJ 7.11.2006). "(...). O valor da

base de cálculo do ITBI (REsp 863893, DJ 7.11.2006) . Segundo esse entendimento jurisprudencial, a base de cálculo do ITBI será o valor pago pelo arrematante, e não o valor de avaliação judicial ou fiscal. Com a carta de arrematação, o arrematante deve apresentar o comprovante de recolhimento do ITBI no cartório de imóveis para concretizar a aquisição. O TJMG (AC 1.0024.12.030851-5/001) também tende a se posicionar desta forma.

### Sugestão de resposta

O ITBI é um imposto de competência municipal e o aspecto material de sua hipótese de incidência é a transmissão de bem imóvel por ato *inter vivos* a título oneroso. Dentro da normas gerais em matéria tributária, compete à lei complementar definir a base de cálculo dos impostos discriminados na Constituição, conforme art. 146, III, "a", CF. A lei complementar que é norma geral em matéria tributária com esta finalidade para os impostos, com exceção do ICMS e o ISS é o Código Tributário Nacional que define como base de cálculo o valor venal dos bens ou direitos transmitidos, nos termos do art. 38, do CTN. Cabe à lei municipal instituidora do ITBI definir a base de cálculo aplicável ao imposto municipal, nos termos do art. 150, I, da CF e art. 97, inciso IV, do CTN. Todavia a jurisprudência do STJ é no sentido de que na arrematação a base de cálculo do ITBI é o valor da arrematação e não o valor venal, ou ainda que o valor venal deve ser considerado o valor da arrematação.

Ademais, deve restar claro que não tem competência a Corregedoria-Geral de Justiça para exigir complementação de ITBI quando o valor do negócio for superior ao valor de mercado, primeiro porque deve-se obediência à lei municipal instituidora do ITBI que fixa a base cálculo do mesmo e segundo porque o lançamento é ato administrativo de competência municipal para identificar o fato gerador, fixar a base de cálculo e aplicar as penalidades cabíveis, conforme art. 142, do CTN. Se a lei municipal não prevê que a base de cálculo será o valor do negócio quando superior ao valor venal fixado em Planta Genérica de Valores, não é possível exigir por Provimento base de cálculo diversa, por afronta às regras da legalidade e da competência exclusiva do Município para instituir o ITBI.

---

**(FMP/TJ/MT/Cartórios/Remoção/2014)** *Explique a imunidade tributária do Imposto sobre Transmissão de Bens Imóveis (ITBI) sobre a transmissão de bem imóvel incorporado ao patrimônio da pessoa jurídica em realização do capital.*

Autor: *Thyago Ribeiro Soares*

---

arrematação é que deve servir de base de cálculo do Imposto de Transmissão de Bens Imóveis. (...). (REsp 1182640, DJe 20.4.2010).

### Direcionamento da resposta

O candidato deverá mencionar o conceito de imunidade e qual tipo se trata. Em seguida deverá destacar o fundamento jurídico e estabelecer linhas gerais sobre a finalidade desta limitação ao poder de tributar.

### Sugestão de resposta

A imunidade tributária é uma limitação constitucional ao poder de tributar, por meio da qual a própria Constituição Federal impede que um federativo exerça sua competência para instituir e cobrar um determinado tributo, nos casos em que especifica. Na espécie, o artigo 156, § 2º, II, da Constituição Federal é que regula o tema, indicando que não incide o ITBI sobre a transmissão de bens ou direitos incorporados ao patrimônio de pessoa jurídica em realização de capital.

Trata-se de uma imunidade tributária objetiva que visa estimular a capitalização e o crescimento das empresas, evitando que a carga tributária do referido imposto municipal seja um empecilho ao fomento da atividade empresarial e a regular integralização do capital social por parte daquele que entregará o bem para integralizar sua quota.

---

**(Zambini/PGM/Taboão_da_Serra/Procurador/2013)** *Romário irá casar com Júlia em 2014 e, por isso, resolveu comprar um imóvel residencial no Município de Taboão da Serra, onde ela vive. Após longa procura, Romário firmou compromisso de venda e compra de um imóvel situado na Rua das Acácias, pelo valor de R$ 250.000,00 e que seria pago por meio de um sinal de R$ 100.000,00 e o restante em 10 parcelas de R$ 15.000,00. A pedido de Júlia, Romário solicitou o registro do referido compromisso no Cartório de Registro de Imóveis do Município de Taboão. Porém, foi apresentada exigência cartorial para o pagamento do Imposto de Transmissão de Bens Imóveis, correspondente a 2% sobre o valor total do compromisso, com base nos artigos 91 e 100, do Código Tributário do Município de Taboão da Serra, que determinam a incidência do imposto em compromissos de venda e compra. Como advogado de Romário, proponha a medida judicial cabível.*

**Autores: Helton Kramer Lustoza e Leonardo Zehuri Tovar**

### Direcionamento da resposta

Nesta questão, o candidato deveria demonstrar seu conhecimento sobre a natureza jurídica do contrato preliminar de compra e venda, devendo demonstrar que esta forma contratual seria insuficiente para transferir, por si só, a titularidade sobre bem imóvel. Para isso, o candidato deveria conhecer o teor do art.

# DIREITO TRIBUTÁRIO

1.245 do Código Civil e o atual posicionamento do Superior Tribunal de Justiça sobre o assunto.

Acerca do aspecto processual, o candidato poderia ter utilizado o mandado de segurança, ação mais apropriada para solucionar a lide exposta, sendo necessário atender aos requisitos da Lei 12.016/09.

### Sugestão de resposta

Excelentíssimo Senhor Doutor Juiz de Direito da Vara (__) de Taboão da Serra.

Romário, por meio de seu procurador que abaixo assina, vem, a presença de Vossa Excelência, com fundamento no art. 5º, incisos LXIX da Constituição Federal, combinado com a Lei 12016/09 e demais razões de fato e de direito, impetrar **mandado de segurança** com pedido liminar em face de:

Agente Coator: Titular do Cartório de Registro de Imóveis de Taboão da Serra,

I – Relatório.

Romário firmou compromisso de venda e compra de um imóvel pelo valor de R$ 250.000,00. Contudo, foi exigido pelo Tabelionato do Registro de Imóveis o pagamento do Imposto de Transmissão de Bens Imóveis, correspondente a 2% sobre o valor total do compromisso, com base nos artigos 91 e 100, do Código Tributário do Município de Taboão da Serra, que determinam a incidência do imposto em compromissos de venda e compra.

A referida exigência configura, com a devida vênia, violação ao direito líquido e certo do Impetrante, o qual merece controle por este Juízo, conforme razões de direito a seguir postas.

II – Fundamentação.

Pelas regras do Código Civil (art. 1.245), a propriedade imóvel será transferida, entre vivos, mediante o registro do título translativo no Registro de Imóveis. Enquanto isso não ocorra, o alienante continua a ser havido como dono do imóvel. Em outras palavras, "*enquanto não levado a registro, enquanto não transcrito, o título aquisitivo da propriedade não produz efeitos de transmiti-la*"[188].

Assim, no entendimento do Superior Tribunal de Justiça sobre o assunto, tem-se como pacífico que o fato gerador do IBTI somente ocorre com o registro da transmissão do imóvel, não se confundindo este momento com a mera averbação do compromisso de compra e venda[189].

---

188. BARRETO, Aires F. Curso de Direito Tributário Municipal. São Paulo: Saraiva, 2009, p. 285.

189. "O fato gerador do ITBI é o registro imobiliário da transmissão da propriedade do bem imóvel motivo pelo qual não incide referida exação sobre o registro imobiliário de escritura de resi-

Não se pode olvidar que o STF, quando do julgamento da Rep 1211, decidiu no mesmo sentido, sendo a ementa lavrada com o seguinte teor: "Imposto sobre a transmissão de bens imóveis e de direitos a eles relativos. Fato gerador. O compromisso de compra e venda e a promessa de cessão de direitos aquisitivos, dada a sua natureza de contratos preliminares no direito privado brasileiro, não constituem meios idôneos à transmissão, pelo registro, do domínio sobre o imóvel, sendo, portanto, inconstitucional a norma que os erige em fato gerador do imposto sobre a transmissão de bens imóveis e de direitos a eles relativos".

Convém notar que o negócio jurídico, por si só, é insuficiente para transferir o domínio, sendo necessária, para completar o processo translativo, no caso de bens imóveis, a transcrição do título de transferência no respectivo Registro de Imóveis.

Na prática, é exigido do adquirente do imóvel providenciar o pagamento do ITBI antes da lavratura da matrícula. Isso porque a Lei 8.935/94 (art. 30, XI) e 6.015/73 (art. 289), as quais regulamentam os serviços notariais e de registro, impõe como dever dos Cartórios a fiscalização dos tributos incidentes sobre seus atos.

Desta forma, considera-se ocorrido o fato gerador do ITBI somente no momento do registro da escritura junto ao Registro de Imóveis e não do registro da promessa de compra e venda.

A medida do impetrado é ilegal e contradiz completamente a obrigação tributária, que somente ocorrerá em momento posterior, quando houve efetivamente a transferência de titularidade do bem imóvel.

III – Da Concessão da Liminar – *Fumus Boni Iuris* e *Periculum In Mora*.

Dispõe o art. 7º da Lei 12.016/09 que: *"Ao despachar a inicial, o juiz ordenará: III – que se suspenda o ato que deu motivo ao pedido, quando houver fundamento relevante e do ato impugnado puder resultar a ineficácia da medida, caso seja finalmente deferida, sendo facultado exigir do impetrante caução, fiança ou depósito, com o objetivo de assegurar o ressarcimento à pessoa jurídica".*

O pedido liminar no presente caso merece ser deferido, face a presença dos requisitos do *fumus boni iuris* e o *periculum in mora*. Vejamos.

Existente o requisito do **dano de difícil reparação** ou **de reparação impossível**, pois o impetrante tem como necessidade a obtenção da averbação do compromisso de compra e venda. E o Impetrado condicionou o exercício deste direito a uma situação ilegal, qual seja: pagamento de ITBI sobre um fato gerador inexistente.

---

lição de promessa de compra e venda, contrato preliminar que poderá ou não se concretizar em contrato definitivo". (STJ, REsp 764808, j. 15.3.2007)

Assim, presentes os requisitos do *fumus boni iuris* e o *periculum in mora*, imperiosa a concessão da liminar.

IV – Do Pedido.

Por todo o exposto, requer:

a) perante a presença dos requisitos do *fumus boni juris* e *periculum in mora*, requer, com fulcro no art. 7º, inciso III, a concessão de medida liminar para que o Impetrado permita a averbação do compromisso de compra e venda sem o pagamento do ITBI;

b) seja notificada a autoridade coatora, para, no prazo legal, prestar as informações que entender necessárias;

c) a intimação do orgão *de representação judicial da pessoa jurídica interessada*, conforme exige o art. 7º II da Lei 12016/09;

d) intimação do Ministério Público;

e) finalmente, pelos próprios fundamentos de fato e direito apresentados, requer o reconhecimento do direito líquido e certo, sendo, para tanto, concedida a segurança, para que seja determinada o cumprimento da averbação do compromisso de compra e venda independente do pagamento do ITBI.

Dá-se a causa, para efeitos de alçada, o valor de R$ (__).

Nesses termos, pede deferimento.

Local, data, nome do procurador, inscrição na OAB e menção ao cargo.

---

**(FCC/PGM/João_Pessoa/Procurador/2012)** *Ao ser apresentada a um município partilha de bens comuns decorrente de divórcio, foi verificado o fato gerador do ITBI relativamente a bens imóveis que ultrapassam a meação e que couberam à esposa, eis que a diferença de valores foi apurada levando-se em conta o valor venal dos imóveis partilhados, de acordo com a Planta Genérica de Valores do Município. Todavia, na escritura pública de partilha de bens, os valores atribuídos a cada um dos bens partilhados entre os cônjuges corresponderam exatamente à meação. Diante disso, inconformada com o valor do ITBI lançado pelo município, a contribuinte meeira ingressou com ação declaratória de inexistência de obrigação tributária, alegando, em síntese: (a) que não existe fato gerador do ITBI na partilha efetivada, pois os bens comuns partilhados foram divididos de forma igual, considerando os valores constantes na escritura pública de partilha; (b) ainda que assim não fosse, não existe incidência de ITBI em partilha de bens* *comuns. O município foi devidamente citado. Considerando os fatos apresentados, elabore, na qualidade de procurador do município, a peça prática pertinente, com a defesa possível para a fazenda pública. A peça deverá ser protocolizada no último dia do prazo.*

**Autores: Helton Kramer Lustoza e Leonardo Zehuri Tovar**

### Direcionamento da resposta

Para resolver esta questão o candidato deveria dominar o conhecimento sobre a verdadeira interpretação do art. 38 do Código Tributário Nacional, aplicando-o nos casos de partilha de bens no divórcio. Também deveria conhecer a possibilidade da Fazenda Pública estipular o valor venal através de arbitramento, nos termos do art. 148 do CTN e o entendimento jurisprudencial sobre o tema.

### Sugestão de resposta

Excelentíssimo Senhor Doutor Juiz de Direito da Vara da Fazenda Pública de João Pessoa-PB.

Réu: (__). Autor: (__). Autos n. (__).

Fazenda Pública, por meio de seu procurador que abaixo assina, dispensada procuração nos termos do entendimento do STJ (AgRg no Ag 1366511), vem, a presença de Vossa Excelência, com fundamento no art. 335 do NCPC e demais disposições aplicáveis, tempestivamente, apresentar **contestação** à ação proposta pelo rito ordinário acima identificada, com base nas razões de fato e direito que passa a expor.

I – Dos Fatos.

Trata-se de ação declaratória de inexistência de relação jurídico tributária, onde a parte autora alega que não ocorreu o fato gerador do ITBI, pois os bens comuns teriam sido partilhados de forma igual, embasando este argumento nos valores constantes na escritura pública de partilha. E, alega, ainda, que ainda que assim não fosse, não existe incidência de ITBI em partilha de bens comuns.

Contudo, como se verificará no transcorrer da presente peça, a pretensão deduzida se apresenta insubsistente, devendo gerar a improcedência da ação.

II – Fudamentos Jurídicos – Mérito.

Engana-se o contribuinte, pois poderá haver a incidência do ITBI no caso de divisão não equânime de forma onerosa do patrimônio imobiliário no divórcio. Em outras palavras, caso os bens sejam divididos na metade em favor de cada cônjuge não haverá incidência do imposto, uma vez não haver a transmissão da propriedade, mas apenas a partilha de bens que já pertenciam aos cônjuges.

Por outro lado, se na partilha, houver um acordo, de forma onerosa, em que um dos cônjuges fique com algum patrimônio imobiliário que corresponda a parte maior que a metade do quinhão, surge a questão de identificar se o ITBI irá incidir sobre a respectiva diferença. Neste sentido, *"a lei tributa a diferença recebida a mais em imóveis. (...) Não importa que o outro cônjuge menos aquinhoado com bens imóveis tenha obtido compensação no valor dos móveis. Em havendo diferença, surge a exigência tributária"*[190].

Desta forma, segundo entendimento doutrinário e jurisprudencial, haverá a incidência de ITBI sobre o valor que exceder ao respectivo quinhão na partilha de bens imóveis entre cônjuges, em razão de separação judicial ou divórcio, desde que este excesso se dê a título oneroso[191].

De semelhante forma que ocorre com o IPTU, o art. 38 do Código Tributário Nacional elege como base de cálculo do ITBI o valor venal do imóvel. Descobre-se que o alcance da expressão valor venal é resultante de um ato negocial, no qual deu ensejo a transmissão de um imóvel ou do direito sobre ele. O valor venal do imóvel é o *"preço alcançado nas operações de compra e venda à vista, consideradas as condições normais do mercado imobiliário"*[192].

Isso significa que, em regra, o valor venal para fins de ITBI é o preço de negociação, sobre o qual o tributo será lançado. Mas diante de situações em que o valor apontado é inferior ao valor de mercado ou até mesmo do valor venal apurado no IPTU, poderá o Município arbitrar a base de cálculo por meio de procedimento administrativo fiscal, com posterior lançamento de ofício (em conformidade com jurisprudência do STJ: REsp 261166).

Segundo entendimento jurisprudencial, em especial do Superior Tribunal de Justiça, caso a Fazenda Pública Municipal discorde do valor apresentado pelo contribuinte como base de cálculo do ITBI é possível a estipulação do valor venal através de arbitramento das autoridades fiscais, nos termos do art. 148 do CTN.

---

190. CAHALI, Yussef Said. Divórcio e Separação. São Paulo: RT, 2005, p. 153/154.
191. "Quanto à incidência de ITBI na partilha de dissolução conjugal deve-se tomar em conta, tão somente, os bens imóveis localizados no município, conforme art. 32, VII, a, da Lei Complementar Municipal 505/03. 2. Vale registrar que o art. 34, I da Lei Complementar Municipal 505/03 atribui à permuta presunção de onerosidade, quando, para efeitos fiscais, a equipara à compra e venda, e portanto, os bens comuns permutados não elidem a exigência fiscal. 3. Apenas quando não preservadas as meações que a transmissão dá-se a título gratuito, fazendo incidir o ITCMD. Preservadas as meações, a transmissão dá-se a título oneroso, fazendo incidir o ITBI." (TJPR, AC 499536-6, j. 14.10.2008).
192. HARADA, Kiyoshi. Direito Financeiro e Tributário. 3. ed., Atlas, São Paulo: 1998, p. 244.

Desta forma, no caso em tela, haverá a incidência de ITBI sobre o valor que exceder ao respectivo quinhão na partilha de bens imóveis entre cônjuges, em razão do divórcio, pois este excesso se deu a título oneroso.

IV – Requerimento Final.

Isto posto, requer:

a) seja julgado o mérito com a total improcedência dos pedidos, conforme acima exposto, com a consequente condenação do autor ao pagamento de custas processuais e honorários advocatícios;

b) por fim, requer a produção de todas as provas em direito admitidas.

Nesses termos, pede deferimento.

Local, data, nome do procurador, inscrição na OAB e menção ao cargo.

---

**(PGM/CM/Rio_de_Janeiro/Procurador/2011)** *O Prefeito pretende instituir a progressividade no ITBI. Consultado, na qualidade de procurador do município, manifeste-se sobre tal possibilidade, analisando criticamente os argumentos favoráveis e desfavoráveis.*

**Autor: Helton Kramer Lustoza**

### Direcionamento da resposta

Nesta questão o candidato deveria elaborar um parecer[193] apontando os argumentos favoráveis e contrários à instituição de alíquotas progressivas do ITBI. Para isso, deveria conhecer a previsão constitucional do ITBI (art. 152, II da Constituição Federal), bem como o posicionamento tradicional e moderno do Supremo Tribunal Federal (Súmula 656 e RE 562045) e doutrinário acerca da aplicação de alíquotas progressivas em impostos reais.

Tendo em vista que esta prova foi realizada em 2011, a banca provavelmente não exigiu o conhecimento do candidato acerca do posicionamento atualizado do Supremo Tribunal Federal, proferido no Recurso Extraordinário n. 562045. Mesmo assim, optamos por trazer uma resposta mais completa e atualizada sobre o tema, não desconsiderando o tradicional entendimento.

---

193. Dica de leitura: dúvidas quanto ao aspecto formal do parecer podem ser tiradas em nossa obra: LUSTOZA, Helton Kramer Lustoza. Advocacia Pública em Ação. 2. ed. Salvador: JusPodivm, 2014, p. 29.

## Sugestão de resposta

Parecer nº: xxxxx

Processo nº: xxxx

Solicitante: xxxx

Direito Tributário. ITBI. Imposto real. Alíquotas progressivas. Súmula 656. Supremo Tribunal Federal.

I – RELATÓRIO

Trata-se de procedimento encaminhado a esta procuradoria com pedido de manifestação apontando os argumentos favoráveis e contrários à instituição de alíquotas progressivas do ITBI, bem como definir acerca da possibilidade da adoção desta sistemática nesta municipalidade.

Analisados os termos da consulta, cabem as seguintes considerações, que se resumem em atividade intelectiva de interpretação, com base na consulta formulada, não vinculando a decisão administrativa a ser tomada pela autoridade competente:

II – FUNDAMENTAÇÃO

Com a promulgação da Constituição de 1988 os Municípios passaram a exercer a competência tributária sobre a transferência imobiliária "inter vivos", possuindo a regra matriz do ITBI disciplina no art. 156, II da Carta Magna[194].

Primeiramente, observa-se que a aplicação de alíquotas progressivas no ITBI é extremamente polêmica na doutrina e na jurisprudência pátria. Ao se analisar as legislações tributárias, percebe-se que inúmeros municípios criaram formas de progressividade do ITBI, o que propiciou intensos debates judiciais, momento em que os defensores da tese da inconstitucionalidade desta forma de tributação, argumentavam que a Constituição não permitia esta possibilidade.

Por outro lado, formou-se uma segunda tese, onde se defendia a desnecessidade desta previsão constitucional, sob o fundamento que a progressividade do ITBI seria uma das formas de manifestação do princípio da capacidade contributiva, previsto no art. 145, § 1º da Constituição Federal.

O Supremo Tribunal Federal tem considerado a alíquota progressiva para o ITBI inconstitucional, devendo a alíquota ser cobrada em valor fixo (RE 700360). Tanto é assim que este entendimento foi matéria da Súmula 656 do Supremo

---

194. CF. Art. 156. Compete aos Municípios instituir impostos sobre: (...) II – transmissão "inter vivos", a qualquer título, por ato oneroso, de bens imóveis, por natureza ou acessão física, e de direitos reais sobre imóveis, exceto os de garantia, bem como cessão de direitos a sua aquisição.

Tribunal Federal: "*É inconstitucional a lei que estabelece alíquotas progressivas para o imposto de transmissão* 'inter vivos' *de bens imóveis – ITBI com base no valor venal do imóvel*".

A tese tradicional que sempre prevaleceu no Supremo Tribunal Federal era de que a Constituição Federal não autorizou a progressividade das alíquotas para impostos reais, salvo previsões expressas (como no caso do IPTU, IPVA e ITR), realizando-se o princípio da capacidade contributiva proporcionalmente ao preço da venda[195]. Assim, por longos anos o Supremo Tribunal Federal aderiu a primeira corrente, ou seja, considerado a alíquota progressiva para o ITBI inconstitucional.

Entretanto, no ano de 2013, o Plenário do Supremo Tribunal Federal, sob análise do Recurso Extraordinário n. 562045[196], admitiu a constitucionalidade da progressividade de alíquotas do Imposto sobre a Transmissão *Causa Mortis* e Doações (ITCMD), que possui uma estrutura similar ao ITBI. Nesta ocasião, prevaleceu o entendimento de que o sistema de progressividade para impostos reais não é inconstitucional, sinalizando uma superação da Súmula 656.

Entende-se que este entendimento contemporâneo irá repercutir diretamente no entendimento sobre a progressividade do ITBI, sendo permitida a utilização da tributação progressiva de impostos reais, ainda que não previstas expressamente na Constituição Federal.

Na doutrina de Geraldo Ataliba é possível compreender que a progressividade é "uma excelente maneira de realizar o princípio da capacidade contributiva informador dos impostos". Sendo assim, "como todos os impostos sem nenhuma exceção, necessariamente são baseados no princípio da capacidade contributiva, todos são passíveis de tratamento progressivo"[197]. Desta maneira, a progressividade de alíquotas é uma técnica tributária utilizada para realizar a justiça fiscal, materializando o princípio da capacidade contributiva, previsto no

---

195. "Imposto de transmissão de imóveis 'inter vivos'. Progressividade. O Plenário desta Corte, ao julgar o RE 234105, assim decidiu: "Constitucional. Tributário. Imposto de transmissão de imóveis, inter vivos – ITBI. Alíquotas progressivas. CF, art. 156, II, § 2º. Lei 11.154, de 30.12.91, do Município de São Paulo/SP. I. Imposto de transmissão de imóveis, "inter vivos" – ITBI: alíquotas progressivas: a Constituição Federal não autoriza a progressividade das alíquotas, realizando-se o princípio da capacidade contributiva proporcionalmente ao preço da venda. (...)". (STF, RE 227033, DJ 17.9.1999).

196. "(...). Lei estadual: progressividade de alíquota de imposto sobre transmissão causa mortis e doação de bens e direitos. Constitucionalidade. Art. 145, § 1º, da Constituição da República. Princípio da igualdade material tributária. Observância da capacidade contributiva. (...)". (RE 562045, repercussão geral, DJe 27.11.2013).

197. ATALIBA, Geraldo. Progressividade e capacidade contributiva. In "V Congresso Brasileiro de Direito Tributário". Separata da Revista de Direito Tributário. São Paulo: Revista dos Tribunais, 1991, p. 49.

art. 145, 1° da Carta Constitucional. E, diante do atual posicionamento do Plenário do Supremo Tribunal Federal, no Recurso Extraordinário n. 562045, ainda que ausente de efeito vinculante, acabou por fundamentar a possibilidade da progressividade do ITBI, superando as posições em sentido contrário, já anteriormente mencionadas[198].

III – CONSIDERAÇÕES FINAIS

Neste caso, aponta-se como entendimento tradicional do Supremo Tribunal Federal a inconstitucionalidade do sistema de alíquotas progressivas para o ITBI (Súmula 656 STF). Contudo, diante do entendimento contemporâneo, proferido no Recurso Extraordinário n. 562045, ainda que ausente de efeito vinculante, acabou por fundamentar a superação do entendimento anterior e, via de consequência, a possibilidade da progressividade do ITBI.

É o parecer, ora submetido à douta apreciação superior.

Local, data.

Nome do Advogado.

Número de Inscrição na OAB e menção ao Cargo.

*(PGM/Rio_de_Janeiro/Procurador/2011)* A empresa Capivara Participações e Empreendimentos Ltda., ajuizou ação visando a anular lançamento do imposto previsto no art. 156, caput, II, da Constituição Federal, incidente sobre aquisição de imóvel decorrente de incorporação em realização de capital, realizada quando da criação da sociedade, em 3 de dezembro de 2003. Sustentava a autora, em resumo: (1º) que a referida aquisição gozava de isenção tributária, nos termos do disposto no art. 156, § 2º, I, da Constituição Federal reconhecida por despacho da autoridade municipal competente, não podendo ser revogada retroativamente, sem ofensa ao direito adquirido; (2º) que o lançamento do tributo fora efetuado em 1º de dezembro de 2009, após transcorrido o prazo decadência; (3º) que, no período de apuração, sua atividade não fora preponderantemente de compra e venda de bens ou direitos, locação de imóveis ou arrendamento mercantil, pois não exercera quaisquer atividades, imobiliárias ou não; assim, uma vez que as leis que dispõem sobre isenções tributárias devam

---

198. Para questões objetivas, ainda se sugere que o candidato adote o posicionamento da Súmula 656 do STF, eis que a decisão do RE 562045 não se referiu expressamente ao ITBI e não possui efeito vinculante e "erga omnes". Contudo, se a questão for dissertativa, o candidato terá liberdade de apontar o posicionamento tradicional (Súmula 656) e a repercussão do novo entendimento no ITBI.

*ser interpretadas restritivamente (CTN, art. 111, II), não se pode equiparar o não exercício de quaisquer atividades e o exercício das atividades que afastam o benefício fiscal. Que argumento você oporia à empresa, em contestação, como procurador do município?*

**Autores: Helton Kramer Lustoza e Leonardo Zehuri Tovar**

### Direcionamento da resposta

O caso em tela exige do candidato que aponte os argumentos que seriam utilizados em uma contestação da ação anulatória de débito fiscal[199]. Para responder esta questão, o candidato deveria dominar a interpretação do art. 156, § 2º, I, da Constituição Federal, o qual estabelece a imunidade de ITBI para os casos de incorporação de bens imóveis em capital social de pessoa jurídica.

Também deveria o candidato conhecer o art. 37 do Código Tributário Nacional, o qual estabelece os requisitos para aplicação da imunidade tributária do ITBI. É essencial compreender que receita operacional, disciplinado neste dispositivo legal, corresponde aos valores obtidos através da atividade principal da empresa, ou seja, se relaciona ao resultado das atividades que constituem o objeto social da sociedade. E que deverá haver a identificação da atividade preponderante do contribuinte, como exige o art. 37 do CTN, para atestar a existência de imunidade do ITBI.

### Sugestão de resposta

Inicialmente, deve-se notar que a premissa do contribuinte é falha, na medida em que não se trata de isenção, mas sim de imunidade tributária, disciplinada pelo art. 156, § 2º, I da CF.

Segundo a ordem constitucional, art. 156, § 2º, I, *"não incide sobre a transmissão de bens ou direitos incorporados ao patrimônio de pessoa jurídica em realização de capital, nem sobre a transmissão de bens ou direitos decorrentes de fusão, incorporação, cisão ou extinção de pessoa jurídica, salvo se, nesses casos, a atividade preponderante do adquirente for a compra e venda desses bens ou direitos, locação de bens imóveis ou arrendamento mercantil".*

A Carta Magna, ao mesmo tempo em que definiu a regra matriz do ITBI, também criou uma regra específica de imunidade em que o imposto não incidirá sobre a transmissão dos bens ou direitos quando efetuada para a incorporação e desincorporação de patrimônio de pessoa jurídica em pagamento de

---

199. Sugestão de leitura que esclarece quanto ao aspecto formal da peça judicial: LUSTOZA, Helton Kramer Lustoza. Advocacia Pública em Ação. 2. ed. Salvador: JusPodivm, 2014.

capital nela subscrito. Também não haverá incidência quando a transmissão de bens ou direitos decorrer de fusão, incorporação, cisão ou extinção de pessoa jurídica, salvo se, nesses casos, a atividade preponderante do adquirente for a compra e venda desses bens ou direitos, locação de bens imóveis ou arrendamento mercantil.

Observe-se que esta imunidade estará condicionada ao fato de que o adquirente não tenha como atividade preponderante a compra e venda, locação ou arrendamento mercantil de bens imóveis, sendo que o art. 37 do Código Tributário Nacional vem a definir os critérios para sua identificação.

Para a correta identificação da imunidade, é essencial compreender que receita operacional corresponde aos valores obtidos através da atividade principal da empresa, ou seja, se relaciona ao resultado das atividades que constituem o objeto social da sociedade. E a fiscalização municipal deverá identificar a atividade preponderante com base na receita operacional, como exige o art. 37 do CTN, para conferir a existência de imunidade do ITBI.

Ocorre que o contribuinte relatou que a transmissão do imóvel se originou de "aquisição de imóvel decorrente de incorporação", o que está fora da previsão da imunidade tributária. Uma situação é haver a incorporação do capital de empresa ou resgate do bem pela extinção da pessoa jurídica. Outra situação, bem diferente, seria a transferência do imóvel, por ato oneroso, originário de incorporação, que foi relatado no presente caso.

Quanto ao segundo argumento, o contribuinte alegou que "*o lançamento do tributo fora efetuado em 1º de dezembro de 2009, após transcorrido o prazo decadência*". Apesar da questão não apontar a data da venda do imóvel, a mesma não pode ser confundida com a data da incorporação do capital social. O prazo decadencial tem inicio quando ocorrer o fato gerador do tributo, ou seja, do registro imobiliário (aspecto espacial).

E por fim, não prevalece o posicionamento do contribuinte ao fundamentar pela aplicação do art. 111, II do CTN, uma vez que no caso em tela não se trata de isenção, mas sim de imunidade tributária.

Portanto, no caso em tela ficou evidente que a transmissão imobiliária não se trata de incorporação e desincorporação de patrimônio de pessoa jurídica em pagamento de capital nela subscrito, o que permite a tributação pelo ITBI.

*(PGM/Rio_de_Janeiro/Procurador/2011) O Prefeito pretende instituir a progressividade no ITBI. Consultado, na qualidade de procurador do município, manifeste-se sobre tal possibilidade, analisando criticamente os argumentos favoráveis e desfavoráveis.*

Autores: Helton Kramer Lustoza e Leonardo Zehuri Tovar

COLEÇÃO PREPARANDO PARA CONCURSOS

### Direcionamento da resposta

Nesta questão o candidato deveria elaborar um parecer[200] apontando os argumentos favoráveis e contrários à instituição de alíquotas progressivas do ITBI. Para isso, deveria conhecer a previsão constitucional do ITBI (art. 156, II da Constituição Federal), bem como o posicionamento tradicional e moderno do Supremo Tribunal Federal (Súmula 656 e RE 562045) e doutrinário acerca da aplicação de alíquotas progressivas em impostos reais.

Tendo em vista que esta prova foi realizada em 2011, a banca provavelmente não exigiu o conhecimento do candidato acerca do posicionamento atual do Supremo Tribunal Federal, proferido no Recurso Extraordinário n. 562045. Mesmo assim, optamos por trazer uma resposta mais completa e atualizada sobre o tema, não desconsiderando o tradicional entendimento.

### Sugestão de resposta

Parecer n.: (__).
Processo n.: (__).
Solicitante: (__).
Direito Tributário. ITBI. Imposto real. Alíquotas progressivas. Súmula 656. Supremo Tribunal Federal.

I – Relatório.

Trata-se de procedimento encaminhado a esta procuradoria com pedido de manifestação apontando os argumentos favoráveis e contrários à instituição de alíquotas progressivas do ITBI, bem como definir acerca da possibilidade da adoção desta sistemática nesta municipalidade.

Analisados os termos da consulta, cabem as seguintes considerações, que se resumem em atividade intelectiva de interpretação, com base na consulta formulada, não vinculando a decisão administrativa a ser tomada pela autoridade competente.

II – Fundamentação.

Com a promulgação da Constituição de 1988 os Municípios passaram a exercer a competência tributária sobre a transferência imobiliária inter vivos, possuindo a regra matriz do ITBI disciplina no art. 156, II da Carta Magna.

---

200. Sugestão de leitura que esclarece quanto ao aspecto formal do parecer: LUSTOZA, Helton Kramer Lustoza. Advocacia Pública em Ação. 2. ed. Salvador: JusPodivm, 2014.

Primeiramente, observa-se que a aplicação de alíquotas progressivas no ITBI é extremamente polêmica na doutrina e na jurisprudência pátria. Ao se analisar as legislações tributárias, percebe-se que inúmeros municípios criaram formas de progressividade do ITBI, o que propiciou intensos debates judiciais, momento em que os defensores da tese da inconstitucionalidade desta forma de tributação, argumentavam que a Constituição não permitia esta possibilidade.

Por outro lado, formou-se uma segunda tese, onde se defendia a desnecessidade desta previsão constitucional, sob o fundamento que a progressividade do ITBI seria uma das formas de manifestação do princípio da capacidade contributiva, previsto no art. 145, § 1º da Constituição Federal.

O Supremo Tribunal Federal tem considerado a alíquota progressiva para o ITBI inconstitucional, devendo a alíquota ser cobrada em valor fixo (RE 700360-AgR). Tanto é assim que este entendimento foi matéria da Súmula 656 do Supremo Tribunal Federal: *"É inconstitucional a lei que estabelece alíquotas progressivas para o imposto de transmissão inter vivos de bens imóveis – ITBI com base no valor venal do imóvel".*

A tese tradicional que sempre prevaleceu no Supremo Tribunal Federal era de que a Constituição Federal não autorizou a progressividade das alíquotas para impostos reais, salvo previsões expressas (como no caso do IPTU, IPVA e ITR), realizando-se o princípio da capacidade contributiva proporcionalmente ao preço da venda (cf. RE 227033).

Assim, por longos anos o Supremo Tribunal Federal aderiu a primeira corrente, ou seja, considerado a alíquota progressiva para o ITBI inconstitucional.

Entretanto, no ano de 2013, o Plenário do Supremo Tribunal Federal, sob análise do Recurso Extraordinário n. 562045, admitiu a constitucionalidade da progressividade de alíquotas do Imposto sobre a Transmissão *Causa Mortis* e Doações (ITCMD), que possui uma estrutura similar ao ITBI. Nesta ocasião, prevaleceu o entendimento de que o sistema de progressividade para impostos reais não é inconstitucional, sinalizando uma superação da Súmula 656.

Entende-se que este entendimento contemporâneo irá repercutir diretamente no entendimento sobre a progressividade do ITBI, sendo permitida a utilização da tributação progressiva de impostos reais, ainda que não previstas expressamente na Constituição Federal.

Na doutrina de Geraldo Ataliba é possível compreender que a progressividade é *"uma excelente maneira de realizar o princípio da capacidade contributiva informador dos impostos"*. Sendo assim, "como todos os impostos sem nenhuma exceção, necessariamente são baseados no princípio da capacidade contributiva, todos são passíveis de tratamento progressivo"[201].

Desta maneira, a progressividade de alíquotas é uma técnica tributária utilizada para realizar a justiça fiscal, materializando o princípio da capacidade contributiva, previsto no art. 145, 1º da Carta Constitucional. E, diante do atual posicionamento do Plenário do Supremo Tribunal Federal, no Recurso Extraordinário n. 562045, ainda que ausente de efeito vinculante, acabou por fundamentar a possibilidade da progressividade do ITBI, superando as posições em sentido contrário, já anteriormente mencionadas[202].

III – Considerações Finais.

Neste caso, aponta-se como entendimento tradicional do Supremo Tribunal Federal a inconstitucionalidade do sistema de alíquotas progressivas para o ITBI (Súmula 656 STF). Contudo, diante do entendimento contemporâneo, proferido no Recurso Extraordinário n. 562045, ainda que ausente de efeito vinculante, acabou por fundamentar a superação do entendimento anterior e, via de consequência, a possibilidade da progressividade do ITBI.

É o parecer, ora submetido à douta apreciação superior.

Nesses termos, pede deferimento.

Local, data, nome do procurador, inscrição na OAB e menção ao cargo.

---

201. ATALIBA, Geraldo. Progressividade e capacidade contributiva. In "V Congresso Brasileiro de Direito Tributário". Separata da Revista de Direito Tributário. São Paulo: RT, 1991, p. 49.
202. Para questões objetivas, candidato ainda deve adotar o posicionamento da Súmula 656/STF, eis que a decisão do RE 562045 não se referiu expressamente ao ITBI e não possui efeito vinculante e erga omnes. Contudo, se a questão for dissertativa, o candidato terá liberdade de apontar o posicionamento tradicional e a repercussão do novo entendimento.

# DIREITO PROCESSUAL TRIBUTÁRIO

## 1. PROCESSO ADMINISTRATIVO TRIBUTÁRIO

*(AOCP/CM/Rio_do_Sul/Procurador/2011/Adaptada)* Tramita perante a Câmara Municipal de Rio do Sul, o projeto de lei abaixo mencionado. Opine fundamentadamente sobre a constitucionalidade ou inconstitucionalidade do mesmo. Projeto de lei de autoria do Poder Executivo pretende incluir dispositivo no Código Tributário do Município a exigência de depósito ou arrolamento prévios de dinheiro ou bens para admissibilidade de recurso administrativo.

**Autor: Helton Kramer Lustoza**

### Direcionamento da resposta

O processo administrativo apresenta-se como uma sucessão encadeada de atos, destinados a obter uma solução das contendas existentes entre os particulares e a administração pública.

A utilização do processo administrativo apresenta-se como imperativo basilar do Estado Democrático de Direito, visando solucionar as crescentes celeumas ocasionadas pela prática de atos e condutas abrangidas pelo regime de direito público.

Em decorrência de toda construção constitucional acerca do processo administrativo, a doutrina faz referência a alguns princípios que deverão necessariamente ser observados pela autoridade administrativa quando do desenvolvimento dos atos processuais, como o da ampla defesa, contraditório, motivação, eficiência, verdade real, duplo grau de deliberação administrativa e razoabilidade.

Por isso, é possível perceber que o processo administrativo em que haja a bilateralidade de interesses (seja cidadão em face de outro cidadão, seja cidadão em face da Administração Pública) deve se pautar no devido processo legal, o que segundo lição de Odete Medauar, "independente de disciplina legal específica, a Constituição impõe a processualidade para cada caso de controvérsia, conflito de interesses e situações de acusados ante a administração"[203].

### Sugestão de resposta

Ao traçar os princípios norteadores do processo, a Constituição Federal de 1988 exige que os atos processuais no âmbito administrativo devam observar os regramentos da isonomia e do devido processo legal assim como ocorre no âmbito judicial.

Uma prova disso, é que o inciso LV do art. 5º da Carta Magna utiliza a terminologia "litigantes e acusados em geral", deixando claro que a toda situação em que haja uma bilateralidade de interesses controversos, necessariamente deverá haver uma garantia de que as partes terão assegurados os direitos processuais constitucionais naquela lide administrativa ou judicial.

Com a instauração do processo administrativo, os atos processuais ocorrerão de forma dialética e progressiva, onde o precedente impulsiona o subsequente até a obtenção de um resultado final (decisão administrativa). Observe-se que o art. 5º, inciso LIV, LV e LXXVIII da Carta Magna garante aos "litigantes, em processo judicial ou administrativo, e aos acusados em geral são assegurados o contraditório e ampla defesa, com os meios e recursos a ela inerentes".

Com base nesta construção constitucional é que o Supremo Tribunal Federal chegou ao entendimento que condicionar a admissibilidade de recurso administrativo a prévio depósito ou arrolamento de bens ofende o princípio da ampla defesa.

Este entendimento jurisprudencial ficou consolidado na Súmula Vinculante n. 21 que disciplina ser "inconstitucional a exigência de depósito ou arrolamento prévios de dinheiro ou bens para admissibilidade de recurso administrativo".

Portanto, considera-se inconstitucional a previsão de exigência de depósito prévio como condição de admissibilidade de recurso na esfera administrativa no respectivo projeto legislativo.

---

**(TRF/2R/Juiz/2007)** *No âmbito do processo administrativo-tributário, sob que pressupostos, aplica-se a denominada espiral hermenêutica?*

**Autora:** *Isaura Cristina de Oliveira Leite*

---

[203]. MEDAUAR, Odete. A processualidade no direito administrativo. São Paulo: Revista dos Tribunais, 1993, p. 23.

### Direcionamento da resposta

Trata-se de questão de elevado grau de dificuldade, tendo em vista a problemática de se relacionar a espiral hermenêutica de Gadamer com o processo administrativo-tributário. É, porém, um modelo de questão bastante relevante, tendo em vista a tendência de aumentar a cobrança das matérias relacionadas à formação humanística.

### Sugestão de resposta

O conceito de espiral ou círculo hermenêutico é, sem dúvidas, um dos mais essenciais da obra de seu principal idealizador, o filósofo alemão Hans-Georg Gadamer, autor de *Verdade e Método* e considerado uma das maiores autoridades da chamada hermenêutica filosófica.

Para Gadamer, a *verdade* não se constitui em um conceito estável e definido, sendo, ao contrário, instável e provisória, ligada a contingências históricas. Nesta linha, a interpretação de um determinado objeto está submetida, necessariamente, à relação entre este e o seu hermeneuta, que, como ser histórico, não se despoja de suas pré-compreensões para analisar a obra. Ao contrário, o significado do objeto emerge do diálogo estabelecido entre ele e o intérprete, cujos conceitos prévios influenciam no significado da obra. Toda informação absorvida neste processo, por outro lado, enriquece o conjunto de pré-compreensões do intérprete, ampliando sua capacidade de receber mais informações e, por consequência seu aprofundamento em relação ao objeto.

Constrói-se, desta forma a "espiral hermenêutica". A partir do diálogo entre o intérprete e seu objeto, a espiral hermenêutica se amplia, em um ir e vir constante, e, a cada "volta" realizada, o hermeneuta não retorna ao ponto de partida, mas avança a níveis maiores de aprofundamento da interpretação, razão que justifica a metáfora com a espiral.

Como se vê, esta concepção da hermenêutica explica a razão pela qual toda interpretação é provisória, histórica, instável e condicionada às limitações cognoscitivas do próprio intérprete.

No campo do Direito, a espiral hermenêutica gadameriana mostra-se perfeitamente adaptável, posto já assente que se deve sempre evitar o pensamento de que as normas jurídicas possuem somente uma interpretação "correta".

À luz de tais esclarecimentos, observe-se que o processo administrativo-tributário não apresenta qualquer especificidade que o distinga relevantemente das demais obras objeto de interpretação. A cognição do intérprete do processo administrativo-tributário, sob o ponto de vista do pensamento gadameriano deve ser concebida do mesmo modo: com base em suas pré-compreensões e estabelecendo um diálogo intérprete-objeto.

**(FJG/PGM/Nova_Iguaçu/Procurador/2005)** *Discorra sobre os limites da revisão do lançamento tributário exercida pelo Conselho de Contribuintes (órgão de segunda instância), no processo administrativo tributário.*

**Autor: Leonardo Zehuri Tovar**

### Direcionamento da resposta

Resumidamente devem ser abordadas as hipóteses de revisão de lançamento tributário dispostas no artigo 145, CTN, com enfoque nos incisos I e II do referido dispositivo. E especialmente, deve ser abordado o limite imposto pelo artigo 146 do CTN, qual seja, em relação à revisão pautada por erro de direito, vedada pelo ordenamento. E, *en passant*, a respeito das hipóteses de revisão de ofício do artigo 149 do CTN.

### Sugestão de resposta

Embora o lançamento tributário, via de regra, seja regido pelo princípio da inalterabilidade, há exceções. Assim, conforme artigo 145 do CTN, a revisão de lançamento pode ser levada a efeito, em especial, após impugnação do contribuinte, em análise de recurso de ofício ao órgão de 2ª instância administrativa ou autonomamente pela própria autoridade administrativa.

O limite dessa revisão deve atender ao disposto no artigo 146 do CTN que não permite a revisão do lançamento fundado em erro de direito, ou seja, em erro[204] decorrente de um fato de pleno conhecimento da administração ao qual só passou a atribuir relevância jurídica em momento posterior ao lançamento efetivado. Melhor explicando, não pode haver revisão quando a administração se apercebe que deu entendimento jurídico diverso de fato previamente analisado. *V.g.*, quando da apuração do IPTU de um imóvel construído, enquadra

---

204. "Enquanto o ‹erro de fato› é um problema intranormativo, um desajuste interno na estrutura do enunciado, o ‹erro de direito› é vício de feição internormativa, um descompasso entre a norma geral e abstrata e a individual e concreta. Assim constitui ‹erro de fato›, por exemplo, a contingência de o evento ter ocorrido no território do município ‹X›, mas estar consignado como tendo acontecido no município ‹Y› (erro de fato localizado no critério espacial), ou, ainda, quando a base de cálculo registrada para efeito do IPTU foi o valor do imóvel vizinho (erro de fato verificado no elemento quantitativo). ‹Erro de direito›, por sua vez, está configurado, exemplificativamente, quando a autoridade administrativa, em vez de exigir o ITR do proprietário do imóvel rural, entende que o sujeito passivo pode ser o arrendatário, ou quando, ao lavrar o lançamento relativo à contribuição social incidente sobre o lucro, mal interpreta a lei, elaborando seus cálculos com base no faturamento da empresa, ou, ainda, quando a base de cálculo de certo imposto é o valor da operação, acrescido do frete, mas o agente, ao lavrar o ato de lançamento, registra apenas o valor da operação, por assim entender a previsão legal. A distinção entre ambos é sutil, mas incisiva." (CARVALHO, Paulo de Barros. Direito Tributário: Linguagem e Método, 2. ed., Noeses, 2008, p. 445/446).

erroneamente o tipo de construção, incorrendo em equívoco na valoração jurídica dos fatos, o lançamento, então, não poderá ser modificado. Enfim, traduz-se na errônea interpretação dada ao fato gerador.

Já no erro de fato, passível de revisão, não há um equívoco interpretativo, mas uma apreciação de fato não conhecido ou não provado à época do lançamento anterior, como por exemplo, no caso de IPTU, a retificação dos dados cadastrais do imóvel pelo contribuinte pode fazer surgir informação nova ao fisco de que a metragem do imóvel estava errada na época do lançamento do ano anterior. Nesse caso, há erro de fato, passível de relançamento.

Por fim, cabe dizer que o prazo para a autoridade fiscal revisar o lançamento é quinquenal, em observância ao prazo decadencial fixado para constituir o crédito tributário, na conformidade do art. 149, parágrafo único do CTN[205].

## 2. PROCESSO JUDICIAL TRIBUTÁRIO

### 2.1. Ações Tributárias

*(UFG/ALE/GO/Procurador/2015) Em 30 de março de 2015, João Carlos Ferreira foi regularmente notificado do lançamento relativo a crédito tributário de Imposto de Renda Pessoa Física, referente ao ano calendário de 2002. Segundo consta do Auto de Infração sem data, assinado pelo auditor fiscal Prudêncio de Oliveira, o referido contribuinte, ao efetuar a Declaração de Rendimentos de 2003, ano base 2002, não computou como rendimento tributável a quantia de R$ 30.000,00, recebida, a título de indenização por acidente de trabalho da Empresa São Paulo Construção Civil S. A., de tal forma que o Auto de Infração agora cobra o imposto relativo a estes rendimentos, com as devidas multas e atualizações. Como advogado de João Carlos Ferreira, elabore medida judicial apropriada para defender os interesses do contribuinte.*

Autor: *Helton Kramer Lustoza*

### Direcionamento da resposta

As ações tributárias denominadas de exacionais são aquelas em que o sujeito ativo da relação processual é a Fazenda Pública e tem por pretensão a

---

205. O CARF, órgão que substituiu o antigo Conselho de Contribuintes, profere sistematicamente julgados como esse: "A revisão do lançamento fiscal somente pode ser iniciada enquanto não extinto o direito da Fazenda Pública. O limite material da revisão do lançamento tem os seus contornos estabelecidos pelo art. 149, parágrafo único do Código Tributário Nacional". (EDcl 36624.006156/05-27-(2301-003.734), DOU 3.7.2014)".

obtenção de um provimento judicial do contribuinte para o cumprimento de determinada obrigação tributária.

Por outro lado, existem as ações de iniciativa do contribuinte, chamadas de antiexacionais, que de um modo geral visam proteger os direitos dos contribuintes ou responsáveis tributários. Essa proteção pode se dar diante de um dano iminente decorrente da atividade tributária, como é o exemplo do mandado de segurança, ou declarar a invalidade da formação da relação jurídico-tributária através da ação anulatória de débito fiscal e declaratória de inexistência de relação jurídico-tributária.

### Sugestão de resposta

Excelentíssimo juiz federal da vara federal da subseção judiciária de...

João Carlos Ferreira, pessoa física inscrita no CPF, RG, endereço, por meio de seu procurador que abaixo assina, vem, a presença de Vossa Excelência, com fundamento no art. 38 da lei 6830/80 e demais disposições aplicáveis, ajuizar a presente

Ação anulatória de débito fiscal

com pedido de Tutela Antecipada

em face da União Federal, pessoa jurídica de direito público, inscrita no CNPJ sob o n. 044404413/0001-48, nos termos do art. 6º da Lei 12016/09, representada pela Procuradoria Geral da Fazenda Nacional, pelos fatos e fundamentos jurídicos que passa a expor.

I – Fatos

Em 30 de março de 2015, o autor foi regularmente notificado do lançamento relativo a crédito tributário de Imposto de Renda Pessoa Física, referente ao ano calendário de 2002.

Segundo consta do Auto de Infração sem data, assinado pelo auditor fiscal Prudêncio de Oliveira, o referido contribuinte, ao efetuar a Declaração de Rendimentos de 2003, ano base 2002, não computou como rendimento tributável a quantia de R$ 30.000,00, recebida, a título de indenização por acidente de trabalho da Empresa São Paulo Construção Civil S. A., de tal forma que o Auto de Infração agora cobra o imposto relativo a estes rendimentos, com as devidas multas e atualizações.

II – Decadência dos valores exigidos

O Código Tributário Nacional estabelece no art. 173 o prazo decadencial de 05 anos para que a Fazenda Pública possa efetuar o lançamento de tributos, contatos do primeiro dia do exercício seguinte a qual poderia ter sido lançado.

O caso em tela retrata a suposta falta de pagamento do IRPF do ano base de 2002 – omissão integral de receita – e a constituição do crédito tributário (Auto de Infração) que ocorreu com a assinatura do auto de Infração em 30/03/2015.

Portanto, chega-se à conclusão de que o crédito tributário está fulminado pela decadência tributária, prevista no art. 173 do CTN, por ter escoado um prazo muito além de 05 anos.

III – Vício formal do auto de infração – ausência de data

O Decreto 70235/72, com status de lei ordinária, regulamenta o processo administrativo de determinação e exigência dos créditos tributários da União e o de consulta sobre a aplicação da legislação tributária federal.

Dispõe este Decreto que a exigência do crédito tributário e a aplicação de penalidade isolada serão formalizados em autos de infração ou notificações de lançamento, distintos para cada tributo ou penalidade, os quais deverão estar instruídos com todos os termos, depoimentos, laudos e demais elementos de prova indispensáveis à comprovação do ilícito.

O art. 10 do Decreto 70235/72 estabelece os requisitos de validade do Auto de Infração:

> "Art. 10. O auto de infração será lavrado por servidor competente, no local da verificação da falta, e conterá obrigatoriamente:
>
> I – a qualificação do autuado;
>
> II – o local, a data e a hora da lavratura;
>
> III – a descrição do fato;
>
> IV – a disposição legal infringida e a penalidade aplicável;
>
> V – a determinação da exigência e a intimação para cumpri-la ou impugná-la no prazo de trinta dias;
>
> VI – a assinatura do autuante e a indicação de seu cargo ou função e o número de matrícula."

Desta forma, note-se que no caso em tela, o Auto de Infração é nulo por não trazer a data e hora da lavratura, desobedecendo ao dispositivo legal acima previsto.

IV – inexigibilidade de irpf sobre verbas indenizatórias

Ao se analisar a natureza jurídica de salário, pode-se perceber que o art. 76 e 457 da CLT dispõe que:

"Art. 76. Salário mínimo é a contraprestação mínima devida e paga diretamente pelo empregador a todo trabalhador, inclusive ao trabalhador rural, sem distinção de sexo, por dia normal de serviço, e capaz de satisfazer, em determinada época e região do País, as suas necessidades normais de alimentação, habitação, vestuário, higiene e transporte.

Art. 457. Compreendem-se na remuneração do empregado, para todos os efeitos legais, além do salário devido e pago diretamente pelo empregador, como contraprestação do serviço, as gorjetas que receber."

Assim, percebe-se que salário é, apenas, a contraprestação paga, pelo empregador, aos serviços prestados pelo trabalhador. Em contrapartida, as verbas indenizatórias visam repor aquilo que foi tirado, diminuído. Assim, a indenização não enseja acréscimo patrimonial, apenas tem por corolário repor alguma situação anteriormente existente. Somente haverá indenização, seja ela por dano material, moral ou estético, se a vítima está sendo reparada por algo que perdeu (dano sofrido), e não pode ser tributada, porque, na realidade, não há fato gerador.

Torna-se necessário preservar a real natureza das verbas a serem analisadas, a fim de que não se permita que a norma tributária ou interpretações venham a alterar indevidamente a forma de tributação. Tanto é assim que o art. 110 do Código Tributário Nacional[206] não permite que até mesmo a norma tributária venha a alterar os institutos do direito privado.

Assim, as verbas indenizatórias recebidas pelo autor não são passiveis de incidência de IRPF, não configurando omissão de receita.

V – Pedido

Isto posto, requer:

a) o deferimento da antecipação de tutela a fim de suspender a exigibilidade do crédito tributário;

b) a citação da União Federal para contestar a ação, sob pena de revelia;

c) ao final, seja anulada a autuação com a declaração de decadência do crédito tributário e/ou vicio formal ou, sucessivamente, requer a declaração da inexigibilidade do IRPF sobre as verbas recebidas pelo autor,

---

206. CTN. Art. 110. A lei tributária não pode alterar a definição, o conteúdo e o alcance de institutos, conceitos e formas de direito privado, utilizados, expressa ou implicitamente, pela Constituição Federal, pelas Constituições dos Estados, ou pelas Leis Orgânicas do Distrito Federal ou dos Municípios, para definir ou limitar competências tributárias.

com a condenação do requerido ao pagamento das custas processuais e honorários advocatícios de sucumbência;

f) protesta provar o alegado por todos os meios de provas em direito admitidos e especificados oportunamente se necessários.

Dá-se à causa, o valor de R$ XXXX.

Nesses termos, pede deferimento.

Local, dia do mês, ano.

Nome do Advogado.

Número de Inscrição na OAB.

---

*(Vunesp/SPTrans/Advogado2013) Suponha a seguinte situação hipotética: a empresa Transurb Ltda. foi autuada pelo Fisco Estadual, na data de 20.08.12, pelo não recolhimento do ICMS (imposto sobre a circulação de mercadorias e prestação de serviços de transporte interestadual ou intermunicipal e de comunicações) sobre operações de transporte intermunicipal ocorridas durante o mês de agosto de 2011. A autuação deu-se pelo valor de R$ 500.000,00 (quinhentos mil reais), mas a empresa deixou fluir "in albis" o prazo para apresentação de defesa administrativa. Em 05.10.12, porém, ingressou com ação anulatória objetivando a anulação do AIIM (Auto de Infração e Imposição de Multa), sendo a ação distribuída para a 2ª Vara Cível do Fórum da Comarca de Tabapuã. Na data de 10.10.12 o Juízo indeferiu, de plano, a petição inicial, por entender faltar requisito essencial para o exercício da ação anulatória, qual seja, o depósito do montante integral, conforme previsto no art. 151, II, do Código Tributário Nacional, uma vez que, ultrapassado o prazo legal para o exercício da defesa administrativa, o crédito fiscal, indiscutivelmente, agregou as características de certeza, liquidez e exigibilidade. Adote o instrumento processual adequado à defesa dos interesses da empresa Transurb.*

Autor: *Márcio Ladeira Ávila*

### Direcionamento da resposta

O candidato deve ter em mente que o processo administrativo fiscal é uma faculdade do contribuinte e que a presunção de liquidez e certeza do crédito tributário não impede sua discussão na esfera judicial. A questão também requer a citação da Súmula Vinculante n. 28 do STF e o conhecimento da Reclamação constitucional.

Devem ser considerados os seguintes dispositivos: art. 151, inc. II do CTN, art. 38 da Lei de Execução Fiscal (Lei n. 6.830/80) e art. 103-A, § 3º da CF/88.

### Sugestão de resposta

Inicialmente, é importante frisar que o fato de o contribuinte não ter se defendido na esfera administrativa não significa que o crédito fiscal não possa ser discutido na esfera judicial, ainda que goze das características de certeza, liquidez e exigibilidade. O contribuinte passa a ter duas alternativas diante da definitividade do crédito: manejar ação anulatória de débito tributário ou aguardar que a Fazenda Pública patrocine execução fiscal.

O depósito do montante integral – que tem o condão de suspender a exigibilidade do crédito tributário – é uma faculdade conferida por lei ao contribuinte (CTN, art. 151, inc. II). O depósito prévio, quando ocorre na esfera administrativa (não é usual), apresenta como vantagem para o contribuinte – caso sucumba ao término do processo administrativo – o fato de impedir a fluência de juros e da correção monetária. Já no âmbito judicial, o depósito impede a cobrança e exime o contribuinte da responsabilidade pela atualização e remuneração do capital depositado, pois o depósito judicial equivale ao que é feito em caderneta de poupança.

Na verdade, o depósito do art. 151, inc. II, é de grande utilidade para a Fazenda Pública, por fazer as vezes de uma penhora antecipada; também o é para o contribuinte, por fazer suspender a exigibilidade do crédito tributário e, por último, é válida para o próprio aparelho judiciário, que fica exonerado do encargo de processar a execução.

No presente caso, o contribuinte se antecipou à execução fiscal e, prudentemente, ingressou com ação anulatória de débito tributário. Ocorre que o Juízo indeferiu, de plano, a petição inicial, por entender faltar requisito essencial para o exercício da ação anulatória, qual seja, o depósito do montante integral, conforme previsto no art. 151, II, do Código Tributário Nacional. De acordo com o referido entendimento, como foi ultrapassado o prazo legal para o exercício da defesa administrativa, o crédito fiscal teria agregado as características de certeza, liquidez e exigibilidade.

Ocorre que o depósito prévio exigido pelo art. 38, *caput*, da Lei n. 6.830/80 não é condição da ação, tendo em vista que a lei não excluirá da apreciação do Poder Judiciário lesão ou ameaça a direito (art. 5º, XXXV, da Constituição Federal de 1988). De acordo com o STJ, a doutrina e jurisprudência enraizaram a compreensão de que o depósito prévio ditado no artigo 38, Lei 6.830/90, não constitui indispensável pressuposto de procedibilidade de ação anulatória de débito fiscal.

De acordo com a Súmula n. 247, do antigo TFR, não constitui pressuposto da ação anulatória de débito fiscal, o depósito de que cuida o art. 38 da Lei 6.830/80. Na verdade, o que o contribuinte possui é a faculdade de proceder ao depósito, que, caso seja efetuado, terá como consequência jurídica inibir a Fazenda Pública de promover a execução fiscal, conforme já decidiram o STF e o STJ.

De acordo com a Súmula Vinculante n. 28 do STF, é inconstitucional a exigência de depósito prévio como requisito de admissibilidade de ação judicial na qual se pretenda discutir a exigibilidade de crédito tributário. A grande vantagem da presente Súmula é o fato do seu alcance ser bem mais amplo do que o Enunciado n. 247 do extinto TRF. Afinal, refere-se à dispensa de depósito prévio em qualquer ação judicial e não apenas na ação anulatória de débito fiscal.

O instrumento processual adequado para a defesa dos interesses da empresa é a Reclamação constitucional, dirigida ao Supremo Tribunal Federal. Afinal, conforme determina o art. 103-A, § 3º da CF/88, do ato administrativo ou decisão judicial que contrariar a súmula aplicável ou que indevidamente a aplicar, caberá reclamação ao Supremo Tribunal Federal que, julgando-a procedente, anulará o ato administrativo ou cassará a decisão judicial reclamada. Afinal, a decisão judicial viola a Súmula Vinculante n. 28 do STF, ao entender que o depósito do montante integral é requisito essencial para o exercício da ação anulatória.

*(PGE/GO/Procurador/2013) Pedro de Tal, sócio administrador de uma empresa de transportes, durante procedimento de fiscalização tributária feita por auditor fiscal estadual, em relação ao ICMS, sendo notificado do lançamento de ofício do crédito tributário, no valor de R$ 3 milhões, apresentou impugnação tempestiva e transferiu parte de seus bens a terceiros (laranjas), por meio de instrumentos públicos de doação, sem deixar bens suficientes para garantir eventual crédito tributário lançado. Chegando tal informação ao conhecimento da Procuradoria do Estado, foi-lhe determinado adotar as providências cabíveis. Esclareça, neste caso, qual a medida judicial própria, qual o(s) sujeito(s) passivo(s) da ação e qual o fundamento jurídico a embasar tal medida, bem como quais as provas que devem ser produzidas e qual o teor do pedido a ser formulado para a autoridade judiciária.*

**Autores:** Eduardo Moreira Lima Rodrigues de Castro e Helton Kramer Lustoza

### Direcionamento da resposta

O candidato deve demonstrar conhecimento acerca da ação cautelar fiscal, positivada na lei n. 8.397/92 e instituída com vistas a proteger a Fazenda

Pública contra atos de evasão e dilapidação patrimonial levados a efeito pelo devedor. A ordem cautelar tem por conteúdo a indisponibilidade dos bens do devedor, até o limite da dívida, e até mesmo dos terceiros que tenham agido em conluio com o devedor para lesar os cofres públicos.

### Sugestão de resposta

Na situação em apreço – em que o devedor de crédito tributário no valor de R$ 3.000.000,00 (três milhões de reais), após apresentar impugnação a lançamento fiscal, doa a terceiro parte de seus bens –, a medida judicial mais adequada a ser efetivada pela Fazenda Pública com vistas à proteção do erário é a **ação cautelar fiscal**, positivada na Lei n. 8.397, de 6 de janeiro de 1992 – Lei de Ação Cautelar Fiscal.

O dispositivo normativo que autoriza o ajuizamento da ação é o art. 2º, V, b, da Lei de Ação Cautelar Fiscal, segundo o qual "a medida cautelar fiscal poderá ser requerida contra o sujeito passivo de crédito tributário ou não tributário, quando o devedor, notificado pela Fazenda Pública para que proceda ao recolhimento do crédito fiscal, põe ou tenta por seus bens em nome de terceiros."

A demanda, importante salientar, **deve ser formulada em face do sujeito passivo da exação, Fulano de Tal, e do terceiro donatário** dos bens.

Na petição inicial, a Fazenda Pública deve **postular a imediata indisponibilidade de bens do devedor** (Lei n. 8.397/92, art. 4º, *caput*) **e do donatário** (Lei n. 8397/92, art. 4º, § 2º), até o limite da satisfação da obrigação, bem como anexar aos autos os **instrumentos públicos referentes à doação** (Lei n. 8.397/92, art. 3º, II). Além disso, deve fazer **prova também da notificação do lançamento**.

---

**(Esaf/PFN/Procurador/2012)** *Examine a situação descrita e responda as questões formuladas em conformidade com a Constituição de 1988 e com a jurisprudência do Supremo Tribunal Federal. Determinada lei federal reduziu em quarenta por cento o imposto de importação incidente na importação de pneumáticos destinados aos processos produtivos das empresas montadoras e dos fabricantes automobilísticos, incluídos os destinados ao mercado de reposição. Portanto, contribuintes outros – por exemplo, empresas varejistas comercializadoras de pneumáticos não inseridas em processos produtivos da espécie – escapam ao benefício fiscal descrito. (i) Tomando em consideração o princípio constitucional da isonomia, é dado ao Poder Judiciário estender o citado benefício de redução de quarenta por cento do imposto de importação a contribuintes outros (ou seja, diversos* daqueles que participam dos processos produtivos de fabricantes e montadoras automobilísticos), mas que também atuem no mercado de reposição ofertando rigorosamente os mesmos pneumáticos? Por quê? (ii) Eventual decisão judicial: (a) no sentido de determinar a extensão do benefício aludido a contribuintes outros que não os participantes dos processos produtivos das empresas montadoras e dos fabricantes automobilísticos; ou (b) no sentido da inconstitucionalidade da norma legal que exclui esses outros contribuintes do âmbito do benefício fiscal descrito, poderia ser tomada por uma turma de Tribunal Regional Federal? Por quê? Em tais casos, como deve proceder a Procuradoria da Fazenda Nacional?

Autor: Renato Cesar Guedes Grilo

### Direcionamento da resposta

Trata-se de questão aparentemente simples, mas que termina abordando temas diversificados e de grande riqueza jurídica. O foco do questionamento está na vedação de extensão do benefício fiscal pelo Judiciário, tendo como fundamento primeiro a separação dos Poderes constituídos. Também há um questionamento prático acerca da conduta da Procuradoria da Fazenda Nacional diante do contexto descrito no enunciado.

Assim, deve-se desenvolver a questão iniciando com o plano teórico e fundamentado da jurisprudência e doutrina que negam a possibilidade de extensão de benefício fiscal, bem como, por analogia, da lei geral de normas tributárias (Art. 111 do CTN, II), que impõe leitura literal da isenção (espécie de favor fiscal, tal como a redução de alíquota), e caminhando da fundamentação à conclusão com uma solução prática para o contexto judicial apresentado, que fere frontalmente o princípio constitucional da reserva de plenário (CF/88, Art. 97), devendo ser atacada, na hipótese da alínea b do enunciado, por Recurso Extraordinário (CF/88, Art. 102, III, b), e no contexto da alínea a, por este recurso e também mediante Reclamação Constitucional (CF/88, Art. 103, § 3º) diante da afronta à Súmula Vinculante n. 10 do STF.

### Sugestão de resposta

A Separação dos Poderes é cláusula pétrea constitucional (CF, Art. 60 § 4º, III), competindo ao Legislador decidir quais tributos a população deve pagar. O princípio da legalidade se aplica de forma estrita no campo tributário servindo tanto para a instituição como para a dispensa dos tributos devidos.

Nesse sentido, compete exclusivamente ao Poder Legislativo dispor sobre isenções fiscais, espécie de desoneração fiscal, a ser veiculada mediante lei específica (CF, Art. 150, § 6º). Por conseguinte e nos termos da pacífica jurisprudência do Supremo Tribunal Federal é vedado ao Poder Judiciário adentrar nesta esfera de competência específica do Poder Legislativo para determinar a extensão de benefício fiscal, ainda que sob o argumento da isonomia[207].

No contexto oferecido pelo enunciado, mesmo que as empresas pretendentes ao benefício isentivo atuem no mesmo nicho econômico, ofertando idêntico produto, o magistrado ou Tribunal não poderá estender o benefício fiscal criado por Lei. O espaço republicano e democrático para a formatação dos benefícios fiscais é o parlamento.

A declaração de inconstitucionalidade da norma realizada por órgão fracionário de Tribunal fere a cláusula de reserva de plenário do Artigo 97 da Constituição Federal de 1988, introduzida no Brasil desde a CF de 1934, merecendo a censura do Supremo Tribunal Federal mediante a interposição de Recurso Extraordinário (CF/88, Art. 102, III, b).

Por outro lado, a decisão judicial que alarga o campo da Lei que concedeu a isenção termina declarando a sua inconstitucionalidade de maneira não expressa, ou seja, afastando a limitação da tipicidade legal para abranger categoria não originariamente contemplada pelo legislador. Esse procedimento esbarra na Súmula Vinculante nº 10 do STF, desafiando Recurso Extraordinário mas também Reclamação Constitucional (CF/88, Art. 103, § 3º).

Portanto, nas situações descritas (alíneas a e b do enunciado), a Procuradoria da Fazenda Nacional poderá intentar o Recurso Extraordinário ao Supremo Tribunal Federal e, em especial no primeiro contexto (alínea a), concomitantemente a reclamação constitucional por violação à Súmula Vinculante nº 10 do STF.

*(Cesgranrio/BNDES/Advogado/2011) De acordo com o que dispõe o art. 62 da Constituição brasileira, em caso de relevância e urgência, o Presidente da República poderá adotar medidas provisórias, com força de Lei. O Presidente da República editou as medidas provisórias X e Y, sendo que a medida provisória X modifica uma Lei complementar federal que dispõe sobre matéria constitucional.*

---

[207]. "Não é possível ao Poder Judiciário estender benefício de isenção fiscal a categoria não abrangida por regra isentiva na hipótese de alegação de existência de situação discriminatória e ofensa ao princípio da isonomia. A concessão de isenção fiscal é ato discricionário, fundado em juízo de conveniência e oportunidade do Poder Público, não sendo possível ao Poder Judiciário, sob o pretexto de tornar efetivo o princípio da isonomia, reconhecer situação discriminatória de categorias não abrangidas pela regra isentiva e estender, por via transversa, benefício fiscal sem que haja previsão legal específica". (STJ, AgRg no AREsp 248264, j. 27.11.2012). "(...). Sob o pretexto de tornar efetivo o princípio da isonomia tributária, não pode o Poder Judiciário estender benefício fiscal sem que haja previsão legal específica. No caso em exame, a eventual conclusão pela inconstitucionalidade do critério que se entende indevidamente restritivo conduziria à inaplicabilidade integral do benefício fiscal. A extensão do benefício àqueles que não foram expressamente contemplados não poderia ser utilizada para restaurar a igualdade de condições tida por desequilibrada. (...)." (STF, RE 405579).

*Todavia, não reservou a lei complementar, e a medida provisória Y estabelece algumas normas gerais em matéria de legislação tributária (nos termos do art. 146, III, CF/88), modificando artigos do Código Tributário Nacional. Diante desse quadro, (i) explique os conceitos de inconstitucionalidade formal e inconstitucionalidade material, e, em seguida, avalie a constitucionalidade das medidas provisórias X e Y. (ii) apresente a posição do STF a respeito de um processo judicial no qual a inconstitucionalidade (formal/material) da medida provisória X é posta em questão por não ser urgente ou relevante.*

Autor: **Márcio Ladeira Ávila**

### Direcionamento da resposta

Em que pese a questão ser de direito tributário, o candidato deve desenvolver noções básicas de controle de constitucionalidade. É importante conhecer também a jurisprudência do STF a respeito da relação entre lei ordinária e lei complementar. O art. 62, § 1º, inc. III da CF/88 deve ser citado na resposta.

### Sugestão de resposta

A inconstitucionalidade de um ato normativo pode ser formal ou material. O ato pode desrespeitar a Constituição tanto pela forma de sua aprovação, desrespeitando as regras do devido processo legislativo (vício formal), como pelo seu conteúdo. No primeiro caso, trata-se da inconstitucionalidade formal – atinge tanto a fase de iniciativa (competência) quanto as demais fases do processo legislativo. No segundo caso, trata-se da inconstitucionalidade material, relacionada ao próprio mérito do ato.

No presente caso, a medida provisória X é formalmente constitucional, pois uma lei complementar que trate de assunto de lei ordinária pode ser revogada por lei ordinária. É importante mencionar que esse entendimento não era o adotado pelo STJ, que tinha jurisprudência no sentido de que lei complementar, em qualquer caso, só poderia ser revogada por outra lei complementar. Contudo, o STF afastou esse entendimento.

A medida provisória Y estabelece algumas normas gerais em matéria de legislação tributária (art. 146, inc. III da CF/88). É importante recordar que o CTN foi estatuído pela Lei 5.172/1966. Vigorava, então, a Constituição de 1946, e não se previa, àquela época, tratamento formal diferenciado entre lei complementar e lei ordinária.

Com o advento da Constituição de 1967, foi criada a figura da lei complementar, oportunidade em que ficou estabelecido que as normas gerais deveriam ser reguladas por lei complementar, o que se repetiu na Constituição de 1988. Assim, o princípio da recepção veio solucionar o problema de eficácia do CTN, que desde então só pode ser alterado por lei complementar.

Não é tarefa fácil determinar o que seja norma geral. Em função justamente disso, podemos afirmar que as funções previstas no art. 146, III, da CF/1988 têm caráter meramente exemplificativo (confira a expressão "especialmente sobre").

Levando-se em consideração que o art. 62, § 1º, inc. III da CF/88 veda a edição de medida provisória sobre matéria reservada à lei complementar e que o art. 146, III, dispõe que cabe à lei complementar estabelecer normas gerais sobre legislação tributária, é possível concluir que a medida provisória Y está maculada pela inconstitucionalidade formal.

Em relação a matérias relevantes e urgentes, o STF já entendeu que são requisitos que se submetem a uma ampla margem de discricionariedade por parte do Presidente da República, o que dificulta sua controlabilidade. Por outro lado, de acordo com a Suprema Corte, os requisitos de imprevisibilidade e urgência (art. 167, § 3º) recebem densificação normativa da Constituição, de maneira que entendeu inconstitucional a Medida Provisória n. 405/07 e sua lei de convergência (Lei n. 11.658/08) que tratavam da abertura de crédito extraordinário. Na hipótese, os créditos abertos eram destinados a prover despesas correntes, que, por isso mesmo, não estariam qualificadas pela imprevisibilidade ou pela urgência.

---

*(Fundatec/PGE/RS/Procurador/2010) Discorra sobre os limites da coisa julgada decorrente de mandado de segurança impetrado em face de relação tributária de natureza continuativa, dizendo quais são os elementos que determinam o termo final da projeção dos seus efeitos futuros e explicando o alcance da Súmula n. 239 do Supremo Tribunal Federal ("Decisão que declara indevida a cobrança do imposto em determinado exercício não faz coisa julgada em relação aos posteriores").*

Autores: **Eduardo Moreira Lima Rodrigues de Castro e Helton Kramer Lustoza**

### Direcionamento da resposta

A resposta completa exige que o candidato demonstre os diferentes provimentos que se pode obter por meio do Mandado de Segurança, além daquele de natureza meramente mandamental (ordem para que a autoridade coatora faça ou deixe de fazer alguma coisa). Deve-se conferir especial atenção aos pedidos declaratórios e aos efeitos que os provimentos declaratórios podem ensejar. Sobre os efeitos futuros da decisão e a Súmula 239/STF[208], o candidato deve fazer menção às situações em que há alteração no quadro fático ensejador da tributação e as situações em que referida alteração não existe.

### Sugestão de resposta

O **mandado de segurança** é a ação constitucional adequada a proteger direito líquido e certo, não amparado por *"habeas corpus"* ou *"habeas data"*, quando o responsável pela ilegalidade ou abuso de poder for autoridade pública ou agente de pessoa jurídica no exercício de atribuições do Poder Público. O *writ* está positivado no art. 5º, LXIX, de nossa *Lex Mater* e, a nível infraconstitucional, nos diversos dispositivos da Lei n. 12.016/09 – Lei do Mandado de Segurança.

Muito embora fique evidenciado o **caráter mandamental** (ordem para que a autoridade coatora faça ou deixe de fazer algo), nada obsta que, também por meio de Mandado de Segurança, **sejam postulados provimentos declaratórios e constitutivos**, com vistas, por exemplo, a resguardar situações futuras e a anular cobranças indevidas.

Nos casos de mandados de segurança em face de **relações tributárias de natureza continuativa,** deve o impetrante postular não só uma ordem judicial para que a autoridade coatora abstenha-se de cometer alguma ilegalidade, mas a **declaração, com efeitos futuros**, de um direito, como uma imunidade ou uma isenção, por exemplo.

Na situação em apreço, o que determina o **termo final da projeção** de seus efeitos futuros é a existência – ou inexistência – de **alteração no quadro fático ou jurídico**, haja vista que o entendimento acerca da matéria de direito vigente à época da decisão permanecerá o mesmo[209]. Nesse sentido, dispõe o Código de Processo Civil de 1973[210], em seu art. 471, inciso que "Nenhum juiz decidirá novamente as questões já decididas, relativas à mesma lide, salvo se, tratando-se de relação

---

208. Súmula 239/STF: "Decisão que declara indevida a cobrança do imposto em determinado exercício não faz coisa julgada em relação aos posteriores".
209. Nesse sentido, James Marins explica que "A sentença em mandado de segurança preventivo tem um efeito declaratório inequívoco, e esta decisão se projeta não só para o exercício fiscal da impetração mas para todos os exercícios subsequentes, de modo a garantir que a esfera jurídica do contribuinte, em virtude da declaração e do comando mandamental, permaneça resguardada da atuação do Fisco, enquanto permanecem iguais as mesmas condições de fato e de direito que embasaram a concessão da segurança." (MARINS, James. Direito processual tributário brasileiro (administrativo e judicial). 6. Ed. São Paulo: Dialética, 2012, p. 606).
210. À época da realização do exame, vigia o Código de Processo Civil de 1973. No Novo Código de Processo Civil (Lei n. 13.105/2015), o tema é tratado no art. 505, inciso I, segundo o qual "nenhum juiz decidirá novamente as questões já decididas relativas à mesma lide, salvo se, tratando-se de relação jurídica de trato continuado, sobreveio modificação no estado de fato ou de direito, caso em que poderá a parte pedir a revisão do que foi estatuído na sentença".

jurídica continuativa, sobreveio modificação no estado de fato ou de direito; caso em que poderá a parte pedir a revisão do que foi estatuído na sentença."

O Supremo Tribunal Federal tem conferido à **Súmula n. 239** de sua jurisprudência interpretação restrita, não se aplicando o verbete às situações que versam sobre direito tributário material, mas apenas aos casos em que o pedido se refere a uma circunstância pontual ou quando a questão envolve direito tributário formal, por exemplo, lançamento tributário.

*(Esaf/PFN/Procurador/2008)* A empresa Cruzeiro Ltda., inconformada com a existência de débitos tributários em seu nome, de dívida contraída por empresa da qual é sucessora, apresentou, junto à Fazenda Pública, impugnação, sob a alegação de que o tributo reclamado e as multas dele decorrentes foram saldados. Ressaltou, ainda, que a multa cobrada, por ter caráter de penalidade e, portanto, ser pessoal, não poderia sequer ser a ela atribuída. Com a negativa do pedido administrativo, apresentou recurso direcionado à autoridade superior e, concomitantemente, ajuizou a competente ação judicial, requerendo, além do afastamento do indébito, a devolução de valores, à época, pagos a maior, acrescidos de correção monetária e juros moratórios de 1% ao mês. Com base na narrativa, e sob a luz da mais recente orientação do Supremo Tribunal Federal e do Superior Tribunal de Justiça, responda de forma fundamentada: (i) Considerando as regras de sucessão empresarial, sob a esfera da responsabilidade tributária, é possível atribuir à empresa Cruzeiro Ltda. a obrigação pelo pagamento de multas oriundas de débitos tributários da empresa que sucedeu? (ii) Para o conhecimento do recurso administrativo, pela autoridade fiscal, é exigível depósito prévio? (iii) Não obstante a regra contida no parágrafo único do art. 38 da Lei n. 6.830/80, pode a empresa Cruzeiro Ltda. valer-se, simultaneamente, das vias administrativa e judicial para a discussão da mesma matéria? (iv) Tendo em vista o art. 1º-F da Lei n. 9.494/97, que estabelece que "os juros de mora, nas condenações impostas à Fazenda Pública para pagamento de verbas remuneratórias devidas a servidores e empregados públicos, não poderá ultrapassar o percentual de 6% ao ano", e considerando o princípio da isonomia, opine quanto à possibilidade de condenação da Fazenda Pública na repetição do indébito, acrescido de juros moratórios de 1% ao mês.

Autor: **Renato Cesar Guedes Grilo**

### Direcionamento da resposta

Trata-se de questão bastante completa, com abordagem de temas profundos e diversos, e que, por isso mesmo, exige uma resposta muito bem organizada – que evite o desperdício de linhas e ao mesmo tempo não se furte de responder nenhum dos pontos explorados.

Os temas e seu direcionamento são os seguintes, respectivamente: a) sucessão tributária e a abrangência das multas tributárias punitivas, Art. 133 do CTN e jurisprudência pacífica do STJ a permitir a inclusão das multas punitivas na responsabilidade por sucessão; b) depósito prévio para o conhecimento de recurso administrativo, Súmula Vinculante n° 21 do STF; c) impossibilidade de interposição simultânea de discussão judicial e administrativa da imposição tributária, declaração de constitucionalidade do p. único do Artigo 38 da Lei n. 6830/1980 pelo STF; d) juros de mora do indébito tributário deve guardar simetria com aqueles praticados pelo Fisco na cobrança de créditos da mesma natureza, nos termos da pacífica jurisprudência do STF.

Portanto, como se vê, a resposta é bastante diversificada, merecendo muito cuidado.

### Sugestão de resposta

As hipóteses de incidência da responsabilização de terceiros pelos créditos tributários estão previstas no CTN e, no que interessa ao contexto desta questão, em seu Artigo 133: não se tratando de alienação originária da unidade produtiva (casos de falência e recuperação judicial), há a responsabilização do adquirente pelos tributos devidos até a data do ato de transferência, na condição de responsável tributário.

No ponto, o STJ possui entendimento pacífico[211], aplicável ao presente caso, segundo o qual a reponsabilidade por sucessão também abrange as multas tributária punitivas; desse modo, improcedente a argumentação de que não serão devidas as multas punitivas pelo responsável tributária na qualidade de sucessor do contribuinte originário.

Quanto à admissibilidade da impugnação ao auto de infração tributário sem a correspondente garantia, depósito ou arrolamento de bens, o STF editou a Súmula Vinculante n° 21 dispensando-os expressamente. Assim, é plenamente cabível o recurso administrativo do responsável sem a necessidade de se apresentar garantia mediante dinheiro ou bens.

Não obstante, considerando o acionamento do Poder Judiciário para a discussão da dívida e o teor constante do Artigo 38 da Lei n. 6830/1980 (LEF), o

---

211. Por exemplo, segue o trecho da ementa de um dos julgados que compõe a jurisprudência do STJ sobre o tema (AgRg no RESP 893317): "3. Nos termos dos artigos 132 e 133 do CTN, se impõe ao sucessor a responsabilidade integral, tanto pelos eventuais tributos devidos, quanto pela multa decorrente, seja ela de caráter moratório ou punitivo."

recurso administrativo não será conhecido, ante a vedação da concomitância das esferas. Destaque-se que o dispositivo da LEF foi declarado constitucional pelo STF e STJ[212]. Inviável, destarte, a existência simultânea de debate judicial e administrativo sobre o mesmo auto de infração tributário.

Por fim, quanto aos critérios de incidência de juros de mora, segundo a jurisprudência do STF e do STJ, não incidirá o disposto no art. 1º- F da Lei n. 9.494/97, devendo, em nome do princípio da isonomia, serem aplicados os mesmos critérios de correção e purgação da mora que o Fisco aplica aos seus créditos tributários. Portanto, a repetição de indébito será corrigida simetricamente com os mesmos critérios aplicáveis aos créditos tributários – sendo que hoje aplica-se a SELIC.

## 2.2. Execução Fiscal

*(PGE/PR/Procurador/2015) No curso de execução fiscal ajuizada pelo Estado do Paraná contra a pessoa jurídica Gama Ltda., o Magistrado da 1a Vara da Fazenda Pública de Maringá indeferiu pedido, levado a efeito pelo exequente, após o esgotamento das medidas tendentes à localização de bens, de penhora de percentual de 5% do faturamento da executada, até o limite do valor da execução (R$ 30.000,00), incluindo juros, multa, correção monetária e honorários*

---

212. "(...). O direito constitucional de petição e o princípio da legalidade não implicam a necessidade de esgotamento da via administrativa para discussão judicial da validade de crédito inscrito em Dívida Ativa da Fazenda Pública. É constitucional o art. 38, par. ún., da Lei 6.830/1980 (Lei da Execução Fiscal – LEF), que dispõe que "a propositura, pelo contribuinte, da ação prevista neste artigo (ações destinadas à discussão judicial da validade de crédito inscrito em dívida ativa) importa em renúncia ao poder de recorrer na esfera administrativa e desistência do recurso acaso interposto". (...)." (STF, RE 233582, DJe 16.5.2008). "(...). 1. Hipótese em que a decisão monocrática deu provimento ao Recurso Especial da empresa, uma vez constatada contradição no acórdão recorrido. 2. A contribuinte agrava, pedindo o afastamento da multa aplicada pelo TJ (art. 538, parágrafo único, do CPC), e a modificação do provimento dado ao Recurso, pois teria havido reconhecimento, pelo Fisco, de que o auto de infração era inválido. 3. Ao anular o acórdão proferido pelo Tribunal de Justiça, relativo aos Embargos de Declaração, foi extinta, por consequência lógica, a multa então aplicada nos termos do art. 538, parágrafo único, do CPC. 4. Quanto ao suposto reconhecimento pelo Fisco de que a autuação é nula, a contribuinte refere-se à decisão do Tribunal de Impostos e Taxas de São Paulo, posterior ao início da demanda judicial. 5. A informação é controversa, pois não houve confirmação pela recorrida. Não há como o STJ analisar a decisão administrativa para aferir eventual identidade de objeto e a prejudicialidade arguida pela empresa. 6. Ademais, a propositura de Ação Anulatória pela contribuinte (caso dos autos) implica, como regra, a renúncia à instância administrativa (art. 38, parágrafo único, da Lei 6.830/1980 e precedentes do STJ), o que impede a presunção de prejudicialidade em favor da empresa. 7. Inviável, portanto, a extinção do feito nesta instância especial, podendo o pedido ser reiterado nas instâncias ordinárias. (...)." (STJ, AgRg no REsp 821434, DJe 19.3.2009)

*advocatícios. Nos fundamentos da decisão, aduziu-se, em síntese, que: a) a penhora, em execução fiscal, não poderia englobar o valor devido à Fazenda Pública a título de honorários advocatícios e; b) não se admite a penhora de faturamento em sede de execução fiscal. Diante da situação hipotética narrada acima, na qualidade de Procurador do Estado do Paraná, disserte sobre a medida judicial mais adequada para defesa dos interesses fazendários, abordando, necessariamente, o órgão jurisdicional competente para sua apreciação, bem como as razões para reforma do "decisum".*

**Autores: Eduardo Moreira Lima Rodrigues de Castro e Helton Kramer Lustoza**

### Direcionamento da resposta

Tradicionalmente, o processo de execução é a maneira que o credor utiliza para satisfazer um crédito que possui em face do devedor. Segundo Cândido Rangel Dinamarco, *"executar é dar efetividade e execução"*[213].

EA Execução Fiscal, por sua vez, é o procedimento especial utilizado pela Fazenda Pública para a cobrança de seus créditos, tributários e não tributários. Referido rito está disciplinado na Lei nº 6830/80, que prevê os requisitos e formas especiais de alcançar o patrimônio do executado, aplicando-se subsidiariamente as normas do Código de Processo Civil.

Sabe-se que frente ao conflito de normas, uma lei especial derrogará uma norma geral, frente ao critério de especialidade. Mas na seara da execução fiscal, a doutrina mais moderna, adotada em muitos casos pelo Superior Tribunal de Justiça, tem aplicado a Teoria do Dialogo das Fontes[214]:

> "(...) ressalta-se que, a doutrina mais moderna vem adotando uma posição mais flexível, entendendo que as normas gerais (CPC) mais benéficas e supervenientes podem prevalecer sobre a norma especial, com o intuito de assegurar uma maior coerência do sistema jurídico".

O candidato que se deparar com uma prova prática na seara de direito tributário, seja na procuradoria federal, estadual ou municipal, deverá ficar atento ao procedimento especial estabelecido no processo executivo fiscal (Lei 6.830/80), bem como nos desdobramentos e contornos dados pela doutrina e jurisprudência.

---

213. DINAMARCO, Candido Rangel. Instituições de Direito Processual Civil. V. 3. São Paulo: Malheiros, 2001, p. 31.
214. NOLASCO, Rita Dias; GARCIA, Victor Menezes. Execução Fiscal à luz da Jurisprudência. São Paulo: Saraiva, 2015, p. 68.

A ocorrência do descumprimento da obrigação tributária, principal e/ou acessória, poderá ser constatada através de procedimentos de fiscalização, resultando na lavratura de um auto de infração, nos termos do art. 142 do CTN. Formalizado o lançamento tributário ou lavratura de auto de infração, haverá a notificação do contribuinte/responsável, situação que garante a eficácia do ato administrativo e também cria exigibilidade da exação (art. 145 CTN). Diante dessa notificação, deve ser garantido ao sujeito passivo tributário o direito de impugnação ao lançamento/autuação, instaurando-se o correspondente Processo Administrativo Fiscal, ao término do qual, tem-se o retorno da exigibilidade do crédito tributário, o que lhe habilita para fase de cobrança judicial.

Assim, com o esgotamento dos recursos na esfera administrativa, o passo seguinte é a inscrição do crédito tributário em Dívida Ativa (criando-se a exequibilidade), o qual se aperfeiçoa com a emissão da respectiva Certidão de Dívida Ativa (CDA) e seu ajuizamento pela Execução Fiscal.

### Sugestão de resposta

O magistrado da 1a Vara da Fazenda Pública de Maringá, no âmbito de uma execução fiscal, indeferiu pedido de penhora de percentual de 5% do faturamento da executada. E se tratando de decisão interlocutória proferida no âmbito de processo de execução, a medida cabível será o recurso de Agravo de Instrumento com pedido de tutela antecipada recursal, devendo ser interposto diretamente no Tribunal de Justiça do Estado do Paraná.

Cumpre notar que a modalidade retida não existe mais no novo sistema processual, mantendo apenas na sua forma de instrumento diante das hipóteses taxativamente previstas. Como conseqüência, não se exigirá mais a demonstração da presença da "lesão grave e de difícil reparação", mas em decisões interlocutórias que versem sobre tutelas de urgência (antecipatória ou cautelar) ou da evidência. Assim, segundo art. 1.015 do Novo Código de Processo Civil, caberá o recurso de Agravo de Instrumento contra as decisões interlocutórias expressamente previstas, bem como aquelas proferidas no processo de execução, conforme disciplinou o Parágrafo Único deste dispositivo legal.

Segundo art. 1.003, § 5º do CPC, caberá o recurso de Agravo de Instrumento, no prazo de 15 (dez) dias úteis (conforme art. 219 do CPC), sendo que se tratando de Fazenda Pública, este prazo é aplicado de forma dobrada, conforme previsto no art. 183 do CPC.

Assim, apesar do Agravo de Instrumento não possuir efeito suspensivo automático, é permitido, mediante comprovação dos requisitos (perigo da demora e relevância na fundamentação), ao Relator, a concessão da chamada tutela antecipada recursal (art. 1.019, I do CPC). Assim, *o periculun in mora ficou evidente diante do* risco de não recebimento de valores pelo Estado, frente a demora no deferimento do procedimento de penhora. Também há a presença do *fumus boni iuris*, na medida da existência de entendimento jurisprudencial favorável à penhora sobre o faturamento, conforme se verificará a seguir.

Cabe notar que a execução fiscal é o procedimento correto para a cobrança da dívida ativa da União, dos Estados, do DF e dos municípios e de suas respectivas autarquias, o qual está disciplinado pela Lei 6830/80 e é regido subsidiariamente pelo Código de Processo Civil.

Desta forma, dispõe o art. 10 da Lei 6830/80 que não ocorrendo o pagamento, nem a garantia da execução no prazo de 05 dias da citação, a penhora poderá recair em qualquer bem do executado (art. 11), exceto os que a lei declare absolutamente impenhorável.

Entretanto, o Superior Tribunal de Justiça já decidiu que a penhora do faturamento das empresas está prevista de forma indireta no § 1º, do art. 11 da Lei 6830/80, onde dispõe que "excepcionalmente, a penhora poderá recair sobre estabelecimento comercial, industrial ou agrícola, bem como em plantações ou edifícios em construção". É necessário entender que a penhora do faturamento não se confunde com penhora de dinheiro (STJ, AgRg no Resp 919833), pois há uma equiparação com a penhora da própria empresa, necessitando entende-la como medida excepcional.

Nesse sentido, o Superior Tribunal de Justiça, aderindo à teoria do dialogo das fontes, entendeu adequado aplicar a previsão do antigo art. 655, VII, do CPC de 1973 (equivalente ao art. 835 X do NCPC) na execução fiscal, que prevê a penhora de "percentual do faturamento de empresa devedora".

Assim, para concretização da penhora do faturamento da empresa, deverá haver a presença de três requisitos: a) devedor não possui outros bens ou os mesmos são de difícil execução ou insuficientes a saldar o crédito; b) o percentual fixado para penhora não tornará inviável o exercício da atividade empresarial; c) seja promovida a nomeação de um administrador para gerir os recursos (STJ, AgRg no Resp 919833).

Em linhas gerais, é possível perceber que a decisão monocrática desafia o entendimento da jurisprudência pátria, na medida em que é perfeitamente aceitável e razoável a penhora em percentual de 5% sobre o faturamento.

Deve-se atentar que princípio da efetividade da execução garante o direito de que a penhora recaia sobre bens idôneos para garantir a execução. Diante da ausência de comprovação de que a penhora do faturamento, limitada a 5%, inviabilize a continuidade da empresa, não há como se visualizar uma irregularidade no seu deferimento. Tanto é assim, que vários tribunais, inclusive o Superior Tribunal de Justiça (RCD na MC 24850), já se manifestaram, em diversas ocasiões, sobre a possibilidade de a penhora recair sobre o faturamento mensal da empresa, fixado normalmente o limite de 5%.

Portanto, a penhora sobre o faturamento da empresa, apesar de medida excepcional, é perfeitamente possível, a partir da aplicação do Código de Processo Civil. E inexistindo, no caso concreto, demonstração de que houve o comprometimento da continuidade das atividades do contribuinte é de ser obter a reforma da decisão monocrática que indeferiu o pleito da Fazenda Pública.

Em relação ao valor da execução fiscal, note-se que o art. 9°, § 3° e 6° da Lei 6830/80 deve ser interpretado em conjunto com o art. 659 do CPC (equivalente ao art. 831 do NCPC)[215], onde dispõe que a "penhora deverá incidir em tantos bens quantos bastem para o pagamento do principal atualizado, juros, custas e honorários advocatícios". Desta forma, os honorários de sucumbência compõem o valor da execução.

*(Esaf/PFN/Procurador/2012)* Quatro anos após a constituição definitiva do crédito tributário, a União promoveu execução fiscal contra Jabuticaba Comércio Ltda. Ao tentar citar a executada, o Oficial de Justiça certificou que a empresa não se localizava no endereço indicado na petição inicial, pois já encerrara suas atividades. O Procurador da Fazenda Nacional comprovou que o endereço indicado era aquele que constava dos registros fiscais e empresariais da pessoa jurídica e requereu, então, o redirecionamento do feito contra o sócio que figurava como gerente à época do fato gerador e que permaneceu nessa condição quando da dissolução da empresa. O pedido de redirecionamento foi efetuado e deferido dois anos e meio após o ajuizamento da execução fiscal. Devidamente citado, e tendo sido penhorado seu automóvel, o sócio opôs, no prazo legal, embargos do executado, por meio do qual alegou a ocorrência de prescrição, já que se passaram mais de cinco anos entre a data da constituição do crédito tributário contra a pessoa jurídica e a data da citação do sócio no processo de execução fiscal. Como Procurador da Fazenda Nacional, apresente os argumentos a serem utilizados na impugnação aos embargos do executado, a fim de sustentar a legitimidade do redirecionamento.

Autor: *Renato Cesar Guedes Grilo*

### Direcionamento da resposta

O candidato deverá abordar sobre a prescrição ou não para o redirecionamento dos sócios e as teses em conflito no STJ, bem como de forma periférica abordar os principais pontos de dissolução irregular.

---

215. STJ, AgRg no REsp 1248866, DJe 27.9.2011; TJPR, AI 9279038, j. 13.8.2012.

# DIREITO PROCESSUAL TRIBUTÁRIO

### Sugestão de resposta

Primeiro ponto, apontar o teor da Súmula 430 STJ: *"O inadimplemento da obrigação tributária pela sociedade não gera, por si só, a responsabilidade solidária do sócio-gerente."* E indicar o disposto no Art. 135, III, CTN. Após o teor do enunciado na Súmula 435 STJ: *"Presume-se dissolvida irregularmente a empresa que deixar de funcionar no seu domicílio fiscal, sem comunicação aos órgãos competentes, legitimando o redirecionamento da execução fiscal para o sócio-gerente."* E que a certidão emitida por oficial de justiça, atestando que a empresa devedora não funciona mais no endereço constante dos seus assentamentos na junta comercial, constitui indício suficiente de dissolução irregular e autoriza o redirecionamento da execução fiscal contra os sócios-gerentes.

Outrossim, indicar que atualmente a Portaria 713/2011 PGFN estabelece que: *"Art. 2º, Parágrafo único. Na hipótese de dissolução irregular da pessoa jurídica, deverão ser considerados responsáveis solidários:* I – **os sócios-gerentes e os terceiros não sócios com poderes de gerência à época da dissolução irregular**; II – os sócios-gerentes e os terceiros não sócios com poderes de gerência à época da dissolução irregular, bem como **os à época do fato gerador, quando comprovado que a saída destes da pessoa jurídica é fraudulenta."*

Quanto ao prazo prescricional para o redirecionamento expor o confronto de duas teorias que se debatem ainda no seio do STJ: **Teoria da *Actio Nata*** – momento lesão, ou seja inicia-se o prazo de 5 anos ou pela inércia da Fazenda credora em praticar atos de busca de satisfação do crédito ou se inicia da lesão ao direito do credor quando a certidão atesta o indício de dissolução, esta mais favorável para a Fazenda em contraposição de que o prazo prescricional para o redirecionamento se inicia a contar do despacho do cite-se (AgRg no REsp 1193377 e REsp 1222444 x REsp 1095687 – **cinco anos do despacho do cite-se.** Aguardar o julgamento do REsp 1201993.

---

**(Fundatec/PGE/RS/Procurador/2012)** *Considerando a jurisprudência majoritária dos Tribunais Superiores, comente sobre a compatibilidade ou não, com o disposto na Constituição Federal: (i) do caput do artigo 34 da Lei nº 6.830/80; (ii) da suspensão do lapso prescricional prevista ao final do § 3º do artigo 2º da referida lei, quando da cobrança de créditos públicos tributários e, ainda, de créditos públicos não tributários.*

**Autores:** *Eduardo Moreira Lima Rodrigues de Castro e Helton Kramer Lustoza*

### Direcionamento da resposta

Sobre a validade do art. 34 da lei n. 6830/80 (Lei de Execução Fiscal – LEF), o candidato deve demonstrar conhecimento da jurisprudência do STF referente à admissibilidade de instância única nos ritos executivos fiscais de menor valor, ressalvada a possibilidade de interposição de recurso extraordinário – em se verificando controvérsia sobre matéria constitucional. No que diz respeito à previsão legal de suspensão do prazo prescricional, constante do art. 2º, § 3º, da LEF, insta deixar claro que a regra se aplica apenas às dívidas não tributárias, por força do que prescreve o art. 146, III, b, da Constituição Federal de 1988 (apenas a lei complementar pode dispor sobre prescrição em matéria tributária).

### Sugestão de resposta

O **art. 34 da Lei n. 6.830/80** (Lei de Execução Fiscal – LEF) estabelece que "Das sentenças de primeira instância proferidas em execuções de valor igual ou inferior a 50 (cinquenta) Obrigações Reajustáveis do Tesouro Nacional – ORTN, só se admitirão embargos infringentes e de declaração." A regra, como se pode perceber, **limita o acesso às instâncias superiores** nas causas tributárias de menor valor.

Em que pese alguma controvérsia inicial, o Supremo Tribunal Federal – STF pacificou o entendimento de que o **dispositivo em comento não viola** os princípios do devido processo legal (Constituição Federal de 1988 – CF/88, art. 5º, LIV), do contraditório (CF/88, art. 5º, LV), da ampla defesa (CF/88, art. 5º, LV), do acesso à justiça (CF/88, art. 5º, XXXV) e do duplo grau de jurisdição, uma vez que **a Constituição não impede que a lei inviabilize a subida do inconformismo à segunda instância**. Nossa Corte Suprema, contudo, admite a interposição do Recurso Extraordinário contra as mencionadas decisões inferiores a 50 ORTN sempre que a controvérsia envolver matéria constitucional[216].

Sobre a regra de **suspensão do prazo prescricional** por 180 dias após a inscrição do crédito em dívida ativa, constante do art. 2º, § 3º, da Lei de Execução Fiscal, por sua vez, tem entendido o **Superior Tribunal de Justiça – STJ** que a norma aplica-se apenas aos créditos não tributários, haja vista que, nos termos do art. 146, III, b, da Constituição Federal de 1988, **cabe apenas à lei complementar** estabelecer normas sobre prescrição tributária[217] – e a Lei de Execução Fiscal não foi recepcionada com status de lei complementar, ao contrário do Código Tributário Nacional.

---

216. "(...) Consoante a jurisprudência do Supremo, o inciso II do artigo 108 da Lei Fundamental não é norma instituidora de recurso. O dispositivo apenas define a competência para o julgamento daqueles criados pela lei processual. Nada impede a opção legislativa pela inviabilidade de inconformismo dirigido à segunda instância". (STF, RE 460162-AgR, DJ 13.3.2009).

217. "(...) A jurisprudência desta Corte é assente quanto à aplicabilidade do art. 2º, § 3º, da Lei n. 6.830/80 (suspensão da prescrição por 180 dias por ocasião da inscrição em dívida ativa) somente às dívidas de natureza não-tributária, devendo ser aplicado o art. 174 do CTN, para as de natureza tributária." (STJ, Resp 1192368, DJ 7.4.2008).

# DIREITO PROCESSUAL TRIBUTÁRIO

**(Fundatec/PGE/RS/Procurador/2012)** *Em se tratando de cobrança judicial de crédito público não tributário, regularmente inscrito em dívida ativa e observado o respectivo rito legal, comente sobre a possibilidade ou não – em vista das alterações processuais decorrentes da Lei n. 11.382/06 – de serem admitidos embargos de devedor ainda que ausente garantia do juízo da execução; comente, ainda, de acordo com a jurisprudência majoritária do Superior Tribunal de Justiça, sobre a aplicação ou não ao processo de execução fiscal da regra contida no artigo 739-A do Código de Processo Civil.*

**Autores: Eduardo Moreira Lima Rodrigues de Castro e Helton Kramer Lustoza**

### Direcionamento da resposta

A resposta deve conter o posicionamento do Superior Tribunal de Justiça – STJ, mesmo depois das alterações processuais decorrentes da Lei n. 11.382/06, segundo a qual não são admissíveis os embargos à execução fiscal nas situações em que não restar garantido o juízo – por força do que dispõe expressamente o art. 16 da Lei de Execução Fiscal. Deve o candidato expor também, de maneira clara e objetiva, novamente amparado na jurisprudência do STJ, a aplicabilidade do art. 739-A do CPC (inexistência de efeito suspensivo automático aos embargos – NCPC, art. 919, § 1º) ao processo da execução fiscal.

### Sugestão de resposta

Em que pese alguma controvérsia inicial, o **Superior Tribunal de Justiça – STJ** pacificou o entendimento de que, mesmo após as alterações promovidas pela Lei n. 11.382/06 na legislação processual civil, a **admissibilidade dos embargos à execução fiscal continua a depender da garantia do juízo**, por força do que dispõe o **art. 16, § 1º, da Lei n. 6.830/80** (Lei de Execução Fiscal – LEF), ainda que se trate de dívida ativa não tributária. Nos termos da norma em comento, "não são admissíveis embargos do executado antes de garantida a execução".

A LEF estabelece também que o executado deve garantir o principal, os juros, a multa e os demais encargos (LEF, arts. 8º e 9º)[218].

Ainda de acordo com a **jurisprudência do STJ, aplica-se ao rito da execução fiscal a norma contida no art. 739-A do CPC**, segundo a qual os embargos à execução não terão efeito suspensivo automático, muito embora seja permitido

---

[218]. Nesse sentido "(...) Mediante interpretação sistemática e histórica, aliada ao propósito de assegurar maior agilidade na tramitação das Execuções Fiscais, é legítimo concluir que o disposto no art. 659 do CPC (segundo o qual a penhora deve compreender o principal atualizado, os juros, as custas e os honorários advocatícios), deve ser aplicado no âmbito das Execuções processadas no rito da LEF, de modo que a garantia judicial nelas prestada deve abranger os honorários advocatícios." (STJ, REsp 1409688, DJ 19.3.2014).

ao juiz'," a requerimento do embargante, atribuir efeito suspensivo aos embargos quando, sendo relevantes seus fundamentos, o prosseguimento da execução manifestamente possa causar ao executado grave dano de difícil ou incerta reparação, e desde que a execução já esteja garantida por penhora, depósito ou caução suficientes" (CPC-1973, art. 739-A, § 1º; NCPC, art. 919, § 1º[219]).

Assim, apenas a **análise do caso concreto** permitirá aferir se os embargos devem suspender ou não o curso do processo executivo fiscal[220].

---

**(FMP/PGE/AC/Procurador/2012)** *Discorra acerca da fraude à execução fiscal, considerando as regras do Código Tributário Nacional e o entendimento do STJ (Superior Tribunal de Justiça).*

Autores: **Eduardo Moreira Lima Rodrigues de Castro e Helton Kramer Lustoza**

### Direcionamento da resposta

A questão é simples e deve ser respondida de maneira objetiva e direta. Ao concursando, cabe apresentar o dispositivo do CTN (art. 185) referente à fraude à execução fiscal, bem como a interpretação do STJ acerca: a) da natureza (absoluta) da presunção de fraude; b) do momento a partir do qual se pode considerar ocorrida a fraude e; c) do momento a partir do qual, segundo a jurisprudência do STJ, se pode aplicar a nova redação do art. 185 do Código Tributário Nacional.

### Sugestão de resposta

A **fraude à execução fiscal** está positivada no **art. 185 do Código Tributário Nacional – CTN**. Nos termos da lei, presume-se fraudulenta a alienação ou oneração de bens ou rendas, ou seu começo, por sujeito passivo em débito para com a Fazenda Pública, por crédito tributário regularmente inscrito como dívida ativa, não se aplicando referida garantia na **hipótese de terem sido reservados**, pelo

---

219. Nos termos do art. 919, § 1º, do Novo Código de Processo Civil (Lei n. 13.105/2015), "o juiz poderá, a requerimento do embargante, atribuir efeito suspensivo aos embargos quando verificados os requisitos para a concessão da tutela provisória e desde que a execução já esteja garantida por penhora, depósito ou caução suficientes."

220. "(...)Desse modo, tanto a Lei n. 6.830/80 – LEF quanto o art. 53, § 4º da Lei n. 8.212/91 não fizeram a opção por um ou outro regime, isto é, são compatíveis com a atribuição de efeito suspensivo ou não aos embargos do devedor. Por essa razão, não se incompatibilizam com o art. 739-A do CPC/73 (introduzido pela Lei 11.382/2006) que condiciona a atribuição de efeitos suspensivos aos embargos do devedor ao cumprimento de três requisitos: apresentação de garantia; verificação pelo juiz da relevância da fundamentação (fumus boni juris) e perigo de dano irreparável ou de difícil reparação (periculum in mora)." (STJ, REsp 1272827, repetitivo, DJ 31.5.2013).

devedor, bens ou rendas suficientes ao total pagamento da dívida inscrita (CTN, art. 185, parágrafo único).

A **presunção em apreço**, conforme doutrina[221] e jurisprudência[222] majoritárias, **é absoluta**, não dependendo da demonstração de **má-fé** do adquirente ou do **registro da penhora do bem alienado**, ao contrário do que acontece na fraude à execução civil – por força do entendimento jurisprudencial consolidado no enunciado de súmula n. 375 do Superior Tribunal de Justiça[223].

A fraude à execução implica **ineficácia da alienação contra o Fisco**, não nulidade, independentemente de ter sido o ato praticado a título oneroso ou gratuito[224]. Com isso, a Fazenda Pública está dispensada do ajuizamento de ação própria para penhorar o bem alienado, bastando comprovar a fraude, no corpo de ação de execução fiscal, por petição simples.

Considera-se **ocorrida a fraude** a partir do instante em que o sujeito passivo toma **ciência da inscrição** em dívida ativa.

Por fim, importante salientar que, na redação original do Código Tributário Nacional, fazia-se referência expressa à dívida "em fase de execução", não ao "momento de inscrição da dívida ativa", o que gerou dúvidas a respeito do **momento a partir do qual deveria ser aplicada a nova redação do art. 185**, conferida pela **Lei Complementar n. 118**, de 9 de fevereiro de 2005.

O Superior Tribunal de Justiça, de maneira, a nosso entender correta, pacificou o entendimento segundo o qual a alienação engendrada até **08.06.2005**, data de início da vigência da Lei Complementar nº 118/05, exige que tenha havido prévia citação no processo judicial para caracterizar a fraude; para as alienações posteriores à vigência da lei, basta a efetivação da inscrição em dívida para a configuração da figura da fraude[225].

---

221. Nesse sentido: ALEXANDRE, Ricardo. Direito tributário esquematizado. 5. ed. Rio de Janeiro: Forense; São Paulo: Método, 2011, p. 512.
222. Dentre outros, confira-se: "(...)A caracterização da má-fé do terceiro adquirente ou mesmo a prova do conluio não é necessária para caracterização da fraude à execução. A natureza jurídica do crédito tributário conduz a que a simples alienação de bens pelo sujeito passivo por quantia inscrita em dívida ativa, sem a reserva de meios para quitação do débito, gera presunção absoluta de fraude à execução, mesmo no caso da existência de sucessivas alienações." (STJ, AgRg no AREsp 135539, DJ 17.6.2014).
223. Súmula 375/STJ: "O reconhecimento da fraude à execução depende do registro da penhora do bem alienado ou da prova de má-fé do terceiro adquirente".
224. AMARO, Luciano. Direito tributário brasileiro. 15. ed. São Paulo: Saraiva, 2009, p. 444.
225. "(...) A alienação efetivada antes da entrada em vigor da LC n. 118/2005 (09.06.2005) presumia-se em fraude à execução se o negócio jurídico sucedesse a citação válida do devedor; posteriormente à 09.06.2005, consideram-se fraudulentas as alienações efetuadas pelo devedor fiscal após a inscrição do crédito tributário na dívida ativa." (STJ, REsp 1141990, repetitivo, DJ 19.11.2010).

**(Fumarc/AGE/MG/Procurador/2011)** *Considerando a propositura de uma execução fiscal de crédito tributário, pelo Estado de Minas Gerias, imagine as seguintes hipóteses: (i) execução fiscal de uma sociedade Ltda., cuja CDA (certidão de dívida ativa) não contemple os sócios-gerentes da empresa; (ii) execução fiscal de uma sociedade Ltda., cuja CDA (certidão de dívida ativa) contemple os sócios-gerentes da empresa; (iii) execução fiscal de uma sociedade Ltda., onde o oficial de justiça constate a dissolução irregular da empresa; (iv) execução fiscal de uma sociedade Ltda., onde o oficial de justiça não constate a dissolução irregular da empresa. O Procurador do Estado, responsável pelo acompanhamento dos feitos, requereu o redirecionamento da cobrança para os sócios-gerentes; sendo assim, disserte sobre o entendimento, predominante no Superior Tribunal de Justiça, da matéria.*

**Autores: Eduardo Moreira Lima Rodrigues de Castro e Helton Kramer Lustoza**

### Direcionamento da resposta

A questão envolve o conhecimento das hipóteses em que o sócio gestor poderá figurar no polo passivo de uma execução fiscal, seja de forma originária, seja em razão de redirecionamento. O candidato deve explicar que o sócio administrador só responde pela dívida quando figurar na Certidão de Dívida Ativa ou quando, no curso de processo executivo fiscal, restar comprovada alguma das situações previstas no artigo 135, III, do Código Tributário Nacional.

### Sugestão de resposta

os termos do **art. 135, III, do Código Tributário Nacional** – CTN, "são pessoalmente responsáveis pelos créditos correspondentes a obrigações tributárias resultantes de atos praticados com excesso de poderes ou infração de lei, contrato social ou estatuto os diretores, gerentes ou representantes de pessoas jurídicas de direito privado."

Em razão disso, verificando-se, no momento do lançamento tributário, que o sócio gerente praticou algum dos atos mencionados no parágrafo anterior, deve a Fazenda Pública incluir o referido agente no polo passivo do processo administrativo fiscal, a fim de que possa apresentar defesa. Encerrado o processo com julgamento pela improcedência dos pleitos formulados pelo sujeito passivo (administrador), deve o Fisco providenciar a inclusão de seu nome na Certidão de Dívida Ativa na qualidade de corresponsável, como determina o CTN (art. 202, I, e parágrafo único).

Aqui, nada obsta que a execução fiscal seja direcionada ao sócio gestor, a quem incumbe comprovar não ter praticado qualquer dos atos supracitados, uma vez que a CDA possui presunção relativa de certeza e liquidez (CTN, art. 204, *caput* e parágrafo único).

Não constando o nome do sócio gestor da CDA que instrui a execução, o redirecionamento só poderá ser levado a efeito pela Fazenda Pública quando esta conseguir comprovar, no curso da execução, algum dos atos previstos no supracitado art. 135, III, do CTN.

Dentre os referidos atos, destaca-se a **dissolução irregular da empresa**, concebida pelo Superior Tribunal de Justiça – STJ como hipótese de infração à lei, mais precisamente, às disposições do Código Civil de 2002 que versam sobre dissolução e liquidação de empresas. Nos termos do enunciado n. 435 da súmula do STJ, "Presume-se dissolvida irregularmente a empresa que deixar de funcionar no seu domicílio fiscal, sem comunicação aos órgãos competentes, legitimando o redirecionamento da execução fiscal para o sócio-gerente." Nos casos de dissolução irregular, passíveis de constatação por oficial de justiça, figurará no polo passivo da execução, segundo entendimento mais atual do STJ (REsp 1455490), o **sócio gestor da época da dissolução, independentemente do momento da ocorrência do fato gerador ou da data do vencimento do tributo[226].**

Em razão do exposto, podemos afirmar que, à luz do entendimento dominante do STJ, nas situações apresentadas, **o Procurador só poderá requerer o redirecionamento da execução fiscal ao sócio gestor nas situações II e III**, ou seja, na execução fiscal de sociedade Ltda., cuja CDA contemple os sócios gerentes e na execução fiscal de sociedade Ltda., onde o oficial de justiça constate a dissolução irregular da empresa.

**Nas situações I e IV deve prevalecer o princípio da autonomia da personalidade jurídica**, segundo o qual, em não se verificando qualquer ato ilícito por parte do sócio gestor, apenas a empresa responde por suas próprias dívidas.

---

**(Ceperj/PGM/São_Gonçalo/Procurador/2011)** *Analise as questões jurídicas relevantes, relativas ao caso apresentado a seguir. Cuca da Silva é citado, em execução fiscal, como representante legal da empresa Caquinos e Coquinhos Ltda., na qualidade de sócio-gerente, por dívida originária do não pagamento do ISS, sendo autor o Município WKW. O valor devido, regularmente inscrito no cadastro da dívida ativa, monta a R$ 100.000,00. A empresa não possui bens suficientes para oferecer à penhora, tendo o seu representante legal apresentado bens pessoais para compor o valor total do débito e apresentar defesa.*

Autor: *Leonardo Zehuri Tovar*

---

226. Nesse sentido: STJ, REsp 1520257, DJe 23/6/2015.

### Direcionamento da resposta

Resumidamente devem ser abordados temas afetos à (i) legitimação passiva na execução fiscal; (ii) tipo de responsabilidade do sócio-gerente por débitos não quitados pela empresa; (iii) as diferenças, no campo argumentativo e probatório, da hipótese do sócio que figurou no processo administrativo fiscal e daquele que não figurou; (iv) a possibilidade de outorga de garantia na execução por terceiro que não se apresenta como devedor principal.

### Sugestão de resposta

A legitimidade passiva na Execução fiscal, na pessoa do sócio-gerente (STJ, REsp 238668), como no caso em comento, dá-se pela aplicação do artigo 135 do CTN, inciso III, isto é, desde que o representante da pessoa jurídica tenha praticado ato com excesso de poderes ou tenha infringido lei, contrato social ou estatuto (STJ, REsp 937960). Por isso, é importante frisar que o STJ consolidou o entendimento de que a responsabilidade do sócio-gerente, por atos de infração à lei, é solidária: "Súmula 430/STJ: O inadimplemento da obrigação tributária pela sociedade não gera, por si só, a responsabilidade solidária do sócio-gerente"[227].

A jurisprudência tem aceitado que o processo executivo formado por certidão de dívida ativa em que consta como corresponsável o representante de pessoa jurídica, o ônus probandi em caso de defesa, naquilo que se refere à inexistência de prática de ato com excesso de poderes ou infração à lei, contrato social ou estatuto, recaia sobre o mesmo. Isto porque, sabe-se, a CDA goza de certeza e liquidez e, portanto, toda a apuração acerca de seu excesso de poderes e infração aos regramentos legais e/ou estatutários da pessoa jurídica foram, teoricamente, apurados no processo administrativo fiscal.

É importante destacar, entretanto, o REsp 1104900 (julgado sob o rito dos recursos repetitivos), quando fora consolidado o entendimento segundo o qual a exceção de pré-executividade constitui meio legítimo para discutir questões que possam ser conhecidas de ofício pelo Magistrado, como as condições da ação, os pressupostos processuais, a decadência, a prescrição, entre outras,

---

227. Importante ainda lembrar que do posicionamento adotado no julgamento dos EDiv-REsp 174532: "Os diretores não respondem pessoalmente pelas obrigações contraídas em nome da sociedade, mas respondem para com esta e para com terceiros solidária e ilimitadamente pelo excesso de mandato e pelos atos praticados com violação do estatuto ou lei". A título de explicação, observando-se que o artigo 135, CTN se vale da expressão "pessoalmente", severas divergências doutrinárias surgiram a respeito do tipo de responsabilidade angariada por diretores, gerentes e representantes de pessoa jurídica. Como o dispositivo utiliza o termo "pessoalmente" há quem sustente que as pessoas referidas respondem sozinhas, excluindo-se a pessoa jurídica (por ex.: Luciano Amaro).

desde que desnecessária a dilação probatória. Ainda neste importante julgado, confirmou-se a orientação de que se a execução foi ajuizada tão-só em face da pessoa jurídica, mas o nome do sócio está indicado na CDA, cabe a este o ônus da prova de que não ficou caracterizada nenhuma das circunstâncias previstas no art. 135 do CTN, ou, em outros dizeres, de que não praticou atos "com excesso de poderes ou infração de lei, contrato social ou estatutos".

De todo modo, caso haja pedido de redirecionamento para o sócio-gerente, sem sua devida inscrição em dívida ativa, o ônus de provar os requisitos do artigo 135 do CTN, cabe ao exequente.

Por fim, o oferecimento de bens à penhora pelo sócio, aproveita também a defesa da empresa que pode opor embargos à execução, eis que se trata de ampla defesa aos executados, de forma menos onerosa, e sem prejuízo para a fazenda pública[228].

A doutrina ratifica a possibilidade aventada no parágrafo anterior. E concorda, portanto, com a possibilidade oferecimento de bens de terceiro, mas destaca também a necessidade de expressa concordância deste "sendo pessoa física e tratando-se de bem imóvel exige-se o expresso consentimento do respectivo cônjuge. Cuidando-se de bem pertencente a pessoa jurídica, a nomeação somente será válida se houver a concordância do terceiro 'pessoa jurídica' expressada por meio de representantes com poderes para tanto" (Renato Alves, in Execução Fiscal).

Observe-se, então, que mesmo se, por hipótese, não estiver, em princípio, em voga a responsabilidade do sócio fundada no artigo 135, CTN, porque, por exemplo, não caracterizadas as hipóteses autorizativas no plano fático-concreto, é viável que o sócio forneça, em garantia, bens de sua exclusiva titularidade, pois não há para a fazenda pública qualquer prejuízo.

*(Cesgranrio/Petrobras/Advogado/2011)* A União Federal inscreve em dívida ativa débitos tributários e não tributários de responsabilidade de uma Sociedade Empresarial, que tem quatro sócios. Logo após, propõe a ação cabível. A empresa é citada regularmente e se constata que não possui bens a penhorar. Diante disso, o representante judicial da exequente requer a penhora on-line dos bens dos sócios, o que vem a ser deferido pelo magistrado competente.

---

228. Em complemento o elucidativo aresto: "Quanto ao oferecimento do bem de propriedade particular pelo representante legal da Executada, entende-se que o ato se formaliza com perfeição, visto que aquele exerce a função de responsável jurídico, não havendo necessidade de se discutir a desconsideração da personalidade jurídica, pois esta partiu do próprio sócio-gerente. – A jurisprudência vem entendendo que o devedor pode até mesmo indicar bens que a lei considera impenhoráveis, quando for de seu interesse, e desta forma é válido o oferecimento de bens particulares". (TJMG, AI 10069020017609001).

*Surpreendidos, todos os sócios apresentam o recurso cabível, sendo deferida liminar e, posteriormente, provido quanto ao mérito. Inconformado, o representante judicial apresenta novo requerimento, solicitando a inclusão dos sócios no polo passivo da execução, o que foi deferido, gerando novo recurso, sem medida liminar deferida. Diante da circunstância, apresentaram a defesa cabível, alegando: impossibilidade de inclusão como executados; existência de bens da sociedade suficientes para garantir a dívida; impossibilidade de aplicação de penhora on-line na execução especial; existência de ação anulatória em curso perante outro Juízo. Com base nessa narrativa, analise e comente: (i) os procedimentos processuais que foram encaminhados pelos sócios; (ii) os procedimentos processuais que foram encaminhados pelo representante judicial.*

**Autor:** *Márcio Ladeira Ávila*

### Direcionamento da resposta

Como a questão aborda situação de inclusão dos sócios no polo passivo da execução e de penhora de seus bens, é imprescindível que o candidato cite o art. 135 do CTN, que trata da responsabilidade pessoal em matéria tributária. Também é relevante tratar da penhora *on line* e da possibilidade ou não de conexão das ações de execução fiscal e anulatória de débito tributário.

### Sugestão de resposta

A responsabilidade do agente será pessoal quando ocorrer infração à lei, ao contrato social ou estatutos, ou quando o agente agir com excesso de poder ou infração legal. Portanto, para que seja aplicado o art. 135 do CTN à presente hipótese, não basta ser administrador. É necessário que o débito tributário resulte de ato praticado com excesso de poderes ou infração da lei, do contrato social ou do estatuto. Frise-se que o simples não recolhimento de tributos ou a inexistência de bens a penhorar não são motivos que acarretem responsabilidade tributária. Portanto, tanto o representante judicial da exequente não deveria ter requerido a penhora on-line dos bens dos sócios, como o magistrado não deveria ter deferido o pedido.

O STF já asseverou que impor confusão entre os patrimônios da pessoa jurídica e da pessoa física no bojo de sociedade em que, por definição, a responsabilidade dos sócios é limitada, comprometeria um dos fundamentos do Direito de Empresa, consubstanciado na garantia constitucional da livre iniciativa, e, que a submissão do patrimônio pessoal do sócio de sociedade limitada à satisfação dos débitos da sociedade para com a Seguridade Social, independentemente de ele exercer, ou não, a gerência e de cometer, ou não, qualquer infração, tolheria, de forma excessiva, a iniciativa privada, de modo a descaracterizar essa espécie societária, em afronta aos artigos 5º, XIII, e 170, parágrafo único, da CF/88.

Caso a sociedade empresária tenha bens suficientes para garantir a execução, não há interesse processual no redirecionamento, mas tal circunstância depende de prova a ser produzida em sede de embargos à execução, defesa adequada na presente hipótese.

A penhora *on line* no executivo fiscal foi introduzida pela Lei Complementar n. 118/05. Foi acrescentado o art. 185-A ao CTN, segundo o qual, na hipótese de o devedor tributário, devidamente citado, não pagar nem apresentar bens à penhora no prazo legal e não forem encontrados bens penhoráveis, o juiz determinará a indisponibilidade de seus bens e direitos, comunicando a decisão, preferencialmente por meio eletrônico, aos órgãos e entidades que promovem registros de transferência de bens, especialmente ao registro público de imóveis e às autoridades supervisoras do mercado bancário e do mercado de capitais, a fim de que, no âmbito de suas atribuições, façam cumprir a ordem judicial. A indisponibilidade limitar-se-á ao valor total exigível, devendo o juiz determinar o imediato levantamento da indisponibilidade dos bens ou valores que excederem esse limite.

O bloqueio universal e cautelar de bens e de direitos, apesar de ser um expediente que busca aumentar as chances de satisfação do crédito tributário, deve ser utilizado com extrema cautela. Diferentemente da penhora *on line* trabalhista, que é embasada num título executivo judicial (decisão transitada em julgado), a penhora de que estamos tratando se fundamenta em título executivo extrajudicial. Apenas este aspecto é suficiente para que o Poder Judiciário seja bastante parcimonioso na aplicação do novel dispositivo.

A Primeira Seção do STJ, através da Súmula n. 560, estatui que a decretação da indisponibilidade de bens e direitos, na forma do art. 185-A do CTN, pressupõe o exaurimento das diligências na busca por bens penhoráveis, o qual fica caracterizado quando infrutíferos o pedido de constrição sobre ativos financeiros e a expedição de ofícios aos registros públicos do domicílio do executado, ao Denatran ou Detran.

Portanto, o requerimento da Fazenda Pública de indisponibilidade de bens do executado pressupõe que ocorra (a) a citação regular do executado; (b) o não pagamento do tributo ou a apresentação de bens à penhora; e (c) a comprovação do esgotamento das diligências promovidas no sentido de serem localizados bens do devedor. Caso uma dessas hipóteses não ocorra, a indisponibilidade patrimonial deve ser indeferida. Na verdade, o requerimento de indisponibilidade não deveria ser sequer formulado ao juízo da causa.

A existência de ação anulatória sem depósito não tem qualquer influência no trâmite da execução fiscal. Por outro lado, a existência de ação anulatória com depósito integral tem o condão de suspender o trâmite da execução fiscal.

A competência para conhecer da ação de execuções fiscais é de Juízo com competência fazendária genérica ou especializada em execuções fiscais. A Primeira Seção do STJ já decidiu pela impossibilidade de serem reunidas execução fiscal e ação anulatória de débito precedentemente ajuizada, quando o juízo em que tramita esta última não é Vara Especializada em execução fiscal, nos termos consignados nas normas de organização judiciária. A existência de vara especializada em razão da matéria contempla hipótese de competência absoluta, sendo, portanto, improrrogável. Dessarte, seja porque a conexão não possibilita a modificação da competência absoluta, seja porque é vedada a cumulação em juízo incompetente para apreciar uma das demandas, não é possível a reunião dos feitos no caso em análise, devendo ambas as ações tramitarem separadamente. Embora não seja permitida a reunião dos processos, havendo prejudicialidade entre a execução fiscal e a ação anulatória, cumpre ao juízo em que tramita o processo executivo decidir pela suspensão da execução, caso verifique que o débito está devidamente garantido, nos termos do art. 9º da Lei 6.830/80.

*(Cespe/TRF/5R/Juiz/2011)* O nome de Jonas Neto, ex-sócio da Locus Amoenus Ltda., que detinha 10% das respectivas quotas do capital social e cuja retirada da sociedade ocorreu em 25/3/2002 (data do arquivamento da alteração societária no registro do comércio), foi consignado no rol de corresponsáveis tributários de uma certidão de dívida ativa, lavrada em 24.3.2006, em desfavor da aludida empresa, relativa a débito de contribuição previdenciária sobre folha de salários, das competências de janeiro a março de 2002. Tal débito tributário é objeto de execução fiscal aforada em 24.3.2010, contra a qual foram opostos embargos à execução ainda pendentes de julgamento. Jonas Neto, que nunca figurou como administrador da referida empresa, é titular de um crédito de indenização, por responsabilidade civil da União, inscrito em precatório judicial. Sabendo da iminente liberação do crédito do precatório, a União atravessou petição pugnando pela compensação do respectivo crédito com a noticiada dívida previdenciária, ou, alternativamente, pela suspensão do pagamento do precatório em razão da dívida objeto de execução fiscal. Em face da situação hipotética acima apresentada, responda, de forma fundamentada, se procede a pretensão da União.

Autora: Isaura Cristina de Oliveira Leite

### Direcionamento da resposta

Nesta questão, mais uma vez, exige-se amplo conhecimento da jurisprudência dos tribunais superiores acima da matéria cobrada, neste caso especialmente a respeito da responsabilidade tributária do sócio que se retira da sociedade limitada.

### Sugestão de resposta

Não procede a pretensão da União.

Para chegar-se à conclusão indicada, inicialmente assente-se tratar a questão de cobrança da contribuição social para o financiamento da seguridade social, incidente sobre a folha de salários e demais rendimentos do trabalho pago à pessoa física prestadora de serviço, tributo este previsto no art. 195, I, a, da Constituição Federal. Ainda nos termos do mesmo dispositivo constitucional, o sujeito passivo do tributo é o empregador, a empresa ou entidade a ela equiparada, sendo relevantíssimo mencionar tratar-se de tributo sujeito a lançamento por homologação, na medida em que a Lei nº 8.212, de 24 de julho de 1991, e a legislação tributária correlata impõem ao contribuinte a obrigação de antecipar o pagamento sem prévio exame pela autoridade administrativa, conforme previsão do art. 150 do Código Tributário Nacional.

O Supremo Tribunal Federal já resolveu definitivamente, inclusive com a edição de súmula vinculante, a anterior controvérsia a respeito do prazo decadencial de que dispõe o fisco para a homologação do lançamento das contribuições para a seguridade social. Firmou, de fato, serem inconstitucionais os arts. 45 e 46 da Lei nº 8.212/91, ao fundamento de tratarem sobre matéria – prescrição e decadência tributárias – reservada a lei complementar pela Constituição[229]. Por consequência do afastamento dos mencionados dispositivos, o prazo aplicável é o de cinco anos, previsto no art. 150, § 4º, do CTN. Quanto ao *dies a quo*, na hipótese de não ter havido qualquer pagamento antecipado, ao fundamento de que, sem pagamento nada há a homologar, defende a doutrina que o início do lapso decadencial obedece ao disposto no art. 173 do CTN, fixando-se no primeiro dia seguinte ao exercício no qual o lançamento deveria ter sido efetuado, desconsiderando-se, portanto, a regra do art. 150, § 4º, do CTN, que fixa este início na ocorrência do fato gerador. À parte de não haver dados a respeito da antecipação parcial do pagamento, no caso em exame não se consumou a decadência do crédito tributário cobrado, visto que, referindo-se a tributo cujo fato gerador perfectibilizou-se em março de 2002, a respectiva Certidão da Dívida Ativa, que pressupõe a realização de lançamento de ofício, foi lavrada em 24 de maio de 2006, dentro, portanto, do menor prazo cogitado.

No que respeita à prescrição, de outro lado, ainda que não se tenha dados exatos a respeito da data da constituição do crédito tributário em questão, bem como de sua inscrição em dívida ativa, seguro é afirmar sua não ocorrência, forte no art. 174 do CTN.

---

229. Súmula Vinculante nº 8: "São inconstitucionais o parágrafo único do artigo 5º do Decreto-Lei nº 1.569/1977 e os artigos 45 e 46 da Lei nº 8.212/91, que tratam de prescrição e decadência de crédito tributário".

Ultrapassada a questão da tempestividade da constituição do crédito tributário e da respectiva cobrança, necessário analisar-se a legitimidade da inclusão do ex-sócio como corresponsável tributário.

Quanto ao tema, informa o art. 124, II, do CTN que lei poderá expressamente designar pessoas a serem solidariamente obrigados pelo crédito tributário. Neste esteio, o art. 13 da Lei nº 8.620, de 5.1.1993, determinava a responsabilidade solidária do sócio das sociedades limitadas, especificamente quanto ao inadimplemento de obrigações com a seguridade social.

No entanto, o Plenário do STF decidiu, em regime de repercussão geral, pela inconstitucionalidade do referido art. 13 da Lei nº 8.620/93, sob o argumento de que a dicção do art. 124, II, do CTN, não autoriza a criação de novas hipóteses de responsabilidade tributária, sem qualquer vinculação ao fato gerador, requisito prescrito pelo art. 128 do mesmo código.[230] Outrossim, a criação

---

230. "Direito tributário. Responsabilidade tributária. Normas gerais de direito tributário. Art. 146, III, da CF. Art. 135, III, do CTN. Sócios de sociedade limitada. Art. 13 da Lei 8.620/93. Inconstitucionalidades formal e material. Repercussão geral. Aplicação da decisão pelos demais tribunais. 1. Todas as espécies tributárias, entre as quais as contribuições de seguridade social, estão sujeitas às normas gerais de direito tributário. 2. O Código Tributário Nacional estabelece algumas regras matrizes de responsabilidade tributária, como a do art. 135, III, bem como diretrizes para que o legislador de cada ente político estabeleça outras regras específicas de responsabilidade tributária relativamente aos tributos da sua competência, conforme seu art. 128. 3. O preceito do art. 124, II, no sentido de que são solidariamente obrigadas "as pessoas expressamente designadas por lei", não autoriza o legislador a criar novos casos de responsabilidade tributária sem a observância dos requisitos exigidos pelo art. 128 do CTN, tampouco a desconsiderar as regras matrizes de responsabilidade de terceiros estabelecidas em caráter geral pelos arts. 134 e 135 do mesmo diploma. A previsão legal de solidariedade entre devedores – de modo que o pagamento efetuado por um aproveite aos demais, que a interrupção da prescrição, em favor ou contra um dos obrigados, também lhes tenha efeitos comuns e que a isenção ou remissão de crédito exonere a todos os obrigados quando não seja pessoal (art. 125 do CTN) – pressupõe que a própria condição de devedor tenha sido estabelecida validamente. 4. A responsabilidade tributária pressupõe duas normas autônomas: a regra matriz de incidência tributária e a regra matriz de responsabilidade tributária, cada uma com seu pressuposto de fato e seus sujeitos próprios. A referência ao responsável enquanto terceiro ('dritter persone', 'terzo' ou 'tercero') evidencia que não participa da relação contributiva, mas de uma relação específica de responsabilidade tributária, inconfundível com aquela. O "terceiro" só pode ser chamado responsabilizado na hipótese de descumprimento de deveres próprios de colaboração para com a Administração Tributária, estabelecidos, ainda que a 'contrario sensu', na regra matriz de responsabilidade tributária, e desde que tenha contribuído para a situação de inadimplemento pelo contribuinte. 5. O art. 135, III, do CTN responsabiliza apenas aqueles que estejam na direção, gerência ou representação da pessoa jurídica e tão-somente quando pratiquem atos com excesso de poder ou infração à lei, contrato social ou estatutos. Desse modo, apenas o sócio com poderes de gestão ou representação da sociedade é que pode ser responsabilizado, o que resguarda a pessoalidade entre o ilícito (mal gestão ou representação) e a consequência de ter de responder pelo tributo devido pela sociedade. 6. O art. 13 da Lei 8.620/93 não se limitou a repetir ou detalhar a regra de responsabilidade constante do art. 135 do CTN, tampouco cuidou de uma nova hipótese específica e distinta. Ao vincular à simples condição de sócio a obrigação de responder solidariamente pelos débitos da sociedade

de uma nova hipótese de responsabilidade tributária, completamente dissociada daquelas já previstas no CTN, violou, segundo o Supremo, o art. 146, III, da CF/88, segundo o qual a responsabilidade tributária é matéria reservada à lei complementar.

Assim sendo, a responsabilidade tributária do ex-sócio Jonas Neto haverá de ser apurada com base na regra geral do art. 135 do CTN, não encontrando aí respaldo. É que, na medida em que o ex-sócio jamais detivera poderes de gestão, não se pode responsabilizá-lo pessoalmente pela dívida, visto que a hipótese do art. 135, III, do CTN pressupõe, para sua configuração, a prática de atos com excesso de poderes ou infração à lei, contrato social ou estatutos.

Por fim, ainda que fosse devida a responsabilização do ex-sócio pelos débitos previdenciários em questão, não poderia a União obter a compensação com o crédito inscrito em precatório que o primeiro titulariza.

É sabido que a Emenda Constitucional n° 62/2009 acrescentou ao art. 100 da Constituição, entre outros, o § 9°, que autorizou a compensação de débitos líquidos e certos constituídos contra o credor do precatório pela Fazenda Pública devedora.

No entanto, tal dispositivo é flagrantemente inconstitucional, por ofensa dos princípios do devido processo legal, da separação de poderes e da coisa julgada, considerando que a norma intentou permitir a compensação de dívidas de natureza distinta, ou seja, determinava a compensação de dívida objeto de coisa julgada material, com dívida apurada administrativamente, sem direito de defesa, inclusive, por parte do credor do precatório[231].

Ora, no caso em exame, tem-se que o crédito tributário, inclusive, apesar de sua constituição administrativa o convolar em líquido, certo e exigível, encontra-se *sub judice,* sendo impossível sua compensação com crédito objeto de trânsito em julgado.

---

limitada perante a Seguridade Social, tratou a mesma situação genérica regulada pelo art. 135, III, do CTN, mas de modo diverso, incorrendo em inconstitucionalidade por violação ao art. 146, III, da CF. 7. O art. 13 da Lei 8.620/93 também se reveste de inconstitucionalidade material, porquanto não é dado ao legislador estabelecer confusão entre os patrimônios das pessoas física e jurídica, o que, além de impor desconsideração 'ex lege' e objetiva da personalidade jurídica, descaracterizando as sociedades limitadas, implica irrazoabilidade e inibe a iniciativa privada, afrontando os arts. 5°, XIII, e 170, parágrafo único, da Constituição. 8. Reconhecida a inconstitucionalidade do art. 13 da Lei 8.620/93 na parte em que determinou que os sócios das empresas por cotas de responsabilidade limitada responderiam solidariamente, com seus bens pessoais, pelos débitos junto à Seguridade Social. (...). (STF, Pleno, RE 562276/PR, Rel. Min. Ellen Gracie, DJe. 10.2.2011).

231. TRF4, ARGINC 0036865-24.2010.404.0000, Corte Especial, Rel. Otávio Roberto Pamplona, DE 9.11.2011.

COLEÇÃO PREPARANDO PARA CONCURSOS

*(Cespe/PGM/Aracaju/Procurador/2007)* O Tribunal de Contas do Estado de Sergipe (TCE-SE) julgou irregulares as contas do prefeito do município X, José da Silva, e, por consequência, aplicou-lhe multa de R$ 10.000,00. O valor não foi pago, razão por que o TCE-SE encaminhou cópia do processo à Procuradoria Municipal para adoção de providências pertinentes. A propósito da situação hipotética acima descrita, na qualidade de procurador municipal, proponha a medida judicial que entender cabível para obrigar José da Silva a pagar a referida multa. Em seu texto, aborde todos os aspectos de direito material e processual pertinentes, observando que a petição contenha todos os requisitos legais, ou, se não for cabível ação alguma, justifique fundamentadamente.

**Autor: Leonardo Zehuri Tovar**

### Direcionamento da resposta

Resumidamente devem ser abordados temas afetos à utilização dos adequados mecanismos de cobrança de multa imposta pelo tribunal de contas, abordando, em especial, se esta penalidade pode ser objeto de inscrição em dívida ativa e, portanto, satisfeita através de execução fiscal ou não.

Melhor delineando: a certidão oriunda de decisão do Tribunal de Contas do Estado tem eficácia de título executivo extrajudicial (art. 71, § 3°, da CF) e é, desta sorte, título hábil tanto para a execução pelo rito do Novo Código de Processo Civil (art. 784, IX) como para a execução pelo rito da Lei das Execuções Fiscais (Lei 6.830/80).

Ocorre que, considerando a eficácia executiva conferida pelo ordenamento jurídico pátrio às decisões das Cortes de Contas, afigura-se despicienda a inscrição do débito em Dívida Ativa, bem como a adoção do processo executivo instituído pela Lei 6.830/80. Predomina, por tal razão, o entendimento de que as decisões do Tribunal de Contas constituem título executivo extrajudicial, por expresso comando constitucional, e a quantia devida pode estar regularmente inscrita em Dívida Ativa ou não, para fins de cobrança, mostrando-se pertinente destacar que a inscrição é importante pelo rito privilegiado da execução fiscal.

Então, na hipótese de a ação de execução se lastrear na própria decisão do TCU, o processo seguirá o rito disciplinado pelo Novo Código de Processo Civil (art. 829 e seguintes). Quando vier acompanhada da respectiva Certidão de Dívida Ativa (CDA), tramitará de acordo com o procedimento especial regulado pela Lei de Execução Fiscal (Lei 6.830/80), o que se afigura mais interessante à fazenda.

É preciso salientar ainda que a multa aplicada pelo Tribunal de Contas a prefeito ou a qualquer outra autoridade municipal, não tem qualquer relação com o Estado, pouco importando, neste caso, que a Corte de Contas seja mantida por este último. Em outros dizeres: quem detém legitimidade para propor ação de execução é o ente público beneficiário de multa imposta pelo Tribunal de Contas aos seus agentes.

Sabe-se, todavia, que paira controvérsia sobre o tema. Há forte corrente jurisprudencial no sentido de que a legitimidade para ajuizar a ação de cobrança relativa ao crédito originado de multa aplicada a gestor municipal por Tribunal de Contas é do ente público que mantém a referida Corte, ou seja, o Estado (STJ, AgRg-REsp 1415296).

Em que pese tal celeuma, sabe-se que é dominante no Supremo Tribunal Federal o entendimento acerca da titularidade do crédito decorrente de multa aplicada pelo Tribunal de Contas ao gestor municipal, sendo legítimo o próprio ente público prejudicado, isto é, beneficiário da condenação, de maneira que, induvidosamente, não detém legitimidade o Estado para propor a execução (AgRg-RE-AG 720742).

### Sugestão de resposta

Como visto, subsistem duas possibilidades, porquanto não há nulidade no manejo de execução de título extrajudicial ou de execução fiscal.

Caso a opção seja pelo ajuizamento de execução de título extrajudicial é importante que a peça seja estruturada à luz das regras processuais pertinentes. A competência, como é curial, pertence à Vara dos Feitos da Fazenda Pública respectiva, salvo, claro, a ausência desta, o que deve ser averiguado na lei de organização judiciária. Portanto, o cabeçalho/endereçamento da peça deve ser assim redigido, exemplificativamente: "Excelentíssimo Senhor Doutor Juiz da (__) Vara de Fazenda Pública (__) (estadual, municipal, etc) da Comarca de (nome da cidade)".

Logo adiante, passa-se à qualificação, de modo que o candidato deverá apresentar a pessoa jurídica autora. Por exemplo, em sendo o beneficiário da condenação uma entidade pública municipal, o candidato passa a qualifica-la: "Município de (__), pessoa jurídica de direito público interno, com sede na (__), inscrito no CNPJ/MF sob o n. (__), por seu procurador *in fine* assinado, mandato *ex lege*, vem à presença de V. Exa, com fulcro no art. 784, IX, do NCPC, ajuizar a presente **ação de execução de título executivo extrajudicial**",

Diante disso, passa-se ao executado, com a respectiva qualificação, demonstrada também de maneira exemplificativa: "em face de (nome do executado), brasileiro, solteiro, carteira de identidade (número da carteira de identidade), CPF (número do CPF), residente e domiciliado na rua (nome do endereço) com os seguintes fundamentos fáticos e jurídicos a serem deduzidos a seguir:".

Após, segue-se com breve escorço fático-jurídico, delineando, *v.g.,* o título executivo e a data de sua respectiva exigibilidade. Para ao final, ser redigido requerimento de citação para que o executado, em três dias, efetue o pagamento, sob pena de, não o fazendo, ter de imediato tantos bens penhorados quanto bastem para a garantia da dívida (art. 829, NCPC). É possível postular, ainda, que não sendo encontrados bens penhoráveis, seja o executada intimado para oferecer bens passíveis de constrição. E, por derradeiro, é importante que conste da peça, a necessidade de o magistrado, nos termos do art. 827, do NCPC, fixar de plano os honorários do advogado a serem pagos pelo executado, além da valoração da causa.

Por outro lado, caso a opção seja firmada pelo ajuizamento de demanda executiva-fiscal, a sistemática é similar. Se existente vara privativa é para ela que deverá ser endereçada a ação, informação que pode ser encontrada na lei de organização judiciária, como dito anteriormente. Portanto, nesse pormenor, o endereçamento da peça pode ser exemplificado assim: "Exmo. Senhor Doutor Juiz de Direito da .... Vara da Fazenda Pública da Comarca de (__), Estado do (__)".

Segue-se, de igual modo, com a qualificação da entidade pública. Tome-se como exemplo que o beneficiário da penalidade seja um município: "Município de (__), pessoa jurídica de direito público interno, com sede na (__), inscrito no CNPJ/MF sob o n. (__), por seu procurador *in fine* assinado, mandato *ex lege*, vem à presença de V. Exa, com fulcro na Lei 6.830, de 22 de setembro de 1980, bem como nas disposições do artigo 778 e seguintes do Novo Código de Processo Civil, no que forem aplicáveis e demais legislações correlatas, propor **ação de execução fiscal**".

No mesmo trilho da peça anterior, passa-se à qualificação do executado, como segue, *v.g:* "em face de (nome do executado), brasileiro, solteiro, carteira de identidade (número da carteira de identidade), CPF n. (__), residente e domiciliado na rua (nome do endereço).

Após, o candidato deverá narrar ser credor de importância líquida, certa e exigível de R$ (__) representada pela inclusa Certidão de Dívida Ativa nºs (__) decorrente de multa imposta pelo Tribunal de Contas, para, logo em seguida, requerer a citação do executado dantes qualificado, para pagar em cinco dias a importância de R$ (__) acrescidas de juros de mora, correção monetária, encargos indicados na inclusão Certidão de Dívida Ativa, custas processuais, honorários advocatícios sobre o valor da condenação e demais cominações legais e de estilo, ou para que este assegure a execução conforme artigo 9º e incisos da Lei 6.830 e, após, querendo, ajuíze embargos do devedor, no prazo legal, conforme artigo 16, da Lei de Execução Fiscal, sob pena de aplicação do artigo 19, da mesma lei.

É importante que se postule, para que conste do mandado de citação as determinações previstas no artigo 250 do Novo Código de Processo Civil, bem como o deferimento, pelo magistrado, dos benefícios dos artigos 212, § 2º, 214 e 829, , todos do Novo Código de Processo Civil, segundo o qual, não sendo encontrado o devedor, pode o Oficial de Justiça promover o arresto de tantos bens quantos forem suficientes para fazer frente a execução, de conformidade com o artigo 7º, inciso III, da Lei de Execução Fiscal.

Deve constar, ainda, pedido que diz respeito à hipótese de o executado, citado, não providenciar o pagamento, nem garantir a execução. Em situação tal, é comum que se faça a seguinte postulação: "seja-lhe penhorados tantos bens quanto bastem para garantia da execução e caso a penhora ou arresto recaia sobre bens imóveis, seja feita a intimação do executado e do cônjuge, contudo, caso recaia sobre bens móveis, sejam os mesmo entregues em mãos do depositário público e seja realizado o registro da penhora ou arresto, independentemente do pagamento de custas ou outras despesas, devendo ser observado o disposto no artigo 833 do Novo Código de Processo Civil".

Por fim, é interessante que conste da peça o pleito alusivo à necessidade de que, todas as intimações direcionadas ao representante judicial da Fazenda Pública sejam feitas pessoalmente, e que sejam fixados os honorários do procurador, além da valoração da causa.

*(Esaf/PFN/Procurador/2006) O § 3º do art. 2º da Lei n. 6.830/80 determina que a inscrição em dívida ativa "(...) suspenderá a prescrição, para todos os efeitos de direito, por 180 (cento e oitenta) dias ou até a distribuição da execução fiscal se esta ocorrer antes de findo aquele prazo.". Defenda a compatibilidade da regra com o sistema tributário nacional, considerando especialmente o disposto na alínea 'b', do inciso III do art. 146 da CRFB/1988 e a ausência de disposição a respeito no CTN.*

Autor: Renato Cesar Guedes Grilo

### Direcionamento da resposta

O candidato deve abordar se há compatibilidade e demonstrar conhecimento da jurisprudência do STJ que definiu sua inconstitucionalidade para o crédito de natureza tributária.

### Sugestão de resposta

O STJ, no Informativo 465, AI no Ag 1037765, definiu o entendimento de que desde o regime da CF de 1967 (EC 01/1969) a prescrição e a decadência eram matérias reservadas à lei complementar por serem definidas como norma geral. Ressalte-se que, como explicado acima, a CF de 1967 (EC 1/1969) embora submetesse à lei complementar a definição de normas gerais em direito tributário, não as discriminava, acarretando, à época, dúvidas sobre o que seriam e o que não seriam normas gerais, o que importava se lei ordinária ou lei complementar poderia definir determinados institutos em direito tributário, pois a CF exigia que se se tratasse de norma geral, deveria ser definida por LC.

A CRFB em seu art. 146, repetindo a CF anterior, também definiu que LC estabeleceria normas gerais em direito tributário, mas discriminou quais institutos necessariamente são definidos como normas gerais, como o caso da prescrição e decadência entre outros e, assim, exigem sua definição por lei complementar.

Neste caso decidido pelo STJ, em incidente de inconstitucionalidade por sua Corte Especial, se entendeu pela inconstitucionalidade parcial sem redução de texto do disposto no § 2º do art. 8º e § 3º do art. 2 ambos da Lei 6.830/1980 (LEF), que dispõem respectivamente que "o despacho do juiz que ordenar a citação interrompe a prescrição" e "a inscrição em dívida ativa, suspenderá a prescrição, para todos os efeitos de direito, por 180 dias, ou até a distribuição da execução fiscal, se esta ocorrer antes de findo aquele prazo".

Importante observar que o controle da constitucionalidade do dispositivo foi realizado ao tempo em que a lei foi publicada e entrou em vigência, no caso, em 1980, sendo parametrizada com a CF de 1967 (§ 1 do art. 18 da EC 01/1969).

Isto porque, a Corte Especial do STJ entendeu que apesar da referida CF de 1967 (EC 1/1969) não definirem expressamente quais seriam normas gerais de direito tributário, como fez a CRFB de 1988, o conceito de prescrição e decadência já deveriam ser estabelecidos por LC por se enquadrarem como normas gerais. Assim, como a LEF é lei ordinária e a CF de 1967 (Ec 01/1969) exigiam à época LC para tratar de normas gerais, ela violou a constituição no momento de sua edição.

Poderia se pensar por que esses dispositivos questionados da LEF não foram recepcionados pela CRFB e a resposta seria simples, porque à época de sua vigência (1980) a CF de 1967 (EC 01/1969) já exigiria a edição de lei complementar para definir prescrição e decadência e suas hipóteses de suspensão e interrupção do prazo prescricional. Ora, se a lei que deve ser compatível com a constituição vigente já nasce com vício de inconstitucionalidade, não há falar-se em recepção, pois afrontou o ordenamento vigente à época, sendo incompatível com a constituição já nasceu com vício de inconstitucionalidade.

Cuidado que tal argumento não se confunde com a recepção do CTN como lei complementar, pois neste caso, como o direito brasileiro não admite a inconstitucionalidade formal superveniente, se uma lei obedeceu os trâmites legislativos exigidos à época, ou seja, à forma estabelecida pela CF e o seu conteúdo material não afronta a nova constituição, o diploma será recepcionado ainda que a nova constituição exija uma nova forma para elaboração da matéria tratada. Neste caso, se a CF à época previa que dada matéria fosse veiculada por Decreto-Lei e a nova CF não prevê mais o DL como instrumento normativo, mas o conteúdo do DL é compatível com a nova constituição, então será recepcionado com o status formal que a nova constituição exigir para a matéria. Deve ser lembrado que o CTN é lei ordinária elaborado sob a égide da CF de 1946 que não previa o instituto da LC. Assim, quando o regime constitucional de 1967 (EC 01/1969) passou a exigir que norma geral em matéria tributária fosse veiculada por LC, foi recepcionado com status de LC, ocorrendo o mesmo com a CF de 1988 que recepcionou o CTN como LC.

Assim, lei ordinária já não poderia dispor sobre interrupção e suspensão de prescrição tributária em 1980, pois afrontava o regime constitucional à época de 1967 (EC 01/1969).

Para finalizar o assunto, fica a pergunta: Por que o STJ decidiu pela inconstitucionalidade parcial sem redução de texto dos referidos dispositivos da LEF e não pela total? A resposta é simples. A LEF cuida dos processos de execução fiscal cujo crédito exequendo pode ser tributário (dívidas tributárias) ou não tributário (dívidas não tributárias, como, p.ex., execução fiscal de multas).

Assim, para execução fiscal de créditos não tributários os referidos dispositivos sempre foram válidos e continuam em vigor, já que a exigência de LC somente se faz presente em norma geral de direito tributário.

*(Esaf/PFN/Procurador/2006) De acordo com a legislação e, especialmente, com a jurisprudência, discorra sobre a possibilidade e a viabilidade, na execução fiscal, do requerimento, pela União (Fazenda Nacional), de penhora sobre: (i) saldo ou movimento de conta bancária no país e/ou (ii) receita corrente bruta (ou "faturamento") de contribuinte-executado pessoa jurídica.*

Autor: Renato Cesar Guedes Grilo

### Direcionamento da resposta

O candidato deverá demonstrar conhecimento da jurisprudência do STJ e da progressão legislativa sobre a matéria.

### Sugestão de resposta

A controvérsia gira em torno da possibilidade de bloqueio de ativos financeiros do executado, pelo sistema BACENJUD, antes de efetuadas as diligências para localização de outros bens do devedor.

Antes da vigência da Lei 11.382/2006, o STJ perfilhava o entendimento pela Primeira Seção de que a penhora sobre ativos financeiros somente seria possível pela Fazenda credora se esta tivesse esgotado todos os meios de diligências na busca de bens penhoráveis. Posteriormente, todavia, a questão foi objeto de nova decisão pela Primeira Seção desta Corte, em recurso representativo de controvérsia (REsp 1184765, DJe 3.12.2010), que, seguindo orientação da Corte Especial deste Superior Tribunal de Justiça, no julgamento do REsp 1112943, também sob o rito do art. 543-C do CPC e da Resolução 8/STJ, realizado em 15.09.2010, da relatoria da ilustre Min. Nancy Andrighi, firmou o entendimento de que o bloqueio de dinheiro ou aplicações financeiras, na vigência da Lei 11.382/2006, que alterou os arts. 655, I, e 655-A do CPC, prescinde da comprovação, por parte do exequente, do esgotamento de todas as diligências possíveis para a localização de outros bens, antes do bloqueio on-line. Ressalte-se que a penhora sobre o faturamento sempre foi possível desde que, neste caso, se cuidasse de medida excepcional e que não inviabilizasse o funcionamento regular da empresa.

*(TJ/SP/Juiz/2004) Qual o meio de se oferecer, antes de garantido o Juízo, defesa exoneratória da responsabilidade do sócio de pessoa jurídica, em execução fiscal? Qual o fundamento dessa defesa? Em que hipótese deverá o juiz rejeitá-la?*

Autor: Silas Silva Santos

### Direcionamento da resposta

O enunciado exige conhecimentos sobre a chamada exceção de pré-executividade em sede de execução fiscal. O candidato deve atentar para os requisitos de admissibilidade da execução, observar que esses requisitos constituem matéria de ordem pública e lembrar-se de que em execução não se admite, em regra, a produção de provas diversas das pré-constituídas (prova documental).

### Sugestão de resposta

O sócio da pessoa jurídica, nas condições expostas no enunciado, pode valer-se da chamada exceção de pré-executividade para se ver exonerado da responsabilidade patrimonial. Para tanto, o sócio deve justificar que não estão presentes os requisitos de admissibilidade da execução em relação a ele, dada a sua ilegitimidade passiva *ad causam*.

Embora sem previsão legal específica, admite-se esse tipo de defesa porque não seria justo que o executado ficasse vinculado a uma execução fiscal manifestamente inviável. Sabe-se que na ausência do preenchimento dos requisitos de admissibilidade da execução o juiz pode até mesmo agir *ex officio*, extinguindo a execução. Logo, ausentes aqueles requisitos, nada impede que a parte deduza defesa atípica para o fim de excluí-la do polo passivo da execução, desde que para tanto não seja necessária dilação probatória (Súmula 393/STJ: "A exceção de pré-executividade é admissível na execução fiscal relativamente às matérias conhecíveis de ofício que não demandem dilação probatória"). Isso tudo independentemente da oposição de embargos.

Se para o conhecimento da matéria deduzida na exceção de pré-executividade for necessária dilação probatória, o juiz deve rejeitar a defesa sem ingressar no mérito da discussão.

Atualmente, o art. 803, p. único, do NCPC, confere maior respaldo legal ao cabimento da chamada exceção de pré-executividade, sendo correto afirmar que referida regra aplica-se subsidiariamente à execução fiscal (art. 1º, da Lei 6.830/80).

*(TJ/SP/Juiz/2003) O depósito prévio previsto no caput do artigo 38, da Lei nº 6.830, de 22.9.80, impõe-se como requisito de procedibilidade da ação anulatória do ato declarativo da dívida tributária? Justifique a resposta.*

Autor: Silas Silva Santos

### Direcionamento da resposta

O candidato deve anunciar o entendimento jurisprudencial pacífico no sentido de que a regra do art. 38, da Lei de Execução Fiscal, viola o princípio da inafastabilidade da jurisdição, razão pela qual não foi recebida pela ordem constitucional de 1988. Convém salientar que o depósito prévio deve ocorrer se o contribuinte desejar a suspensão da exigibilidade do crédito tributário (art. 151, inc. II, do CTN).

### Sugestão de resposta

Segundo a jurisprudência pacífica do Superior Tribunal de Justiça (REsp 962838, repetitivo), a regra do art. 38, da Lei nº 6.830/80, no ponto em que exige o depósito prévio como condição de procedibilidade da ação anulatória de débito fiscal, viola o princípio constitucional segundo o qual a lei não excluirá da apreciação do Poder Judiciário lesão ou ameaça a direito (art. 5º, inc. XXXV, da CF/88). Assim, referida regra não foi recebida pela ordem constitucional vigente, de maneira que o depósito prévio não se impõe como requisito de procedibilidade da ação antiexacional.

Na verdade, o depósito prévio do valor do débito tributário precisa ser realizado se a parte almejar a suspensão da exigibilidade do crédito tributário, tal como prevê o art. 151, inc. II, do CTN, hipótese em que a execução fiscal não poderá ser manejada pelo Fisco. Como se vê, trata-se de mera faculdade do contribuinte, e não de condição de procedibilidade da ação anulatória do ato declarativo da dívida tributária.

**(TJ/SP/Juiz/2002)** *O executado poderá oferecer exceção de pré-executividade contendo matéria útil à sua defesa no processo de execução fiscal? Qual o fundamento legal?*

*Autor: Silas Silva Santos*

### Direcionamento da resposta

Interessa aqui mencionar a aplicação subsidiária do NCPC à execução fiscal (art. 1º, da Lei nº 6.830/80; art. 1.046, § 2º, do NCPC), para então justificar a adequação da chamada exceção de pré-executividade também no ambiente da execução fiscal, mediante aplicação subsidiária do art. 803, do NCPC.

### Sugestão de resposta

Sim. O executado pode oferecer exceção de pré-executividade veiculando matéria útil à sua defesa no processo de execução fiscal. Primeiro, porque o instituto não é incompatível com o sistema da execução fiscal, já que ao juiz, na execução fiscal, também compete analisar *ex officio* as matérias atinentes aos requisitos de admissibilidade da execução; segundo, porquanto as regras do Código de Processo Civil são aplicáveis subsidiariamente ao processo de execução fiscal, nos termos do art. 1º, da Lei nº 6.830/80, e também do art. 1.046, § 2º, do NCPC. Assim, nas hipóteses de inviabilidade manifesta da execução fiscal (NCPC, art. 803, *caput* e p. único), admite-se a dedução de defesa pelo executado por intermédio da chamada exceção de pré-executividade, isto é, independentemente de embargos, desde que não seja necessária dilação probatória, conforme jurisprudência pacificada no âmbito do Superior Tribunal de Justiça (Súmula 393: "A exceção de pré-executividade é admissível na execução fiscal relativamente às matérias conhecíveis de ofício que não demandem dilação probatória").